구루 라마나와
대담에 대한 성찰

옮긴이 ● **대성**(大晟)

선불교와 비이원적 베단타의 내적 동질성에 관심을 가지고 라마나 마하르쉬의 '아루나찰라 총서'와 마하라지 계열의 '마하라지 전서'를 집중 번역하면서, 성엄선사의 『마음의 노래』, 『지혜의 검』, 『선의 지혜』, 『대의단의 타파, 무방법의 방법』, 『부처 마음 얻기』, 『비추는 침묵』 등 '성엄선서' 시리즈도 번역해 왔다. 그 밖에도 중국 허운선사의 『참선요지』와 『방편개시』, 감산대사의 『감산자전』, 혜능대사의 『그대가 부처다: 영어와 함께 보는 육조단경, 금강경구결』도 옮겼다.

구루 라마나와 대담에 대한 성찰

지은이 | S. S. 코헨
옮긴이 | 대성(大晟)
펴낸이 | 이효정
펴낸곳 | 도서출판 탐구사

초판 발행   2022년 1월 25일

등록 | 2007년 5월 25일(제208-90-12722호)
주소 | 04097 서울 마포구 광성로 28, 102동 703호(신수동, 마포벽산 e솔렌스힐)
전화 | 02-702-3557 Fax | 02-702-3558
e-mail | tamgusa@naver.com

* 값은 뒤표지에 있습니다. 잘못된 책은 바꾸어 드립니다.

ISBN 978-89-89942-57-3 03270

아루나찰라 총서 ⓭

구루 라마나와
대담에 대한 성찰

S. S. 코헨 지음 | 대성(大晟) 옮김

탐구사

Guru Ramana: Memories and Notes

by S. S. Cohen
(First edition, 1952 / Eleventh edition, 2012)

Reflections on Talks with Sri Ramana Maharshi

by S. S. Cohen
(First edition, 1959 / Eighth edition, 2018)

Published by V. S. Ramanan, President,
Sri Ramanasramam, Tiruvannamalai 606 603,
Tamil Nadu, India

Copyright © Sri Ramanasramam
Korean translation rights © 2022 Tamgusa Publishing

Published by arrangement with Sri Ramanasramam.

이 책의 한국어판 저작권은 Sri Ramanasramam과의 계약에 의해 도서출판 탐구사에 있습니다.
저작권법에 의해 보호되는 저작물이므로 무단 전재나 복제를 금합니다.

무지를 몰아내는 분이신
바가반께 바칩니다.

차례

1
구루 라마나
Guru Ramana

간행사 · 13
서문 · 15

제1부 회상
1. 도착 · 19
2. 기대 · 22
3. 임서기林棲期 — 숲 속 혹은 아쉬람 생활 · 23
4. 야뜨라 — 순례 · 36
5. 스승님의 감화력 · 40

제2부 대담
서설序說 · 45
1. 가벼운 대화 · 47
2. 삶, 죽음, 환생 그리고 자살 · 56
3. 창조계 내의 행복과 불행 · 66
4. 업業 · 68

5. 자유 의지, 미리 계획하지 않은 행위 · 70

6. 에고 · 73

7. 철학의 위험성 · 78

8. 순복順服 · 80

9. 마야 · 82

10. 스승 · 89

11. 명상 · 93

12. 삼매三昧, 뚜리야, 무상삼매, 본연삼매 · 108

13. 열반 · 116

14. 심장, 해탈 · 118

15. 진인眞人—깨어난 자 · 123

제3부 일기

서언 · 131

일기 · 133

합본별책 : 라마나에 대한 남은 회상

서문 · 203

라마나에 대한 남은 회상 · 204

2
대담에 대한 성찰
Reflections on Talks with Sri Ramana Maharshi

서문 · 235
제1장 행복과 불행 · 241
제2장 삶, 죽음, 환생 · 256
제3장 운명과 자유 의지 · 271
제4장 싯디와 환영幻影 · 283
제5장 브라마짜리야, 홀로 있음, 사회생활 · 296
제6장 세계 · 304
제7장 신 · 329
제8장 경전과 학식 · 335
제9장 진아 혹은 실재 · 343
제10장 심장과 마음 · 365
제11장 참된 묵언과 거짓된 묵언 · 377
제12장 은총 · 385
제13장 집중, 명상, 삼매三昧 · 394
제14장 진인 혹은 생전해탈자 · 455

부록 : 절대지식絶對止息 · 464

용어 해설 · 467
찾아보기 · 471
옮긴이의 말 · 477

일러두기

1. 본문 중 꺾쇠표에 든 말은 원문의 개념을 설명하기 위해 편집자가 넣은 주석 또는 보충문구이다. 본문의 괄호 안에 있는 말 중 본문과 비슷한 크기의 것은 원문에 있는 것이고, 본문보다 작은 글자로 된 것은 역자가 문맥을 보충한 것이다.
2. 본문에서 **돋움체**로 표시된 말은 원문에서 대문자로 시작하는 단어와, 옮긴이가 부각시킨 일부 핵심 용어들이다. 원문에서 대문자로만 표기되거나 이탤릭체로 강조한 단어는 **굵은 글씨**로 표시하였다.
3. 옮긴이의 각주는 *T.*(Translator의 약자)로 표시하였다.

1

구루 라마나

― 추억과 기록들

Guru Ramana
Memories and Notes

간행사

우리는 S. S. 코헨이 스리 바가반에 관해 쓴 이 가치 있고 감동적인 책의 제8판을 내게 되어 기쁘다. 그는 스승님과 함께 다니는 특권을 가졌고, 가까운 곳에서 당신을 관찰하고, 당신의 은총을 체험하고, 당신의 가르침을 적절한 견지에서 공부하면서, 그 모두를 기록할 수 있었던 확고한 헌신자였다.

우리는 『구루 라마나』의 이번 판에, 이에 못지않게 영감을 주는 회상록으로서 이제까지 별도로 출간되던 「남은 회상」이라는 소책자를 포함시켰다.

우리는 구도자들이 이 책을 흡인력도 있고 그들의 탐구에 유용하다고 느끼기를 바란다.

띠루반나말라이, 스리 라마나스라맘
발행인
V. S. 라마난

서문

 이 책은 그 부제가 말해주듯 나의 회상록 일부는 물론이고, 내가 라마나쉬람에서 오래 거주하는 동안 틈틈이 적어두었던 기록들을 담고 있다.
 그곳의 저명하신 스승 스리 라마나 마하르쉬 님과 14년 넘게 계속된 친밀한 교류의 추억들은 실로 방대하지만, 영적인 성격을 띤 대부분의 이야기는 밝히지 않고 남겨두어야 할 것이다.
 제1부는 이러한 회상들을 담고 있다. 즉, 스승님에 대한 나의 첫 인상, 제자들에 대한 당신의 영적인 감화력, 그 당시 아쉬람을 지배하던 상황들, 얼마간의 자전적 성찰과 일화 등이다.
 제2부는 질문에 대한 스승님의 답변들이 영어로 통역되는 것을 이따금씩 내가 공책에 거의 즉시 받아 적어두었던 것들에서 뽑은 것이다. 여기에는 이 길의 초심자가 자문自問하는, 그리고 실제로 내가 당신에게 여쭈었거나 내가 있을 때 남들이 여쭌 사실상 모든 질문을 포괄한다.
 제3부는 스승님의 생애 마지막 2년간에 대해 내가 쓴 일기이다. 그것은 특히, 수천 년간 그들의 친존親存(presence)과 절대자에 관한 고준한 가르침으로 이 땅을 성스럽게 해온 리쉬들(Rishis)의 신성한 종족 중에서도 빛나는 일원이셨던 당신이 지상에서의 이력을 마감하시는 장면들을 묘사한다. 어떤 계급(caste)이나 종파, 어떤 인종이나 피부색의 구도자도, 당신에게서 완벽한 스승의 이상理想을 발견했다. 가우다빠다(Gaudapada)와 샹까라(Shankara)의 수정같이 명징한 이성과, 베단타 스승들과 지知의 길에

특유한, 지고의 **탐구**에 대한 평온하고 흔들림 없는 **헌신**(*Parabhakti*)을 겸비하신 당신은, 우리의 두뇌와 가슴을 공히 만족시킨다. 무엇보다도 당신에게서 끊임없이 방사되는 순수함과 사랑은 당신 주위의 모든 사람에게 지복스러운 감화력을 뿌려준다. 그래서 당신이 아직 20대일 때의 아주 초기 헌신자들이, 당신의 혹독한 **따빠스**(*tapas*-고행)와 약관의 나이에 당신이 보여준 **절대자**에 대한 독창적인 **지**(知)를 고려하여 당신에게 '바가반'(신)이라는 칭호를 붙여드린 것도 당연한 일이었다.

벨로르에서
S. S. C

제1부

회상

1. 도착

1936년 2월 3일 이른 아침, 내가 탄 말 달구지가 띠루반나말라이 역에서 라마나쉬람(Ramanashram-라마나스라맘)까지 2.5마일(4km) 거리의 울퉁불퉁한 도로를 덜컹대며 가고 있었다. 나는 봄베이에서부터 기차로 오는 이틀간 밤잠을 설쳐 심신이 피곤했다. 머리가 윙윙거렸고 감각에 혼란이 왔다. 아쉬람에 가면 좀 쉴 수 있겠거니 했는데, 마침내 도착해 보니 어디에도 사람이라고는 보이지 않았다. 이때 큼직하고 울퉁불퉁한 머리에 빈랑檳榔 열매(betel-nuts)를 늘 씹어서 입술이 빨간 뚱뚱한 사내가 나타났다. 나중에 알고 보니 그는 아쉬람의 '법률 고문'으로서 이따금 사실상의 도감都監(sarvadhikari-운영책임자) 역할도 하고 있었다. "거기 코헨 씨인가요? 마하르쉬께서 산책 나가시기 전에 얼른 저를 따라오세요." 그가 소리쳤다. 나는 석 달간이나 밤낮으로 내 머리를 떠나지 않던 그 위대한 진인眞人을 너무도 보고 싶었기에, 그의 말을 따랐다. 그는 자그마한 식당으로 나를 데려갔는데, 그 문 앞에서 신발을 벗으라고 했다. 신발 끈을 끄르려고 하다가, 식당 안에 있는 즐거운 표정의 중년 남자에게 눈길이 쏠렸다. 샅가리개(kaupin) 하나 외에 아무것도 입지 않았고 두 눈이 달빛같이 서늘한 분이, 거의 비워진 엽반葉盤(leaf-plate-음식을 놓아 먹는 나뭇잎) 앞에 앉아서 우리가 상상할 수 있는 가장 부드러운 고개 끄덕임과 가장 아름다운 미소로써 나에게 들어오라는 신호를 했다.

그분이 바로 **마하르쉬**였다. 이미 몽롱한 상태에 있던 내 마음은, 들어

가려고 서두르다가 더 혼란스러워졌다. 그런데 신발 끈이 말을 듣지 않았다. 그래서 그것을 세게 잡아당겨 끊어버렸다. 바로 그때 나를 안내한 이가 다시 나타나서 말했다. "공양 올릴 과일이 있으면 지금 내시지요." "제 옷가방 안에 있는데요." 그렇게 대답한 뒤 열쇠를 꺼내려고 호주머니에 손을 넣었다. 그러나 열쇠가 없었다. 아쉬람으로 급히 오느라 서두르다가 열차 안이나 역 어딘가에 빠뜨린 것이었다. 나는 '법률 고문'에게 그 말을 한 뒤, 즉시 그 일은 모두 잊어버리고 식당으로 들어갔다.

그 당시 새로 온 사람에게는 첫 식사를 **마하르쉬님**의 자리 바로 맞은편 줄에, 거기서 불과 1.2미터도 채 되지 않는 곳에 앉아서 하도록 배려하는 것이 아쉬람의 관행이었다. 그래서 이들리(빵처럼 생긴 인도 음식) 두 개가 담긴 엽반이 그 자리에 놓였다. 손가락은 이들리를 집고 있었지만, 나는 그것은 돌아보지 않고 온 시선을 **스리 바가반**의 평화로운 얼굴로 향하고 있었다. 그때는 당신이 식사를 끝내신 뒤 빈랑 열매를 씹기 위해 그것을 천천히 말고 계셨는데, 마치 일부러 나에게 좀 더 당신과 같이 있게 해주시기 위한 것 같았다. 그때 작은 주방으로 통하는 뒷문으로 한 사내가 들어오더니 낮은 목소리로 당신에게 타밀어로 뭔가 이야기했다. 나는 그 중에서 "열쇠"라는 한 마디만 알아들었다. 그러자 **마하르쉬님**이 일어서서 작별의 표시로 나를 한 번 바라보고는 식당을 나가셨다. 나는 이들리 반 토막을 허겁지겁 삼키고 차 한 잔을 마신 뒤, 내 짐을 갖다 두었을 방을 찾아서 밖으로 나갔다. 그러나 아뿔싸, 목욕을 하거나 옷을 갈아입을 수가 없었다. 모든 것이 그 자물쇠로 잠긴 옷가방들 안에 들어 있었던 것이다. 너무 당혹스러워 그걸 깨트려서 열까 하고 생각하고 있을 때, 누군가가 **스리 마하르쉬님**이 친견親見 회당(Darshan Hall)으로 오고 계시다고 말했다. 나는 생각을 멈추고, 모자와 정장을 착용한 채 **회당**으로 곧장 쫓아갔다. 내 뒤로 훤칠한 키에 인상적인 체형의 **마하르쉬님**이 확고하면서도 유유한 걸음으로 차분히 걸어 들어오셨다.

회당 안에서 당신과 함께하는 사람은 나뿐이었다. 기쁨과 평안이 내 존재를 충만시켰다. 한 사람의 곁에 단지 있는 것만으로도 그토록 환희로운 순수함과 평안의 느낌은, 이전에 한 번도 가져보지 못한 것이었다. 내 마음은 이미 당신을 깊이 응시하고 있었다. 어느 한 군데 나무랄 데 없이 잘 생기셨지만 그런 육신으로서의 당신이 아니라, 무거운 물질적 그릇(육신)의 핸디캡에도 불구하고 그토록 심오하게 느껴질 수 있는 어떤 비실체적 원리로서의 그분을 말이다. 얼마 후 내가 주위 환경을 자각하게 되었을 때, 당신은 꿰뚫는 듯한 큰 눈으로 나를 바라보고 계셨다. 어린아이 같은 천진함으로써 거룩하게 위무하는 듯한 미소가 그 눈을 감싸고 있었다. 이때 갑자기 뭔가가 허벅지에 떨어지는 것을 느낌과 동시에 열쇠들이 쨍그랑거리는 소리가 들렸다. 내 열쇠였다! 나는 도무지 영문을 알 수 없어서 마하르쉬님을 쳐다보았다. 내 뒤쪽에 있는 문으로 열쇠를 던져준 사람─스리 라마스와미 벨라이─이 들어와서 설명하기를, 자기가 자전거로 역에 갔는데 역장이 그를 기다리고 있더라는 것이었다. 기차가 그 역에 멈추는 몇 분 동안 한 승객이 천우신조로, 바로 내가 내린 칸에 들어갔다가 내 자리에 있는 열쇠를 보자 그것을 집었고─기적 중의 기적이 아닐 수 없다!─역장에게 달려가서 열쇠를 넘겨주었다. 역장은 비상한 직감으로, 열쇠의 주인은 어쩌면 오전에 기차에서 내리는 것을 자기가 보았을 수도 있는 아쉬람 방문자일 거라고 짐작했고, 찾으러 올 사람을 기다리고 있었던 것이다.

그것은 겨우 90분의 짧은 시간 동안 나를 위해 일어난 일련의 기적이었지만, 나는 지복스럽게도 까마득히 몰랐다. 이 장엄한 인간 자석─스리 라마나 바가반이라는 매혹적 인격에 몰입되어 있었던 것이다.

2. 기대

며칠이 몇 주가 되고, 몇 주가 몇 달이 되어 가면서 그 외국인은 **큰 체험**을 초조하게 기다렸다. 매일 매일이 그런 날이었고, 매 순간이 그런 순간이었다. 인도 사람은 결코 서두르지 않는다. 그는 자기가 할 일을 잘 알고 있고, 열망하듯 앞을 내다보면서 흔들림 없는 확신에 충만하여 수행을 계속해 나간다. 그러나 외국인은 시간표대로 일하는 데 익숙하기 때문에, 마치 면접을 볼 때처럼 시간과 날짜를 잡는다. 시계종이 치면 허리띠를 동여매고 뻣뻣하게 앉아서 눈을 감고 면접을 기다린다. 다시 시계종이 치면 눈을 뜨고, 허리띠를 풀고 일어나서 자신의 희망을 저녁이나 다음날 아침까지 연기하는데, 그런 식으로 계속 해나간다.

그렇게 여러 달이 지났는데 어떤 놀라운 일도 일어나지 않자, 그는 자기 영혼이 가진 온 열정으로 울었다. "오, **주님**, 언제까지, 언제까지요?" 그러나 보라! 그에게 무슨 일이 일어났는지! 그는 자신의 예전 자아를 돌아보고 현재의 자아를 바라보았다. 맙소사, 얼마나 많이 변했는가! 그리고 6개월이라는 짧은 기간에 과연 무슨 일이 일어날 수 있겠는지를 자문했다. 그때 문득 **큰 비밀**을 알아차렸다—당신의 찬란한 (은총의) 바다에서 그가 매일 목욕하던 이 **신인**神人의 비밀스러운 감화력(influence)을. 결국 면접은 있었는데, 외국인이 그것을 자각하지 못했던 것이다.

3. 임서기林棲期 — 숲 속 혹은 아쉬람 생활

이리하여 이 순례자의 임서기林棲期(Vanaprastha)가 시작되었고, 그 정신이 서서히 그의 허기진 영혼 속으로 들어왔다. 몸에게는 그 새로운 생활이 힘들었고 그 변화는 급격했다. 그것을 보상해 준 한 가지 점은, 라마나쉬람에서는 다른 아쉬람에서와는 달리 어떤 강요도 없었다는 것이다. 따라야 할 일과표도 없고, 참석해야 할 어떤 모임, 공부반 혹은 바잔(bhajan-헌가 찬송)도 없었다. 그래서 몸이 매일 아침 이른 시간에 일어나야 한다거나 불편한 시간에 어떤 장소에 있어야 하는 등 가외의 긴장을 겪지 않아도 되었다. **바가반**은 제자들의 생활을 제어하는 규칙이나 규정을 만들 필요를 전혀 고려하지 않으신다는 점에서, **스승들** 중에서도 가장 리버럴한 분이셨다. 또한 당신은 공통의 강제적 규율에 가치를 두지도 않으셨다. 왜냐하면 당신 자신이 그런 것 없이도 최고의 경지를 성취하셨고, 당신 자신의 체험이 잘 보여주듯이, 마치 꽃봉오리가 맺혀서 꽃이 피어나듯, 때가 되면 내면에서 어떤 자유로운 충동에 의해 **깨달음**이 솟구쳐 오른다는 자명한 진리를 발견하셨기 때문이다.

모든 구도자가 열일곱 살 때 **깨달음**의 물결이 갑자기 밀어닥쳤을 때의 **바가반**처럼 성숙되어 있지 않은 것은 사실이고, 그래서 산만한 세속 생활에 길든 그들 자신을 변화시켜 자기제어력 있는 요기들(yogis)로 만들기 위한 어떤 규율을 필요로 하지만, 외부에서 부과하는 규율은 소기의 결실을 맺을 수 없고 오래갈 수도 없다. 실패하지 않는다고 알려진 **규율**

은, 스스로 부과하고 체질에 따라 결정되며, 깨어난 지성의 내적 충동에 의해 쉽게 적용되는 그러한 규율이다. 그래서 **바가반**은 당신의 제자들이 능력껏 자신의 삶을 만들어 갈 수 있도록 완전히 맡겨놓고 계셨다. 이런 신체적 자유는 내가 새로운 삶을 시작한 처음 몇 달간의 어려운 시기를 극복하는 데 상당히 많은 도움이 되었다.

1936년 2월 꼬박 한 달은 아쉬람 안에서 가구라고는 아예 없고, 바닥은 모래로 덮이고 벽과 천장은 야자수 잎으로 된 방에서 살았다. 3월에는 아쉬람 근처에 내가 거주할 작은 오두막을 짓기 시작했는데, 그 이야기는 다음 장에서 하겠다. 오두막이 준비되자마자 나는 거기로 이주했다. 낮 동안은 그곳에 거의 머무르지 않았다. 내 마음은 **스승님**에게 완전히 고정되어 있었기 때문이다. 그래서 낮 시간과 일부 밤 시간에는 당신이 기거하고 주무시는 **회당**에서 보냈다.

나는 거기서 조용히 앉아 방문객들이 당신에게 하는 이야기와 당신의 답변들을 경청했다. 그 문답들은 때때로 영어로 통역되었는데, 특히 질문자가 외국인이거나 북인도 사람일 때 그랬고, 늘 그런 것은 아니었다. 당신의 답변들은 신선하고 감미로웠다. 침묵하실 때도 당신의 감화력은 말씀을 하실 때 못지않게 일체에 편재했다. 처음에는 그것이 내가 막 등을 돌리고 온 삶의 번잡함과 대조되어, 한층 더 뚜렷이 느껴졌다. 그것은 기력의 낭비, 거짓된 가치들, 그 자체 속 빈 강정인 이상理想들에서 나오는 어리석은 기대, 자신과 거의 공통점이 없는 사람들과의 메마른 교제의 삶이었고, 정치와 계급과 부富, 그리고 그것이 사람들의 마음속에 불러일으키는 매서운 질투와 적의의 뒤범벅은 말할 것도 없고, 여러 세대에 걸친 이기심·인습·미신이 규정해 둔 사회적 규범의 세계였다. 따라서 진지한 마음의 소유자에게 **바가반**, 당신이 없다면 뚫고 나갈 수 없는 어둠 속의 한 등댓불이자 평안의 피난처로 보이는 것이 당연했다.

바가반은 당시에 중년의 견실하고 탄탄한 건강을 누리고 있었고, 헌신자들은 하루 중 거의 모든 시간에 당신에게 접근하는 것이 얼마든지 가능했다. 1936~1938년은 실로 우리에게 아주 행복한 시절이었다. 이때 우리는 당신의 침상 주위에 모여서 사랑하는 아버지에게 하는 만큼이나 친근하게 당신께 이야기를 하거나, 아무 걸림 없이 우리의 모든 문제를 당신께 말씀드리고 우리의 편지를 보여드릴 수도 있었다. 회당 안에 현지 거주자들만 남는 저녁 8시 이후에는 당신 곁에 둘러앉아 10시경까지 '가족 한담'을 나누었다. 그때는 당신이 **뿌라나**(Puranas-힌두 경전의 한 부류)나 **성자들**의 생애담에 나오는 이야기들을 우리에게 들려주셨는데, 대단한 헌신이나 큰 인간적 비극의 장면들을 묘사할 때는 거기에 극도로 민감해져서 감정을 주체하지 못하시기도 했다. 그럴 때 당신은 눈물을 흘렸고, 그것을 감추려 해도 감추지 못하셨다. 어떤 이야기들은 기억해 둘 만했는데, 다음의 이야기 같은 것이다.

까비르(Kabir)는 위대한 헌신가(bhakta)로서, 수백년 전 베나레스(바라나시)에서 혹은 그 인근에서 살고 있었다. 그는 싯디(siddhis-초능력)를 지니고 있었지만, 베를 짜서 생계를 유지하고 있었다. 하루는 그가 베틀에 앉아서 일을 하고 있는데, 한 제자가 크게 흥분한 상태로 들어와서 말했다. "선생님, 바깥에 요술사가 하나 와 있는데, 공중에 막대기를 세워 많은 사람을 끌어 모으고 있습니다." 그러자 참된 성자들이 다 그렇듯이 요술의 과시를 금하던 까비르는 그 사내를 부끄럽게 해주기 위해, 손에 큰 실꾸리 하나를 들고 급히 밖으로 나갔다. 공중에 기다란 대막대가 서 있는 것을 본 그는 실꾸리를 던져 올렸다. 실꾸리는 실이 다 풀릴 때까지 하늘로 올라가고 또 올라가, 실 전부가 요술사의 막대보다 훨씬 더 높이, 아무 지지물 없이 허공에 빳빳이 서 버렸다. 요술사를 포함해 사람들 모두가 경악했다. 이때 스리 바가반의 두 눈은 그 놀람을 연출했고,

당신의 손은 머리 위로 까비르가 실꾸리를 던져 올린 그 자세로 높이 치켜든 상태였다.

또 한 번은 **바가반**이 한 비슈누파派 성자의 시를 암송하셨는데, 그 중에서 "오 하느님, 저를 당신의 품에 안아 주소서" 하는 대목에 이르렀을 때, 바가반의 두 팔은 당신 앞의 허공에 둥글게 원을 그리며 만났고, 당신의 두 눈은 헌신의 열정으로 빛났으며, 흐느낌을 억제하느라고 당신의 목소리가 떨리는 것도 우리는 놓치지 않았다. 당신이 이와 같이 이야기를 들려주면서 그 대목들을 연기하고, 그토록 고양된 기분 상태에 계신 것을 보는 것은 매혹적이었다.

일부 제자들과 당신의 시자侍者들은 밤에 회당 바닥에서 자기도 했다. **바가반**의 잠은 아주 가벼웠다. 당신은 이따금 깨셨고, 거의 언제나 근처의 시자 한 사람이 완전히 깨어 있는 것을 발견하시고는 몇 마디 말을 건네고 다시 주무셨다. 한두 번은 몇 분간 밖에 나가시기도 했지만, 읍내에서 베다 찬송자들이 오는 5시까지는 완전히 깨어서 부드럽고 낮은 목소리로 담소하시는 것을 볼 수 있었다. 이때 빠라야남(*parayanam*-헌신자 대중이 바가반의 저작이나 경전을 찬송하는 것)이 시작되면 한 시간 조금 못 되는 시간 동안 계속되었다. 그러는 사이에는 누구도 이야기를 하지 않았고, **바가반**은 종종 가부좌한 채 완전히 몰입되어 앉아 계시곤 했다. 그런 다음 당신은 나가서 목욕하고 아침을 드시고, 산 위를 조금 산책한 뒤 7시 30분쯤에 돌아오셨다. 이때부터 방문객과 헌신자들—남자, 여자, 아이들—이 조금씩 들어오기 시작하여, 9시까지는 회당이 가득 차는 것이었다. 이 아침 빠라야남 시간은 하루 중 명상하기 가장 좋은 시간이었다. 회중會衆이 적고, 여자와 아이들이 없고, 기후는 서늘하고, 마음이 아직 완전히 일어나지 않아서 평소처럼 날뛰지 않을 때였다. 이에 더해 **바가반**도 이때는 삼매三昧(*samadhi*)의 고요함 속에서 빛을 발하셨고, 그 힘이 회당과 제자들의 명상에 두루 충만했다. 그러나 불행히도 나는 여기에 꾸준히 참석하지 못했고, 참석했을 때도 그 이익을 얻지 못했다. 내 마음이 혼침昏沈의 안개 속에 빠져 있었기 때문이다. 늘 잠을 깊이 자지 못하던 나는, 6시간 자고 아침 6시 전에 일어나는 수면 요건을 지키는 데 결코 성공하지 못했다. 내가 완전히 극복하지 못하던 또 한 가지 습習은 소음을 참지 못한다는 것이었는데, 회당은 소음에서 좀처럼 벗어날 수 없는 곳이었다. 회당에는 아무나 다 들어갈 수 있었을 뿐 아니라, 여기서 노래도 마음대로 부를 수 있었다. 가끔 회당이 침묵에 빠져서 명상하기 좋은 분위기일 때 느닷없이 누가 노래를 불러 사람을 화들짝 놀라게 했다. 갑자기 회당의 어디선가 소프라노 목소리가 들리면서 어떤 찬가 등을 읊조리거나 남인도 언어로 어떤 시구를 창송하고 나면, 테너나 다른 소프라노가 이어받고, 종종 소프라노가 테너와 경쟁하기도 했다. 그러다가 일정한 시간에는 **바가반**이 밖으로 나가셨다. 9시 45분에 잠시 나가시고, 11시에는 점심을 드시러 나가시며, 이어서 한낮에는 **빨라꼬뚜**(Palakottu-아쉬람 경내 서쪽)에서 산책, 저녁 베다 빠라야남에 앞서 오후 4시 45분에는 산 위에서 산책을 하시고, 7시에는 저녁식사를 하러 나가셨다. 그 당시 내가 할 수 있는 최선은 반쯤 명상적인 혹은 성찰적인 분위기에 머물러 있다가, 본격적 명상은 내 방에 조용히 혼자 있을 때 하는 것이었다. 그 무렵 나보다 정확히 석 달 먼저 라마나쉬람에 온 유일한 다른 외국인 상주자 채드윅 소령(Major Chadwick)은, 내가 방에서 대체 어떻게 명상을 할 수 있는지 궁금해 하곤 했다. 나는 나대로 그가 그토록 번잡한 회당에서 어떻게 진지하게 집중할 수 있을지 궁금해 했다. 이와 같이 사소한 문제에서도 개인적 특성이 분명히 드러난다는 점을 알 수 있을 것이다. 내가 그런 혼자만의 시간을 얻는 것은 **바가반**이 나가고 안 계실 때였다.

이틀에 한 번씩 아침에는 오롯이 혼자서 오른돌이(pradakshina)—아루나찰라 산 주위의 8마일 길을 쉬지 않고 걸어서 돌기—를 했고, 마치는 데 거의 정확히 3시간이 걸렸다. 이것은 그 나름의 특별한 이익이 있었다. 그 이른 시간에 나는 대체로 걷기명상의 분위기 속에 있었는데, 특히 그것을 분명하게 하나의 습관으로 하고 있었기 때문이다. 수행修行(sadhana)의 실천에서는 규칙성이 얼마나 도움이 되는지가 여기서 충분히 입증된다. 나에게 오른돌이가 성공적이었던 또 하나의 가장 큰 요인은, 세 시간을 걷는 도중 내내 뒤를 돌아보지 않기로—과거를 돌아보지 않기로—처음 시작할 때부터 결심한 것이었다. 이쪽이나 저쪽을 돌아볼지언정, 기억이 나의 고요함을 망쳐놓는 일은 결코 없게 하겠다고 말이다. 기억이 슬며시 들어오는 것을 포착할 때마다, 즉시 주의를 발걸음의 리듬에 맞추어서 마음이 다시 평온한 상태를 회복하게 했다. 그 여정의 후반부에 경험하는 부분적 피로감은, 별로 애쓰지 않아도 자동적으로 이런 마음의 안식이 이루어지게 해주었다. 어쨌거나 이 수행은 나에게 놀랄 만큼 좋은 효과가 있었다.

'뒤돌아보기'에 대해 이야기하자면, 수행자들(sadhakas)은 기억의 장난을 경계해야 한다. 수행의 성공을 위해 필요한 마음의 평안에 이보다 더 해로운 것이 없고, 이보다 더 파괴적인 것도 없다. 수행자들에게는, 시행착오, 부작위와 작위(어떤 일을 하지 않은 것과 한 것), 후회, 두려움, 열정, 사랑과 미움, 개인적 비극 등으로 점철된 과거 들여다보기를 삼가야 한다고 아무리 자주 권장해도 지나치지 않다. 해소될 수 없을 것 같아 보이는 사람 인연들을 포함해서, 일체가 먼지이고 일체가 무상하며, 부富와 명예는 더욱 그러하다. 그러니 한 순간도 후회할 만한 가치가 없다. 순수한 존재의 본래적 상태 외에는 불변하고 지속적인 것이 아무것도 없다.

회당 안에서의 또 한 가지 번거로움은 공양물을 즉석에서 분배하는 것으로 인해 야기되었다. 그것이 망고든, 건포도든, 사탕이든, 대추야자 열매든, 그냥 뻥튀기 쌀이든 사정은 마찬가지였다. 어떤 것이든 들어오면 **바가반**이 먼저 손을 대고 맛보신 뒤에 즉시 분배되었기에, 마침 회당에 있다가 한 시간 남짓 명상에 들었던 사람도 눈을 떠보면 가끔 자기 발 근처나 무릎 위에, 그가 먹어주기를 기다리는 약간의 음식이 놓인 것을 발견하는 것이었다. 이 관행은 1938년에 중단되고, 이때부터는 모든 공양물을 거두어 가서 식사시간에 식당에서 분배하거나, 보통의 식사를 할 수 없는 손님들에게 나누어주었는데, 이것은 잘한 일이었다.

  방문객들이 끊임없이 찾아온 것은, 안 그랬으면 긴장되었을 생활에 많이 필요하던 휴식을 가져다주었다는 점에서 도움이 좀 되었다. 둘째로, 방문객들이 가져온 특수한 문제들은 유용한 공부—인간의 마음과 그 마음이 겪게 되어 있는 끝없는 괴로움에 대한 공부—가 되었다. 마음의 문제들과 그것을 야기하는 조건들은 물리적 우주가 인간의 감각기관에 제시하는 다양함보다 그 수가 무한히 더 많다. 더욱이 **바가반**이 그런 문제들에 대처하시는 능숙한 솜씨를 지켜보는 것은 그 자체가 수행이었다. 당신의 논변에서는 합리성이 가장 핵심이었다. 모든 질문에 대한 궁극적 답변은 늘 똑같이 "그대가 누구인지를 발견하라"는 것이었지만, 당신은 먼저 모든 질문자에게 그 사람 자신의 논거로써 대응하셨다. 그런 다음 그를 모든 문제의 근원—**진아**—으로 서서히 돌아서게 했는데, 그것을 깨닫는 것이 보편적인 만병통치약이라고 여기셨기 때문이다. 심리학자들은 마음의 작용만 다루지만, **바가반**은 그 근원, 즉 마음 혹은 **진아** 자체로 나아간다. 모든 방문객들이 때로는 당신 사상의 취지를 이해하지 못하면서도 당신에게서 좋은 인상을 받는다는 것은 놀라운 일이었다. 사람들은 싯디(*siddhis*)를 완전성의 확실한 표지로 받아들이지만, 참으로 **완전한 분**의 미묘한 감화력을 이해하는 사람은 별로 없다. 이런 분은 기적을 일부러 사용하지 않고도 그와 접촉하는 사람들에게 변모가 일어나게 한다. 진정한 제자들에게는 더욱 그러한데, 그는 그들을 실제로 해탈자(*muktas*)로 만들거나 아니면 해탈(*mukti*)의 길로 잘 나아가게 해준다. 그러나 외적인 싯디들은 전혀 그렇게 할 수 없다. **바가반**과 오랫동안 함께 머무르는 헤아릴 수 없는 특권을 가졌던 사람들 중 많은 이들은, 단순히 당신의 친존에 있는 것만으로도 자신들이 축복을 받았음을 증언한다. 이것이 바로 **진지**(眞知(*Jnana*)[진아 혹은 지고의 완전성에 대한 지知]에 늘 수반되는 최고의 가장 참된 싯디이다.

듣는 이들이 줄어들면 **스승님**은 가끔 당신 어릴 때의 학교생활과 가정생활에 대해서나, 산 위에 사실 때 사두나 헌신자들과 겪었던 일들에 관한 자전적 이야기들을 유머러스하게 들려주시곤 했다. 그런 이야기들 중 하나는 당신이 한때 스깐다쉬람에서 연출하신 '기적'에 관한 것이었다. 하루는 당신의 어머니가 깊은 삼매에 든 당신을 방 안에 남겨둔 채 밖에서 문에 빗장을 지르고 읍내로 내려갔는데, 돌아와 보니 놀랍게도 당신은 바깥 정원의 나무 아래 앉아 있었고, 방문은 자신이 해둔대로 여전히 빗장이 질러져 있었다. 그녀는 이 '기적'에 워낙 감명을 받아서, 만나는 사람 누구에게나 그 이야기를 했다. 그러나 **바가반**이 말씀하시기를, 실은 당신이 안에서 두 문짝의 빗장을 열고 나온 뒤, 밖에서 먼저처럼 다시 빗장을 질러 두었는데, 순전히 습관으로 그랬다는 것이었다.

스승님은 당신이 띠루반나말라이로 도망 오신 첫 해(1896년)에 아루나찰레스와라 큰 사원에 머무를 때의 초기 생활에 대해 몇 번이고 이야기하셨다. 못된 아이들이 당신을 귀찮게 했지만, 교육 받은 성인들은 당신이 당시에 아직 10대였음에도 당신을 아주 존경했다. 신심 있는 남자들이 거의 매일 찾아와 (큰 사원 내) 수브라마니아 사당의 계단에서 당신과 함께하곤 했다. 특히 두 명의 법률가가 이 점에서 성실했다. 어느 힌두 축제일에는 그들이 성대한 정찬을 준비하여 당신을 모시러 왔지만, 당신은 꿈쩍 않는 침묵으로 그들의 초대를 거절한다는 뜻을 보였다. 그들은 완력을 쓰는 것 외에 다른 방법이 없자 힘을 합쳐 당신의 몸을 들어 올렸고, 결국 당신은 그들과 함께 걸어가기로 했다. **바가반**은 띠루반나말라이에서 당신이 한때 식사를 했던 집은 그 집뿐이라고 말씀하셨다. 또 한 번 사람들이 당신의 몸을 번쩍 들어 달구지에 태워가서 공양을 올린 적이 있는데, 그것은 개인 집에서가 아니라 이샤냐 정사精舍(Ishanya Mutt) ―읍내 북쪽 끝에 있는, 특수한 카스트의 산야시(sannyasis-출가수행자)들을 위한 아쉬람 같은 시설―에서였다.

그러다가 띠루반나말라이에서의 내 삶에 단절이 한 번 있었다. 1938년 말이 되자 나는―다음 장에서 이야기하겠지만―한동안 어디로 가야겠다고 느꼈다. 수행과 결별하기 위해서가 아니라, 오히려 그것이 무색의 단조로운 일상으로 전락하지 않게 하기 위해서였다. 그런 전락은 지속적인 노력에 필요한 끊임없는 열망을 손상하거나 고갈시킬지 모른다고 우려했던 것이다. 그래서 남인도를 느긋하게 돌아보기로 마음먹었다. 나는 사원들을 방문했고, 영적인 기분이 이끄는 대로 길거나 짧게 이런저런 성지聖地들에 머물렀다. 어디서나 영접을 잘 받았다. 어디서도 힌두 아닌 사람들에게 하듯이 나를 문전박대하지 않았다. 가는 데마다 **바가반**의 이름이 부적 같은 작용을 한데다가, 특히 내가 처음(1936년)부터 인도 의상을 입었고, 브라민의 거리에 살았고, 순수한 채식인 브라민 음식을 먹었기 때문이었다. 심지어 그때는 신발을 신는 것도 그만두었고, 힌두들의 목욕 저수지(bathing-tanks)에서 목욕을 했으며, 팔과 이마에 재를 바른 채 사원의 저녁 예배에도 참석했다. 이것은 당시의 내 수행 단계에서 많은 도움이 되었다. 1939년 말에는 께랄라(Kerala) 주 북부 해안의 깐한가드(Kanhangad)에 있는 아난다쉬람(Anandashram)에 당도해 있었는데,

스와미 람다스(Swami Ramdas)가 이곳의 주재신(presiding deity)이었다.1) 나는 여기서 몇 주간 머물 계획이었으나, 어찌하다 보니 여덟 달 이상 체류하게 되었다.

아난다쉬람은 아주 아름다운 곳에 자리 잡고 있다. 동쪽으로는 경사진 구릉들의 작은 산맥이 뻗어 있는데, 두 번의 몬순 철에 내리는 억수 같은 비로 거의 상록 지대를 이루고 있다. 서쪽으로는 평원 하나가 바다에 이르기까지 거의 4마일을 완만하게 경사져 내려가고, 들판을 건너 마을 사람들의 오두막과 코코넛 숲, 그리고 담배 농원들이 드문드문 흩어져 있다. 그 사이에 좁고 긴 읍 하나가 끼어 있는데, 띠루반나말라이보다는 훨씬 작다. 공로公路에서 멀리 떨어져 있는 이 아쉬람은 자연스럽고 고요하며 즐거운 목가적 단순성을 누리고 있었고, 그 당시 나에게는 쾌적한 은둔지가 되어 주었다. 그래서 거기가 좋아 계속 머물렀고, 나름대로 내 일을 했다. 이 아쉬람 특유의 분위기도 당시의 내 기분에 잘 맞았다. 얼마 지나지 않아서 나는 이 아쉬람과 라마나 아쉬람 간의 영적인 차이점을 식별하기 시작했고, 람다스가 나에게 영향을 미치는 방식을 알아내고는 몹시 즐거워했다. 그의 방식은, 예전에 가끔 나에게 많은 불편을 야기했고 내가 그것을 억제하려고 애썼던 나의 소년적 경향―수다스러움, 성급한 행동, 급한 성미, 소리에 극도로 민감한 것, 갑자기 수줍어서 아무것도 못하게 되는 증세 등을 고양시켰다. 지난 15년간(1925년부터)을 나는 비교적 고독과 침묵 속에서 보냈지만, 아난다쉬람은 내가 거기 있던 대부분의 기간 동안 나를 끌어내어 사춘기 때의 자연스러운 발랄함을 갖게 만들었다.

왜냐하면 람다스의 친존에서는 가슴이 기쁨으로 확장되었기 때문이다.

---

1) *T.* 아난다쉬람은 스와미 람다스가 1931년에 창건했다. '주재신'은 특정 사원에서 모시는 가장 주된 신을 뜻하지만, 여기서는 스와미 람다스의 존재감이 그만큼 컸다는 의미이다.

이는 브린다반(Brindavan)에서 크리슈나가 즐기던 유희(leela)를 연상시키는 것이었다. 기쁨이 일체에 편재해 있었다. 산들, 풀을 뜯는 소들, 내 주위의 얼굴들, 그리고 내가 호흡하는 공기 자체─모든 것이 기쁨을 고취했고, 모두 람다스의 람(RAM-'람, 람' 염송으로 구현된 신적 형상)이었다. 어떤 헌신자들의 영적인 삶에서는, 호칭이나 명칭과 무관하게 진정한 헌신(bhakti)이 가장 중요한 의미를 갖는다. 아난다쉬람은 의심할 바 없이 그것으로 충만해 있었지만, 그것은 기쁨에 의해 배양된 헌신이었다. 기쁨과 사랑은 람다스의 존재의 모든 모공에서 스며 나와 그의 동네(아쉬람과 그 주위)를 감염시켰다.

내가 1940년 7월에 아쉬람으로 돌아갔을 때는 제2차 세계대전이 이미 발발하여, 어둠이 사람들의 마음을 덮고 있었다. 바르샤바에는 폭탄이 비 오듯 쏟아졌고, 폴란드와 체코슬로바키아는 정복되었다. 수백만의 무고한 남녀와 어린이들이 끔찍한 목적을 위해 강제수용소로 내몰렸다. 마지노선은 뚫려서 무너졌고, 파리는 침략국의 강한 군대에 함락되었다.

나는 라마나쉬람의 생활에서도 이런 광범위한 참화의 어떤 흔적을 보게 될 것으로 예상했다. 그러나 도착해 보니 그런 흔적은 일체 없었고, 다만 놀랍게도 헌신자들의 들고남이 곱절로 늘어나 있었다. 눈에 띈 유일한 물리적 변화는 나이 드신 티가 나기 시작한 스승님의 몸에 나타난 변화였다. 그래서 아쉬람 집행부는 야간의 동석 시간을 줄여야 했다. 한낮에는 당신이 낮잠을 주무시도록 회당의 문을 두 시간 동안 닫았는데, 이 아쉬람의 역사에서 처음 있는 일이었다. 처음에는 바가반이 이의를 제기했으나, 거기에 다소 일리가 있다고 보시고 이내 그 상황을 수용하셨다.

방문객들의 흐름이 계속 늘어났다. 그래서 그 뒤로는 이내 앉을 자리가 부족해졌고, 개인적 문제로 스승님께 쉽게 다가가기도 어렵게 되었다.

사실 새 규칙 하에서는 헌신자들이 쓴 편지나 논설도 먼저 사무실의 검열을 거친 다음 당신께 보여드릴 수 있게 되었는데, 이것도 이유가 없지 않았다. 한두 명의 헌신자가 **스승님**의 자비로운 성품을 이용해 그들의 영적인 수행에서의 하찮은, 종종 상상적인 어려움들에 관해 아주 작은 글씨로 몇 페이지에 달하는 편지들을 썼는데, 당신은 그것을 읽느라고 한두 시간씩 눈을 혹사해야 했다. 당신은 무척 세심하여 단어 하나도 읽지 않고 지나가는 법이 없었기에, 그들은 자신들의 편지가 **바가반**께 굉장히 중요한 줄 알고 더 긴 편지들을 그것도 매일 써 보냈다. 마침내 집행부는 당신께 보이거나 보내는 모든 편지를 금지하는 것이 불가피하다고 느꼈던 것이다.

1, 2년 뒤에, 대개는 가정을 가진 헌신자들의 군락이 아쉬람 주위에 생겨났다. **바가반**의 몸이 약해지면서 당신의 감화력과 사람을 끄는 힘이 증가했기에, 정주자들과 방문객들의 물결이 계속 꾸준히 불어났다. 그 중에는 세계적으로 유명한 철학자, 학자, 정치인, 장관, 지방의 지사知事, 장군, 외교관, 외국의 선교사들이 망라되었다. 전시든 평시든, 비가 오든 해가 나든, 별별 사람이 다 찾아왔다. 그 물결은 불어나고 불어나서 당신 생애의 마지막 해인 1950년에 정점에 달했다. 마지막까지도 **스승님**은 가르치기를 계속하셨다. 아쉬람의 전 역사상 당신에게서 구두로 영적인 인도를 받고자 하는 것을 가로막는 어떤 장애도 존재한 적이 없었다. 다만 당신이 중병으로 자리보전하던 마지막 해는 예외지만, 이때는 방문객들도 자발적으로 물러나서 당신을 번거롭게 하지 않았다.

세월이 가면서 **스승님**의 마음 상태와 사상이 내 안에 확고히 뿌리를 내렸고, 나는 내가 '임서기林棲期의 삶'이라고 지칭한 처음 6개월 동안에 하던 식으로 당신에게 질문을 하거나, 당신이 아쉬람 경내 바깥을 산책하시는 도중에 다가가서 말을 거는 것을 그만두었다. 왜냐하면 6개월쯤

되었을 무렵에는 나의 모든 영적인 의문들이—문제들이라고 해도 무방하겠지만—여러 가지 방식으로 해소되어 있었기 때문이다. 이 6개월의 끝 무렵에 내가 도달한 최종적 결론을 하루는 **바가반**께 보고 드렸다. 당신은 손으로 이제 다 끝났다는 제스처로써 자애롭게 승인하시고, 이렇게 말씀하셨다. "많은 부분은 자네의 힘에 달려 있고, 그 나머지는 전적으로 스승(Guru)에게 맡겨야지. 구도자 자신의 **진아**로서 심장 안에 자리 잡고 있는, **은총과 자비의 바다**인 스승 말일세."

4. 야뜨라 — 순례

> "당신을 생각하다 당신의 은총에 사로잡혔는데,
> 당신은 한 마리 거미같이 당신의 거미줄에다
> 저를 붙잡아 당신의 시간에 저를 삼키셨습니다."
> — 스리 마하르쉬의 「문자혼인화만」에서

1936년 4월 4일 건축 인부들은 빨라꼬뚜 야원野園 안에 지은 작은 내 진흙 오두막의 끝마무리를 했고, 그 벽과 회반죽이 다 마르지 않았지만 나는 바로 다음날 여기에 입주하기로 결정했다.

빨라꼬뚜는 면적 약 19에이커의 큰 야원인데 80여 년 전에, 띠루반나말라이 읍내의 아루나찰레스와라 큰 사원에서 쓸 꽃들을 재배할 목적으로 정부에서 한 비라-샤이바 공동체(Vira-Shaiva community)[1]에 하사한 땅이었다. 이곳은 라마나쉬람의 서쪽 경계선에 면해 있고, 깨끗하고 잘 보존된 깊은 저수지가 있는데, 이 저수지는 바닥에 두세 개의 자연 샘이 있는 것과는 별개로, 철 따라 성산聖山 **아루나찰라**의 사면을 흘러내린 빗물이 모이는 곳이었다. 이 야원의 수백 년 된 거대한 나무들 주위에는 스리 라마나 바가반의 헌신자들이 여러 해 전부터 작은 오두막들(*kutirs*)을 지었다. 폴 브런튼, 요기 라마이아, 『진아 깨달음(*Self-realisation*)』의 저자인 스리 B. V. 나라싱하스와미, 스리 바가반에 대한 찬가들로 두꺼운 책

---

1) *T.* 비라-샤이바(Vira-Shaiva)는 힌두교 시바파의 한 갈래이다.

한 권을 채운 타밀 시인 스리 무루가나르 스와미, 그 외에 많은 사람들이 시기를 달리하여 이들 오두막에서 살았고, 몇 명의 수행자가 여전히 살고 있다. 당시 아쉬람에서 반경 1마일 안의 유일한 거주지였던 빨라꼬뚜에서, 나는 저수지 북서쪽의 한적한 곳을 내 오두막 부지로 선정했다. 그곳은 스리 바가반이 한낮에 걸으시는 그늘진 산책로의 가장자리였기에, 그것을 짓는 동안 당신은 매일 작업 진도를 살펴보실 수 있었고, 가끔 석공(건축 인부)들과 몇 마디 말씀을 나누시기도 했다. 드디어 4월 4일, 나는 그 오두막에 즉시 들어가 살겠다고 당신께 말씀드렸다.

스리 바가반은 내가 만성 천식 증세가 있는 것을 알고 계셨기에, 집이 다 마르려면 두세 달은 걸릴 곳에서 내가 산다는 것은 무모하다고 생각하신 듯했다. 나는 당신이 보통 때처럼 "그래"라고 선뜻 말씀하시지 않는 것을 알아차렸지만, 숙소가 당장 아쉬웠고 하루도 당신 곁을 떠나고 싶지 않았기 때문에, 다음날 바로 입주식—여기서는 '그리하-쁘라베샴(griha-pravesham)'이라고 한다—을 할 수 있게 준비를 마쳤다.

4월 5일, 초청 받은 헌신자들이 내 오두막에 다 모였고, 정오 무렵에는 스승님도 산책하고 돌아가시는 길에 몸소 오셨지만, 내가 당신을 위해 준비해 둔 의자는 마다하시고 남들처럼 자리를 깐 바닥에 앉으셨다. 의식이 끝나자 바가반은 떠나셨다. 나는 일정 거리를 두고 당신을 따라가다가 헌신자들이 흩어지기를 기다려 당신께 다가갔다. "바가반." 내가 말을 시작했다. "당신께서는 제 육신을 위한 집을 하사하셨습니다. 이제는 제 영혼을 위한 영원한 집을 하사하시는 당신의 은총이 필요합니다. 저는 그 영원한 집을 위해 모든 사람 인연을 끊고 여기 왔습니다." 당신은 한 나무 그늘 아래 멈추어 저수지의 고요한 수면을 잠시 말없이 응시한 뒤에 대답하셨다. "자네의 견고한 확신이 자네를 여기로 오게 했지. 의심할 여지가 어디 있나?" 실로 의심할 여지가 어디 있나! 하고 나는 생각했다.

3년이 흘러갔고, **스승님**은 계속해서 매일 내 오두막 곁을 지나가셨다. 처음에는 당신이 내 베란다에서 2, 3분간 한낮의 햇볕을 피하시곤 했는데, 그 사이 나는 당신을 번거롭게 해드리지 않기 위해 자리를 피했다. 그러다가 하루는 내가 어리석게도 당신이 앉으시게 의자 하나를 살짝 갖다 두었더니, 당신은 그때부터 내 베란다에 아예 오시지 않았다. 당신은 우리가 당신을 우러러 본다는 것을 다 알고 계셨지만, 당신으로 인해 우리나 다른 누구에게 조금이라도 폐를 끼치는 것에 대해 극도로 민감하셨다. 그래서 당신을 위해 특별한 의자를 놓아두는 것이나, 매일 정해진 시간에 당신이 오실 거라고 내가 예상하는 것은, 당신이 내 휴식을 방해하는 거라고 해석하셨고, 그래서 오지 않으신 것이다.

입주식이 있은 날로부터 3년이 지나갔다고 말했는데, 그 3년은 대단한 내면 탐색과 **스승님**의 마음을 통찰하려는 부단한 노력·성찰·공부·명상 등등의 나날이었고, 나 자신을 완전히 새로운 삶의 조건들에 적응시키려고 극도로 노력하는 가운데, 신체적·정신적으로 긴장된 세월이었다. 그것은 아닌 게 아니라 치열한 기간이었고, 실은 워낙 치열해서 그러다가 즉시 그곳을 떠나야겠다고 느꼈다. 그래서 **스승님**께 그런 뜻을 말씀드렸다.

"바가반, 저는 남쪽 지방으로 야뜨라(*yatra*)[순례]를 떠나고 싶은 강한 충동을 느낍니다. 찌담바람(Chidambaram), 스리랑감(Sriramgam), 라메쉬와람(Rameshwaram) 등지로 말입니다." 당시의 어느 날 내 오두막 근처에서 내가 말했다. 그런데 웬걸, **바가반**의 얼굴 표정이 "순례? 뭐 하러? 아직도 의심하고 있나?" 하는 생각으로 강력하게 느껴졌다. 순간적으로 나는 오래 전에 당신이 "의심할 여지가 어디 있나?"라고 하신 말씀을 기억했다. 그래서 마치 당신이 말로 물으신 데 대한 대답처럼 내가 말했다.

"아닙니다, 바가반. 이제 저는 몇 달간 기분전환이 필요하다고 느낍니다. 그 기간을 힌두 성지들에서 보낼 생각입니다." 당신은 미소로써 승인하시고, 내가 떠날 날짜와 시간, 그리고 내가 방문하려는 여러 곳에 머무를 사전 준비를 해 두었는지 물으셨다. 당신의 자상함에 굉장히 감명 받은 나는, 내가 한 사람의 사두(sadhu)로서 떠날 것이며 숙식은 운에 맡기겠다고 대답했다.

그 뒤 석 달 동안 나는 코모린 곶(Cape Comorin-인도의 최남단)에서 매트 하나를 깔고 지내면서, 스승님의 신체적 형상이 나에게 야기했던 정신적 긴장에서 한껏 해방되었다. 나는 홀로 있으면서 당신의 지복스러운 침묵과 고요한 안식에 대한 내관內觀 속으로 뛰어들었다. 내가 어디를 가든 당신 마음의 고요함이 늘 나를 사로잡고 있었다. 젊은 처녀 여신의 아름답고 보석 같은 사원에서, 주위에 광대한 푸른 바다가 바라다 보이는 해안과 모래 언덕에서, 그리고 코모린 곶의 해변과 내륙을 따라 이어진 어촌들과 끝없이 펼쳐진 코코넛 숲에서 그러했다. 나는 내 영혼 깊은 곳에서 당신의 감화력을 느끼고 부르짖었다. "오 바가반, 당신은 얼마나 강력하시며, 당신 마음의 무구한 순수성은 얼마나 고매하고 일체에 편재하십니까! 당신의 제자인 저희들은 얼마나 애틋한 감정으로, 당신의 비할 바 없는 특질들, 당신의 자상하심, 당신의 고요하고 사랑스러운 얼굴, 당신의 서늘하고 싱그러운 미소, 당신의 입에서 나오는 말씀들의 감미로움, 당신의 모두를 감싸는 사랑의 광휘와, 일체 모두를 향한, 심지어 병들고 길 잃은 짐승들에게까지 보내주시는 평등한 시선을 생각합니까!"

5. 스승님의 감화력

세간을 등지고 순례자가 되어 **절대자**의 길로 나선 진정한 구도자들에 대한 **스리 마하르쉬**의 감화력은 실로 대단하다. 그런 구도자들은 당신의 영혼 안에 있는 공감의 현絃을 건드려, 대단히 큰 규모의 영적 반응을 불러일으키기 때문이다.

가까운 친구 한 사람이 언젠가 나에게, 그가 **스승님**과 함께 나눈 짧은 대화로 인해 자신이 '오컬트(the occult)'[1]에 대한 소득 없는 추구를 단념하고 **지**知(*Jnana*)의 길—바가반이 제시하는 이 길은 그것을 따른 사람들에게 막대한 도움이 되었음이 입증되고 있다—로 나아가게 되었을 때의 경험을 들려준 적이 있다. 그 자신의 말을 직접 인용하겠다.

"7월의 그 즐거웠던 날들 중 어느 날 … 나는 아쉬람에 몇 달을 머무르면서 가르침을 듣고, 성찰하고, 나 자신과 다툰 뒤에 마침내 **마하르쉬께** 내 어지러운 마음 상태를 말씀드리기로 결심했다. 12년간 신지학神智學(Theosophy)의 열성적 학도였던 나는, 중요한 거의 모든 측면에서 **마하르쉬**의 가르침과 충돌하는 관념과 이론들을 흡수해 둔 상태였다. 신지학에서는 그와 반대로 주장하고 있음에도, 나는 신지학과 **베단타**(Vedanta)가 결코 만나지 않는 평행선을 달린다는 것을 발견했다. '오컬트' 신지학은

---

1) *T.* 종교와 과학 범주 바깥의 초자연적 현상, 또는 그에 대한 믿음, 행법 등을 아우르는 말. 그런 성향이나 추구 방식을 가리키는 '오컬티즘(occultism)'이라는 용어도 함께 사용된다.

계界(spheres)와 차원들을 말하고, 행성들로의 여행, 눈에 보이지 않는 스승들, 계위階位(hierarchy), 선인仙人들(Adepts), 광선들, 초감각적 입문과 회합들을 이야기하지만, 그러면서도 베단타와 마하르쉬가 전적으로 다루는 실재, 즉 단 하나의 진아, 단 하나의 생명, 단 하나의 존재에 대해서는—그런 경우가 있을지는 몰라도—거의 이야기하지 않는다. 사실 구도자들은 (마하르쉬에게서) 오컬트 능력이 그들이 추구하는 진리에 정면으로 배치된다는 가르침을 거듭거듭 듣게 된다."

"나는 결국 마하르쉬께서 직접적이고 확실한 체험에서 말씀하신다는 것을 확신했고, 바로 그날 회당에 헌신자들이 들어차기 전에 당신께 단독으로 이야기해야겠다고 결심했다."

"아침 8시였다. 스리 바가반이 막 들어가셔서 평소 앉으시는 곳에 자리를 잡으시기 무섭게 나는 당신의 소파 가까이로 가서 맨바닥에 쪼그려 앉았다. 시자 한 사람만 향불을 지피고 은제 향꽂이에 새 향대들을 꽂고 있었지만, 그는 영어를 알아듣지 못했다. 내가 알기로, 당신의 헌신자들이 영적인 어려움을 이야기하는 것을 듣고 나서 조언해 주시는 것보다 마하르쉬께 더 큰 즐거움을 드리는 것은 없었다. 이것을 알기에 용기를 내어, 천천히 그리고 간결하게, 명료하고 단순한 영어로 내 마음의 번뇌를 당신께 설명 드렸다. 내가 말을 끝내자 당신은 잠시 생각에 잠기신 듯 하더니 같은 영어로, 그러나 상당히 숙고하며 말씀하셨다. '그렇지. 자네 말이 맞아. 모든 선입견이 사라져야지. 수행만이 자네에게 진리가 있는 곳을 보여줄 것이네. 단 한 가지 형태의 수행(sadhana)만 고수하게.'"

"그것은 명확한 지침이었다. 그러나 당신이 하신 말씀과는 별도로, 나는 갑자기 내가 이전까지 해오던 모든 방법과 내가 희망을 걸어왔던 모든 신념을 버리고 당신께 무조건 순복하여, 영적으로 허기진 나를 당신께서 인도하시게 해야겠다는 압도적 충동에 사로잡혔다. 내 운명과 지금까지 나였던 모든 것이 그 순간부터 스리 바가반의 신성한 손 안으로 영구히 넘겨진 것이다."

그러나 이것이 자연발로적 순복順服(surrender-스승에게 자신을 내맡기기)의 유일한 사례는 아니었다.

영적인 순복은 어떤 정신적 행위가 아니고, 말로 하는 행위는 더욱 아니며, 적절한 때에 저절로 흘러나와 수행자의 성품 가운데서 그의 궁극적인 깨달음을 가로막는 자기주장적 요소를 자동적으로 가라앉게 만드는, **은총**의 결과라고 우리는 듣고 있다. 어떤 경우에는 그것이 돌연적이고, 어떤 경우에는 워낙 점진적이어서 헌신자 자신도 그것을 자각하지 못할 수 있다. **은총**은 스승의 직접적 친존親存 자체에 의해 그에게서 나오는 것이기는 하나, 운 좋게 얻어지는 것이 아니라 힘든 내적 싸움, 즉 오랜 기간의 고통, 기도, 자기정화, 해탈에 대한 강렬한 열망에 의해서 온전히 얻어진다. 고통은 마음을 내면으로 향하게 하고, 결국 영혼의 깊은 곳에서부터 **진리**의 '해방하는 빛'과, **신적 스승**의 출현을 구하는 부르짖음을 끌어내는데, 그런 **스승**만이 우리를 그 빛으로, 그리고 그와 같이 **구원**으로, 이끌어줄 수 있다.

제2부
대담

서설 序說

아쉬람에는 세계 각지와 사회 각층에서 방문객들이 온다. 따라서 그들이 하는 질문은 자연히 그들 내심의 소견, 그들의 종교적·철학적 신념, 그들의 사회적 개념, 그들의 개인적 편애와 공포증, 그들의 내적 충동 등을 반영한다. 질문들 중의 많은 것이 진리를 알고자 하는 진정한 욕구, 심지어 영적인 허기를 드러낸다.

불가능한 것과 명백히 논쟁적인 것 외에는, 대체로 모든 질문에 대해 **바가반**이 자애롭게 답변하신다―충분히, 자발적으로, 그리고 차분하게. 질문들 속에 유머가 내재되어 있을 때의 어떤 답변들은 유머러스한 기분으로 표현된다. 당신이 세간적 질문들을 영적인 암시로 돌려놓으실 때의 어떤 답변들은 말놀이(punning-동음이의어를 이용한 언어유희)의 느낌도 있는데, 그러면 질문자가 가끔 당황하기도 한다. 그러나 최상인 것은 수행과 요가적 수련에 관한 답변들이다.

수천 명을 헤아리는 헌신자들 대부분은 그들의 집에서 계속 정상적인 생활을 영위하고 정상적인 직업 활동을 하면서, 당신의 가르침에 따라 그들이 할 수 있는 한 최선을 다해 명상을 하는 재가자(*grihastas*)들이다. 그들 중 거의 모두가 반드시 지키는 일은, 때때로 아쉬람을 방문하여 당신을 친견하고, 당신의 신적인 불길로 자신들의 내적 열의를 점화하는 것인데, 그것은 그들이 당신과의 연결을 유지하며, 찾아뵙지 못하는 동안 그들의 정신적 균형을 보존하는 데 도움이 된다.

소수의 사람들은 아쉬람 안이나 아쉬람 인근 동네에 정착했는데, 그 중의 일부는 아쉬람에서 봉사하지만 다른 사람들은 명상을 하고 공부를 한다. 그들은 모두 **바가반**을 가까이함으로써 이익을 얻는다. 왜냐하면 **구루상가**(*guru-sanga*)는 보통의 **사뜨상가**(*sat-sanga*)보다 진보를 훨씬 촉진시켜 준다고 말해지기 때문이다.

띠루반나말라이에 도착한 직후, 나는 내가 동석해 있을 때 이루어지는 대화 중에서 영어로 통역되는 것은 가능한 한 많이 기록해 두어야겠다는 생각을 품었다. 질문을 텔루구어(Telugu)나 말라얄람어(Malayalam)로 할 경우, **바가반**은 같은 언어로 답변하시는 것 외에는 늘 타밀어로 말씀하셨다. 이런 남인도 언어들을 모르는 방문객들은 통역자를 통해 영어 답변을 들었다. 왜냐하면 **마하르쉬님**은 영어를 읽고 들으실 수는 있지만, 영어로 말하는 것은 연습하지 않은 탓에 능숙하게 하실 수 없었기 때문이다. 내가 해야 할 일은 모든 주의를 그 대화에 집중하여 그것을 기억하려고 애쓴 다음, 방으로 돌아오자마자 그 기억이 아직 생생할 때 그것을 들은 그대로 가능한 한 충실하게 공책에 적어두는 것이 전부였다. 회당 안에서 글을 쓰거나 받아 적는 것은, 그 목적을 위해 지명된 헌신자를 제외하고는 줄곧 금지되었는데, 약 2년 뒤에는 그도 그 일을 중단해야 했다. 따라서 적는 것이 나 자신을 위해 **스승님**의 귀중한 구두 가르침을 직접 보존하는 유일한 방안이었다.

아쉬람에 머무르던 첫해에 나는 주로 명상의 기법에 관한 열성적이고 면밀한 질문자였다. 이런 질문들에 대한 **바가반**의 답변들은 특히 주의 깊게 기록했다. 그 답변들의 일부는 여기서 질문자의 이니셜이 나 자신의 이니셜인 C. 혹은 C. 씨로 나온다. 나는 기록의 대부분을 주제별로 분류했고, 가능한 한 연대순으로 배열하되, 독자의 편의를 위해 가벼운 주제의 것부터 시작했다.

1. 가벼운 대화

스리 바가반이 불러일으키는 엄청난 경외감 때문에, 새로 온 방문객들에게는 당신이 너무 고준하고 너무 장엄하여 유머가 없을 것으로 보인다. 그러나 이내 그들은 모든 영적인 스승들이 빼어나게 즐기는 신적인 지복에서 세련된 유머와 위트가 발산된다는 사실을 깨닫는다. 스승들은 우주적 소견을 가지고 있어, 모든 현상과 사건들을 신의 유희—그의 릴라(Leela), 그의 우주적 춤—에 불과한 것으로 보는데, 그 유희는 온통 기쁨이며 아름다움이다. 그러나 다음의 대화를 기록하는 데 있어 내가 누구를 비방하거나, 그 대화들을 당신이 보여주는 유머의 표본으로 찬양하려는 마음은 조금도 없다. 이 대화들은 단지 어떤 방문객들의 마음을 반영할 뿐이다. (제2장 이하의) 진지한 질문들이 더 진지한 사람들의 마음을 반영하듯이 말이다. 그러나 독자들은 이 두 부류의 대화를 모두 들여다보는 것이 타당함은 물론이다.

1. 비인격신의 신봉자

1936년 2월에 아쉬람에서 두세 주를 보낸 미국인 소그룹 중 한 사람인 H 박사가 스리 마하르쉬께 인격신 같은 것이 존재하는지 여쭈었다.

바가반: 예, 이스와라(Ishvara)지요.

H 박사: (놀라면서) 뭐라고요? 눈, 코, 귀 등이 있다고요?

바: 예, 그대에게 그런 것이 있다면, 신이라고 없으란 법이 있습니까?

C: 저는 카발라(Kabbala)[1]와 뿌라나(Puranas)에서 신이 이런 기관들을 가졌다는 것을 읽고, 웃었습니다.

바: 그대도 그런 것을 가졌으면서, 왜 그대 자신에 대해서는 웃지 않습니까?

2. 사업가

얼마 후 H 박사는 다시 혼자 아쉬람에 와서 며칠 머물렀다. 그는 이 산(아루나찰라)이 신성하다는 것과, 육신을 벗은 싯다들(siddhas)[초능력을 가진 성자들]이 아스트랄체(astral bodies-미세한 몸)로 이 산 속에 여럿 살고 있고, 그들은 가끔 어떤 특별한 사람들에게 육신으로 나타나기도 한다는 이야기를 들은 바 있었다. 나중에 그가 한 친구에게 털어놓기를, 그가 머무르던 마지막 날 밤에 그는 그들 중 한 분을 대면할지도 모른다는 은밀한 희망을 품고, 이 산을 실컷 다녀보리라고 마음먹었다. 밤에 땅바닥이 얼마나 울퉁불퉁한지 모른 채, 그는 어두워진 뒤 한참 동안 바위들 사이를 계속 배회했다.

---

1) *T.* 유대교의 신비주의, 또는 그 사상과 체계.

그 당시에 새로 온 사람들, 특히 외국인들을 유심히 관찰하던 **스리 바가반**이 그를 보고 싶어 하셨고, 저녁 늦게 그가 산을 올라가는 것을 누가 보았다는 이야기를 듣자, 즉시 헌신자들에게 가스등을 들려 그를 찾으러 보내셨다. 마침내 그들은 이 미국인 친구를 찾아내어 데려왔다.

그는 기진맥진한데다 돌아다니는 동안 내린 이슬비에 옷이 젖은 채로 회당에 들어갔다. 스리 바가반의 소파 맞은편에 등나무 의자—회당 안에 있는 단 하나의 의자—가 있었다. 그는 그 의자에 앉아서 자기가 산 위에서 겪은 일을 이야기하기 시작했다. 이야기를 끝낸 그는 스리 바가반을 돌아보고 순진하게 이렇게 말했다.

미국인: 오, 마하리쉬(Maharishi) 님, 만약 당신께서 저에게 **진아 깨달음**을 주신다면, 제가 당신께 얼마나 고맙겠습니까!

바가반: 음! 음!

미: 실로 제가 아주 행복하겠지요. 내일 저는 이곳을 떠나지만, 늘 당신을 생각할 것입니다.

바: (부드럽게 쿡쿡 웃으며) 그대는 결코 가지 않겠지요.

미: (마하르쉬님이 싯디를 사용해서 자신을 못 가게 하려는 줄로 생각한 그는 정말 몹시 겁이 났다.) 어떻게요? 저는 분명히 갑니다. 미국에 급한 일이 있습니다. 여권이 준비되었고, 선편도 예약되어 있습니다. 귀국을 위해 필요한 준비를 다 했습니다. 제가 가지 않을 거라는 것은 어떤 뜻으로 하시는 말씀입니까?

바: (여전히 웃으며) 그대는 결코 가지 않겠지요. 결코 오지 않았으니 말입니다. 움직인 것은 자동차·배·기차 등이었을 뿐입니다. 그대는 전혀 아무것도 하지 않고 내내 앉아 있기만 했고, 그러다 보니 여기 와 있게 된 거지요.

미: (안도의 한숨을 쉬며) 아, 그거요!

3. 학자

어느 여름날 오전에 중년의 한 타밀인이 들어와 반시간 가량 앉아 있었다. 가만히 있지 못하고 눈도 자꾸 굴리는 것으로 보아 마음에 뭔가 묵직한 것을 가지고 있는 듯했다. 마침내 그는 짐짓 겸손한 듯한 태도로 —특히 영어를 써서— 말을 했다.

방문객: 스와미, 저희 무지한 사람들은 **진리**를 어렴풋이라도 알려고 수많은 책을 읽지만, 불행히도 읽으면 읽을수록 **진리**는 저희의 시야에서 더 뒤로 물러납니다. 저는 데카르트에서 버트런드 러셀에 이르기까지 모든 서양 철학자들의 책을 읽었습니다. 그들은 아무 쓸모가 없더군요. 그러나 우리의 **리쉬**들은 그들 간에도 견해가 다릅니다. 샹까라(Shankara)는 "'나는 **브라만**이다'를 계속 염송하라. 그러면 그대가 **브라만**이 될 것이다"라고 합니다. 마드와짜리야(Madhvacharya)[2]는 **영혼**이 브라만과 항상 분리되어 있다고 말합니다. 당신께서는 "'나는 누구인가?'를 탐구하라. 그러면 도달할 것이다"라고 말씀하십니다. 다른 많은 스승들은 다른 많은 해법을 제시했습니다. 이것은 당혹스럽지 않습니까? 어느 분이 옳습니까?

방: (아무 대답도 듣지 못한 채 5분가량 기다린 뒤에 약간 높은 어조로 다시 질문하기를) 스와미, 저는 어느 길로 가야합니까?

바: (손을 부드럽게 내저으며) 그대가 온 길로 가십시오.

---

[2] *T.* 이원론적 베단타 철학의 창시자(1238~1317).

4. 선교사

어느 날 오전, 멋지게 차려입은 유럽인 몇 명이 회당에 들어와서 바가반께 가볍게 절을 하고 앞줄에 앉았다. 그들의 리더는 YMCA 회관이나 기독교 대학들, 그리고 인도의 시나 읍의 공회당에서 열변을 토하며 설교하는 것으로 유명한 베테랑 선교사였던 탓에 누구나 금방 알아볼 수 있었다. 다른 사람들 중의 한 명은 그의 개인 비서였다. 선교사는 자기가 애용하는 주제 쪽으로 이야기를 끌고 가기 위한 질문 하나를 던지는 것으로 시작했다. **바가반**은 몇 번 답변을 하신 뒤에 질문자가 어떤 사람인지, 그의 질문 동기가 무엇인지 모른 채, 그에게 **진아**가 궁극적 실재라고 말씀하셨다. 그러자 선교사는 그것을 좋은 구실 삼아 기독교 경전을 줄줄 인용해 가면서 그에 대한 자기 나름의 해석을 쏟아냈다.

다행히도 그가 너무 멀리 나가기 전에, 회당의 다른 쪽 끝에서 그 시간에는 보통 거기서 명상을 하는 채드윅 소령이 힘 있게 쩌렁쩌렁한 목소리로, 그의 말을 반박했다. 이에 질문자는 완전히 허를 찔려 결국 침묵을 지키는 것이 현명한 줄 알게 되었고, 이윽고 자기 사람들을 데리고 회당을 떠났다.

5. 철학자

1943년 4월—십대의 한 젊은이가 얼굴을 붉히며 아주 부드럽고 겁먹은 목소리로 질문했다.

젊은이: 스와미, 이번 생에 제가 신을 볼 수 있겠습니까?

바가반: (부드럽게 미소 지으며) 먼저 그대의 질문에서 '나'가 누구인지 말해보십시오. 신이 누구이고, 무엇이며, 어디 있는지, 그리고 그대가 말

하는 '생生'이 무엇인지 말해보십시오.

젊은이는 눈을 내리깔고 말이 없었다.
뒤쪽에 있던 한 나이든 이가 앞으로 달려 나오더니, 연필을 꺼내어 종이에 질문 하나를 써서 마하르쉬께 건네 드렸다. 바가반은 그것을 읽고 나서 만면에 웃음을 띠었다. 그것은 시간과 공간에 관한 질문이었다.

바가반: 누가 이 질문을 하고 있는지 말해줄 수 있습니까? **공간**인지, 그대 자신인지, 아니면 **시간**인지.
방문객: 물론 저입니다.
바: 그대는 그 '나'를 압니까?
방: (잠시 망설이더니) '나'라는 질문은 철학자들에게 맡겨두고 제 질문에 답변해 주십시오.
목소리: 뭐라고요? **시간**이나 **공간**이 당신 자신의 자아보다 더 소중합니까?
바: (태연히 방문객을 바라보며) 그런 모든 질문들은 군더더기입니다. 그대가 명심해야 할 한 가지는, **진아지**眞我知 없이는 어떤 질문도 해결될 수 없다는 것입니다. 진아를 깨달으면 일체가 분명해지고 모든 문제가 풀립니다.

6. 과학자

2주 뒤에 한 과학도가 회당에 들어왔다.

학생: 과학에서는 원자가 중심의 원자핵과 그 주위의 공간을 도는 전자들로 이루어져 있다고 합니다. 신과 완전한 인간의 관계는 이와 같습니까, 다릅니까? 제 말은, 비록 신과 진인(眞人)이 하나의 단위이기는 해도, 그들은 별개의 정체성을 간직한다는 뜻입니다.

바가반: 완전한 인간이란 누구를 말합니까?

학: 수행으로 자신을 완성한 분 말입니다.

바: 그러니까 그대는 자신이 불완전하다고 생각해서 이런 질문을 하는군요. 그렇다면 수행을 해서 그대 자신을 완성한 뒤에 어떤 일이 일어날지 알아보는 편이 더 낫지 않을까요? 완성 뒤에야 오는 상태에 대해 왜 지금 신경을 씁니까? 실은 그대는 바로 지금도 완전하며, 그대가 생각하는 불완전이란 그대 자신이 만들어낸 것일 뿐입니다.

1937년 4월 2일

7. 회의론자

아주 바쁜 한 폴란드 언론인이 이날 오후에 몇 시간 와 있었는데, 그 시간 동안 그는 가능한 한 가장 명료하게 진리를 보기를 기대했다.

폴란드인: 저는 당신의 책에서, 당신께서 진아라고 부르시는 그 진리를 알기 위해서는 우리의 '나'의 성품을 탐구해야 한다는 것을 읽었습니다. 저는 저 자신의 정체성의 문제에 대해 저 나름의 답을 생물학에서 얻었습니다. 제가 알고 싶은 것은, 진아에 대해서 이야기하시고, 그것을 체험하신 것으로 보이는 당신은 누구시냐는 것입니다. 만약 (권위 있는) 다

른 사람이 당신의 진술을 확증해 준다면 백만 명의 사람도 그렇게 할 것이고, 그러면 진아가 존재할 개연성이 있습니다.

바가반: 그대 자신은 자아가 없습니까? 그렇다면 그대는 자신의 자아에 관해서조차 개연성의 영역 안에 있습니까?

폴: 예, 우리는 어떤 것도 확신할 수 없습니다. 신조차도 절대적으로 확실하게 입증할 수 없습니다.

바: 신은 당분간 논외로 합시다. 그대 자신은 어떻습니까?

폴: 저는 진아에 대한 확증을 원합니다.

바: 남들에게서 그대 자신을 확증 받겠다는 것입니까? 그대는 남들이 존재한다는 것을 어떻게 압니까?

폴: 저의 감각기관을 통해서입니다.

바: '저의'라는 것은 감각기관을 소유한 '나'가 있다는 것을 뜻합니다. 그대는 그대의 존재를 당연한 것으로 여기면서, 동시에 남들에게 그것을 그대에게 증명해 달라고 합니다. 마찬가지로, 그대는 남들을 보는 그대의 감각기관들의 확실성을 시인하면서, 모든 확실성을 부인합니다. 그대가 어떻게 자가당착인지 알겠지요. 사실은 남들이라고는 없습니다. '그대'라는 그런 어떤 사람도 없습니다. 각자가 남에게는 '그대'라고 불리지만, 자신을 '나'라고 칭합니다. 그대가 남들에게 요구하는 확증조차도 '나'에게서 올 뿐입니다. '그대'와 '그들'은 '나'에게만 일어나고, '나' 없이는 그것들이 의미가 없습니다.

폴: 만약 당신의 말씀이 옳다면, 진보와 과학은 어떻게 됩니까?

바: 진보와 과학은 지각하는 마음을 위한 것일 뿐입니다. 마음이 존재하지 않는다면, 이를테면 깊은 잠이 들었거나 기절했을 때라면 누구에게 그 진보가 있습니까? 모든 진보와 과학의 목표는 그대가 인정하듯 **진리**인데, 그것은 **순수한 지성**이자, 거기서 생각하는 마음이 싹터 나오고, 그

속으로 그것이 궁극적으로 해소되는 바탕 의식(substratum Consciousness)입니다. 그렇게 해소될 때, 과학이 도달하고자 하는 소위 '완성'이 성취됩니다. 이것이 이른바 진아 깨달음, 즉 마음의 근원에 대한 깨달음입니다.

2. 삶, 죽음, 환생 그리고 자살

죽음, 그리고—그보다는 정도가 덜하지만—삶과 환생(Rebirth)은 방문객들이 하는 질문의 대다수를 차지하는 주제였다. 죽음은 인간이 두려워하는 가장 큰 파국이다. 오마르 하이얌(Omar Khayyam)[1]은,

"… 술도, 노래도, 노래하는 이도, 끝남도 없이
우리 또한 먼지 속으로 가라앉기 전에,
먼지가 먼지 속으로, 그리고 먼지 아래로 눕기 전에."

라고 노래했지만, 인간을 한갓 먼지로 보고, 무덤을 그의 최종 목적지로 본 사람이 그 혼자만은 아니었다. 영원한 소멸의 공포는 모든 이들의 마음을 옥죄고 마비시키는데, 가장 강인한 사람들도 마찬가지다.

마하르쉬께는 죽음도 삶과 마찬가지로 하나의 생각에 불과하다. '깨어 있는' 동안 우리는 끊임없이 생각을 하지만, 잠이 들어 꿈을 꿀 때라고 해서 조금도 덜하지 않다. 그러나 꿈을 꾸는 상태에서 깊은 잠으로 들어가면 생각들이 그치고, 우리는 안온한 평안을 즐긴다. 그러다가 깨어나면 생각이 다시 시작되고, 그와 함께 들뜨고 평안 없는 상태가 된다.

삶이 비참한 것은 그것이 생각들에 지나지 않기 때문이다. 죽음이 몸을 무너뜨리면 꿈이 없고 생각이 없는 상태가 짧은 기간 지배하지만, 곧

---

1) T. 페르시아의 시인이자 학자(1048~1131). 인용된 시는 그의 『루바이야트(Rubaiyat)』, 제23연에 나오는 구절이다.

꿈 세계―'아스트랄(astral)' 세계―안에서 생각이 다시 일어나기 시작한다. 그것이 계속되다가 또 한 번의 꿈 없는 휴지기가 있은 뒤에 새로운 몸 안에서 하나의 온전한 '생시'가 일어난다. 생시와 잠이 이렇게 매일 되풀이되는 것은, 사람과 우주의 탄생과 죽음이 되풀이되고 활동과 휴식이 번갈아드는 것의 한 축소판이다. 전자(탄생과 활동)의 바탕은 생각과 감각이고, 후자(죽음과 휴식)의 바탕은 이런 생각과 감각들이 거기서 일어나는 평안한 존재(being)이다. 따라서 우리가 탄생과 죽음을 초월하려면, 생각의 과정들을 초월하여 그 영원한 존재에 안주해야 한다.

1937년 1월 4일

1. 한 방문객이 스리 마하르쉬께 질문한다.

방문객: 죽음에 대한 끔찍한 두려움은 어떻게 극복할 수 있습니까?

바가반: 언제 그 두려움이 그대를 사로잡습니까? 그대가 자신의 몸을 보지 않을 때, 이를테면 꿈도 꾸지 않고 깊이 잠들었을 때나 클로로포름으로 마취되었을 때 그런 두려움이 옵니까? 그것은 그대가 완전히 '깨어' 있으면서 그대의 몸을 포함한 세계를 지각할 때만 옵니다. 그대가 깊은 잠을 잘 때처럼 그런 것들을 보지 않고 순수한 **자아**로 남아 있으면, 어떤 두려움도 그대를 건드리지 못합니다.

만약 그대가 이 두려움을 그 대상, 즉 그것을 잃는 것이 두려움을 야기하는 그것에까지 추적하면, 그 대상은 몸이 아니라 그 안에서 작용하는 마음이라는 것을 알게 될 것입니다. 이 마음을 통해서 환경과 이 매혹적인 세계가 모습·소리·냄새 등으로 알려집니다. 만약 지속적인 자각 (awareness)을 얻을 수만 있다면, 자신의 병든 몸과 그것이 안겨주는 온갖 문제들과 불편함이 없어지는 것을 몹시 기뻐할 사람들이 많을 것입니다.

그가 잃을까봐 두려워하는 것은 몸이 아니라, **자각**이고 **의식**입니다. 사람들이 (자신의) 존재를 사랑하는 것은 그것이 영원한 **자각**, 즉 그들 자신의 **진아**이기 때문입니다. 그렇다면 왜 바로 지금 몸을 가지고 있을 때, 그 순수한 **자각**을 꽉 붙들어 모든 두려움에서 벗어나지 않습니까?

2. 마이소르에 사는 M 씨는 신지학 책들을 좀 읽었는데, 이곳에 몇 달간 머무르면서 그 책들을 소화하려고 애쓰고 있었다. 그는 환생還生에 대해서 알고 싶어 했다.

M: 신지학에서는 죽음과 환생 사이의 기간을 적게는 50년에서 많게는 10,000년까지 이야기하고 있습니다. 그것은 왜 그렇습니까?

바: 한 의식 상태와 다른 의식 상태를 가늠하는 기준들 간에는 아무 관계가 없습니다. 그런 모든 가늠들은 가정적假定的입니다. 어떤 이들은 시간이 더 걸리고 어떤 이들은 덜 걸리는 것은 사실입니다. 그러나 오고가는 것은 영혼이 아니라 그 개인의 생각하는 마음이고, 그것이 영혼이 오고가는 것처럼 보이게 만든다는 것을 분명히 이해해야 합니다. 마음이 어느 차원에서 작용하든, 그것은 자신을 위해 하나의 몸을 창조합니다. 즉, 물리적 세계에서는 물리적 몸을, 꿈의 세계에서는 꿈의 몸을 창조하는데, 이 꿈의 몸은 꿈속의 비에 젖고 꿈속의 병에 걸리기도 합니다. 물리적 몸이 죽고 나면 마음은 꿈 없는 잠에 들었을 때처럼 한동안 활동하지 않는데, 이때는 그것이 세계 없이, 따라서 몸 없이 있습니다. 그러나 이내 하나의 새로운 세계와 새로운 몸—아스트랄체—안에서 활동하게 되고, 그러다가 다른 몸을 받는데, 이것이 '환생'이라는 것입니다. 그러나 마음이 이미 활동을 그쳐 버린 진인(*Jnani*), 즉 진아를 깨달은 사람은 죽음에 의해 영향을 받지 않습니다. 진인의 마음은 떨어져 나갔고,

결코 다시 일어나서 탄생과 죽음을 야기하지 않습니다. 진인에게는 (탄생과 죽음이라는) 환幻의 사슬이 영원히 끊어진 것입니다.

실제로는 어떤 탄생도 없고 어떤 죽음도 없다는 것이 이제 분명합니다. 이런 과정에 실재성이 있다는 환상을 창조하고 유지하는 것은 마음이지만, 그것이 진아 깨달음에 의해 소멸됩니다.

1937년 4월 12일

3. 아디야르(Adyar)2)에 거주하는 네덜란드 여성 공그레이프 여사(Mrs. Gonggrijp)가 이곳을 사흘간 방문하고 있다. 그녀는 모든 생명에 내재한 살려는 충동―(불교의) 빨리어 경전에서 갈애渴愛(Tanha)라고 하는 것―의 원인을 알고 싶어 한다.

G 여사: 갈애, 즉 생존에 대한 갈망, 환생에 대한 갈망의 원인은 무엇입니까?

바: 진정한 환생은 에고가 죽고 영靈(Spirit)으로 거듭나는 것입니다. 이것이 예수의 십자가 못박힘의 의미입니다. 몸과의 동일시가 존재할 때는 늘, (에고가) 이 몸이든 다른 어떤 몸이든 하나의 몸에 들 수 있고, 몸-느낌(body-sense)이 그 근원인 영靈, 곧 진아 속으로 합일되어 사라질 때까지 그럴 것입니다. 위쪽으로 던져 올린 돌은 계속 운동하다가 결국 그것의 근원인 땅으로 돌아와서 휴식합니다. 두통이 계속되면서 괴로움을 주어도, 결국 두통 전의 상태로 돌아갑니다.

생명에 대한 갈망은 생명의 성품 자체에 내재해 있는데, 그 성품이 곧 **절대적 존재—사뜨**(Sat)입니다. 의식은 성품상 파괴될 수 없지만, 그것의

---

2) T. 첸나이 남쪽 교외의 한 지역. 신지학회 본부가 이곳에 있다. 저자도 라마나쉬람으로 오기 전에 한때 여기서 공부했다.

파괴될 수 있는 도구, 곧 몸과의 그릇된 동일시에 의해 자신이 파괴될 수 있다는 그릇된 이해를 흡수합니다. 그래서 그 도구를 영속시키려고 하며, 그 결과 탄생들이 이어집니다. 그러나 이런 몸들이 아무리 오래간다 해도, 그것들도 결국 끝이 나고 홀로 영원히 존재하는 진아에 귀속됩니다.

C 씨: 그렇습니다. "살고 싶으면 그대의 삶을 포기하라"고 H. P. 블라바츠키가 『침묵의 음성(Voice of the Silence)』[3)]에서 말합니다.

바: 그릇된 동일시를 포기하고, 몸은 진아 없이 존재할 수 없는 반면 진아는 몸 없이도 존재할 수 있다는 것을 기억하십시오. 사실 그것은 늘 몸 없이 있습니다.

C 씨: G 여사는 방금 인간이 다른 생에서는 동물의 몸을 받을 수도 있다는 말을 들었는데, 그것은 신지학에서 자신이 배운 것과 상반되기 때문에, 지금 마음속에 의심이 하나 일어났습니다.

바: 탄생하는 사람이나 이런 질문을 하라고 하십시오. 태어나는 자가 누구며, 실제적인 탄생과 죽음이 있는지를 먼저 알아내십시오. 이런 것들은 에고의 것일 뿐인데, 에고는 마음의 한 환幻(illusion)입니다.

1943년 5월 5일

4. B 씨는 스리 바가반의 열성적 헌신자이다. 며칠 전에 그는 외아들을 잃어 마하르쉬님과 신의 은총에 대한 믿음이 흔들렸다. 그는 며칠간 아쉬람에 오지 않고 파업을 했으나, 오늘은 스리 바가반과 '결판을 지으려고' 긴 질문 목록을 준비해 가지고 들어왔다. 몇 가지 답변을 들은 뒤

---

3) T. H. P. 블라바츠키는(Blavatsky, 1831~1891)는 신지학회 창립자이다. 『침묵의 음성』은 그녀가 티베트에서 접한 경전 중에서 비교秘敎와 관련된 내용을 발췌한 소책자이다.

에 그는 만족했다.

B 씨: 믿음이 무엇입니까?

바: 믿음, 사랑, 은총은 모두 그대의 성품, 곧 진아입니다.

B: 만약 그렇다면, 믿음과 은총은 진아를 깨달아야만 얻을 수 있습니다. 그 전에는 저희가 믿음, 사랑 등으로 부르는 모든 것이 가변적이고 참되지 않습니다.

바: 정말 그렇지요.

B: 슬픔이 하나의 생각입니까?

바: 모든 생각들은 슬픕니다.

B: 그러면 즐거운 생각들도 슬퍼야 합니다.

바: 그렇지요. 왜냐하면 생각들은 희석되지 않은 행복인 진아로부터 우리의 주의를 빼앗기 때문입니다.

B: 바가반께서는 어떻게 해서 아루나찰라에 오시게 됐습니까?

바: 여러분은 모두 어떻게 해서 왔습니까?

B: 그러니까 저는 바가반께서 마두라이(Madurai)를 떠나시던 날과 지금 사이에 바가반의 영적 소견에 어떤 차이가 있었는지를 알고 싶습니다.

바: 전혀 없지요. 줄곧 변함없이 같은 체험이 지배하고 있습니다.

B: 그렇다면 바가반께서 아루나찰라를 찬양하는 노래들을 지으실 필요가 어디 있었습니까? 그것은 바가반을 위해서였습니까, 저희를 위해서였습니까?

바: 그것을 왜 지었는지 모르겠군요. 남들을 위한 것이었을 수 있지요.

B.: 생명이 무엇입니까?

바: 물질적으로 말하면 생명은 몸이고, 영적으로 말하면 그것은 궁극적 의식입니다. 그것은 그대가 그것을 어떻게 보느냐에 달렸습니다.

B: 죽음이 무엇입니까?

바: 그것은 자신의 참된 성품에 대한 망각입니다.

이 단계에서 한 방문객이 끼어들어 자살이 잘못된 행위인지 여부를 물었다.

바: 무고한 몸을 죽이는 것은 확실히 잘못이지요. 자살은 괴로움이 집적되는 마음에 대해서 해야지, 지각력이 없어 아무것도 느끼지 못하는 몸에 대해서 하면 안 됩니다. 자살로 유혹하는 고뇌를 만들어내는 마음이 진짜 주범인데, 판단 착오로 인해 지각력 없는 무고한 몸이 그에 대한 벌을 받는 것입니다.

1948년 9월 3일

5. 영국계 인도인인 여의사 세 명이 방갈로르에서 왔다. 그 중의 한 사람은 최근에 비행기 추락사고로 남편을 잃었다. 그녀가 스리 바가반께 여쭈었다.

여의사: 환생이 있습니까?

바: 그대는 탄생이 무엇인지 압니까?

여: 아 예, 제가 지금 존재한다는 것은 알지만, 미래에도 제가 존재할지를 알고 싶습니다.

바: 과거! ··· 현재! ··· 미래라! ···.

여: 예, 오늘은 어제, 곧 과거의 결과이고, 내일, 곧 미래는 오늘, 곧 현재의 결과일 것입니다. 제가 맞습니까?

바: 과거도 없고 미래도 없습니다. 오직 현재만 있습니다. 어제는 그대가 그것을 경험할 때 현재였고, 내일도 그대가 그것을 경험할 때 현재일 것입니다. 따라서 경험은 현재에서만 일어나며, 경험 너머에서는 아무것도 존재하지 않습니다.

여: 그러면 과거와 미래는 상상에 불과합니까?

바: 그렇지요. **현재조차도** 상상에 불과합니다. 시간의 느낌은 순전히 심적인 것이기 때문입니다. 공간도 마찬가지로 심적입니다. 따라서 시간과 공간 안에서 일어나는 탄생과 환생은 상상 외에 다른 것일 수 없습니다.

1949년 2월 22일

6. 교육을 많이 받은 북인도인이 앞으로 나와서 **바가반께** 엎드려 절을 하고 앞줄에 앉았다. 그는 능숙한 영어로 질문했다.

방문객: 우주의 원인과 기원은 무엇입니까?

바: 그대는 아무 걱정거리도 없습니까?

방: 물론 있습니다. 그래서 **삶·죽음·의식** 등에 대해 알고 싶은 것입니다.

바: 시작하는 데에서 시작하십시오. 누가 **삶·의식** 등을 가지고 있습니까? 예컨대 그대는 생명을 가지고 있습니까?

방: 물론 저는 제가 살아 있다는 것을 압니다. 왜냐하면 제 몸을 보니까요.

바: 그대는 몸을 늘 봅니까? 그대가 잠이 들었을 때 그 몸에게는, 그리고 우주에게는 어떤 일이 일어납니까?

방: 모르겠습니다. 그것은 하나의 신비입니다.

바: 그것들에게 무슨 일이 일어나는지 그대가 모를 수도 있지만, 그렇다고 해서 그대가 존재하기를 그칩니까?

방: 모르겠습니다.

바: 그러면 바로 지금 그대가 존재한다는 것을 어떻게 압니까?

방: 지금 저는 자각이 있고, 제 몸이 움직이고 생각하는 것을 봅니다.

바: 그러나 그대는 자신이 실제로는 띠루반나말라이에서 깊이 잠들어 누워 있을 때도, 그대의 몸이 온갖 장소에서 움직이고, 생각하고, 존재하는 것을 봅니다.

방: 그것이 하나의 신비입니다. '나', 즉 '영원한 자'는 항상 존재하고, 저의 에고만 변한다고 말할 수 있겠습니까?

바: 그러니까 그대는 그대가 영원한 '나'와 에고의 두 사람이라고 생각하는 거군요. 그것이 가능합니까?

방: 그러면 부디 저에게 **실재**에 이르는 길을 보여주십시오.

바: **실재**는 항상 존재합니다. 마치 모든 영화 화면들이 그 위에서 움직이는 스크린처럼 말입니다. 화면들이 그 위에 나타나는 동안은 스크린이 보이지 않습니다. 그 화면들을 멈춰 보십시오. 그러면 내내 존재했고, 사실 계속 존재한 유일한 사물인 스크린이 분명히 드러날 것입니다. 이 모든 우주들, 인간들, 사물들, 생각들 그리고 사건들은 그저 **순수한 의식**의 스크린 위를 움직이는 화면들에 불과하고, 이 **순수한 의식**만이 실재합니다. 형상과 현상들은 사라지지만, 의식은 항상 남아 있습니다.

며칠 후 수에즈 운하의 프랑스인 의무장교 고델 박사(Dr. Godel)의 비슷한 질문에 대해서는 **스리 바가반**이 다른 답변을 해주었다. 당신은 의사에게 이렇게 말씀하셨다.

"그 자체로 순수한 '나'와, '나'라는 생각을 구별해야 합니다. '나'라는 생각은 하나의 생각에 불과한데, 주체와 대상을 보고, 잠을 자고, 깨어나고, 먹고 마시며, 죽고 다시 태어납니다. 그러나 순수한 '나'는 순수한 존재(Being)이고, 영원한 존재(existence)이며, 무지와 생각이라는 환幻에서 벗어나 있습니다. 만약 그대가 생각이 없이 그 '나', 즉 그대의 존재(being)

로서만 머무르면, '나'라는 생각이 사라지고 그 망상이 영원히 소멸할 것입니다. 영화에서는 아주 희미한 빛 속에서나 어둠 속에서만 화면을 볼 수 있습니다. 그러나 불을 다 켜면, 모든 화면이 사라집니다. 마찬가지로, **지고한 진아**(Supreme Atman)의 찬연한 빛 속에서는 모든 대상이 사라집니다."

고델 박사: 그것이 초월적 상태로군요.

바: 아니지요, 누가 무엇을 초월합니까? 그대만이 존재합니다.

3. 창조계 내의 행복과 불행

1937년 5월 4일

책 한 권이 낭독되고 있는데, 거기에 현상계가 창조된 것은 행복을 위해서인가 불행을 위해서인가 하는 질문이 나온다. 모두의 눈길이 그 답을 고대하며 스리 바가반에게로 향한다.

바가반: 창조계는 선하지도 않고 악하지도 않습니다. 그것은 있는 그 대로입니다. 거기에 온갖 해석을 갖다 붙이는 것은 인간의 마음인데, 왜 냐하면 그것이 사물을 자신의 각도에서 바라보기 때문이고, 그것이 (사물을) 자신의 이익에 맞추기 때문입니다. 여자는 그냥 여자인데, 어떤 마음은 그를 '어머니'라 하고, 어떤 마음은 '누이'라 하며, 또 어떤 마음은 그를 '아주머니'라고 하는 식입니다. 남자들은 여자들을 사랑하고, 뱀들을 싫어하며, 길가의 풀과 돌들에는 무관심합니다. 이러한 인연들이 세상의 모든 불행의 원인입니다. 창조계는 한 그루의 보리수와 같습니다. 새들은 와서 그 열매를 따먹거나 가지 밑에서 피난처를 얻고, 사람들은 그 그늘에서 몸을 식히지만, 어떤 사람은 그 가지에 목을 맬지도 모릅니다. 하지만 나무는 계속 자신의 조용한 삶을 영위할 뿐, 자신이 어떤 용도로 쓰이는지 상관하지 않고 알지도 못합니다. 자신의 어려움을 만들어내고 나서 도와달라고 소리치는 것은 인간의 마음입니다. 신이 어떤 사람에게는 평안을 주고 다른 사람에게는 슬픔을 줄 만큼 편파적입니까? 창조계 안에는 일체가 들어갈 자리가 있지만, 인간은 좋은 것, 건강한 것, 아름

다운 것을 보려 하지 않고 계속 투덜대는데, 이는 마치 굶주린 사람이 맞난 음식 옆에 앉아서도 손을 뻗쳐 배고픔을 해소하지는 않고 "이게 누구 잘못인가, 신의 잘못인가 사람의 잘못인가?" 하면서 계속 한탄하는 것과 같습니다. 그러나 인간에게는 다행스럽게도, 신은 무한한 자비심이 있어서 결코 인간을 저버리지 않습니다. 신은 인간에게 그를 인도해줄 스승과 경전들을 베풀어줌으로써, 인간이 자기 방식의 오류를 발견하고, 궁극적으로 영원한 행복을 얻을 새로운 기회들을 늘 안겨줍니다.

방문객: 저희는 이 세상의 쾌락이 쓸데없고 심지어 고통스럽기까지 하다는 것을 알지만, 그래도 쾌락을 갈망합니다. 그런 갈망을 끝낼 방도는 무엇입니까?

바: 신을 생각하십시오. 그러면 집착들이 그대에게서 점차 떨어져 나갈 것입니다. 만약 모든 욕망이 사라질 때까지 기다려서 헌신과 기도를 시작하려고 하면, 실로 아주 오랜 시간을 기다려야 할 것입니다.

4. 업業

1948년 8월 15일

　북쪽에서 온 한 방문객은 극도로 흥분해 있는 듯했다. 그는 감정을 가누지 못한 채 몇 가지 탐색적 질문을 했다. 그 중의 하나는 세상에 왜 수많은 악이 있느냐는 것과, 왜 나쁜 짓을 하는 사람들이 좋은 일을 하는 사람들보다 더 성공하는가 하는 것이었다. 만약 그것이 업業(karma) 때문이라면 누가 그 업을 만들었고, 왜 그것이 그렇게 자의적으로―다양한 사람들에게 다양한 업으로―배분되어, 수많은 불행과 고뇌의 원인이 되어야 하느냐는 것이었다. **스리 바가반**은 질문자의 가슴속 고뇌를 아시고, 그에게 무한히 자애로우셨다. 당신은 그의 모든 질문에 대해 간명직절하게, 그리고 놀라울 만큼 명료하게 답변하셨다. 업業에 대해서는 이렇게 말씀하셨다.

　"그것은 누구의 업業입니까? 두 가지 창조물이 있는데, 하나는 신의 창조물이고, 또 하나는 인간의 창조물입니다. 전자는 단 하나이고 업業에서 벗어나 있습니다. 후자는 다양하고, 다양한 업業을 가지고 있습니다. 만일 인간이 그 자신의 창조물(즉, 자신의 세계)을 없애버리면, 다양한 개인도 없고 다양한 업業도 없을 것입니다. 불행이 이렇게 해서 사라집니다. 인간의 창조물을 죽이는(소멸하는) 사람은 천국만 보고, 그렇지 않은 사람들은 지옥만 봅니다."

　"나쁜 짓을 하면 조만간 그 과보가 그에게 되돌아간다는 것은 지성적인 사람이라면 누구나 경험합니다. 그것은 왜 그렇습니까? 진아는 모두의 안에서 하나이기 때문입니다. 남들을 볼 때, 그대는 그들의 형상에서 그대 자신을 볼 뿐입니다. '네 이웃을 너 자신같이 사랑하라'는 것은, 그가 그대의 진아이기 때문에 그를 사랑해야 한다는 뜻입니다."

5. 자유의지, 미리 계획하지 않은 행위

1936년 6월 19일

1. 한 방문객은 자유의지라는 것이 있는지를 여쭈었다.

바가반: 그것은 누구의 의지입니까? 행위자라는 느낌이 있는 한, 즐김의 느낌과 개인적 의지의 느낌도 있습니다. 그러나 탐구(vichara)의 수행을 통해 이 느낌이 사라지면, 신의 의지가 작용하여 사건들의 행로를 인도할 것입니다. 운명은 진지眞知(Jnana), 곧 의지와 운명을 넘어서 있는 진아지(Self-knowledge)에 의해 극복됩니다.

1936년 11월 9일

2. C 씨가 의지는 개아個我의 껍질들(sheaths) 안의 어디에 자리 잡고 있는지를 여쭈었다.

바: 의지란 '나'의 목적 있는 힘이고, 그것이 어떤 행위를 결정하고 추동합니다. 이처럼 그것은 '나' 안에 내재해 있습니다. 그것이 어느 껍질 안에 있느냐고요? '나'라는 느낌(I-sense)이 있는 곳, 즉 지성껍질(vijnanamayakosha) 안에 있을 수밖에 없습니다.

음식껍질(annamayakosha-음식으로 이루어진 몸, 곧 조대신粗大身)은 신체적 껍질입니다. 생기껍질(pranamayakosha)은 생기와 감각의 껍질입니다. 마음껍질

(manomayakosha)은 생각과 감각지각—곧 주체와 대상의 껍질입니다. 그리고 지성껍질은 '나'라는 느낌의 껍질인데, 여기서 자기를 의식하는 개인이 (무엇을) 의지意志하고 결정합니다. 이런 세부사항으로 들어가는 것은 정말 불필요합니다. 우리가 관심 가져야 할 것은 이 모든 껍질과 세계들의 중추인 그 '나'의 참된 성품입니다. 참 '나'는 지고의 실재입니다.

1936년 5월 19일

3. 한 프랑스 철학박사가 이날 왔다. 그가 질문했다. "구도자는 어떻게 일을 해야 합니까?"

바: 자신을 행위자로 여기지 않고, 즉 동기(의도한 목적)나 고정불변의 계획 없이 해야 합니다. 예컨대 그대가 파리에서 여행을 시작했을 때, 이곳을 여행 일정표에 넣었습니까?

박사: 아닙니다.

바: 이제 그대가 어떻게 사전 계획 없이도 왔는지를 보십시오. 『기타』에서 말하기를, 그 누구도 행위하지 않고 있을 수는 없고, 원하든 않든 우리가 태어난 목적은 성취될 거라고 했습니다. 따라서 그 목적이 스스로 성취되게 하는 것이 현명합니다.

1944년 2월 10일

4. 이와 관련해서, 신의 의지가 어떻게 자동적으로 작용하여 미리 계획하지 않은 행위를 통해 한 헌신자에게 이익을 주는지를 보여주는 하나의 사례를 여기 기록해 두는 것이 적절하겠다.

약 한 달 전 스승님의 시자侍者들 중 한 사람인 시바(Shiva)가 어떤 이유로 소임에서 해직되었고, 그는 즉시 자기 마을로 돌아갔다. 간밤에 그가 돌아와 우리가 있는 데서 스리 바가반께 다음과 같은 이야기를 들려드렸다.

"제가 약 한 달 전 아쉬람을 떠난 다음날 우리 마을 역에서 내리다가 친척 한 사람을 만났습니다. 그가 저를 보더니 달려와서 소리쳤습니다. '어이, 자네가 왔군. 내가 막 자네한테 이 전보를 치러 가던 길인데. 자네 아버지가 돌아가실 형편인데 자네를 몹시 보고 싶어 하셔.' 저는 깜짝 놀랐고, 제가 소임에서 해직된 것은 제때에 여기 올 수 있도록 하기 위해서였다는 것을 깨달았습니다. 집에 들어서니, 눈도 뜨지 않고 말씀도 하지 않던 아버지가 갑자기 눈을 뜨시더니 저를 보고 웃음을 지으며 말했습니다. '드디어 네가 왔구나. 기쁘다(santosham).' 그리고 한 시간 뒤에 숨을 거두셨습니다."

6. 에고

1937년 2월 17일

1. 타계한 신지학회 회장의 부인으로 마드라스(첸나이)의 아디야르에 거주하는 D. 지나라자다사(Jinarajadasa) 여사가 나라들, 가정들, 개인들 간의 수많은 불화의 원인인 인간 에고의 뿌리로 나아가고 싶어 했다.

J 여사: 에고와 진아의 차이는 무엇입니까?

바가반: 오고 가고, 일어나고 가라앉고, 태어나고 죽는 것이 에고입니다. 늘 안주해 있고, 결코 변하지 않고, 성질들이 없는 것이 진아입니다.

J: 신은 불길이고 우리는 그 불꽃들이라고 말할 수 있습니까?

바: 불꽃들은 불길에서 일어나지만 거기서 떨어져 나와 허공으로 사라지는 반면, 우리는 결코 신의 바깥에 있지 않습니다.

J: 그런데 우리 자신과 별개의 어떤 신이 있습니까? 당연히 이 우주에는 어떤 창조주가 있어야겠지요.

바: 그대가 '우리 자신'이라고 한 말이 그대의 몸을 뜻한다면 창조주가 있지만, 만약 그것이 순수한 진아를 뜻한다면 그것 외에는 아무것도 없습니다. 그대가 하나의 우주를 대상화해서 보면, 그대 자신의 곁에 많은 사물들을 보면서 창조주인 한 신을 상정想定하게 되어 있습니다. 몸, 신 그리고 세계는 진아에서 함께 일어나고 진아 속으로 함께 가라앉습니다. 만약 신이 진아(자기)와 별개라면, 그는 자기가 없겠지요(Self-less). 즉, 존재성 바깥, 그러니까 존재하지 않는 것이 되겠지요.

J: 저는 우리가 에고 자아(ego-self)를 참된 자아(true Self)로 승화시켜야 한다고 생각합니다.

바: 에고 자아란 전혀 존재하지 않습니다.

J: 그러면 왜 그것이 수많은 문제를 안겨줍니까? 그것이 나라들과 사람들 사이에서 일으킨 참화慘禍를 보십시오. 그것은 우리 자신에게조차 무섭습니다.

바: 누구에게 그 문제가 있습니까? 그 문제도 상상된 것입니다. 고통과 쾌락은 에고에게 있는데, 에고 자체가 상상된 것입니다. 그것의 성품에 대한 부단한 탐구를 통해 에고가 사라지면, 쾌락과 고통이라는 환幻도 사라지고, 그것들의 근원인 진아만 남습니다. 실재 안에는 에고도 없고 무지無知도 없습니다.

J: 그런데 에고는 어떻게 일어났습니까?

바: 에고는 존재하지 않습니다. 그렇지 않다면 그대는 하나가 아니라 둘이 되겠지요. 에고인 그대와 진아인 그대 말입니다. 그대는 하나의 단일하고 불가분한 전체입니다. 그대 자신을 탐구하십시오. 그러면 외관상의 에고와 무지는 사라질 것입니다.

J: 그렇다면 왜 우리가 집중할 필요가 있습니까?

바: 집중, 명상과 모든 영적 행법들은 진아를 깨달으려는 목적으로 하는 것이 아니라—왜냐하면 진아는 항상 존재하니까—무지가 존재하지 않음을 깨닫기 위해서 하는 것입니다. 사람은 각자 그 자신의 존재성을 인정하며, 그것을 증명해줄 거울을 필요로 하지 않습니다. 존재는 곧 자각(존재의 인식)이고, 그것은 무지의 부정입니다. 그러면 인간은 왜 고통 받습니까? 그가 자신을 실은 자기가 아닌 것, 예를 들면 몸, 이것, 저것,[1]

---

1) T. '이것'이나 '저것'이란 이름, 지위, 신분 등 다양한 자기 동일시물들을 가리킨다.

그 밖의 다른 것—"나는 고빨이다. 빠라슈람의 아들이고, 나떼산의 아버지다" 등—으로 상상하기 때문입니다. 실은 그는 성질들(세 가지 구나)과 덧씌움(superimpositions)2)에서 벗어난, 이름과 형상들에서 벗어난 지성적인 "내가 있다(I am)"3)일 뿐입니다. 그가 꿈 없는 잠 속에서 자기 몸이나 그런 모든 성질, 모양, 색깔들을 봅니까? 하지만 그럴 때 그는 몸 하나 없이도 자기 자신이 존재하고 있다는 것을 부인하지 않습니다. 그가 생시의 상태에 있을 때도 그 존재를, 그 홀로 있음—독존獨存(Kaivalya)—을 꽉 붙들어야 합니다. 지혜로운 사람은 그냥 있습니다. "나는 내가 있다는 것이다(I Am That I Am)"4)가 전체 진리를 요약해 줍니다. 그 (진리를 깨닫는) 방법은 "고요히 있으라. 그리고 내가 신임을 알라(Be still and know that I am God)"는 것으로 요약됩니다.5) 고요함이란 무슨 뜻입니까? 생각하기를 그치는 것입니다. 그 생각이 형상, 색깔, 성질들, 시간, 공간, 모든 개념과 가르침 등등의 이 우주입니다.

* * * *

한 방문객이 질문했다. "만약 에고 곧 '나'가 하나의 환幻이라면, 누가 그 환을 벗어버립니까?"

바: 그 '나'가 '나'라는 환幻을 벗어버리면서도 '나'로서 남아 있습니다.

---

2) T. '덧씌움'이란, 마음이 실재 위에 부가한 여러 가지 것들, 즉 세계·몸·감각기관·마음 등과 온갖 이름과 형상 따위이다.
3) T. '지성적인 "내가 있다"'란, 의식으로서의 "내가 있다"를 의미한다. 의식은 '지성적 원리'로도 표현된다.
4) T. 『성경』, 출애굽기 3:14. 한글성경에서는 "나는 스스로 있는 나다" 등으로 번역하고 있다. 바가반은 신의 본질은 "내가 있다"이며, 자기탐구는 "내가 있다"는 사실, 즉 자신의 '존재성'에 대한 자각의 수행법임을 강조하기 위해 이 구절을 종종 인용하였다.
5) T. 『성경』, 시편 46:10. 여기서 "고요히 있으라"는 바가반이 말하는 "숨마-이루(Summa Iru -'고요히 있으라")"와 일치하고, "내가 신임을 알라"는 "내면의 진아를 알라", 곧 자기의 참된 성품을 면밀히 탐색하라는 뜻이다. 이것은 바가반의 자기탐구가 생각을 멈추어 마음을 고요히 유지하면서('묵연함'의 측면), "내가 있다"는 존재의 자각을 통해 내면을 탐구하는('비춤'의 측면) 묵조선默照禪적 방법임을 말해준다.

이것은 그대에게 하나의 역설逆說로 보이지만, 진인에게는 그렇지 않습니다. 헌신가(*bhakta*)의 경우를 봅시다. 그의 '나'는 하느님에게 기도하여 자신을 그와 합일시키려 하는데, 이것이 '나'의 순복입니다. 이런 순복 뒤에 잔여물로서 남는 것은 영원한 '나', 즉 절대자인 신, 지고아(*Paramatman*) 그 자신입니다. 본래 기도했던 그 '나'는 어떻게 되었습니까? 그것은 실재하지 않기에, 그냥 사라져 버렸습니다.

1936년 11월 18일

2. **방문객**: 깊은 잠(*sushupti*)은 워낙 평안해서 우리는 가능한 한 그 상태에 오래 머무르고 싶지만, 그럴 수가 없습니다. 왜 그렇습니까?

바: 우리는 항상 깊은 잠 속에 있습니다. 생시(*jagrat*)에 그것을 자각하는 것이 삼매(*samadhi*)입니다. 무지인無知人(*ajnani*)은 깊은 잠 속에 오래 머무를 수 없습니다. 왜냐하면 그의 에고가 그를 잠에서 밀어내기 때문입니다. 진인은 자신의 에고를 꺾어 버렸지만, 발현업發現業(*prarabdha*)으로 인해 그것이 계속 거듭해서 일어납니다. 그래서 진인과 무지인에게 공히 에고가 일어나지만, 이런 차이가 있습니다. 진인의 에고는 자신의 주시처(*lakshya*)[표적, 주의]를 늘 그 근원(심장)에 고정한 채 초월적 체험을 즐기는 반면, 무지인의 에고는 그것을 전혀 모릅니다. 진인의 에고는 무해하며, 마치 불타버린 노끈같이, 통상적인 자아의 한 잔해에 불과합니다. 그 에고는 자신의 주의를 부단히 근원인 심장에 고정함으로써, 마치 바다에 떨어진 소금인형같이 그 속으로 해소됩니다.

1943년 3월 14일

3. M. 벤까따라마이아 교수[스와미 라마난다 사라스와띠]가 '아함(*Aham*)'—'나'라는 느낌—에게 정체성(identity)과 지知를 부여하는 빛은 무지인지 찌뜨(*chit*)[순수한 의식]인지를 여쭈었다. 스리 바가반이 답변했다.

바: '나'로 하여금 자신이 남들과 다르다고 믿게 만들고 대상들을 창조하는 것은 찌뜨의 반사된 빛일 뿐입니다. 반사가 있으려면 그 반사가 일어나는 하나의 표면이 있어야 합니다.

엘라 메이야르: 그 표면이 무엇입니까?

바: 그대가 진아를 깨달으면, 그 반사와 그 반사가 일어나는 표면이 실제로는 존재하지 않으며, 그 둘 다 같은 하나의 찌뜨라는 것을 발견할 것입니다. 세계가 있는데, 그것이 존재하려면 장소가 있어야 하고, 그것이 지각될 수 있으려면 빛이 있어야 합니다. 둘 다 동시에 일어납니다. 따라서 물리적 존재와 지각은 진아에서 반사되는 마음의 빛에 의존합니다. 영화의 화면이 반사된 빛에 의해, 어둠 속에서만 눈에 보일 수 있게 되듯이, 세계라는 화면도 무지(*avidya*)의 어둠 속에서 반사되는 진아의 빛에 의해서만 지각될 수 있습니다. 깊은 잠 속에서와 같은 완전한 무지의 어둠 속에서나, 진아 깨달음이나 삼매와 같은 진아의 완전한 빛 속에서는 세계가 보이지 않습니다.

7. 철학의 위험성

1937년 4월 10일

아주 학식 있는 한 방문객은 인간과 그의 구성 원리가 주된 관심사였는데, 스리 바가반께 인간의 다양한 몸과 껍질들(*koshas*), 그 기능들, 그리고 아뜨마·붓디·마나스(*atma-buddhi-manas*) 등을 체험에 의거해 설명해 주기를 원했다.

바가반: (간략한 설명을 덧붙인 뒤에) 여러 학파들의 복잡한 미로 같은 철학은 물질들을 밝혀내고 **진리**를 드러낸다고 주장하지만, 사실 그 철학들은 혼란이 존재할 필요가 없는 곳에 혼란을 만들어냅니다. 무엇을 이해하려면 그것을 이해하는 존재가 있어야 합니다. 그의 몸들, 그의 에고(*ahankar*), 그의 지성(*buddhi*), 창조, 신, 마하트마들(*Mahatmas*), 세계―비非진아―를 대체 왜 걱정합니까? 왜 그대 자신으로 머무르면서 평안하게 있지 않습니까? 베단타를 예로 들어봅시다. 베단타에서는 열다섯 가지 생기生氣(*pranas*)를 이야기하고, 학인學人(student)에게 그 이름과 기능들을 암기하라고 합니다. 단 하나의 생기가 몸 안의 생명을 유지하는 전체 작업을 하고 있다고 배우면 충분하지 않을까요? 또 내적기관(*antahkarana*)[1]은 생각하고, 욕망하고, 의지하고, 추리하는 등의 기능을 한다고 합니다. 왜 그렇게 세부적으로 논합니까? 누가 내적기관이나 그런 모든 생기를 본

---

1) *T.* 마나스(*manas*-인식·사유 기능)·붓디(*buddhi*-지성)·에고(*ahankara*)·찌따(*chitta*-기억)의 네 가지를 내적기관이라고 하며, 총칭하여 '마음'이라고도 한다.

적이 있습니까? 그런 것들이 정말로 존재합니까? 그것들은 모두 철학 교사들이 과도한 분석으로 만들어낸 개념적 구분입니다. 이런 모든 개념들이 어디서 끝이 납니까? 왜 혼란을 만들어낸 다음 그것을 설명해야 합니까? 철학의 미궁 속에서 길을 잃지 않고, 그것들 모두가 일어난 근원으로 바로 들어가는 사람은 복 있는 사람입니다.

8. 순복順服

방문객: 자기순복(self-surrender)이란 무엇입니까?

바가반: 그것은 마음 제어(mind-control)와 같습니다. 에고는 **아뜨만**(진아)이라는 더 높은 권위자를 인정할 때 순복합니다. 이것이 순복(내맡김)의 시작입니다. 에고는 **진아** 없이는 존재할 수 없기는 하지만, 그 사실을 모르기 때문에 반발하는 상태에 있고, 자신의 주도권에 따라 자신의 의지로 행위합니다.

방: 반발하는 에고를 어떻게 조복調伏 받을 수 있습니까?

바: 그것의 근원을 추구하면 그것이 자동적으로 사라질 것입니다. 아니면 에고의 모든 행위·동기·결정들을 의도적으로 내맡기고, 그렇게 하여 그것의 뿌리를 치면 됩니다. (오랜) 습習이, 생각하기(thinking)는 하나의 영구적 제도이고,[1] 생각하기 없이 존재하기는 불가능하다는 거짓된 관념을 만들어내지만, 탐구와 분별이 이런 오류를 날려버립니다. 노력 없이는 누구도 성공할 수 없고, 성공한 소수의 사람들은 꾸준히 노력했기에 (에고를 조복 받고) 승리한 것입니다.

방: 사람들이 신이나 스승 앞에서 엎드려 절하는 것은 그들의 순복을 증명하거나, 아니면 최소한 보여드리기 위한 거라고 생각됩니다.

---

1) T. 영구적 '제도(institution)'란 영구히 존립하는 것이라는 뜻이다. 에고가 지배하는 마음은 늘 어떤 대상을 생각하는데, 그런 생각들이 꼬리를 물고 일어나므로 '생각하기'는 마음의 본질적·영구적 기능으로 여겨지고, 생각하기 없이 존재하기란 불가능해 보인다. 이것은 시작 없는 옛적부터의 오랜 습 때문이며, 에고의 근원에 대한 탐구를 통해서 소멸될 수 있다.

바: 참된 순복은 에고를 그 근원인 심장 안에서 녹이는 것입니다. 신은 신체적인 무릎 꿇기에 속지 않습니다. 숭배자에게서 그가 보는 것은 에고가 얼마나 온전히 제어되어 있느냐, 그리고 자아소멸(self-destruction) 직전의 상태에 얼마나 가 있느냐는 것입니다.

9. 마야

 비이원론(Advaita) 철학의 모든 측면들 중에서 **마야**(Maya)가 가장 이해하기 어렵고, 설명하기는 더욱 어렵다. 어떤 이들은 그것을 무지라고 해석하고, 어떤 이들은 꿈으로 해석하며, 또 어떤 이들은 환幻으로 해석하는데, 체험 외에는 그 무엇도 그것을 만족스럽게 설명할 수 없다. 그동안 그런 설명들에 의해 상당한 오해가 유발되었다. **마야**는 설명하면 설명할수록 더 모호해진다.

 1939년에 내가 방문한 아쉬람들 중 한 곳에서 나는 한 캐나다 여성을 만났다. 그녀는 '**진리를 찾아**' 인도에 왔고, 많은 요기(yogis)와 아쉬람들을 방문했는데, 마지막으로 간 곳이 마드라스에 있는 라마크리슈나 정사精舍(Ramakrishna Mutt-라마크리슈나 교단 소속의 사원)였다. 우리는 평소처럼 요가·명상 등에 관해 이야기했는데, 내가 '**마야**'란 단어를 언급하자 그녀는 숨을 몰아쉬고 자신의 목을 그러쥐더니, 목소리를 낮추어 이렇게 속삭였다. "그 말씀은 마세요. 라마크리슈나 교단(Ramakrishna Mission) 사람들이 저를 죽이려고 했는데, **하느님**이 구해주셔서 제가 빠져나왔습니다."

 나: 그들이 당신을 죽이려 했다니, 그게 무슨 뜻입니까? 그들은 산야시(출가수행자)들인데요.

 그녀: 제 몸이 아니라 제 영혼요. 그들이 저에게 말하기를, 아무것도 존재하지 않는다고 하더군요. 세계도 없고, 인간도 없고, 나무도 없고, 아무것도, 아무것도 없다고요—모든 것이 환幻이고, 모든 것이 저 자신

의 상상이라고 말입니다. 그리고 저 자신을 순복시킬 때까지는 제가 그 환幻을 죽일 수 없다고 했습니다. 제 영혼과 마음이 없다면, 제가 어디 있겠습니까?

나는 화제를 바꾸는 것 외에는 도리가 없었다.

그러나 스리 바가반의 설명은 탁월한데, 다음 대화를 보면 알 것이다.

1937년 4월 15일

1. C 씨는 이 엄청난 세간환世間幻(world illusion)의 신비에 대해 알고 싶어 했다.

C: 우리는 세계를 환幻으로 이야기하지만, 그 안의 일체가 엄격한 법칙을 따르고 있는데, 이것은 세계가 잘 계획되고, 잘 조절된다는 것을 증명합니다.

바가반: 그렇지요. 그 환幻을 투사한 사람이 거기에 질서 있는 겉모습과 건전한 계획을 부여했습니다.

C: 비이원론파派 외의 모든 영적 기관들(승단·아쉬람·정사 등)은 **실재**의 창조적 측면을 부각시키는데, 그것을 그들은 신이라고 이름 붙입니다. 그들은 예언자들, 성자들, 경전들 등을 이야기합니다. 그들이 모두 환幻입니까?

바: 그들은 모두 질문자인 그대가 존재하는 것과 같은 방식으로 존재합니다. 그대는 상대적인 세계 안에 있고, 그들도 그렇습니다. 그렇지 않다면 그대가 그들을 알지 못했겠지요. 꿈속에서도 우리는 성자들, 경전들 등이 있는 잘 조절된 세계를 보지만, 우리가 깨어나는 순간 그들은 모두 사라집니다. 마찬가지로 이 꿈의 세계에서 **지고의 의식으로** 깨어나면 그들은 모두 사라집니다.

C: 그런데 진리에서 어떻게 환幻, 곧 거짓이 일어납니까?

바: 마야(Maya)는 거짓의 겉모습을 갖고 있기는 하지만 거짓이 아니라, **실재의 활동적 측면**입니다. 마야는 의식 안에서 형상들을 만드는 자인데, 형상은 다양성을 뜻하고, 그것이 환幻을 야기합니다. 이 모든 다양성은 의식 안에 있지 달리 어디에도 없다는 것을 유념하십시오. 그것은 마음 안에 있을 뿐입니다. 한 개아(jiva)가 다른 개아를 보고, 자신이 그와 동일함을 망각하고 그를 자신과 별개라고 생각합니다. 그러나 개아가 형상으로서가 아닌 **의식**으로서의 그 자신의 성품에 주의를 돌리는 순간, 다양성과 별개성의 환幻은 깨집니다. 꿈에서 깨어나면 꿈이 깨지듯이 말입니다.

C: 무형상자인 신이 형상들을 일으킨다고 생각하기는 어렵습니다.

바: 왜 어렵지요? 그대가 이를테면 깊은 잠이 들었거나, 삼매에 들어 있거나, 기절했을 때처럼 무엇을 지각하거나 생각하지 않을 때, 그대의 마음은 형상 없는 상태로 있지 않습니까? 그리고 마음이 생각을 하거나 그대의 몸을 움직이게 추동할 때는 그것이 공간과 관계를 창조하지 않습니까? 그대가 마음으로 고안하고 몸으로 실행하면서 하나의 동질적이고 자동적인 행위를 하듯이—그것은 워낙 자동적이어서 사실 대부분의 사람들은 그 과정을 자각하지 못하지만—**신적인 지성**(Divine Intelligence)[1]은 고안하고 계획하며, 그의 에너지는 자동적으로 그리고 자연발로적으로 행위합니다. 그 생각과 행위는 하나의 통합적 전체입니다. 순수한 지성 안에 내재된 이 **창조적 에너지**는 여러 가지 이름으로 불리는데, 그 중의 하나가 **마야** 혹은 **샥띠**(shakti), 곧 형상이나 모습들의 **창조주**입니다.

---

[1] T. 이것은 의식의 지성적 측면, 즉 지知의 측면을 가리키는데, 우리의 생시의 세계(현상계)는 이 신적인 지성에 의해 일순간에 창조된다. 따라서 이 세계의 창조주는 다름 아닌 의식이며, 그것이 곧 신의 실체이다.

1948년 6월 14일

2. 영어교수 숩바라마이야(Subbaramayyah) 씨는 자주 오는 방문객이다. 그는 올 때마다 스승님과 고대의 베단타 책들을 논의한다. 오늘의 대담은 독존(Kaivalyam)에 관해서이다. 마야는 중간에 나오는데 주목할 필요가 있다. 스리 바가반이 설명한다.

"모든 차원(plane)은 그 나름의 환幻을 가지고 있는데, 그것은 같은 차원의 다른 환幻에 의해서만 소멸될 수 있습니다. 예를 들어, 한 사람이 식사를 잔뜩 하고는 잠자리에 듭니다. 그는 생시에 먹은 음식이 뱃속에 들어 있는데도 배가 고픈 꿈을 꿉니다. 꿈속의 배고픔을 해소하려면 꿈속의 음식을 먹어야 합니다. 꿈속의 부상은 꿈속의 치료를 요합니다. 한 위대한 왕은 언젠가 꿈속에서 자신이 병이 났는데, 너무 가난해서 의사를 부를 수 없었습니다. 그래서 친구들에게 의료비를 구걸하여 치료를 받아야 했습니다. 생시의 상태에서는 엄청난 부를 가지고 있었지만, 꿈의 상태에서는 그것이 아무 소용없었습니다. 마찬가지로, 무지(ajnana)의 환幻은 구루-우빠데샤(guru-upadesa)[스승의 가르침]라는 환幻에 의해서만 소멸될 수 있습니다. 해탈(Mukti)은 항상 존재하고 속박은 항상 부존재하지만, 사람들이 보편적으로 경험하는 것은 그 반대지요."

1937년 2월 16일

3. 한 방문객은 진아를 아는 것을 너무 어렵게 만드는 신의 유희(leela)가 잔인하다고 말한다.

바: (웃으면서) 진아를 안다는 것은 진아가 되는 것(being the Self)이고, 됨(being)은 존재(existence)—곧 자기 자신의 존재성을 의미하는데, 그것은 누구도 부인하지 못합니다. 마치 우리가 자신의 눈을 보지는 못해도 자

신에게 눈이 있음을 부인할 수 없듯이 말입니다. 문제는 마치 그대가 거울을 앞에 놓고 자신의 눈을 대상화하듯이, 진아를 대상화하려고 하는 그대의 욕망에 있습니다. 그대는 대상성에 너무 익숙해져서 그대 자신을 모르게 되어 버렸습니다. 그도 그럴 것이 진아는 대상화될 수 없기 때문입니다. 누가 자아를 알려고 합니까? 지각력 없는 몸이 자아를 알 수 있습니까? 그대는 늘 자신의 '나', '나', '나'에 대해 이야기하고 생각하면서도, 막상 물어보면 그것을 모른다고 합니다. 그대가 곧 진아인데도, 그대는 어떻게 하면 진아를 알 수 있느냐고 묻습니다. 그렇다면 신의 유희가 어디 있고, 그 잔인함이 어디 있습니까? 사람들이 이처럼 진아를 부인하기 때문에, 경전에서 마야·릴라(leela) 등을 이야기하는 것입니다.

1937년 4월 15일

4. 아쉬람에 자주 오는 한 방문객이 마야의 문제와 그것이 생시와 꿈의 상태들과 갖는 관계에 대해 숙고하고 있다.

방: 생시의 경험과 꿈의 경험 간에 어떤 진정한 차이가 있습니까?

바: 생시의 사람에게는 생시가 꿈보다 더 오래 계속되는 것처럼 보이는데, 꿈을 꾸고 있는 사람 자신에게는 그렇지 않다는 것 외에는 아무 차이가 없습니다. 생시의 사람은 자신의 꿈이 어떤 때는 수백 년에 걸친 것이었다고 이야기하기도 하고, 그래서 꿈을 찰나적이라고 부르지만, 실제로는 두 상태의 본질 간에 조금도 차이가 없습니다.

C: 이런 차이는 있습니다. 우리가 생시로 돌아올 때는 늘 같은 장소, 같은 사람들, 같은 활동과 관심사로 돌아오지만, 꿈(svapna) 상태로 들어갈 때는 그렇지 않습니다.

바: 그것은 꿈속에서 사물들이 아주 빨리 움직이기 때문입니다. 지금

생시의 사물들이 그대에게 그렇게 보이듯이 말입니다. 그러나 그대가 꿈의 세계로 갈 때마다 거기서 자신을 낯선 사람이라고 느낍니까? 여기서 그러듯이 사람과 장소들을 완전히 친숙하게 느끼지 않습니까? 그대는 이따금 장관이 되거나, 생시에서는 이미 오래 전에 죽은 아버지를 만나거나, 옥좌에 앉아 있는 신을 보는 꿈을 꾸면서도, 그 상태에서는 어떤 모순점도 보지 못하지 않습니까? 지금 생시가 그렇듯이 꿈도 그때는 그대에게 실재적입니다. 차이가 어디 있습니까? 만약 그대가 꿈을 환幻이라고 부른다면, 왜 생시에 대해서도 그렇게 부르지 않습니까?

방: (『바가바드 기타』에서) 아르주나(Arjuna)는 스리 크리슈나의 신적 형상을 보았습니다. 그 환영幻影(vision)은 진짜였습니까?

바: 스리 크리슈나는 『바가바드 기타』 제2장의 대화를 "나는 아무 형상이 없다" 등의 말로 시작합니다. 그러나 제11장에서는 "나는 삼계三界(전 우주)를 초월한다 …"고 말했습니다. 하지만 아르주나는 그의 안에서 그 세계들을 보았습니다. 스리 크리슈나는 또 이렇게 말했습니다. "나는 시간이다." 시간이 형상이 있습니까? 우주가 그의 형상이라면, 그것은 획일적이고 불변이어야 하지 않습니까? 그는 **불변의 일자**—者(the Changeless One)이니 말입니다. 이런 외관상 모순에 대한 해법은 그가 아르주나에게 한 이런 말에 있습니다. "내 안에서 그대가 보고 싶은 모든 것을 보라 …." 이 말은 그의 형상이 보는 자의 욕망과 개념에 따라 달라진다는 것을 뜻합니다. 사람들은 신의 환영을 이야기하지만, 보는 자 자신이 그 장면 속에 있으면서 그것을 서로 다르게 채색합니다. 최면술사들도 우리에게 이상한 장면과 현상들을 보게 할 수 있는데, 그대는 그것을 잡술이니 요술이니 비난하는 반면, 신의 환영은 '신적'이라고 찬양합니다. 왜 그런 차이가 있습니까? 실은 '보이는 것들'은, 그것이 감각기관에서 나오든 순수한 개념으로서 마음에서 나오든, 모두 실재하지 않는다는 것입니다.

이것이 진리입니다.

1937년 1월 4일

5. 한 제자가, "스리 바가반께서는 종종 마야와 실재가 동일하다고 말씀하시는데, 어떻게 그럴 수 있습니까?"라고 말한다.

바: 샹까라는 마야에 관한 그의 견해로 인해 그를 이해하지 못한 사람들로부터 비난받았습니다. 그는 이렇게 말했습니다. (1) 브라만은 실재한다. (2) 우주는 실재하지 않는다. (3) 브라만이 우주이다.[2] 그는 두 번째에서 멈추지 않았습니다. 왜냐하면 세 번째가 다른 두 가지를 설명해 주기 때문입니다. 그것은 우주가 진아로서 지각되면 실재하지만, 진아와 별개로 지각되면 실재하지 않는다는 것을 뜻합니다. 그래서 마야와 실재는 똑같은 하나인 것입니다.

---

2) T. 샹까라의 「브라마냐니발리말라(*Brahmajnanavalimala*)」, 제19연에서 "항아리, 벽 등은 일체가 진흙일 뿐이네. 마찬가지로 전 우주는 브라만이니, 이와 같이 베단타에서 선언한다네 (*ghatakudyadikam sarvam mrttikamatram eva ca. tadvad brahma jagat sarvam iti vedantadindimah*)"라고 하였고, 제20연에서는 "브라만은 실재하고, 세계는 환이며, 개아는 브라만과 다르지 않네. 이것이 바른 경전임을 알아야 하니, 이와 같이 베단타에서 선언한다네 (*brahma satyam jagan mithya jivo brahmaiva na parah. anena vedyam sacchastram iti vedantadindimah*)"라고 하였다. 바가반은 제19연 후반부와 제20연 전반부에서 이 세 개의 명제를 발췌하여 재배열한 것으로 보인다.

10. 스승

제1차 세계대전 후 서양에서 새로운 정치 이데올로기가 흥기하면서 사람들은 모든 권위를 용납하지 않게 되었다. 그것이 풀어 놓은 힘들과 도처에 퍼뜨린 반항의 정신이 워낙 엄청나게 광범위한 파장을 몰고 와서, 그 영향이 대다수 신세계 문학에 흔적을 남겼다. 그것은 영적인 영역에까지 밀고 들어가, 새로운 시대의 **메시아**가 되어 부상하던 설교사 세대의 견해를 물들였다.

그러다 보니 참으로 구도적인 마음의 소유자들은 새로운 시대의 정신과, 수세기에 걸쳐 무수한 사람들을 '비실재에서 **실재**로, 죽음에서 **불멸**로' 이끈 영적 거인들을 배출해 온 존경받는 전통과 경전들의 정신 사이에서 이러지도 저러지도 못하게 되었다.

그러니 당혹감에 빠진 진지하고 진리에 허기진 사람들이, 걱정스럽게 **마하르쉬님**을 찾아와서 스승이 필요한지 그렇지 않은지에 대한 조언을 구한 것도 놀라운 일은 아니다.

1937년 6월

방문객: 저는 아예 스승 없이 해 나가는 어떤 학파를 따르고 있습니다. 그러나 몇 년간 깊이 생각해 본 끝에 이제 영적 해탈에 이르는 어려운 길을 가려면 안내자가 절대 필수적이라는 결론에 이르렀습니다. 저는

바가반께서 지고자에 도달하셨다고 봅니다. 그래서 당신께서 저를 깨우쳐 주시기를 간청합니다.

바가반: 모든 경전에서는 영적인 선생님들을 갖도록 권장합니다. 스승(guru)은 사람들이 추구하는 목표, 곧 진아에 다름 아닙니다. 구도자의 마음이 바깥으로 향하기 때문에, 그것을 내면으로 몰아넣기 위해 진아가 한 스승으로서 인간의 형상을 취합니다. 따유마나바르(Thayumanavar-18세기 타밀의 시인-성자)는 마치 야생 사슴을 유인하려고 사슴을 미끼로 이용하듯이, 인간의 무지를 몰아내기 위해서 **신, 진아** 또는 **스승**이 인간으로서 나타난다고 말합니다. 구도자의 "나는 몸이다"라는 관념을 몰아내기 위해서는 스승이 하나의 몸을 가지고 나타나야 합니다.1)

1945년 10월 30일

2. 스리 오로빈도 아쉬람의 스리 딜립 꾸마르 로이(Sri Dilip Kumar Roy)가 오늘 오전에 회당 안의 **마하르쉬님** 친존에서 노래를 불렀다. 그리고 저녁에는 다음과 같은 질문을 했다.

딜립: 어떤 사람들은 당신께서 스승은 필요 없다고 말씀하셨다 하고, 다른 사람들은 그 반대로 이야기합니다. **마하르쉬께서는** 어떻게 말씀하십니까?

바: 저는 스승이 필요 없다는 말을 한 적이 없습니다.

딜: 스리 오로빈도(Sri Aurobindo) 님과 다른 분들은 당신을 스승이 없었던 분이라고 합니다.

바: 모두 무엇을 스승이라고 하느냐에 달렸습니다. 스승이 인간의 형

---

1) *T*. 이 문단의 가르침과 비슷한 것은 『라마나 마하르쉬와의 대담』, 대담 398 끝부분 참조.

상을 하고 있을 필요는 없습니다. 닷따뜨레야(Dattatreya)2)에게는 지地·수水 등 5대 원소를 포함한 스물넷의 스승이 있었는데, 그것은 이 세상의 모든 사물이 그의 스승이었다는 뜻입니다. 스승은 절대적으로 필요합니다. 우파니샤드에서는 스승 외에는 그 누구도 인간을 지성과 감각지각의 밀림에서 구출할 수 없다고 말합니다. 그래서 스승이 있어야 합니다.

딜: 저는 인간인 스승을 두고 하는 말입니다. 마하르쉬께는 한 분도 없었습니다.

바: 저도 한때 언젠가는 스승이 있었을 수 있지요. 그리고 저는 아루나찰라에 대한 찬가를 부르지 않았습니까? 스승이 무엇입니까? 스승은 신, 곧 진아입니다. 처음에 인간은 자신의 욕망을 이루고자 신에게 기도합니다. 그러다가 더 이상 물질적 욕망을 이루기 위해서가 아니라 신 자신을 위해 기도하는 때가 옵니다. 그럴 때 신은 그의 기도에 대한 응답으로, 그가 필요로 하는 바에 따라, 인간이거나 인간이 아닌 이런저런 형상으로 그에게 나타나서 그를 그 자신에게로 인도합니다.

1937년 2월 19일

3. 오랜 신지학회 회원이자 나중에는 스리 J. 크리슈나무르티의 추종자가 된 지나라자다사 여사가 여쭈었다.

J 여사: 베즌트 여사(Mrs. Besant)3) 시절에는 저희가 스승들에 대해 명상하면서 많은 시간을 보내곤 했습니다. 스승들은 정말 유용합니까?

바: 제자가 자신을 몸이라고 생각하는 한 스승들이 외적으로 존재합니

---

2) *T.* 브라마, 비슈누, 시바 3신의 결합 화신으로 여겨지는 고대 인도의 스승(10세기?). 마하라지들의 나바나트 삼쁘라다야 계보에서는 그들의 시조로 추앙한다.
3) *T.* 영국 출신의 신지학자 애니 베즌트(Annie Besant, 1847~1933). 1907년부터 신지학회 회장으로 이 회를 이끌었다.

다. 스승으로서 그들은, 제자에게 그 자신에 대한 진리를 가르치는 데 유용합니다. 일단 제자가 **진리**를 체험하고 몸의 환幻(body illusion)을 깨뜨리면, 그는 스승들이 그 자신과—즉, **지고의 의식인 진아와**—같다는 것을 깨닫습니다. 만약 진아 바깥에 스승들이 있다면, 그들은 외적인 부가물이어서 실재하지 않겠지요. 왜냐하면 오는 자는 또한 갈 것이기 때문입니다. 즉, 영원하지 않은 것입니다. 사실 진아·스승·신은 똑같은 하나입니다.

드 라토니 부인: 오! 저희는 이 진리에서 멀리 떨어져 있군요!

바: 그대가 거기서 몇 마일이나 떨어져 있습니까? 그대는 자신의 존재성을 부인합니까? 만약 그렇지 않다면, 어떻게 **실재**를, 즉 순수한 존재인 진아를 부인할 수 있습니까?

11. 명상

많은 사람들에게 명상은 어떤 개념이나 이상理想에 대한 고요한 사색에서부터 위없는 영적 내관內觀의 지복에 이르기까지 많은 것들을 의미한다. 그러나 마하르쉬님이 설하신 수행법(sadhana)에서 명상이란, 엄밀히 보자면 방법 여하를 막론하고 생각하는 기능, 곧 끝없이 일어나는 마음의 파도들을 가라앉혀서, 그 파도가 거기서 일어나고 그 표면에서 움직이는 순수한 자각의 고요한 바다를 체험하려는 시도를 뜻한다.

초심자들에게는 이러한 마음 제어가 엄청난 일로 보이지만, 스승님은 그들에게 수행을 해나가라고―여하튼 시작을 해보라고 격려하신다. 스승님은 우리가 이미 진아를 깨닫고 있지만, 만약 그것을 자각하지 못한다면, 탐구―자기탐구(vichara)―에 의해 그 자각을 가로막는 방해물을 제거해야 한다는 고무적 관념을 우리의 귀에 못이 박히도록 부단히 일러주시는데, 이 탐구는 단순한 만큼이나 논리적이다.

스승님의 말씀을 직접 들어보면, 이러한 '진아지(Atma-Vidya)'는―더 정확히는 진아지에 이르는 길은―'존재하는 가장 쉬운 것'이다. 그러나 사람들이 당신에게, 그리고 나중에는 당신의 제자들에게 계속 던지는 질문들로 판단하건대, 그 중심적 관념이 구도자에게 확고히 뿌리내리려면 많은 준비 작업이 필요해 보인다. 스승님이 뜻하는 바는 명백히 이런 것이다. 즉, 본연적 자기탐구의 심리적 효능은 별개로 하더라도, 마음이 다른 모든 생각을 물리치고 단 하나의 주제에만 몰두하여 끈질기게 닦아 나가면 반드시 좋은 결과가 나올 거라는 것이다. 그것은 사고 과정의 요동을 줄여주고, 그리하여 마음이 자기가 해야 하는 굉장히 중요한 작업에 순조롭게 집중하도록 해주는데, 그것 자체가 하나의 훌륭한 성취이다. "나는 누구인가?"라는 물음에 대한 답을 발견하는 것이 처음에는 이 수행에 당장 부담이 되지는 않는다. 들뜨고 변덕스러운 마음이 안정되고 고정되게 하는 것이 첫 번째 목표이며, 이는 부단한 수행에 의해서, 그리고 마음이 딴 데로 갈 때마다 자신을 명상의 주제('내가 있다'는 느낌 혹은 '나는 누구인가?'라는 물음)에게로 빈번히 다시 끌어당김으로써 성취될 수 있다.

마음이 상당한 정도의 집중을 성취했다면—이것은 깊이를 의미한다—이제는 그 답을 생각해 볼 때일 것이다. 어떤 수행자들(sadhakas)은 복이 많아서 이미 집중이 잘 되는 마음을 가지고 시작하는데, '타고나기를' 그렇거나, 훈련에 의해서나 치열한 열의를 통해서 그렇게 된다. 그래서 그들은 **자기탐구**의 실행으로 직행할 수 있고, 그들의 결의가 얼마나 치열한가에 따라 다소 차이는 나지만 별 무리 없이 빨리 진보한다. 왜냐하면 스승님은 우리에게, 마음의 고요함, 즉 제어된 마음이 명상의 성공을 위해 필수적이라고 말씀하시기 때문이다(107쪽 참조).

자기탐구에서 그 다음 생각해볼 점은, 명상 도중 우리가 그 답을 어디서, 얼마나 오래 찾든 간에, 확실히 그것을 육신 안에서 찾지는 못할 거라는 것일 듯하다. 왜냐하면 육신의 어느 부분도 분석의 시험을 견뎌 내거나, 부르면 대답할 정도의 지성이 없기 때문이다. 설사 명상자가 자신의 몸을 하나의 전체로 받아들이고 거기에 이를테면 '크리슈나'나 '피터' 같은 자신의 이름을 부여한다 해도, 조만간 그는 그런 행위는 물론이고 다른 모든 생각이나 감각들의 주인은 자기 마음일 뿐임을 발견할 것이다. 그와 같이 부지런히 탐색하고 예리하게 관찰하다 보면 결국, 전적으로 그 자신의 생각일 뿐인 한 세계를 지각하고, 욕망하고, 향유하는 자로서의 마음에 이르게 된다. 왜냐하면 마음은 그 자신의 관념 외에는 아무것도 인식하지 못하기 때문이다.[1]

우리가 얻는 마지막 관념은 **자기탐구**의 가장 중요한 단계와 관련되는데, 이는 앞의 사실들이 하나의 자리 잡힌 확신이 되고 그 구도자가 변함없이 탐구를 계속해 나갈 때이다. 이때는 더 이상 지각력 없는 몸에 대해서가 아니라, '나'라는 생각이 일어나는 곳임을 그가 발견한, 마음의 성품 자체를 탐구하게 된다. 이 무렵에는 명상이 확고히 자리를 잡았고, 이전의 고통스럽고 성과가 없는 것처럼 보였던 노력이 오히려 즐거우면서도 몹시 고대되는 일이 되어, 더 이상 수행修行이 등한시될 수 없고 느슨해지지도 않는다. 이제는 사고 과정이 상당히 느려졌고, 그와 함께 자연히 마음의 들뜸도 가라앉는다. 깊은 평안과 내적인 기쁨이 있어 명상을 더 자주, 더 오래 하게 되며, 그것은 생각을 더욱 감소시켜 마침내 완전한 성숙에 도달하는 순간이 온다. 이때 홀연히 모든 생각들이 완전히 그치고, 명상자인 '나'는 더 이상 그를 어지럽히거나 사로잡을 것이 전혀 없이, 자신을 그의 순수한 존재 안에서, 즉 **절대적 상태** 혹은 **바탕** 안에서 자연발로적으로 발견한다. 이것이 빠딴잘리(Patanjali)의 요가 제2, 제3경經(sutras)[2]에 나오는 다음 말의 의미이다.

"요가는 상相(vritti)[사고 원리의 변상變相]을 제어하는 것이다.

그럴 때 '보는 자'는 자기 자신 안에 안주한다."

그런데 실제 체험에서 저 **진아**란 무엇인가? 스리 바가반은 그것이 심장의 동혈洞穴 안에서 '나, 나'라는 의식의 불길로서 항상 빛나는 빛—즉

---

[1] T. 마음이 인식하는 모든 대상은 그 자신의 투사물일 뿐이다. 따라서 현상계의 대상들과, 그와 관계되는 어떤 관념에서도 '나는 누구인가?'의 답을 찾지 못한다.
[2] T. 빠딴잘리(4~5세기경)는 라자 요가(raja yoga)의 창시자이고, 그의 '요가'란 『요가수트라』를 가리킨다. 여기서 '경經(sutra)'은 경전이 아니라 하나의 경구적 문장을 가리킨다.

영원하고 지복스러운 존재-의식-지복(*Sat-Chit-Ananda*)이라고 말한다. 이것이 **자기탐구**에 대한 답이며 그 성취이다. 그 자신의 성품에 대한 단호하고도 꾸준한 탐색을 수행한 그 '나'는 마침내, 그 자신이 **순수한 마음**, 곧 지복스러운 고요함 안에 영원히 싸여 있는 무구한 **존재**에 다름 아님을 발견한다. 이것이 **뚜리야**(*Turiya*)—'네 번째'—혹은 **삼매**(진아를 자각하는 상태)인 것이다. 거기서는 이 상태를 본연무상삼매本然無相三昧(*Sahaja Nirvikalpa*)—즉, 대해탈大解脫—의 영구적 체험 속으로 융합시키는 것 외에는, 더 이상 우리가 성취해야 할 것이 아무것도 없다.

수행자들은 스리 마하르쉬님의 개인적 보증과, **궁극적 평안**을 발견한 사람들의 증언에서 용기를 얻고, 가차 없이 노력을 계속한다. 이런 노력이 처음에는 아무리 성과가 없는 것처럼 보인다 해도, 신의 은총이 자신들의 노력 위에 내려와서 왕관 중에서도 가장 위대한 위없는 깨달음이라는 왕관을 씌워줄 것이라는 강한 믿음을 가지고서 말이다.

1936년 5월 16일

1. C 씨는 1926년에 자신이 빠딴잘리의 『요가수트라』를 읽고 얼마나 큰 인상을 받았는지를 이야기한다. 처음 몇 경(*sutras*)이 그 가르침의 진리성을 그에게 납득시켜 주었지만, 불행히도 1936년에 스리 바가반을 만나기 전까지는 그를 제대로 지도해 준 사람이 없었다.

바가반: 빠딴잘리의 처음 몇 경은 실로 모든 요가 체계의 정점입니다. 모든 요가는 상相(*vritti*)의 지멸止滅을 목표로 합니다. 이것은 마음 제어 등 경전에서 말하는 여러 가지 방법을 통해 성취할 수 있는데, 그렇게 되면 의식이 모든 생각에서 벗어나 순수하게 유지됩니다. 노력이 필요하지요. 사실 노력 자체가 요가입니다.

C: 저는 노력은 생시의 상태에서 해야 한다고 생각합니다. 그것은 해탈(moksha)이 생시에만 얻어질 수 있다는 의미를 내포합니다.

바: 정말 그렇지요. 마음 제어를 위해서는 **자각**이 필요합니다. 그렇지 않으면 누가 그 노력을 하겠습니까? 잠이 들었거나 약물(마취약 등)의 영향 아래 있을 때는 그것을 해낼 수 없습니다. 또 **해탈**은 완전한 자각 속에서 얻어야 합니다. 왜냐하면 **실재** 자체가 **순수한 자각**이기 때문입니다.

C: 자각 외에는 아무것도 없는 것 같습니다. 왜냐하면 무엇을 알려면 지知가 있어야 하기 때문입니다. 그것은 우리가 넘어설 수 없습니다.

바: 물론이지요. 주관적 지知—그 자신을 아는 지知—가 **진지**(*jnana*)입니다. 그때는 그것이 '아는 자'로서 주체이고, '알려지는 것'으로서 대상이며, 그 둘을 연결하는 '앎'이기도 합니다.

C: 이 경우, 이 마지막 것은 제가 잘 모르겠습니다.

바: 왜 그렇지요? 지知는 '보는 자'를 '보이는 것'과 연결하는 빛입니다. 그대가 칠흑같이 어두운 도서관에 책을 한 권 찾으러 간다고 합시다. 주체인 그대와 대상인 책 둘 다 거기 있다 해도, 불빛 없이 그 책을 찾을 수 있습니까? 그대들을 결합시키려면 불빛이 있어야 합니다. 모든 체험에서 주체와 대상 간의 이 연결이 **찌뜨**(*chit*), 즉 **의식**이라는 것입니다. 그것은 그 체험의 바탕이자 주시자(witness)—빠딴잘리의 '보는 자'—이기도 합니다.

1937년 6월 18일

2. 한 은퇴한 경찰서장이 환갑이 지난 뒤, 명상적 삶에 대해 생각하기 시작했다. 그는 명상이 만만찮은 일임을 알고 (바가반의) 한 제자에게 접근하여 지도를 부탁했다. 그러나 이 제자는 그에게 어려운 점들을 스승님

께 말씀드려 보라고 조언했다. 그래서 오늘 그는 그렇게 했다.

방문객: 바가반, 저는 명상을 할 때마다 머리에 심한 열을 느끼는데, 명상을 계속하면 온 몸이 타는 것 같습니다. 어떤 치유책이 있습니까?

바: 두뇌로써 집중하면 열감, 심지어 두통도 따르지요. 집중은 서늘하고 신선한 심장 안에서 해야 합니다. 이완하십시오. 그러면 명상이 쉬워질 것입니다. 밀고 들어오는 모든 생각을 부드럽게 막아냄으로써 마음을 안정시키되, 긴장 없이 하십시오. 그러면 곧 성공할 것입니다.

1936년 7월 1일

3. 한 헌신자는 이 아쉬람에 애착을 갖기 오래 전에, 이따금 일종의 황홀경에 빠지곤 했는데, 그럴 때 진아를 보는 것이 아니라 하늘같은 공백 상태를 보는 것이었다. 그래서 스리 바가반께 그에 대해 말씀드렸다.

바가반: 그 공백 상태를 보는 자가 진아입니다.

헌신자: 명상은 마음을 제어함으로써만 가능한데, 그것은 명상을 통해서만 성취할 수 있습니다. 이것은 하나의 악순환(순환논법) 아닙니까?

바: 그 둘은 상호의존적입니다. 사실 명상은 마음 제어, 즉 밀고 들어오는 생각들을 경각하며 미세하게 지켜보는 것을 포함합니다. 처음에는 제어하려는 노력이 실제적 명상보다 더 크지만, 때가 되면 명상이 이겨서 애씀이 없게 됩니다.

헌: 그러려면 당신의 은총이 필요합니다.

바: 수행修行이 필요하지요. 은총은 있습니다.

헌: 명상을 할 때 마음속으로 염해야 할 말이 있습니까?

바: 명상이 한 개념을 마음속으로 염하는 것 아니고 무엇입니까? 그것이 내심염송內心念誦(mental japa)인데, 말로써 시작하지만 진아의 침묵으

로 끝납니다.

4. 한 방문객은 명상을 하면서 자신의 에고라고 생각하는 것과 싸우느라고 큰 어려움을 겪고 있다. 그는 스승님께 가서 설명을 청했다.

방: 저는 명상을 할 때 그릇된 '나'를 없애려고 노력하지만 지금까지 성공하지 못했습니다.

바: '나'가 어떻게 그 자신을 없앨 수 있습니까? 그대가 해야 할 일은 그 근원을 발견하여, 그대의 진정한 자아로서 그 안에 안주하는 것뿐입니다. 그대의 노력은 거기까지만 미칠 수 있습니다. 그 너머는 스스로 알아서 하겠지요.

방: 바가반, 당신께서는 늘 진아가 항상 존재한다고 말씀하십니다. 만약 제가 존재한다면 왜 저는 그것을 느끼지 못합니까?

바: 지금 그대는 자신이 존재한다는 것을 느끼지 않습니까? 그대의 의심은 그대가 항상 계속해서 존재하겠느냐는 것입니다. 왜 어떤 의심을 가져야 합니까? 조금만 생각하면 그대의 존재에서 파괴될 수 있는 부분—몸—은 파괴될 수 없는 것—마음—에 봉사하는 하나의 기계이고, 하나의 도구에 불과하다는 것을 확신할 것입니다. 이 마음[3]이야말로 세상에 둘도 없는 것이고, '아는 자'이며, 주인인 바로 그대 자신입니다. 그대의 의심과 어려움은 그대의 생각에서 일어나는데, 그 생각들이 몸을 지각하고 그것을 자기 자신이라고 착각합니다. 그대의 적[에고]인 그 생각들을 멈추십시오. 그러면 마음이 그대의 순수한 존재, 곧 불멸의 '나'로서 남을 것입니다. 그것이 에고를 없애는 최선의 길입니다.

---

3) *T.* 여기서 '마음'은 에고의 모든 활동의 저변을 이루는 의식으로서의 마음을 말한다. 바가반은 여기서 질문자의 수준에 맞추어 '마음'이라는 단어를 폭넓은 의미로 사용하고 있다.

1937년 1월 2일

5. 방문객: 저는 만트라 염송이 실제로 강력하다고 배웠습니다.

바가반: 진아('나-나')는 모든 만트라들(*mantras*) 중에서 최고이며, 자동적으로 영원히 계속됩니다. 만일 그대가 이 내적인 만트라를 자각하지 못한다면, 그것을 노력이 수반되는 염송(*japam*)으로 삼아 의식적으로 해서, 다른 모든 생각을 막아내야 합니다. 그것에 부단히 주의를 집중하면, 결국 깨달음의 상태이고 애씀이 없는 그 내적인 만트라를 자각하게 될 것입니다. 이 자각을 확고히 붙들면 다른 활동에 아무리 많이 종사한다 해도, 그 흐름 속에 끊임없이 그리고 애씀 없이 머무르게 될 것입니다. 베다 찬송과 만트라를 듣는 것은 염송을 의식적으로 염하는 것과 같은 결과를 가져오는데, 그것(만트라)의 리듬이 염송입니다.

1936년 7월 5일

6. 방문객: 어떻게 하면 명상 중에 잠에 떨어지는 것을 막을 수 있습니까?

바가반: 만약 그대가 잠을 막으려 한다면 그것은 명상 중에 생각을 한다는 것을 뜻하는데, 이것은 피해야 합니다. 그러나 명상하다가 잠에 빠진다 해도, 그 명상은 잠자는 중이나 잠에서 깨어난 뒤에도 계속될 것입니다. 하지만 잠은 하나의 생각이므로 없애야 합니다. 왜냐하면 본래적 상태는 생시에 방해하는 생각들 없이, 의식적으로 성취되어야 하기 때문입니다. 생시와 잠은 본래적 무념의 상태라는 스크린 위에 나타난 화면들에 불과합니다. 그것들이 지각되지 않고 지나가게 하십시오.

1942년 7월 27일

7. 북인도에서 온 철도청 수석 엔지니어가 명상에 대해 직접 지도를 받아보려고 아쉬람에 한 달 넘게 머무르고 있다.

엔지니어: 저는 명상 초보자입니다. 바가반께서 저를 지도해 주시기를 기원합니다. 당신께서는 저희에게 "나는 누구인가?" 하고 계속 물으라고 권하십니다. 그렇게 하면 어디에 이르게 되는지 여쭤 봐도 되겠습니까?

바가반: 그것은 단지 묻는 것만은 아닙니다. 그 의미 속으로 들어가야 합니다. 많은 사람들은 몸 안의 어떤 중심(차크라)에 대해 명상하여 거기에 합일되지만, 조만간 그들 자신의 성품에 대해 탐구해 들어가야 할 것이고, 그것은 피할 수 없습니다. 그렇다면 왜 곧바로 그대 자신에 대해 집중하여 그 근원에 합일되지 않습니까?

엔: 예, 저는 20년간 어떤 차크라들에 집중했는데, 무엇을 보거나 소리를 듣기도 했지만 진리에 조금도 더 가까워지지 못했습니다. 이제 제 마음속에서 한 생각이 일어나면 바로 "나는 누구인가?" 하고 계속 물을까요?

바: 정말 그렇지요. 밖에서 들어오는 생각들로 방해를 받지 않는 동안은 그것의 의미를 성찰하십시오. (탐구의) 목표는 마음의 과정을 부단히 제어하여, '나'라는 느낌(I-sense)의 뿌리에 도달하는 것입니다.

1936년 11월 10일

8. **방문객**: 제가 아는 한, 우리가 쏟아지는 생각들을 막는 데 완전히 성공할 때까지는 진아를 깨닫기가 불가능합니다. 제가 맞습니까?

바가반: 꼭 그렇지는 않지요. 다른 생각들을 막을 필요는 없습니다. 깊은 잠 속에서 그대는 생각들에서 완전히 벗어나 있는데, 왜냐하면 '나'

라는 생각이 없기 때문입니다. 깨어나서 '나'라는 생각이 일어나는 순간, 다른 모든 생각이 자연발생적으로 쏟아져 나옵니다. 따라서 우리가 해야 할 가장 현명한 일은 이 주도적 생각인 '나'라는 생각을 붙잡아서 그것을 해부하고—이것은 누구이며, 무엇인가라고—그렇게 해서 다른 생각들이 우리의 마음을 흩트릴 기회를 주지 않는 것입니다. 거기에 **자기탐구**의 진정한 가치가 있고, 그것이 마음 제어에서 갖는 효능이 있습니다.

1937년 2월 19일

9. 한 방문객이 질문했다.

방문객: 어떤 명상(*dhyana*)이 가장 좋습니까?

바가반: 가장 좋은 명상은 세 가지 상태 모두에서 계속되는 것입니다. 그것은 "나는 명상하고 있다"는 생각조차 일어날 여지가 없을 만큼 아주 강렬해야 합니다. 생시와 잠의 상태가 이처럼 그것으로 온전히 점령되면, 깊은 잠도 차별상 없는 명상이라고 할 수 있겠지요····.

방: 수슘나 나디와 아뜨마 나디의 차이는 무엇입니까?

바: **수슘나**(*sushumna*)는 요가수행, 즉 싯디[심령 능력]를 얻고자 하는 동적인 명상에서 작동하는 중심적 나디(*nadi*)인데, 요기들은 그것이 사하스라라(*sahasrara*), 곧 두뇌에서 끝난다고 주장합니다. **아뜨마나디**(*Atmanadi*), **빠라나디**(*Paranadi*) 혹은 **암리따나디**(*Amritanadi*)는 **진아 깨달음**으로 이끄는 **지**(知)의 길(*jnana marga*)의 정적인 명상에서, **심장**에서 일어나 사하스라라에 도달하는 힘의 흐름입니다.[4] **수슘나**는 결국 그것을 받쳐주는 **아뜨마 나디**에 합일되어야 합니다.

---

[4] T. 아뜨마 나디가 심장에서 일어나는 어떤 '힘의 흐름'이라는 가르침은 『마하르쉬의 복된 가르침』, 177쪽에서도 볼 수 있다.

나디(nadis)란 의식이 그것을 따라 심장에서부터 유기체 전체에까지 흐르는 신경 계통입니다.

1936년 2월 12일

10. C 씨는 스리 바가반이 산에서 내려오는 길에 당신을 만났다.

C: 스리 오로빈도는 요가 수행에 영향을 미치는 두 가지 힘을 이야기 하는데, 하나는 수평적인 것이고 하나는 수직적인 것입니다. 저는 그것이 뭔지 모르겠습니다.

바가반: 모든 힘들은 진아에서 나오는데, 진아는 방향이 없습니다. 그러나 스리 오로빈도는 머리 중심(사하스라라 차크라)에 (혹은 꾼달리니 힘에 대해) 집중하는 결과로 나오는 동적인 힘과, 심장 안에서 하는 탐구명상(vichara dhyana)의 결과로 나오는 정적인 힘을 비유적으로 말한 것인지도 모릅니다.

나중에 저녁 때 C 씨가 질문했다.

C: 바가반께서는 삼매(samadhi), 곧 황홀경을 이야기하십니다. 저는 그것이 몸-의식을 완전히 상실하는 것을 뜻한다고 봅니다. 제가 그것을 결코 얻지 못하지 않을까 두렵습니다. 저는 잠조차도 고르게 자기 어렵습니다. 진아 깨달음을 얻기 전에 삼매가 필요합니까?

바: (웃으면서) 그렇다면 그대는 클로로포름을 들이마셔야겠지요. 삼매는 그 자체 진아의 상태입니다. 몸-의식을 완전히 상실한다는 것을 그대는 어떻게 이해합니까? 그것을 일종의 전신마비나 깊은 잠에 떨어지는 것으로 상상하지는 마십시오. 삼매에서는 마음(의식)이 깨어 있지만(jagrat) 생각에서 벗어나 있어, 마음(생각하는 마음)이 그 속으로 물러나 있는 깊은 잠(sushupti)의 지복을 즐깁니다. 삼매에서는 마음(의식)이 워낙 경각하고

있어서 **브라만**을 체험합니다. 만약 마음이 그렇게 완전히 깨어있지 않다면, 어떻게 **브라만**을 알겠습니까? 사실 그것 자체가 **브라만**이 됩니다. 황홀경이 그런 관념을 전달합니까? 만약 아니라면, 그것은 삼매에 대한 그릇된 용어입니다.

C: 행위 요기들(*Karma yogis*)과 헌신가들(*Bhaktas*)도 삼매를 거칩니까?

바: 삼매는 집중과 마음 제어를 통해서 **심장** 안에 합일하는 것입니다. 행위 요기와 헌신 요기들도 수행을 하면 삼매를 성취합니다. 사실 그들 대다수는 결국 탐구(*vichara*)의 방법으로 해탈(*mukti*)을 성취합니다.

1936년 7월 15일

11. C 씨가 회당에서 **스리 바가반**의 「사십송(*Forty Verses*)」을 혼자 읽는다. 제30연이 그를 매혹한다. 그는 그것을 큰 소리로 읽고 나서 말한다. "이 연에서 저는, 탐구는 **심장**이 아니라 마음을 가지고 시작해야 한다는 것을 알겠습니다. 그러나 바가반께서는 늘 **심장**을 이야기하시는데, 그것은 아마 수행의 마지막 단계로서겠지요."

바가반: 정말 그렇지요. 탐구는 내면을 향하는 마음을 가지고 시작하여, 쏟아지는 생각들에 맞서고, '나'가 있는 곳을 이해해야 합니다. 마음이 결국 **심장** 속에 가라앉으면 방해 받지 않는 **지복**을 압도적으로 느낍니다. 그때는 순수한 **자각**에서 분리되지 않은 느낌, 즉 머리와 **심장**이 똑같은 하나가 된다는 느낌이 있습니다.

C: 『분별정보分別頂寶(*Vivekachudamani*)』[5] 제266연에서 스리 샹까라짜리야가 말하기를, 브라만은 미묘한 지성인 **붓디**(*Buddhi*)에 의해 깨달아질

---

5) *T*. 581연으로 이루어진 샹까라의 저작. 바가반은 이것을 타밀어 산문으로 옮겼다(『라마나 마하르쉬 저작 전집』(개정2판, 2019) 참조).

수 있다고 합니다. 이것은 지성이 큰 도움이 될 수 있다는 뜻이고, 사실 그것은 **깨달음**에 필수 불가결합니다.

바: '붓디'라는 단어를 미묘한 지성으로 옮긴 것은 올바르지만, 여기서 그것은 **심장**의 동혈洞穴을 뜻합니다. 그렇기는 하나 미묘한 지성은 브라만도 깨달을 수 있고, 따라서 더없이 중요한 것입니다. (제266연을 큰 소리로 읽으신다.)

"**붓디**[미묘한 지성]의 동혈 안에 브라만이 있으니, 거친 것·미세한 것과는 구별되며, 절대적 존재, 지고자, 두 번째가 없는 하나이다. 브라만으로서 이 동혈 안에 사는 사람은, 오 사랑하는 제자여, 더 이상 여자의 자궁 속에 들어갈 일이 없다."6)

1936년 7월 30일

12. **C 씨**: 『분별정보』에서는 심장 안에서 영원히 빛나는 '나-나' 의식에 대해 이야기하지만, 아무도 그것을 자각하지 못합니다.

바가반: 그렇지요. 모든 사람은 예외 없이 그것을 가지고 있는데, 그들이 어떤 상태에 있든, 생시든 꿈이든 꿈 없는 잠이든, 그들이 그것을 의식하든 못하든 마찬가지입니다.

C: 『실재직견소實在直見疏(Sat-Darshana-Bhashya)』7)의 "대담" 부분에서는 '나-나'를 절대적 의식이라고 칭하고 있지만, 바가반께서는 언젠가 저에게 **본연무상삼매**(Sahaja Nirvikalpa) 이전의 어떤 깨달음도 지적知的인 것이라고 말씀하셨습니다.

---

6) T. 『라마나 마하르쉬 저작 전집』, 346쪽 둘째 문단 참조.
7) T. 까빨리 샤스뜨리(Kapali Sastry)가 바가반의 「실재사십송」을 주석한 책. 그 첫머리에 바가반과의 "대담"이 있다(『마하르쉬의 복된 가르침』에 있는 「해탈요담」이 그것이다).

바: 그렇지요. '나-나' 의식은 절대자입니다. 그것은 본연삼매(Sahaja) 이전에 오기는 하지만, 그 안에는 본연삼매 그 자체 안에서와 같이 미묘한 지성이 있습니다. 그 차이는, 후자에서는 형상들에 대한 느낌이 사라지지만, 전자의 경우에는 그렇지 않다는 것입니다.

C: 바가반, 당신께서는 어제 인간의 몸 안에는 바늘 끝만큼 작은 구멍이 있는데, 거기서 의식이 늘 거품처럼 솟아올라서 몸으로 퍼진다고 말씀하셨습니다. 그 구멍은 열려 있습니까, 닫혀 있습니까?

바: 그것은 늘 닫혀 있는데, 그것이 몸을 의식에 묶는 무지의 매듭입니다. 일시적인 합일무상삼매合一無相三昧(Kevala Nirvikalpa) 안에서 마음이 떨어져 나가면 그것이 열리지만, 다시 닫힙니다. 본연삼매에서는 그것이 늘 열려 있습니다.

C: '나-나' 의식의 체험을 하는 동안은 어떻습니까?

바: 이 의식이 그것을 영구적으로 여는 열쇠입니다.

13. C 씨: '나는 누구인가?' 하는 탐구는 몸 안의 어느 부위에 이르게 됩니까?

바가반: 분명히 자아의식은 그 개인 자신과 관계되고, 따라서 그의 존재 안에서, 몸 안의 한 중심을 경험의 중심으로 하여 경험됩니다. 그것은 어떤 기계에 온갖 전기 작업을 일으키는 발전기와 같습니다. 그것은 몸의 생명과, 몸의 모든 부분과 기관들의 의식적이거나 무의식적인 활동을 유지할 뿐 아니라, 그 개인이 활동하는 물리적 차원과 미묘한 차원 간의 관계도 유지합니다. 또한 그것은 발전기처럼 진동하는데, 거기에 주의를 기울이는 고요한 마음은 그것을 느낄 수도 있습니다. 요기와 수행자들에게는 그것이 '스푸라나(sphurana-광명 혹은 약동)'라는 이름으로 알려

져 있고, 삼매 속에서는 그것이 의식과 함께 눈부신 빛을 발합니다.

C: 이른바 **궁극적 의식**인 '나-나'가 일어나는 그 중심에 어떻게 도달합니까? '나는 누구인가?' 하고 생각하기만 하면 됩니까?

바: 예, 그것이 그대를 들어 올려줄 것입니다. 그것은 고요한 마음을 가지고 해야 합니다. 마음의 고요함이 필수적입니다.

C: 우리가 그 중심―**심장**―에 도달했을 때, 그 의식은 어떻게 드러납니까? 제가 그것을 인식하겠습니까?

바: 물론이지요, 모든 생각에서 벗어난 **순수한 의식**으로서 말입니다. 그것은 그대의 **진아**에 대한, 정확히는 **존재**에 대한 순수하고 끊임없는 **자각**입니다. (마음이) 순수하면 그것을 놓칠 리가 없습니다.

C: **중심**의 그 진동하는 움직임은 순수한 의식의 체험과 동시에 느껴집니까, 아니면 그 이전이나 이후에 느껴집니까?

바: 그 둘은 똑같은 하나입니다. 그러나 '**스푸라나**'는, 명상이 충분히 안정되고 깊어져서 **궁극적 의식**이 아주 가까이 있을 때나, 갑작스런 놀람이나 충격으로 마음이 정지될 때에도 미묘한 방식으로 느껴질 수 있습니다. 그것은 주의를 그 자신에게로 끌어당기기 때문에, 고요함에 의해 민감해진 명상자의 마음은 그것을 자각할 수 있게 되고, 그것 쪽으로 끌려가서, 마침내 그것, 즉 **진아** 속으로 뛰어들게 됩니다.

C: 그 '나-나' 의식이 **진아** 깨달음입니까?

바: 그것의 전주곡이지요. 그것이 영구적인 것이 될 때[본연삼매], 그것이 **진아 깨달음**, 곧 **해탈**입니다.

12. 삼매三昧, 뚜리야, 무상삼매, 본연삼매

무상삼매無相三昧(*Nirvikalpa*)란 말은, 특히 일부 서양인 요가 학도들의 마음에는 가장 심오하면서도 가장 끔찍한 신비로서, 완전한 절멸의 위험을 무릅쓰지 않고는 누구도 함부로 뚫고 들어갈 수 없는 것을 의미하게 되었다.

1936년 9월 어느 날 나는 아쉬람 장서에서 로맹 롤랑(Romain Rolland)이 쓴 『라마크리슈나의 생애』를 집어 회당에 앉아서 책장을 넘겨보고 있었다. 내 시선은 라마크리슈나 빠라마한사가 (그의 초기 스승들인) 바이라비(Bhairavi)와 또따뿌리(Totapuri)를 접촉하던 일을 다루는 장章에 머물렀고, 책의 다른 부분들도 뒤적여 보았다. 그것은 **비인격체**(the Impersonal-비인격적 실재인 브라만) · **미현현자**(the Unmanifest-절대자) · **무형상자** · **무조건자**와 **절대자**에 대한 눈부신 수사修辭로 가득 찬 흥미로운 장이었는데, 그럼에도 불구하고 저자는 극도로 겁에 질려 있는 듯 보였다. 그 문학적 아름다움에는 놀랐지만, 솔직히 어떤 구절들에는 당혹했다. 특히 다음 구절들이 그러했다.

"그들 둘 다[빠라마한사와 바이라비] 본능적으로 맹목, 즉 최후의 심연인 **비인격체**로부터 몸을 움츠렸다."(58쪽)

"나는 **무형상의 신**이 그의 모든 무서움과 매력을 가지고 숨어서 그[빠라마한사]를 기다리고 있었다고 이미 말했다."(59쪽)

무상삼매에 대하여(81~2쪽): "젊은 나렌(Naren-비베카난다)이 그에게, 자신에게 무상삼매―절대자의 심연에 이르는 무서운 문―를 열어달라고 끈덕지게 청하자, 라마크리슈나는 화를 내며 거절했다."

(비베카난다가 명상을 하고 있을 때) "갑자기 그는 의식을 잃고 절대자 안으로 흡수되었다. 그는 무서운 무상삼매의 깊은 곳으로 떨어졌던 것이다."(307쪽)

해탈자들에 대하여(58~9쪽): "오랫동안 라마크리슈나는 형상 없는 신과, 저 고원한 높이에서 온, 모든 것에서 영원히 초연한 빠라마한사들, 몸과 정신이 벗기고 심장의 마지막 보배인 신의 사랑이라는 다이아몬드를 빼앗겨 버린 끔찍한 고행자들(ascetics)의 … 비인간적이고 초인간적인 무관심이 자기 주위를 배회하고 있다는 것을 느꼈는데, 그에 대해서 얼마간 고뇌가 없지 않았다. 그가 다끄쉬네스와르(Dakshneswar)에 머무르고 있던 초년 시절에 그는 이러한 산송장들[원문 그대로임!]의 끔찍한 매력을 느꼈고, 그래서 자기도 비슷한 상황에 직면해야 할지 모른다는 생각에 겁에 질려서 울었다…. 그런 사람이 정든 집을 버리고 몸과 영혼을 형상도 없는 추상적인 것 속에 빠뜨려야 했던 것이다! 그런 일련의 생각들은 우리와 같은 서양 과학도의 한 사람에게보다도 더 그의 성품에 낯설었을 것이 틀림없다."

"그러나 그는 도망칠 수 없었다. 그의 공포 자체가 마치 뱀의 눈처럼 그를 매혹시켰던 것이다."

이 묘사는 얼마나 아름다우며 얼마나 '뱀의 눈처럼 끔찍하게 매혹적'인가. 그러면서도 그것은 여러 해 동안 매일 우리 눈앞에서 위없는 해탈자이자 무상삼매의 주主이신 분―스리 라마나 마하르쉬―을 보아 온 우리에게 얼마나 허구적이며 잘못된 길로 인도하는 것으로 보이는가. 당신의 인간적 가슴은 '산송장'이기는커녕 가장 정교하고 가장 빛나는 '신의 사랑이라는 다이아몬드'로 빛을 발하며, 그 광채는 우리가 알기로, 오직 '비인격적이며 형상 없는 신성神性'에서 나오는 것이다. 우리는 로맹 롤랑이 학자이고 인도철학의 대단한 애호가로서, 진리를 다룰 때는 공허함의 그런 드높은 수준까지 올라가려는 유혹에 저항할 거라고 기대해 볼 만하다. 그런 식의 이야기는 조심성 없는 사람들에게 공포감을 주게 되어 있으니 말이다. 나는 **마하르쉬님**의 발아래 6개월 이상 살기는 했으나, 이런 구절들을 읽고 등골이 서늘함을 느꼈다는 것을 고백해야겠다. 그래서 위안을 얻기 위해 **스승님**을 돌아보고 책의 몇 구절을 읽어드린 뒤 이렇게 여쭈었다. "**무상삼매가 그렇게 끔찍합니까? 그렇다면 우리는 결국 어떤 공포 상태를 맞이하거나, 아니면 산송장들이 되기 위해 이런 모든 지루한 명상, 정화 그리고 규율의 과정을 겪고 있습니까?**"

스리 바가반은 즐겁게 웃으시더니 말씀하셨다. "사람들은 **무상삼매**에 대해서 별별 관념을 다 가지고 있습니다. 왜 로맹 롤랑을 이야기합니까? 모든 **우파니샤드**와 **베단타** 전통을 손끝에 꿰고 있는 사람들도 **무상삼매**에 대해 환상적 관념들을 가지고 있는데, 서양인이 비슷한 관념을 가지고 있다 해서 누가 나무랄 수 있습니까? 어떤 요기들은 호흡 수련에 의해 꿈 없는 잠보다 훨씬 깊은 어떤 강직剛直 상태에 빠지는데, 거기서 그들은 아무것도, 전혀 아무것도 자각하지 못하면서 그것을 **무상삼매**라고 찬양합니다. 어떤 사람들은 우리가 일단 **무상삼매**에 잠기면 아예 다른 존재가 된다고 생각합니다. 또 어떤 이들은, 사람이 기절했을 때와 같이 세계의식이 완전히 지워진 황홀경을 통해서만 **무상삼매**가 성취될 수 있다고 여깁니다. 이 모든 것은 그들이 그것을 지적知的으로(머리로 생각해서) 보는 데서 비롯됩니다."

"무상삼매는 찌뜨(Chit)—곧 애씀 없고 형상 없는 의식입니다. 자기 자신으로 존재하는 데 공포가 어디서 들어오며, 신비가 어디 있습니까? 과거(전생)의 오랜 수행으로 마음이 성숙한 어떤 사람들에게는 무상삼매가 하나의 홍수처럼 갑자기 찾아오지만, 다른 사람들에게는 그것이 수행 과정에서 찾아오고, 방해하는 생각들을 서서히 녹여 없애면서 순수한 자각인 '나-나'의 스크린을 드러냅니다. 여기서 더 수행해 나가면 그 스크린이 영원히 드러납니다. 이것이 진아 깨달음이고, 해탈이며, 본연삼매, 즉 자연스럽고 애씀 없는 상태입니다."

1936년 6월

1. C 씨는 삼매(Samadhi)의 정확한 의미에 대해 알고 싶어 했다.

바가반: 삼매는 우리의 참된 성품입니다.

C: 그것은 뚜리야(Turiya)와 같은 것입니까?

바: 삼매, 뚜리야, 무상삼매는 모두 같은 의미, 즉 진아에 대한 자각의 의미를 내포합니다. 뚜리야는 문자적으로 생시·꿈·꿈 없는 잠의 세 가지 상태와 구별되어야 할 '네 번째 상태'—지고의 의식—를 뜻합니다. 네 번째 상태는 영원하고 항존하며, 그 안에서 세 가지 상태가 오고갑니다. 뚜리야에서는 마음이 그 근원인 심장에 합일되어 거기서 침묵하고 있다는 자각이 있지만, 얼마간의 생각이 여전히 거기에 영향을 주고 감각기관들도 약간 활동합니다. 무상삼매에서는 감각기관이 활동하지 않고, 생각도 전혀 없습니다. 그래서 그 안에서의 순수한 의식의 체험은 강렬하고, 지복도 강렬합니다. 뚜리야는 유상삼매有相三昧(Savikalpa Samadhi)에서 얻을 수 있습니다.

C: 본연삼매와 무상삼매의 차이는 무엇입니까?

바: 본연삼매(Sahaja)도 무상삼매(Nirvikalpa)입니다. 그대는 합일무상삼매(Kevala Nirvikalpa)를 말하는 것 같은데, 그것은 일시적이지만 저 삼매(본연삼매)는 지속됩니다. 본연무상삼매(Sahaja Nirvikalpa)는 영구적이며, 그 안에 환생으로부터의 해탈이 있습니다.

두 가지 무상삼매가 있는데, 내적인 무상삼매와 외적인 무상삼매가 그 것입니다. 전자에서는 마음이 가장 내면의 존재에 완전히 합일되어 달리 아무것도 의식하지 못합니다. 그것은 바람이 닿지 않는 등불과 같습니다. 그러나 후자에서는 마음이 진아에 흡수되기는 했으나 세계에 대한 감각이 여전히 지배합니다. 다만 내면에서 아무 반응이 없고, 파도 없는 바다의 고요한 광대함이 있습니다. 두 삼매에서 모두 진아를 적나라하게 깨닫고 있고, 지복의 본질을 체험합니다. 외적인 무상삼매의 파도 없는 바다와 내적인 무상삼매의 안정된 불길이 동일한 것임을 깨달으면, 궁극의 목표인 본연무상삼매에 도달했다고 말해집니다. 무상삼매는 애씀이 없는 반면, 유상삼매는 노력으로 지키는 것입니다.

C: 내적인 무상삼매는 본연삼매를 성취하기 전에 절대적으로 필요합니까?

바: 유상삼매든 무상삼매든, 이런 삼매들 중 어느 것에 영구히 안주하는 것이 본연삼매입니다. 몸-의식(body-consciousness)이 무엇입니까? 그것은 지각력 없는 몸 더하기 의식입니다. 이 둘 다, 절대적이고 영향을 받지 않으며 몸-의식이 있든 없든 항상 남아 있는 또 하나의 의식 안에 있어야 합니다. 그렇다면 우리가 그 순수한 의식을 꽉 붙들고 있는 한, 몸-의식을 잃어버렸든 지니고 있든 무슨 상관 있습니까? 몸-의식이 전혀 없으면 삼매가 더 강렬해진다는 이점은 있지만, 지고자에 대한 지知에는 차이가 없습니다.

1936년 7월

2. C: 유상삼매와 무상삼매의 차이를 분명히 알 수 있도록 말씀해 주시지 않겠습니까, 바가반?

바: 지고의 상태를 꽉 붙들고 있는 것이 삼매입니다. 마음의 번뇌로 인해 노력으로 그렇게 할 때 그것이 **유상삼매**이고, 그런 번뇌가 없을 때 그것이 **무상삼매**입니다. 아무 애씀 없이 원초적 상태에 영구히 머무르는 것이 **본연삼매**입니다. 무상삼매와 마찬가지로, 번뇌의 생각들이 밖에서 오느냐, 안에서 오느냐에 따라 외적인 **유상삼매**는 물론 내적인 **유상삼매**도 있습니다.

C: 진아 깨달음이 일어나기 전에 모든 원습原習(vasanas)[마음의 습]을 완전히 극복해야 합니까, 아니면 일부는 남아 있어도 진아 깨달음을 얻으면 소멸됩니까?

바: 진아 깨달음을 방해하지 않는 원습들은 남습니다. 『요가 바시슈타(Yoga Vasishta)』[1])에서는 두 종류의 원습을 구분하는데, 향유享有의 원습과 속박의 원습[2])이 그것입니다. 전자는 해탈을 이룬 뒤에도 남지만, 후자는 해탈에 의해 소멸됩니다. 집착이 '속박하는 원습'의 원인이지만, 집착 없는 향유는 속박하지 않고 **본연삼매**에서도 지속됩니다.

1936년 3월 13일

3. C 씨와 C 소령은 **무상삼매** 중에 신체적 요인에 의해 명상자가 방해를 받을 수 있느냐 없느냐로 의견이 갈렸다. 그들은 그 문제를 스승님께 말씀드렸다.

---

1) T. 진인 바시슈타와 스리 라마의 문답 형식으로 되어 있는 비이원론 경전.
2) T. 또한 『라마나 마하르쉬와의 대담』, 대담 317과 383을 보라.

바: 두 사람 다 맞습니다. 한 사람은 **합일무상삼매**를, 또 한 사람은 **본연삼매**를 말하고 있습니다. 두 경우 모두 마음은 **진아**의 지복에 잠겨 있습니다. 전자의 경우에는 신체적 움직임이 명상자에게 방해가 될 수 있는데, 왜냐하면 마음이 완전히 죽지 않고 아직 살아 있어서, 깊은 잠을 자고 난 뒤처럼 언제든 다시 활동할 수 있기 때문입니다. 그것은 물속에 완전히 잠기기는 했지만 도르래에 묶여 있는 밧줄의 다른 쪽 끝으로 끌어낼 수 있는 두레박에 비유됩니다. 반면에 **본연삼매**에서는, 밧줄과 함께 우물 속 깊이 가라앉은 두레박처럼 마음이 **진아** 속으로 완전히 가라앉아 버려서, 그 속에는 방해를 받거나 세상으로 다시 끌려나올 것이 아무것도 남아 있지 않습니다. 그럴 때 우리의 활동들은 잠결에 엄마 젖을 빠는 아이가 젖 먹이는 것을 거의 자각하지 못하는 것과 비슷합니다.[3]

1949년 2월 25일

4. 지난 약 1년간 이 아쉬람에서 수행을 해온 두 젊은이 스리 차크라바르띠와 스리 지브라자니가 오늘 서로 **합일무상삼매**와 **본연무상삼매**에 대해 활발한 토론을 벌였는데, 양쪽 다 편드는 사람들이 생겼다. 마침내 그들은 자기들의 사안을 **마하르쉬**께 말씀드렸다. 나이가 아래인 지브라자니가 먼저 질문했다.

지브라자니: **합일무상삼매**의 체험은, 우리가 거기서 상대적인 세계로 내려오기는 하지만, **본연삼매**의 그것과 같습니까?

바: 내려옴도 없고 올라감도 없습니다. 올라가고 내려오는 자가 실재하지 않습니다. **합일무상삼매**에서는 마음의 두레박이 아직 물밑에 있지

---

[3] T. 이 문답의 다른 버전은 『마하르쉬의 복음』 제1권 제1장 참조(『마하르쉬의 복된 가르침』, 28-9쪽).

만 언제라도 끌어낼 수 있습니다. **본연삼매**는 바다와 연결된 강과 같이 어떤 돌아옴도 없습니다. 왜 이런 질문들을 다 합니까? 그대 자신이 그 체험을 얻을 때까지 수행을 계속하십시오.

다음날 스리 차크라바르띠는 스리 바가반이 어느 수행자에게 위의 질문에 대해 말씀하시는 것을 듣고, 앞으로 나서서 말했다.

차크라바르띠: 저는 저희들의 논점을 분명히 하고 싶습니다, 바가반. 명상 중에 **삿찌다난다**(satchidananda-존재-의식-지복)의 체험을 했던 사람도 명상에서 나오면 자신을 다시 몸과 동일시할 수 있습니까?

바: 몸이 어디 있습니까? 몸이 **진아**와 별개입니까? 만약 별개라면 세계도 **진아**와 별개이겠지만, 그것은 말이 안 됩니다. 왜냐하면 (그럴 경우) 그대가 그것을 자각하지(인식하지) 못할 것이기 때문입니다. 자각이 **진아**인데 말입니다.[4] 수행자는 자신을 몸이라고 여기는 데서부터 시작하지만, 그가 **진아**에 도달하면 자신이 **순수한 지성**이라는 것을 깨달을 것입니다. 그때는 몸조차도 그 지성으로 보일 것입니다. 마치 다양한 형태의 금 장신구들이 금 외에 아무것도 아니듯이 말입니다…. (생각에 잠기신 듯) 예, **진아**를 체험한 수행자가 명상에서 나오면 자신을 계속 몸과 동일시할 수도 있겠지요. 그러나 수행 과정에서 점차 그 동일시를 잃을 것입니다. **진아**의 빛이 쏟아지는 가운데서 환幻의 어둠은 영원히 걷힙니다.

---

4) *T*. 진아는 존재이자 자각이며, 현상계는 자각, 곧 의식으로서의 진아가 자신을 투사한 것이다. 그래서 진아는 '보는 자'인 주체이자 '보이는 것'인 대상(세계)이며, 동시에 그에 대한 인식, 곧 자각이다. 만약 세계가 진아와 '별개'라면 그것은 진아와 전혀 무관한 것이 되고, 진아의 인식 대상 자체가 될 수 없다.

13. 열반

1937년 5월 5일

1. 한 방문객이 **열반**의 의미를 질문했다.

바가반: **열반**(*Nirvana*)이란 분리감이 존재하지 않고, 에고가 그 근원인 심장 안으로 가라앉은 그러한 상태입니다.

1937년 4월 20일

2. C 씨는 한 저명한 신지학자가 쓴 『**열반**(*Nirvana*)』이라는 책을 읽은 적이 있는데, 그 책에서 저자는 자기가 잠자리에 든 뒤에 **열반**을 체험했으며, 거기서 빛의 바다, 곧 **열반** 속에서 생생한 빛의 중심들인 "스승들을 보았다"고 주장했다. C 씨는 이런 말을 스리 바가반의 가르침과 조화시킬 수 없었다. 그래서 그에 대해 스승님께 여쭈었다.

바: **열반**은 완전한 상태입니다. 그 안에서는 봄도 들음도 없고, 경험하기도 없습니다. 순수한 "내가 있다(I am)"의 **자각** 외에는 아무것도 없습니다. 그대가 책에서 읽고서 묘사하는 **열반**은 순전히 상상입니다···. 글쎄요, 이런 저런 비슷한 운동들(사회사업 등 사회적·종교적 운동들)은 인간을 비이기적으로 만들고 최고의 **진리**로 나아가게 준비시켜 주는 한에서는 좋습니다. 봉사도 **진아** 깨달음이라는 같은 목표로 이끌어주지요. 만약 그것이 무아적(selfless)이라면 말입니다.

C: 그러나 어느 세월에 그렇게 되겠으며, 절대지絶對知를 깨달을 준비가 된 사람이 왜 상대적인 것에 열중해야 합니까?

바: 일체가 그 나름의 시간 안에서 일어납니다. 절대자를 깨달을 준비가 된 사람은 어떻든 그에 대해 듣게 될 것이고, 그러면 수행을 시작하겠지요. 그는 진아지眞我知(Atmavidya)의 가치를 즉시 인식할 것이고, 단호히 그것을 추구할 것입니다.

14. 심장, 해탈

심장은 베단타 용어로 진아, 의식(*Chit*) 혹은 순수한 마음과 동의어이다. 그것은 절대적이므로, 항상 불변이고 무無형상이며, 단일하고 움직이지 않는다. 그러나 그 단어가 **중심**을 의미하기 때문에,[1] 그것은 그 **중심**을 근원으로 갖는 하나의 현상 혹은 접촉점의 의미를 내포하는 듯이 보인다. 그것은 무無형상인 **영**靈이 형상을 취하는 것으로 보이는, 곧 형상들의 세계 안에서 그 세계로서 자신을 현현하는 것으로 보이는 지점이다.

무수한 형상·색채·소리와 성질을 가진 세계가 실제로 존재하지는 않지만—혹은 **진아**를 깨달은 사람에게는 그 자신의 **진아**와 동일한 것으로서, 곧 자신의 **의식** 안에서 일어나는 파도나 생각들로서 존재하지만—감각기관들에 장악된 상태를 벗어나려고 몸부림치고 있는 사람에게는, 그것을 단지 생각일 뿐이라고 가볍게 배척하기에는 세계가 너무나 참되게 보인다. 그런 사람에게는 그 자신의 수준, 그 자신의 관점에 맞는 가르침이 필요하다. 그래서 경전에서는 똑같은 하나의 실재에 대해 **진아**, **영**靈, **마음**, **심장**, **영혼**, **신**, **순수한 의식**, **지고의 브라만**, **대공**大空, **말없는 주시자**, **들판을 아는 자**[2] 그 밖에 많은 이름을 사용하는데, 이는 현상세계 내에서 그것이 구도자에게 나타나는 다양한 측면과, 그것을 설명하

---

1) T. 심장의 산스크리트어 *hridayam*은 '이것이 중심이다'라는 뜻이다.
2) T. 『바가바드 기타』에 나오는 용어인 *kshetrajna*를 가리키며, 이는 몸과 감각 활동 이면에 항상 내재해 있는 주시자라는 뜻이다. 여기서 '들판'은 몸을 뜻한다.

려는 다양한 시도를 함축한다.

따라서 심장은 진아와 세계(혹은 몸)의 결합점이자 빛과 어둠이 융합되는 배전반의 의미를 내포한다. 그래서 그것은 그란티(granthi), 곧 세계가 마음과는 다르다는—즉, 지각하는 마음과 독립하여, 하나의 대상적 공간 안에 나타난 한 투사물로서의 세계라는—환幻을 만들어내는 무지의 매듭이 있는 자리이다. 그 환幻은 생기(life-생명력)라는 실제 현상에서 일어나는데, 이 생기는 심장에서 몸으로 흐르는 것으로, 그 몸 안에서 그것이 하나의 몸, 곧 다른 모든 개체들과 전혀 다른 별개의 개체[개아(jiva)]라는 인상을 창조한다. 생기로서 몸을 채우는 의식은 성품상 순수한 존재(sat)이고 그 자신을 '나'라고 본능적으로 알지만, 몸 외에는 '나'라는 명칭을 부여할 만한 감각기관들(의식은 이 감각기관들을 통해 세계를 아는 데 익숙하지만)이 아무것도 없는 것을 보고, 그 자신을 지각 불가능한 의식으로 이해하지 못하고, 몸이 그 자신이라는 원초적 환幻의 제물이 되고 만다. 이처럼 그것은 그릇된 동일시로 인해 자신의 참된 성품을 보지 못한 채 따마스적(tamasic)이거나 라자스적인(rajasic) 욕구와 물질적 몸이 갈구하는 것에 점점 더 깊이 말려들고, 그리하여 자기 자신을 삶과 죽음, 탄생과 환생, 쾌락과 고통, 지知와 무지 등의 맷돌로 향하게 하여 결국 쓰라린 최후를 맞게 되는데, 이때 집(자기 존재의 근원)과 안식에 대한 열망이 의식을 자극하면, 그것이 따빠스(tapas)와 수행(sadhana), 그리고 신적 스승의 '인도하는 은총'을 통해 그것들을 얻으려고 탐색하게 된다.

드높은 상태로부터 개인적 의식이 그렇게 전락하는 것을 『스리마드 바가바따(Srimad Bhagavata)』3)에서는 이렇게 묘사한다. "몸 안에서 자신의 마야의 유희에 매혹된 아뜨만은 '나'와 '내 것'을 생각한다."

---

3) T. 크리슈나의 일대기를 중심으로 하는 뿌라나 경전의 하나. 『바가바따 뿌라나』라고도 한다.

스리 바가반은 집으로 돌아가는 길을 더없이 단순한 말씀으로 보여주신다. "그 자신을 '나'라고 아는 그 의식의 성품을 탐구하십시오. 그러면 그것은 필히 그대를 그 '나'의 근원인 심장으로 데려다줄 것이고, 거기서 그대는 지각력 없는 몸과 마음 간의 구별을 확연히 지각하게 될 것입니다. 그럴 때 마음은, 항상 존재하면서 스스로를 떠받치는 지성으로서 완전히 순수한 모습으로 나타날 것입니다. 이 지성은 (세계를) 창조하고, 자신의 창조계에 편재하며, 그러면서도 영향 받지 않고 오염되지도 않은 채 그것을 넘어서 있을 것입니다. 또 심장을 발견한다는 것은 곧 심장이 되는 것으로서 체험될 것입니다. 이 체험이 부단한 수행을 통해 영구적인 것이 될 때, 대망의 진아 깨달음, 곧 해탈이 마침내 성취되었다고—'나는 몸이다'라는 환幻이 영원히 타파되었다고 하는 것입니다."

1937년 4월 25일

1. 스리 B. V. 나라싱하스와미가 스리 바가반의 「가르침의 핵심」을 자신이 영어로 옮기고 주석을 붙인 책의 제3판을 준비하느라고 아쉬람에 와 있다. 그는 스승님께 심장과 그 움직임에 대해 좀 더 자세히 말씀해 달라고 청한다. 스리 바가반이 말씀하셨다.

바가반: 심장은 그란티(*granthi*)[무지의 매듭]의 자리이면서 진지(*Jnanam*)의 자리이기도 합니다. 그것은 물질적 몸 안에서 가장 작은 핀 끝보다 더 작은 하나의 구멍으로 대표되는데, 이 구멍은 늘 닫혀 있습니다. 합일무상삼매 안에서 마음이 가라앉으면 그것이 열리지만, 그런 다음 다시 닫힙니다. 본연삼매를 성취하면 그것이 영구히 열립니다.

이 그란티는 지각력 없는 몸을 그 안에서 작용하는 의식에게 묶어주는 매듭입니다. 그래서 몸-의식이 없는 합일무상삼매에서 그것이 일시적으로 느슨해지는 것입니다.

저는 학교를 다닐 때도 발전기의 진동 같은 심장의 진동을 느끼곤 했습니다. 여러 해 전 띠루반나말라이에서 사후강직死後强直(rigor mortis)을 일으켰을 때는4) 이 진동 외의 모든 대상과 감각이 사라졌습니다. 그것은 마치 눈앞에 검은 막이 쳐져서 저로부터 세상을 완전히 차단한 것 같았지만, 물론 저는 누군가가 곁에서 울고 있다는 희미한 느낌과 함께, 내내 진아를 의식하고 있었지요. 이 상태는 신체적 의식을 회복하기 직전까지 계속되었고, 바로 그때 심장에서 왼쪽 가슴으로 어떤 것이 달려가면서 몸 안에 생기를 다시 확립시키는 것을 느꼈습니다.

갑작스런 공포, 갑작스런 기쁨, 혹은 충격은 심장을 아주 강하게 진동시키는데, 거기에 주의를 기울이는 사람은 누구나 그것을 느낄 수 있습니다. 그렇지 않으면 삼매 속에서만 그것이 느껴집니다.

1936년 10월 23일

2. 철학박사 학위를 준비 중인 한 학생이 여쭈었다.

학생: 신은 내재적이라고 하는데, 당신께서 그를 심장에(즉, 심장이라는 한정된 범위 안에) 국한시키시는 것은 어떤 근거에서입니까?

바: 신이 심장 안에 거주한다고 말하는 것은 그대가 그 몸 안에 거주한다고 말하는 것과 마찬가지입니다. 하지만 심장은 하나의 장소가 아닙니다. 자신의 몸을 자기 자신이라고 여기고 상대적인 지知만 이해하는 사람들에게는, 어떤 장소를 신의 거주처로 이름 붙여 주어야 합니다. 사실은 신도 우리도 어떤 공간을 점유하고 있지 않습니다. 깊은 잠 속에서

---

4) T. 1912년 바가반이 아루나찰라 산 동쪽 사면의 '거북바위' 근처를 지나다가 신체적 죽음의 체험을 한 사건을 말한다.

우리는 몸이 없고 공간이 없지만, 생시의 상태에서는 그 반대로 보입니다. 아뜨만(*Atman*) 혹은 빠라마뜨만(*Paramatman*-지고아)은 몸이 거기서 태어나고, 그 안에서 살고, 결국 그 안으로 흡수되는 것입니다.

내면을 보라는 것이 그 메시지이다.

15. 진인眞人 — 깨어난 자

'깨어난 자', '깨친 자', '진아를 깨달은 자'라고도 하는 진인(Jnani)은, 다른 모든 사람처럼 한 몸을 사용하기는 하나, 몸이 그 자신이라는 환幻을 타파한 사람이다. 그는 여러 생의 힘든 탐색 끝에 심장을 발견했고, 자신이 다름 아닌 지고한 사다시바 브라만(Sadasiva Brahman)1), 곧 성질이나 형상이 없는 절대적 의식임을 발견했다. 진화·업業·환생은 그에게 어떤 의미도 갖지 않게 되었다. 하나의 몸을 가지고는 있으나, 그는 그것을 꿈속에서 보듯이, 혹은 바깥에 있는 주위의 다른 여느 무생물을 보듯이 보며, 그것이 자신의 존재 바깥에 있다고 보지 않는다. 세계는 그의 마음을 끌지도 않고 혐오를 느끼게 하지도 않으며, 그를 파괴할 어떤 힘도 없다. 그는 보되 보지 않고, 행위하되 행위하지 않는 순수한 자각의 공空이다. 그는 속박되어 있지도 않고 자유롭지도 않다. 그는 신도 아니고 인간도 아니며, 사실 그 무엇도 아니다 — 오직 그 자신일 뿐.

그의 상태는 상상을 불허한다. 우리는 우주적인 순수한 마음이 어떻게, 먹고 자고, 행위하고, 병이 들며, 지치고, 허기도 지는 연약한 한 인간의 몸 안에 싸여 있을 수 있는지 놀란다. 그것은 불가사의 중에서도 불가사의이다. 그래서 스리 바가반은 진인의 마음 상태에 대해 많은 질문 공세를 받곤 했다. 그 질문들은 당신을 지칭하지만, 질문자들은 그 질문을

---

1) T. 사다시바(Sadasiva)란 '항상 그 자신인 시바', '항상 평안인 시바', 혹은 '순수한 존재로서의 시바'란 의미를 가진 시바의 한 별칭이다.

사적인 형태로 제기하지 않으려고 주의했다. 그들은 결코 당신을 '당신'이라거나 '당신의 것'이라고는 부르지 않았고, 늘 '바가반' 혹은 '진인'이라고 불렀다. 다음 답변들은 막연하나마 당신의 드높은 상태에 대한 감을 잡을 수 있게 해줄 것이다.

1. 진인의 고통

C: 본연삼매에 들어 있는 사람도 어떤 신체적 고통, 이를테면 (벌레에) 쏘이거나 (칼 등에) 베였을 때 통증을 느낍니까?

바가반: 모든 고통은―심지어 신체적 고통도―마음 속에 있습니다. 누구나 베이거나 쏘이면 통증을 느끼지만, 마음이 지복 속에 가라앉은 진인은 그것을 마치 꿈속에서 그런 것처럼 느낍니다. 진인의 경우는, 이야기에 나오는 두 연인이 함께 고문을 받으면서도 서로의 얼굴을 바라보며 마음이 황홀경에 빠져 고통을 느끼지 못했다는 것과 비슷합니다.

2. 진인의 싯디

C: 진지(*Jnana*)를 얻기 전에 싯디(*siddhis*)를 가지고 있던 진인은 절대자와 합일한 뒤에도 그것을 보존합니까?

바: 예, 싯디는 발현업(*prarabdha karma*)에 의해 얻어지며, 해탈 안에서는 장애가 아닙니다. 해탈로 가는 도정에서는 그것이 하나의 장애지요.

* * * *

한 북인도 방문객이 진인은 자동적으로 싯디를 얻는지, 아니면 혹시 그런 것을 원하면 별도로 그것을 얻으려고 노력해야 하는지를 질문한다.

바: 진인이 누구입니까? 만약 진인이 그대가 보는 몸이라면, 그의 싯디들이 다른 몸들에게 보이겠지요. 그러나 그가 순수한 자각이라면, 그가 어디서 그 싯디를 얻으며, 누구에게 그것을 보여주겠습니까?

진인과 헌신가(*Bhakta*)는 싯디를 얻고 싶어 하거나 얻으려고 노력하지 않습니다. 진인은 그 자신을 만물로 보기 때문이고, 헌신가는 그의 애호신愛好神(*Ishta Devata*)―그가 사랑하는 신―을 만물로 보기 때문입니다. 그 자신의 행위조차도 이 신이 하는 것입니다. 그는 스스로 주도하여 행위를 추동하려는 자신의 의지가 조금도 없습니다. 하지만 싯디가 그림자처럼 그들을 따라옵니다. 그저 침상에 앉아 있는 것만으로도 세계 각지에서 수천 명의 사람들이 그를 찾아오고, 그 중의 수백 명이 자신의 예전 삶의 양식을 바꾸며, 심지어 어떤 사람은 신의 경지를 성취하게까지 하는 진인의 그것보다 더 위대한, 어떤 싯디가 있습니까?

사람들은 이른바 싯디보다 훨씬 기적적인 많은 일들을 보지만, 단지 그것이 매일 일어나고 있다는 이유로 그런 것들을 놀라워하지 않습니다. 그들은 인간이 거의 무無에서부터 생겨나고, 태어날 때는 이 전구보다도 작던 사람이 덩치 큰 레슬러가 되거나, 세계적으로 유명한 예술가·웅변가·정치인 또는 진인이 되기도 하는 데서는 기적을 보지 않고, 송장이 말을 하면 몹시 놀라워합니다.

3. 진인의 꿈

C 씨는 진인도 꿈을 꾸는지 여쭌다.

바: 예, 진인도 꿈을 꿉니다. 그러나 그는 그것이 꿈인 줄 압니다. 마치 생시의 상태가 하나의 꿈인 줄 알듯이 말입니다. 이 두 가지 꿈을 제1번 꿈, 제2번 꿈이라고 불러도 되겠지요. 진인은 네 번째 상태―지고의

실재인 뚜리야—에 자리 잡고 있기 때문에, 다른 세 가지 상태—생시·꿈·꿈 없는 잠—를 그것(네 번째 상태) 위에 덧씌워진 화면들로 초연하게 주시합니다.

4. 진인의 욕망

C: 진인도 욕망(sankalpas)을 가지고 있습니까?

바: 범부의 마음이 가진 주된 특질은 따마스(tamas)[나태함]와 라자스(rajas)[흥분]입니다. 그래서 그것은 에고적 욕망과 약점들로 가득 차 있습니다. 그러나 진인의 마음은 순수한 사뜨와(shuddha-sattva)[순수한 조화성]이고 형상이 없으며, 미세한 지성껍질 안에서 작용하는데, 그는 이런 마음을 통해서 세상과 접촉합니다. 따라서 그의 욕망도 순수합니다(sattvic).

* * * *

한 방문객이 스리 마하르쉬께 욕망이 진지(깨달음)를 소멸하지 않느냐고 질문한다.

바: 진인의 욕망은 다른 사물들처럼 그에게 외부적이어서, 그를 오염시킬 수 없습니다.

방: 뿌라나에서는 진인들이 진인들과 전쟁을 했다고 말합니다. 어떻게 그럴 수 있습니까?

바: 예, 스리 크리슈나는 비슈마(Bhishma)와 싸웠지요. 진인들은 만물을 브라만으로 보지만, 그러면서도 싸웁니다.

1938년 6월 15일

진인의 무신해탈無身解脫

(깐한가드의 아난다쉬람에서 발간하는) 「비전(Vision)」 6월호에 스리 바가반의 글 한 편이 실렸다. 당신이 스리 샹까라짜리야의 『분별정보分別頂寶』를 타밀어로 번역하고 붙인 서문인데, 그것을 S. 크리슈나 씨가 「비전」 지誌를 위해 영어로 옮겼던 것이다. C. 씨는 회당에서 혼자 그것을 읽는다. 그는 다음 구절을 보고 놀라, 그것을 스리 바가반께 읽어드린다. "해탈한 자는 실로 자기 하고 싶은 대로 행위할 수 있고, 육신을 떠날 때는 해탈을 성취하여, 실은 죽음인 이런 삶으로 돌아오지 않는다."

C: 이 말씀은, 진인은 이 차원에서 다시 태어나지 않지만, 만약 그러기로 한다면 더 미묘한 차원들에서 계속 활동할 수도 있다는 인상을 줍니다. 그에게도 선택하려는 어떤 욕망이 남아 있습니까?

바: 아니지요, 제 의도는 그런 것이 아니었습니다.

C: 더욱이 한 인도철학자는 그의 어느 책에서 샹까라를 해석하면서, "무신해탈無身解脫(videhamukti) 같은 것은 없다, 왜냐하면 해탈자는 죽은 뒤에는 빛의 몸을 취하여 전 인류가 해탈할 때까지 그 안에 머무르기 때문이다"라고 말합니다.

바: 그것은 샹까라의 견해일 리가 없지요. (당신은 『분별정보』를 펴서 제566연을 가리킨다. 거기에 해탈한 사람은 신체적 껍질이 해체된 뒤에는 '물 속에 부은 물, 기름 속에 부은 기름'처럼 된다고 나와 있다.) 그것은 속박도 없고 해탈도 없는 상태입니다. 다른 몸을 취한다는 것은 그것이 아무리 미묘한 몸이라 해도 실재 위에 하나의 베일을 드리운다는 것을 뜻하는데, 그것은 속박입니다. 해탈은 절대적이며 돌이킬 수 없습니다.

원주: 샹까라는 「진아각지송(Atma-Bodha)」, 제53절에서도 『분별정보』, 제566연에서와 같은 이야기를 하고 있다.

제3부

일기

서언

1948년에서 1950년 사이에는 저녁 그림자가 **스승님**의 육신에 다가들며 짙어가는 것을 볼 수 있었다. 연세가 많아지면서 일련의 액운이 따랐다. 한 번은 넘어지셨고, 한 번은 신경성 딸꾹질이 여러 날을 갔으며, 류머티즘이 떠나지 않았다. 마지막으로 악성 종양(암)이 나타났는데, 이것은 당신 왼팔의 살을 조금씩 갉아먹으며 당신의 혈액을 중독시켰고, 마침내 그보다 더 순수한 삶은 이전에도 결코 없었고 앞으로도 결코 없을, 그런 하나의 삶이 막을 내리게 했다.

이 중대한 2년간에 대해 나는 **마하르쉬님**의 거동, 말씀, 그리고 당신의 건강 상태에 대해 일기를 적어야겠다는 강한 충동을 느꼈다. 다른 목적에서가 아니라 당신에 대한 복된 기억을 나 자신 영구히 간직하고 싶어서였다. 그러나 당신의 **대열반**(*Mahanirvana*)이 있은 뒤에는, 당신의 헌신자들도 지상에서의 당신의 마지막 날들의 그 신성한 장면과 사건들로 돌아갈 수 있게, 그것을 그들과 공유해야겠다는 똑같은 충동을 느꼈다. 그 이야기들 중 일부를 본서의 제2부에 포함시켰다.

마하르쉬님이 최후로 당신의 몸을 버리고 다시는 돌아올 수 없는 영원한 평안 속으로 합일되신 1950년 4월 14일의 저 결코 잊을 수 없는 밤 이후로, 당신의 가까운 많은 제자들도 몸을 벗고 당신의 뒤를 따랐다. 아직 우리 곁에 남아 있는 사람들은, 처음에는 당신 육신의 부재가 그들의 삶 속에서 만들어낸 고통스러운 공백에서 회복되는 데 시간이 좀 걸렸지만, 당신의 신성한 친존을—특히 명상 중에는—계속 느낀다. 스승과 제자 사이에서 자연스럽게 형성된 영적인 연결은, 일체를 무너뜨리는 시간도—그 제자가 스승과 같은 경지에 오르는 데 성공하여 그와 합일을 이룰 때까지는—그것을 깨뜨릴 힘이 없다고 하는 경전의 보증을 이것이 입증해 준다.

일기

1948년 6월 16일

마드라스의 「프리프레스(*Free Press*)」 지紙에 스리 마하르쉬에 대한 기사 하나가 실렸다. 넬로르(Nellore)의 숩바라마이야 교수가 모든 사람이 들을 수 있게 그것을 소리 내어 읽는다. 스리 마하르쉬님은 다른 사본으로 그것을 유심히 따라가고 계신데, 워낙 유심히 보셔서 우리는 당신이 중요한 원고의 교정을 보시는 줄로 생각할 정도이다. 당신은 가끔 유머러스한 말씀을 하기도 하고 만면에 웃음을 띠기도 하신다. 마지막에는 시자에게 그것을 오려서 특별한 파일에 붙여두라고 지시하신다.

6월 17일

오전 8시 30분. 산스크리트 학자이자 마하르쉬님의 헌신자인 자가디쉬 사스뜨리(Jagadish Sastri)가 마드라스에서 도착한다. 스리 바가반은 그와 열심히 대화를 나누기 시작하신다. 나는 당신이 손가락 끝으로 "따나나, 따나, 따나 …" 하고 헤아리시는 것을 듣고, 두 분이 산스크리트 시의 운율을 논의하고 있다고 추론한다. 스리 바가반은 약 20분간 멈추지 않고 계속 말씀하면서 손짓도 하시는데, 분명히 어떤 구절들을 설명하고 계시다. 그때 스리 사스뜨리가, 비디야라니야(Vidyaranya)[1]는 '찌뜨(*Chit*)가

---

1) *T.* 비이원론의 14세기 저작인 『빤짜다시(*Panchadasi*)』의 저자.

동시에 **시바**(Siva)와 **샥띠**(Shakti)가 될 수도 있고, 따로따로 될 수도 있다'고 말한다고 이야기한다. 스리 바가반은 본질적으로 양자는 똑같은 하나의 찌뜨라고 말하는 『아루나찰라 뿌라나(Arunachala Purana)』의 구절을 인용하고 깊은 감정으로 이 책을 읽으신다. 가우따마(Gautama)[2]가 **시바**를 찬양하는 대목에서는 황홀경에 들어가신다. 당신의 얼굴이 미소로 밝아지기는 하지만 눈가에는 눈물이 솟구쳐 나오는데, 당신이 눈물을 닦고 코를 푸실 때까지는 아무도 눈치 채지 못한다.

이제 9시 55분이다. 스리 마하르쉬님은 문득 당신이 늘 하시는 산책에 10분이나 늦었다는 것을 깨달으신다. "오, 이렇게 늦다니!" 하신 당신은, 무릎과 고관절에 기름을 발라 류머티즘으로 인한 뻣뻣함을 완화하신 뒤에 일어나신다. 그리고 당신의 몸을 가리키며 웃으며 말씀하신다. "이 기계는 기름을 치지 않으면 움직일 수가 없군."

아쉬람의 총애 받는 동물인 유명한 암소 락슈미(Cow Lakshmi)가 한 동안 앓더니 오늘 정오 무렵에 세상을 떠났다. 그녀의 죽음이 다가오는 것을 아신 스리 마하르쉬님은 오전 9시 45분경에 우사牛舍로 가셔서 땅바닥에 앉아 그녀의 머리를 당신의 무릎에 올리고 부드럽게 쓰다듬으면서, 마지막 임종 시간에 그녀에게 위안을 주기 위해 무한히 부드러운 목소리로 "락슈미마, 마, 마, 마 락슈미"라고 되풀이하셨다.

오후 6시 30분, 락슈미의 시신을 식당 북쪽 편에 묻기 위해 달구지로 실어 왔다. 아쉬람 사람들이 다 모였고, 그들 한가운데 놓인 의자에 스리 **마하르쉬님**이 앉으셨다. 브라민들이 사람 시신에게 하듯이 수십 통의 물로 그녀의 시신을 목욕시키는 동안, 스리 **바가반**은 락슈미의 생애담을 당신 곁에 서 있는 사람들에게 부드럽게 들려주셨다. 즉, 락슈미가 어떻

---

[2] *T.* 아루나찰라에 살았던 고대의 진인.

게 1924년에 여섯 달 난 송아지로 왔고, 어떻게 보통의 수명인 20세보다 더 오래 살았는지를 이야기하셨다. 당신은 락슈미의 상냥하고 자애로운 성품과 지성을 칭찬하면서 이렇게 덧붙이셨다. "그녀는 전생에 수행자였을 수 있습니다. 그 복력으로 아쉬람에 와서 해탈을 성취하게 된 거지요."

목욕이 끝나자 브라민들은 그녀의 시신 전체에 터머릭(turmeric)을 바르고, 이마에는 신성한 주사朱砂(kumkum)를 찍어 주었다. 그들은 싱싱한 재스민 화만花鬘(꽃들을 실에 꿴 장신구)으로 그녀를 장식하고 붉은 새 명주 스카프를 목에 둘러준 뒤에, 그녀의 곁에서 장뇌와 향을 태웠다. 그런 다음 매장하기 위해 그녀를 몇 미터 더 싣고 갔는데, 그것을 보기 위해 스리 바가반은 몇 계단을 힘들게 올라가셨다.

나는 스리 마하르쉬님이 오늘 저녁처럼 몸이 약하신 것을 본 적이 없었다. 락슈미를 매장한 뒤 사람들은 흩어지기 시작했고, 당신도 (아쉬람의) 시약소施藥所(dispensary-빈자들에게 약을 베푸는 간단한 의료시설) 옆의 계단 세 개를 벽을 짚고 내려가려고 하셨다. 그러나 당신의 몸이 떨리고 휘청거리기 시작했다. 계단이 넓고 그리 높지 않은데도 혼자서 잘 내려오시지 못했다. 시자 두 명이 당신의 엉치를 붙잡고 계단 내려가시는 것을 도와드렸다. 그러는 과정 내내 우리는 굉장히 마음 졸이며 지켜보았고, 당신이 평지에 무사히 내려서시자 우리는 안도의 한숨을 내쉬었다. 당신은 보통 누구도 당신에게 간섭하거나 도와드리겠다고 손을 내미는 것을 좋아하지 않으셨다. 시자들의 도움도 거의 받지 않으시고, 종종 그들에게 자네들 일이나 하라고 말씀하시곤 했다. 우리는 당신이 힘들어하시는 것을 보기만 할 뿐, 당신을 위해 아무것도 해드릴 수 없는 것을 안타까워했다.

1948년 6월 21일

어제 스리 마하르쉬님은 락슈미에 대해 타밀어로 4행시 한 수를 지으셨는데, 그녀가 죽은 날과 점성학상의 천궁天宮(sign)을 말씀하시고, 그녀를 "해탈한 영혼"이라고 칭하셨다. 그리고 그 의미가 단순히 몸으로부터의 해방이 아니라 최종적 해탈이라는 것을 분명히 하기 위하여 '비묵띠(Vimukti)'라는 산스크리트 단어를 사용하셨다. 오늘 아침 당신은 이 4행시를 텔루구어로 번역하여 텔루구 헌신자인 숩바라마이야 교수에게 보여 주셨는데, 두 분은 그에 관해 농담을 하면서 웃기도 했다. 왜냐하면 스리 바가반은 당신이 지으신 「에까뜨마 빤짜깜(Ekatma Panchkam)」[진아의 단일성에 대한 5연시]에서 그렇게 하셨듯이, 텔루구어 시에 타밀어 운율을 사용하셨기 때문이다. 숩바라마이야 교수는 스리 바가반의 텔루구어 번역을 극구 칭찬했다.

저녁에 마하르쉬님은 그 4행시를 원래의 타밀어에서 말라얄람어로 번역하셨다.

6월 23일

오후 4시 30분. 딸레야르칸 여사(Mrs. Taleyarkhan)가 마하르쉬님께 편지 두 통을 건네 드린다. 하나는 마드라스에 있는 T. N. 크리슈나스와미(Krishnaswami) 박사가 보낸 것이다. 편지에서 그가 쓰기를, 자신의 암소가 암송아지 한 마리를 낳았는데, 락슈미가 죽은 지 4시간 뒤에 자기가 이 송아지에게 뿌쉬빰이라는 이름을 지어 주었다가, 나중에 락슈미 소식을 듣고 나서는 그 이름을 락슈미 뿌쉬빰으로 바꾸었다고 했다. 바가반은 이 편지를 소리 내어 읽으시고, 웃음을 띠며 손짓도 하신다. 다른 편지는 인도 총독 스리 C. 라자고빨라짜리아르(Rajagopalachariar)에게서 온 것으로, 편지에서 그는 딸레야르칸 여사가 빠탈라 링감(Patala Lingam)—

스리 마하르쉬님이 1896년 띠루반나말라이에 처음 와서 6개월간 머물렀던 곳3)—위에 지은 사원의 개원식을 주재해 달라는 초청을 받아들인다고 했다.

6월 24일

오전 9시. 마하르쉬님은 쾌활한 기분으로 글을 읽기도 하고 말씀도 하고 계신다. 흰 공작이 활보하며 들어와서 시자가 그를 위해 흩어준 곡식 몇 알을 쪼아 먹고, 짧은 거리를 당당하게 걸어서 물러난다. 까마귀 한 마리가 들어와 곡식을 급히 쪼아 먹기 시작한다. **바가반**은 우리에게 그 장면을 잘 보라고 하신다. 공작은 까마귀가 염치없이 자기 곡식을 훔쳐 먹는 것을 보고 놀라서 서 있다. 아연실색한 공작은 깃을 등 뒤로 펼치고 목을 길게 빼어, 마치 튀어나갈 태세인 듯 까마귀를 사납게 노려본다. 이제 공작은 극도로 호전적인 걸음으로 앞으로 나선다. 우리는 모두 눈앞에서 무서운 싸움이 벌어질 것으로 생각했다. 놀랍게도 까마귀는 동요하지 않고 있는 것으로 보아 뻔뻔스러운 것이 분명했다. 까마귀는 조롱하듯 한 눈으로 공작을 바라보면서 다른 눈으로 계속 탐욕스럽게 곡식을 쪼아 먹는데, 분명 자신의 배짱을 알고 있는 것이다.

그래도 우리는 까마귀의 운명을 걱정한다. 그러나 웬걸, 공작은 달려나가지 않고 갑자기 두 걸음 급히 물러나더니 생각하듯이 멈춘다. 과격한 전격전을 계획하고 있다고 우리는 생각했다. 우리는 기다렸지만, 마침내 공격이 나왔을 때 그것은 단 한 걸음만 단호히 내딛고는 딱 멈추는 것이었다. 이제 곡식은 모두 평화롭게 까마귀의 뱃속으로 들어갔다.

---

3) *T.* 여기서 빠딸라 링감에 '6개월간' 머물렀다고 한 것은 정확하지 않다. 바가반이 처음 6개월간 큰 사원에 머무르기는 했지만 빠딸라 링감에서 깊은 삼매에 든 것은 초기의 일이고, 나중에는 큰 사원 여기저기를 옮겨 다녔다(153~4쪽 참조). 세월이 흘러 빠딸라 링감이 퇴락하자, 딸레야르칸 여사의 시주로 개수공사를 하여 이곳을 하나의 사당으로 만들었다.

까마귀는 근처에 있는 시멘트 수반水盤으로 껑충껑충 뛰어가서 물을 양껏 마신 뒤, 부리를 단단한 바닥에 닦고 의젓한 공작에게 깊숙한 경례를 한 뒤에 만족한 듯이 날아간다. 마하르쉬님과 우리 모두는 공작의 소심함에 폭소를 터뜨렸는데, 공작은 이제 냉정을 되찾고 깃을 내린 뒤 미약하나마 용감한 모습을 보이며 걸어 나간다. 우리는 너무 재미있어 했다.

스리 바가반은 그간 줄곧 동물들의 행동을 관찰하는 것을 아주 좋아하셨고, 그래서 주어진 상황에서 그들의 반응을 예상하고, 그들을 도와주려면 그들을 어떻게 대해야 하는지 아는 데 전문가가 되셨다. 동물들에 대한 당신의 공감과 배려는 인간들에 대한 것보다 더하신 것 같았다. 하지만 가끔은 동물들에게 부드럽게 엄격한 것처럼 보이시기도 하는데, 일부 헌신자들에게는 그 점이 의아하다. 나도 한 번은 다음에서 이야기하는 사건에서 그랬다. 그것은 내 일기의 1943년 3월 28일자에 썼던 것인데, 아래에 기록해 두는 것이 적절할 듯싶다.

"이달 24일 오전 10시 30분. 스승님은 졸고 계셨다. 암다람쥐 한 마리가 당신의 침상으로 뛰어 올라와서 당신의 엄지손가락을 깨물자,[4] 당신은 재빨리 손가락을 거두어들여 쓰다듬고는 '그녀에게는 먹이를 주지 말아야지' 하고 말씀하셨다. 다른 다람쥐들이 당신의 침상 위로 몰려왔고, 당신은 캐슈너트를 한 번에 하나씩 반시간 동안 그들에게 먹이셨다. 그런 다음 우리를 돌아보시고 그 중의 한 마리를 가리키며 말씀하셨다. '이 암다람쥐는 내가 자기를 못 알아보고 자기에게도 먹이를 줄 줄 알고 나를 속이려 했지. 한 번은 이쪽으로 왔다가 한 번은 저쪽으로 왔다가, 침상 밑으로 들어갔다가 위로 올라왔다가 하는 거야. 그러나 내가 너무나 잘 알아보지. 그녀는 아무것도 얻지 못할 걸' 하고 웃으셨다. 그 말씀

---

[4] 분명 스승님의 주의를 끌기 위해서였다.

에 내 마음속에는 다음과 같은 희미한 생각이 스쳐 지나갔다. '누가 당신의 한쪽 뺨을 때리면 다른 쪽 뺨도 내밀라는 그리스도의 말씀은 어디 갔지?'"

"오늘 다람쥐 한 마리가 창문으로 해서 침상 위로 뛰어들어 왔다. 스승님은 다람쥐를 유심히 보셨다. 당신은 다람쥐에게 견과 하나를 주고, 또 하나를 주고 나서 다람쥐에게 말씀하셨다. '이제 그만 가. 또 나를 물려고 왔어?' 나는 그것이 4일 전에 죄를 지은 그 다람쥐라는 것을 금방 짐작했고, 어떻게 스리 바가반이 녀석을 알아보고 용서해 주시는지 놀랐다. 그래도 내 짐작이 맞았는지 여쭈어 보았고, 당신은 그렇다고 확인해 주셨다. 얼마 후 그 다람쥐가 견과를 더 먹으려고 다시 왔다. 보통 스승님은 동물들이 제 스스로 오지 않을 때까지 먹이를 계속 주신다. 그러나 이 다람쥐에게는 다시 주지 않으셨는데, 녀석이 계속 달라고 하자 당신은 위협으로 부채를 치켜드셨다. 그러자 녀석은 금방 사라졌다. 그런 다음 당신은 생각에 잠긴 표정으로 얼굴에 희미한 미소를 띠고 앉아 계셨다. 얼마 후 당신은 내 쪽을 돌아보고 함박웃음을 지으시며 예의 그 전보문같이 간결한 타밀어로 내 옆 사람에게 부드럽게 말씀하셨다. '동물들조차도 꾸지람을 이해하는데, 만약 충분히 여러 번 반복하면 그들도 처신하는 법을 배우지. 그들 중 어떤 녀석들은 다른 녀석들보다 더 민감해 ….' 이 말씀은 즉시 나에게 통역되었다. 나는 웃었고, 내가 첫날에 그런 희미한 생각을 했노라고 솔직히 시인한 뒤에, 비록 내가 스리 바가반의 지혜를 결코 의심한 적이 없지만, 그 생각은 이 같은 설명이 필요했다고 덧붙였다. 그러자 스승님은 승인하면서 고개를 끄덕이셨다."

오후 4시. 마하르쉬님에게 누가 책 한 권을 건네 드리자, 당신은 그것을 이리저리 넘겨보다가 흥분된 어조로 "라이, 라이, 라이!" 하고 외치신다. 그 책은 당신이 15년 전 그 중에서 52절을 뽑아 타밀어로 번역하신

원본 『싸르와냐놋따라(Sarvajnanottara)』의 한 타밀어 번역본인데, 당신은 그것을 번역할 때, 그보다 십년도 더 전에 나온 그 전체 저작의 번역본이 있다는 것을 모르고 번역하셨던 것이다. 이것은 당신에게 큰 발견이다. 당신은 급히 당신이 번역했던 시편들을 넘겨보면서 그것을 먼저 나온 번역과 대조해 보신다. 당신이 발견하는 차이는 아주 근소한데, 그것은 그 번역들의 관점 차이에 따른 것이다. 당신의 번역은 순수한 **비이원론**의 관점이고, 이전 번역은 **샤이바 싯단타**(Shaiva Siddhanta)[5]의 관점인 것이다. 당신은 몹시 기뻐하며 계속 책을 읽으신다.

1948년 6월 28일

오전 8시 30분. 간밤에 내린 소나기로 아침은 매우 서늘하고 싱그럽다. 마하르쉬님의 침상 가까이에는 향이 듬뿍 타고 있다. 그 평안은 향과 꽃의 향기처럼 도처에 퍼져 있다. 타밀 신문이 온다. 마하르쉬님은 신문을 펼쳐, 우리의 총독 스리 C. 라자고빨라짜리아르가 해군 제복을 입고 자신의 전임자인 마운트배튼 경卿(Lord Mountbatten)의 모자를 쓴 모습을 그린 풍자화를 보신다. 그 얼굴만 빼고는 모두 마운트배튼의 것이다. 바가반은 껄껄 큰 소리로 웃으면서 우리 쪽을 바라보고 그 농담을 설명하신다. 우리는 만화가의 스케치보다 당신의 순진한 즐거움을 더 즐겼다. 마지막으로 마하르쉬님이 말씀하신다. "이것은 **마야**의 작품과 닮았어.[6] 마치 라자지(Rajaji-라자고빨라짜리아르)가 마운트배튼의 옷 속에 숨겨져 있듯이, 실재가 실재하지 않는 껍질들 속에 숨겨져 있는 거지."

---

[5] *T.* 힌두교 **시바파**의 4대 유파 중의 하나. 남인도 타밀 지역에서 흥기했으며, 시바에 대한 열렬한 헌신을 특징으로 한다.
[6] *T.* '마야의 작품'이란 곧 현상계이다. 여기서 마야는 신의 우주 창조력인 **샥띠**(Sakti)를 가리키지만, 종종 그 이름 자체로 인격화된다.

* * *

　C. 씨는 스승님의 침상 가까이 앉아서 소리내어 『분별정보』의 다음 시편을 소리 내어 읽는다.
　"지복껍질(anandamayakosha)은 깊은 잠의 상태에서 가장 뚜렷이 드러나지만, 꿈과 생시의 상태에서는 즐거운 대상을 경험할 때 부분적으로밖에는 드러나지 않는다."
　그러자 스리 바가반이 한 마디 하셨다.
　"깊은 잠(sushupti) 속에서는 우리가 제왕처럼 지복의 전 대양을 즐기는 반면, 다른 두 상태에서는 지복의 범위가 왕에서 무일푼인 사람에 이르기까지의 사람들 등급만큼이나 큰 폭의 차이를 보이지요."
　C. 씨: 깊은 잠은 종종 무지의 상태로 묘사됩니다.
　바가반: 아니지요. 그것은 순수한 상태입니다. 거기서는 완전한 자각이 있지만 생시의 상태에서는 전적인 무지가 있습니다. 깊은 잠은 생시에 지배적인 그릇된 지知와 관련해서만 무지(ajnana)라고 말해집니다. 실제로 말하자면, 생시는 무지이고 깊은 잠은 완전지完全知(prajnana)입니다. 만약 깊은 잠이 실재하는 상태가 아니라면, 잠자는 사람이 느끼는 그 강렬한 평안은 어디서 옵니까? 생시의 그 무엇도, 마음과 감각기관들이 사라져 버린 깊은 잠에서 오는 그 지복과 안녕에 비할 것이 없다는 것은 누구나 경험하는 바입니다. 그것은 모두 무엇을 의미합니까? 그것은 지복이 우리 자신들의 내면에서만 온다는 것과, 우리가 세계와 몸을 창조하는 생각과 지각에서 벗어나 있을 때, 즉 브라만이자 진아인 우리의 순수한 '있음(Be-ing)' 안에 있을 때, 지복이 가장 강렬하다는 것을 의미합니다. 바꾸어 말해서, 있음만이 지복이고 마음의 덧씌움(superimpositions)은 무지이며, 따라서 불행의 원인이라는 것입니다. 그래서 삼매三昧가 '생시

속의 잠'―곧, 깊은 잠 속에 편재하는 지복스러운 순수한 **존재**가, 마음과 감각기관들이 완전히 깨어 있으면서도 활동하지 않는 생시에 체험되는 것―으로도 묘사되는 거지요.

1948년 6월 29일

오전 8시 30분. **마하르쉬님** 곁에 있는 라디오에서는 뜨리치(Trichy-타밀나두 주의 도시 띠루찌라빨리)에서 방송하는 헌가(獻歌)가 흘러나온다. 당신은 겉보기에 신경 쓰지 않고 타밀 신문을 읽으신다. 그러나 당신을 아는 이들은 당신의 모든 주의가 그 음악에 집중되어 있다고 짐작하는데, 결국 당신은 그 피리와 타블라(tabla-인도 북)의 곡조를 들으며 꾸벅꾸벅 조신다.

나는 당신이 밤에도 거의 주무시지 않는다고 알고 있다. 이따금 당신은 시자들도 모르게 혼자 밖으로 나가신다. 그래서 세 명인 시자들은 요즘, 당신이 혼자서 밖에 나가셨다가 곁에 아무도 도와드릴 사람 없이 넘어지시는 일이 없도록, 밤에 늘 불침번을 선다.

7월 1일

오전 10시. **마하르쉬님**이 짧은 산책을 하고 돌아와서 미처 앉으시기도 전에, 아주 작은 한 사내아이가 작은 망고 두 개를 가져와서 그것을 특별히 마련되어 있는 공양물 탁자에 올리지 않고 **바가반**의 손에 쥐어드린다. **마하르쉬님**은 웃으면서 하나를 받고, 다른 하나는 아이에게 돌려주신다. 아이는 즉시 그것을 자기 입에 넣고 깨문다. **마하르쉬님**은 더 큰 소리로 웃으면서 말씀하신다. "그렇게 하지 말고." 사내아이는 망고를 먹으면서 자기 엄마에게 돌아간다.

7월 25일

일요일 오전 9시. 마하르쉬님은 글을 쓰면서 라디오의 음악 프로그램을 들으신다. 당신은 평소처럼 세운 오른쪽 무릎 위에 패드를 대고 글을 쓰신다. 종종 쓰다 말고 음악에 박자를 맞추기도 하신다. 타밀어로 재담을 하는 부분이 나온다. 당신이 웃음을 참으려고 애를 쓰시는 것을 보면 그 대화가 굉장히 우스운 것임이 틀림없다. 간간이 너무 우스워서 참을 수 없으면 당신은 글을 쓰시다 말고 껄껄 웃으면서, 사람들이 어떤 반응을 보이는지 둘러보신다.

7월 26일

오전 9시 30분. 마하르쉬님은 비스와나탄 씨(Mr. Viswanathan)와 함께 교정을 보는 원고에 진지하게 열중해 계신데, 비스와나탄은 당신이 일러주시는 것을 적기 위해 자리에 앉는다. **바가반**은 아주 열심히 생각을 하고 계시다. 나는 당신이 이렇게 생각에 몰두하시는 것을 일찍이 본 적이 없다. 당신의 두 눈은 크게 떠 있는데, 당신의 마음에서 생각들이 굴러감에 따라 눈동자들도 좌우로 구른다. 그러다가 당신이 필요로 하는 문장이나 생각이 제대로 구성되면, 비스와나탄 씨를 돌아보고 그에게 받아 적게 하신다. 이제 10시다. 밖에 나가실 시간이 15분이나 늦어졌다. 몇 분 전부터 머뭇거리고 있던 시자가 당신의 주의를 환기시켜 드린다. 당신은 시계를 쳐다보고 외치신다. "오, 라, 라! 10시네! 왜 말 안 했어? 저거 봐! 10시인데도 말해주지 않다니! ···." 당신은 얼른 연고 병을 집어서 당신의 관절에 바르고는 서둘러 일어나신다.

1948년 7월 27일

오전 10시 15분. 마하르쉬님은 오래된 헌신자인 벤까따라마이아 교수와 비스와나탄 씨를 불러서 그들에게 앉으라고 한다. 비스와나탄 씨는 스리 샹까라짜리야의 『진아각지송眞我覺知頌(Atma-Bodha)』을 읽는데, 산스크리트어로 한 연을 읽고, 타밀어로 한 연을 읽는다. 마하르쉬님과 벤까따라마이아 교수는 각자 손에 든 사본을 눈으로 따라 읽는다. 타밀어 운문들은 마하르쉬님의 번역인데, 당신은 약 1주일 전부터 이 일에 몰두해 계신다. 다른 타밀어 번역본이 이미 존재하고 있었지만, 마하르쉬님의 마음에 차지 않았던 것이다.

8월 2일

오전 9시 30분. 스리 마하르쉬님은 글쓰기에 몰두해 계시다. 벵갈 헌신자인 마줌다르 여사(Mrs. Mazumdar)가 과일 쟁반과 화장지로 싼 병 하나를 손에 들고 들어오더니, 그것을 공양물 탁자에 놓고 엎드려 절을 한 다음 자기 자리로 간다. 스리 바가반이 곁눈으로 그 병을 살펴보고 나서 고개를 들지 않은 채 시자를 불러 그것을 가져오라고 하자, 시자가 가져온다. 당신은 무표정하게 그것을 받아서 라벨을 주의 깊게 한 번, 두 번 읽으신다. 눈을 무리해 가면서 가장 작은 글자까지 읽으신다. 그런 다음 마치 아이가 관심 없는 물건에 대해 그렇게 하듯이, 무관심하게 그 병을 돌려주신다. "에, 옌네(Eh, yenneh)"[가져가, 기름이야.] 시자에게 그렇게 말하고 당신은 글쓰기를 계속하신다. 당신의 관찰력은 놀라우며, 가장 사소한 물건에 대해서까지 당신이 보이는 호기심은 더욱 놀라울 정도이다. 그 물건이나 이 세상의 어떤 것에 대해서도 털끝만큼도 욕망이 없고, 보기에 즐거울 만큼 순진하시지만 말이다.

8월 17일

오전 10시 15분. 명상에 깊이 잠겨 있었던 것으로 보이는 미국인 헌신자 래폴드 씨(Mr. Rappold)가 명상에서 나와 눈을 뜨고, 목청을 돋워 여쭌다.

래폴드: 바가반, 임종할 때 헌신자는 어떻게 해야 합니까?

바가반: 헌신자는 결코 죽지 않고, 정확히는 이미 죽어 있지요. (이때 당신은 말을 멈추고 누군가 제대로 통역해줄 사람을 기다린다. 데바라자 무달리아르(Devaraja Mudaliar)가 들어온다. **바가반**은 답변을 마무리하신다.) 죽음이 닥쳐왔을 때 헌신자가 어떻게 해야 하느냐고요? 그가 무엇을 할 수 있습니까? 인간이 한 평생 무슨 생각을 했든, 마지막 순간에도 그렇게 합니다. 즉, 세속적인 사람은 세속적인 일을 생각하고, 헌신자는 헌신과 영적인 문제들을 생각합니다. 그러나 **진인**은 어떤 종류의 생각도 없고, 똑같은 상태로 남아 있습니다. 그의 생각들은 오래 전에 죽어버렸고, 그의 몸도 생각들과 함께 죽었습니다. 따라서 그에게는 죽음 같은 것이 없습니다.

또 사람들은 자신의 소유물을 잃는 것을 겁내어 죽음을 두려워합니다. 잠자리에 들 때는 전혀 그런 두려움이 없습니다. 잠은 모든 소유물을 뒤에 두고 간다는 점에서 죽음과 비슷한데도, 사람들 마음속에 잠에 대한 두려움은 없습니다. 왜냐하면 다음날 아침에는 다시 한 번 자신의 소유물로 돌아갈 거라는 것을 알기 때문입니다. 소유의 관념이 없는 **진인**은 죽음의 공포에서 완전히 벗어나 있습니다. 그는 죽은 뒤에도 그 전과 같은 상태로 머무릅니다.

1948년 8월 28일

이른 아침부터 읍내에서 사람들이 아쉬람으로 몰려들기 시작했다. 마하르쉬님이 돌아가셨다는 소문을 들은 것이다. 많은 사람들은 눈물을 흘리면서 왔다가, 당신의 건강이 좋은 것을 보고 기뻐했다.

저녁에 스리 바가반은 모든 사람에게 그에 대해 말씀하면서 이런 농담을 하신다. "한 남자가 아침에 저에게 절을 하고 나서, 제가 죽었다는 소문을 들었다는 겁니다. 저는 그에게 직접 보라고 했지요." 그러고는 껄껄 웃으셨다. 오늘은 타밀력으로 당신의 띠루반나말라이 도래(1896년) 기념일이었기에, 일부 아쉬람 적대자들이 이런 장난을 쳤던 것이다. 나는 속으로 "하느님, 그들을 용서하소서. 그들은 자기들이 무슨 짓을 하는지 모르니 말입니다(성경, 「누가복음」, 23:34)"라고 생각했다.

9월 5일

오전 9시 40분. 한 방문객이 마하르쉬님께 매우 아름다운 지팡이 하나를 건네 드리는데, 이것은 최상급 흑단으로 만든 것으로 보인다. 마하르쉬님은 그것을 받아서 이리저리 돌려보며 각 부분을 주의 깊게 살펴보신 다음, 그것을 준 사람에게 다시 돌려주신다. 그 사람은 그것이 바가반께 올리는 공양물이라는 뜻을 표한다. 스리 바가반은 "제가 그걸로 무엇을 하겠습니까?" 하고 대답하시고, 제자들을 돌아보며 "예전에는 내가 지팡이를 만들어서 남들에게 주곤 했지. 이제 내가 지팡이를 받게 되었군. 내가 이것들을 가지고 뭘 하지? 만약 내가 이 지팡이를 받으면 쓰이지도 않고 여기 남아 있다가 어느 날 누군가가 가져가 버리겠지. 그러면 그것을 준 사람은 서운할 테고 말이야. 그렇다면 그 사람이 바로 지금 그것을 도로 가져가는 게 좋지 않을까? 그러면 그것을 보면서 항상 나를 기억할 테니까." 헌신자들은 웃었고, 방문객은 낙담이 금세 기쁨으로 변해서 이렇게 외쳤다. "당신의 은총이 저를 압도했습니다. 그것을 평생 간직하겠습니다. 왜냐하면 **바가반**께서 손을 대주셔서 그것이 신성해졌으니까요."

1949년 2월 22일

약 2주일 전에 아쉬람 의사인 샹까르 라오 박사(Dr. Shankar Rao)가 스리니바사 라오 박사의 보조를 받으면서 **마하르쉬님**의 왼쪽 팔꿈치에서 아주 작은 혹 하나를 절제했다. 그날부터 그 부위는 붕대를 싸매 두었는데, 오늘 붕대를 풀고 노출시켜 두었다. 이제는 아문 것으로 생각된다.

3월 2일

오후 5시 15분. 아주 연로한 아쉬람의 대석장大石匠(stapati),[7] 즉 우두머리 석수石手가 노환 때문인지 오랫동안 오지 않더니, 과일 공양물을 가지고 왔다. **마하르쉬님**은 그가 다가오는 것을 보시자 마치 오래 그리웠던 친구를 본 듯이 눈이 휘둥그레지면서 몹시 기뻐하는 표정으로 얼굴이 환해지셨고, 늙은 조각장이 그것을 알아보았다. 대석장은 **바가반**의 이러한 정겨움의 표시에 너무 감동을 받아 온몸이 다 떨렸다. 그는 **스리 바가반**에 대한 자신의 사랑과 존경을 표현하고 싶었지만, 어떻게 해야 할지를 몰랐다. 마침내 그는 자신의 충동을 이기지 못하고, **바가반**의 몸에 접촉하는 것을 금지한 아쉬람의 규칙을 위반하면서 **마하르쉬님**의 두 발과 다리 위에 엎어져, 눈물로 그 발과 다리들을 목욕시켰다. 두 시자가 부드럽게 그를 일으켜 세워 그에게 **바가반**의 침상 아주 가까이에 자

---

[7] T. 석조 힌두 사원의 설계와 시공을 책임지는 사람. 이 대석장은 실제로 아쉬람의 어머니 사원을 건축한 대석장(161쪽)의 아버지로, 그들은 대대로 사원 건축을 해온 집안이다.

리를 마련해 주었다. 그가 진정된 뒤에 스리 마하르쉬님은 그의 건강을 묻고, 그동안 오지 못한 이유와 그의 다른 소식들을 모두 물으셨다. 스리 바가반이 늙은 아쉬람 일꾼—힌두 경전이 규정한 법도에 따라 당신의 어머니 사원을 지을 때 건축 설계에서 주된 역할을 한 사람—을 다시 만나 그렇게 깊이 감동 받으시는 것을 보기는 드문 일이었다.

1949년 3월 18일

마뜨루부떼스와라(Mathrubhuteswara) 사원8)으로 알려진, 마하르쉬님의 어머니 유해 위에 지은 사원의 관수식灌水式(Kumbha-Abhishekam), 즉 힌두 의식에 따른 낙성식이 지난 14일에 시작되어 오늘 끝났다. 사람들의 군중이 13일부터 인도 전역에서 아쉬람으로 쏟아져 들어오기 시작했는데, 특히 인근 마을들에서 많이 왔다.

야냐(Yagna) 의식9)은 14일 저녁 8시 반에 시작되었다. 스리 바가반은 팔걸이의자에 앉으셨고, 당신의 왼발에서 멀지 않은 곳에 뿌리(Puri)의 스리 샹까라짜리야께서 앉으셨다.10) 이분은 이날 행사를 위해 그날 오전에 도착하셨다. 마하르쉬님 주위에는 사방에 많은 수의 헌신자들, 방문객들, 그리고 엄청난 군중이 앉아 있었다. 9시까지 간략한 의식이 끝나자, 마하르쉬님을 모셔가서 사원에 붙여 새로 지은 큰 회당을 개원하시도록 했다. 문의 큰 열쇠를 돌리기에는 너무 몸이 약하셔서, 젊은 석장 石匠이 당신을 대신해 열쇠를 돌렸다. 당신을 곧장 (사원의) 내전內殿으로

---

8) T. 이 사원의 정식 이름은 '마뜨루부떼스와랄라얌(Mathrubhuteswaralayam)'이다.
9) T. 브라민 사제가 신상 앞에서 성스러운 불을 피우고 만트라와 경전 구절들을 외면서 집전하는, 격식을 갖춘 힌두 의식.
10) T. 인도에는 샹까라(Sankara)의 전통을 계승하는 다섯 군데의 사원에 다섯 분의 샹까라짜리야가 있고, 모두 성자로 존경받는다. Puri도 그 다섯 곳 중 하나이다.

모셔가서, 석제 스리 차크라(Sri Chakra)[11]에 당신이 손을 대시도록 낮은 계단 몇 개를 넘어가시게 도왔다. 이 스리 차크라는 형상 없는 영靈[의식] 안에 잠재된 창조력의 상징으로서, 링감(lingam-시바를 상징하는 둥근 돌기둥) 바로 뒤에 놓여 있다. 그런 다음 당신을 모셔 나와서 새 사원 회당의 돌 침상에 처음 앉으시게 했는데, 이 침상에는 붉은 벨벳 쿠션들이 깔려 있었다. 사람들은 당신 앞에서 한 번에 대여섯 명씩 엎드려 절을 하기 시작했다. 얼마 후 당신을 모셔 나와 회당 맞은편의 의식당儀式堂(Yagasala)에 오르시게 했다. 여기서도 간단한 의식이 거행되었다. 이제는 마하르쉬님이 지친 기색을 보이셨으므로, 즉시 모시고 나와서 밤 10시경에는 편히 주무시게 했다.

15일 오전에는 군중이 불어나 만 명을 넘어섰다. 스리 마하르쉬님의 침상은 신 회당의 북쪽 베란다에 놓여졌다. 피리, 바이올린, 북을 연주하는 악사들이 당신의 곁에서 연주를 했다. 야냐 의식을 위해 세워진 세 개의 의식당 모두에서 그 의식이 최고로 힘차게 진행되었다. 특별히 제작한 수십 개의 불구덩이에서 순수한 기(ghee-응유)와 특별한 종류의 막대기들로 일으킨 불길이 튀어 올랐다. 불길과 연기가 하늘 높이 치솟았고, 100명이 넘는 사제들의 찬송 소리가 우렁차게 울려 퍼졌다. 그러나 이 모든 것도 군중들의 수천 개 목소리에 묻혔다. 그 광경은 인상적이었다. 이 엄청난 소란 속에서 가장 말이 없는 분은 바로 스리 바가반이었는데, 당신은 깊이 내면으로 몰입하여 표면상 완전히 무관심했다. 그러나 당신의 제자들은, 후세를 위해 비할 바 없이 귀중한 영적 유산을 물려주고자

---

11) T. Sri Chakra는 신의 창조력인 샥띠(Shakti)를 상징하는 성물로, 평평한 바탕에 둥근 원들과 그 안에 그려진 여러 개의 크고 작은 삼각형들이 겹쳐지게 만든 그림(Sri Chakra yantra)을 기단으로 하고, 그 위에 세우는 원추형의 돌(Sri Chakra Meru)로 구성된다. 이것을 숭배하는 것은 탄트라적 전통의 하나이지만 바가반은 그 효용을 인정했고, 어머니 사원 내전의 지성소至聖所에 이것을 안치했다. 아쉬람의 것은 가로, 세로, 높이가 각 2피트 정도인데, 기단의 그림은 황금판에 새겨져 있고 돌은 화강석으로 만들었다.

한, 당신 자신의 바람이 아니라 어떤 한 사람, 즉 자신을—말로써가 아니라 그냥 생각으로 전달되어 오는—스리 바가반의 신적 의지를 수행하는 도구로 생각했던 도감(都監)의, 10년에 걸친 바람이 성취된 것을 당신이 기뻐하고 계시다는 것을 알고 있었다. 이 사원의 가치는, 그 심장부에 지금까지 존재한 **성자**나 **진인**들 중에서 가장 위대한 분들 중 한 분의 어머니 시신이 간직되어 있고, 건물의 돌 하나하나가 **마하르쉬님**의 눈길 아래서 축조되었으며, 이 사원의 가장 신성한 부분들에는 당신이 몸소 다가가 손을 대주심으로써 그것을 성스럽게 했다는 점이다. 꿈은 이제 구체화되었다. 10년간의 지칠 줄 모르는 노력이 끝이 난 것이다.

15일과 16일에는 시간이 갈수록 군중이 늘어났다. 농촌 지역(mofussil)에서 사람들이 워낙 많이 쇄도해, 16일 저녁에는 여섯 개쯤 되는 놋그릇—항아리들(*kumbhas*)—을 고뿌람(*gopurams*)[사원의 탑]의 꼭대기에 가지고 올라갈 때는 도합 15,000명이 넘는 것으로 추산되었다.

그 장엄한 절정은 17일 오전에 왔다. 모르비 게스트하우스(Morvi Guest House-아쉬람 맞은편에 있는 방문객 숙소)에서 아쉬람의 북쪽 벽까지 사람 머리들로 빼곡히 들어찼다. 질서 있는 군중이기는 했지만, 길 하나를 열어두려는 자원봉사자들의 노력에도 불구하고 사람이 움직이기가 어려웠다. 마드라스 총리인 스리 오만두르 라마스와미 레디아르가 오기로 되어 있었다. 군(郡)의 모든 고위 관리들과 마드라스의 많은 저명인사들은 자동차로 왔다. 11시에 **스리 마하르쉬님**을 모시고 나와, 고뿌람에 올라가 있는 사제들에게 관수식(*abhishekam*)을 시작하라는 신호를 보내시게 했다. 당신이 부드럽게 손을 흔들자 사원 꼭대기에서 관수식이 개시되었다. 그런 다음 당신은 내전으로 모셔져, 바로 이때 (시간을 맞추어) **스리 차크라** 앞에 안치된 링감(*lingam*)에 당신의 손을 대셨다. 이 링감은 헌신자들이 시주한 20톨라(tolas)[8온스]의 금으로 받침돌과 접합되어 있었다. 그런 다음 당신은 신新 회당으로 돌아가서 돌 침상에 앉으셨다. 침상 위에는 다람뿌르(Darampur)의 마하라자가 선사한, 은으로 수를 놓은 흰 비단 캐노피(canopy-머리 위쪽에 설치된 천이나 닫집)가 쳐져 있었다. 그런 다음 도감인 스리 니란자나난다 스와미(Sri Niranjanananda Swami)를 불러서 마하르쉬님 맞은편에 앉게 왔다. 이때 딸레야르칸 여사는 아쉬람과 사원을 건축하는 일에서 그가 보여준 열의와 성실성, 그리고 불굴의 노력을 들며 그를 칭찬하는 짤막한 영어 연설을 하고, 그에게 화만을 걸어주었다. 그 연설은 한 문장 한 문장 즉시 타밀어로 통역되었고, 그는 상당히 즐거워했다.

이날 행사는 마드라스에서 온 양갓집 규수들의 음악과 노래로 마감되고, 이어서 사원 음악이 자정 무렵까지 계속되었다. 이때가 되어서야 스리 마하르쉬님은 잠자리에 드셨다. 이렇게 하여 일련의 관수식 의식과 행사들이 당분간 끝이 났다.

1949년 3월 27일

지난달에 절제되었고 만족스럽게 낫고 있다고 생각되던 마하르쉬님의 왼쪽 팔꿈치 혹이 나중에 다시 자라기 시작했다. 그래서 저명한 외과의사인 라가바짜리 박사(Dr. Raghavachari)가 오늘 그것을 제거하기 위해 수술 기구들을 가지고 마드라스에서 왔다. 스리 마하르쉬님은 오전 9시 40분에 아쉬람의 진료소(시약소)로 들어가셨다. 수술은 20분이 걸렸고, 10시 30분경에 끝났다. 잠정적으로 신경종神經腫으로 진단된 그 혹은 척골尺骨 신경 위에 자리 잡고 있는데, 그 안에 두 개의 (신경) 섬유가 있었다. 현미경 검사를 위해 그 한 부분을 잘라내어 보내게 했다. 의사는 수술할 때 깊이 절개하여, 아래팔과 손가락을 제어하는 척골 신경은 다치지 않고 종양의 마지막 세포까지 솜씨 좋게 도려냈다고 한다. 그는 종양이 재발하지 않을 것으로 기대한다. 오후 내내 마하르쉬님은 수술 전에 맞은 국부마취 주사로 인해 잠이 들어 계셨다. 당신이 어떤 통증을 느끼기는 하시는지 아무도 알 수 없다.

1949년 4월 18일

스리 바가반이 3월 27일에 받으신 수술의 상처는 아직 완전히 아물지 않았다. 매우 느리게 아물고 있다. 우리의 걱정은 아직 끝나지 않았다. 1주일 전에 그 종양을 육종(肉腫 sarcoma-피부암의 일종)으로 진단한 분석자의 보고서가 왔다. 종양은 며칠 전부터 가볍게 피가 나고 있다. 그러나 스리 바가반의 기분은 여느 때나 다름없이 쾌활하며, 당신 눈의 광채는 털끝만큼도 흐려지지 않았다.

오늘 오전에 옆에 앉은 열 살쯤 되는 작은 소년이 텔루구어로 나에게 말을 걸었다. 자기 말을 알아듣지 못한다는 것을 안 소년은 천천히 마하르쉬님의 침상으로 걸어가서 거기에 기대어 스승님께 급하게 말을 했다. 마하르쉬님은 만면에 웃음을 띠고 아이를 다정하게 대하시더니, 우리를 향해 아이가 조금 전에 당신이 관절에 연고를 바르는 것을 보고 자기가 발라 드리겠다고 한다고 설명하셨다. 아이 생각에, 스리 바가반이 너무 연로해서 효과적으로 바르지 못하실 거라고 본 것이다. 그런 다음 당신이 아이를 돌아보며 말씀하셨다. "네가 나를 위해 연고를 발라 주겠다면, 나를 위해 먹어주기도 해야 돼." 그리고는 시자를 불러서 그에게 바나나를 주라고 하셨다. 그러나 그 과일을 가져오기도 전에 작은 소년은 사라져버렸다.

4월 20일

스리 마하르쉬님의 건강은 헌신자들뿐만 아니라 당신을 끊임없이 보살펴 온 세 명의 의사에게도 큰 걱정을 안겨주고 있다. 한 여성 헌신자는 엉엉 울면서 당신께 다가가서 자기에게 당신의 병을 주고 나으시라고 하면서 이렇게 말했다. "바가반, 남들을 치유하시는 당신께서 스스로를 치유하시고, 당신의 헌신자들인 저희를 위해 목숨을 보존하십시오." 당신은 한 번, 또 한 번, 손을 저어 그녀를 물리치다가, 그녀가 크게 근심하는 것을 보시고 아주 자애롭게 말씀하셨다. "왜 자네는 이 몸에 그렇게 집착하나? 가게 내버려두게."

오후 5시경에 현지 경찰 공무원들과 딸레야르칸 여사가 스리 마하르쉬님께 다가가, 이 여사가 빠탈라 링감 위에 건립한 사원의 개원식을 위한 모든 준비 상황을 당신께 설명 드렸다. 그들은 당신이 띠루반나말라이에서 첫 사진을 찍으신 것이 몇 년도였는지와 몇 가지 세부사항을 알고 싶어 했다. 스리 마하르쉬님이 대답하셨다. "내가 오고 나서 4년 뒤에 찍었으니까, 1900년이군요. 원래 큰 사원을 짓기 전에는 그 링감이 다른 여느 삼매지三昧地처럼 지표면에 있었는데, 세월이 가면서 지면의 수준이 올라갔지요. 훨씬 뒤에 천주전千柱殿(thousand-pillar *mantapam*)[12]을 보통의 지면보다 1.2~1.5미터가량 높게 지으면서 링감은 위치가 더 낮아졌는데, 너무 낮아진 바람에 자연히 '빠탈라(*patala*)'[지하] 링감이라는 이름이 붙은 것입니다. 당시에는 저 혼자 코끼리와 있었는데, 그 코끼리는 늘 천주전 안에 매여져 있었지요."[13] 그들은 오체투지를 하고 떠났다. 그러나 스리 바가반은 회상을 계속하셨다. "저는 큰 사원에 1896년 9월부터 1897년

---

[12] *T.* 큰 사원의 빠탈라 링감이 있는 석조전. 수많은 돌기둥들이 빽빽이 천장을 받치는 구조물이며, 그 중간에 있는 반지하 공간에 빠탈라 링감이 있다.
[13] *T.* 아루나찰레스와라 사원에서는 전통적으로 코끼리 한 마리를 사원 안에 매어 두곤 했다.

3월까지 6개월가량 머물렀고(빠탈라 링감은 사원의 작은 한 구석을 차지한다), 사원 안에 머물지 않은 곳이 없습니다. 악동들이 제 뒤를 쫓아오곤 했는데, 제가 빠탈라 링감으로 몸을 숨기면 아이들은 밖에서 저에게 돌멩이와 옹기조각들을 집어던지곤 했지요. 그러나 제가 보통 남동쪽 구석에 앉아 있었기 때문에 하나도 저에게 닿지는 않았습니다. 이 악동들은 구덩이 안쪽이 너무 깜깜한데다가, 위에서는 보이지 않지만 계단들이 깨져 있어서 감히 들어오지 못했지요."

1949년 4월 24일

오늘 처음으로 스리 마하르쉬님의 상처에 라듐을 발랐다. 다들 우울해하는데도 스리 바가반 자신은 여느 때처럼 쾌활하시다. 다만 몸은 눈에 띄게 더 약해졌다. 오후 3시에 헌신자이자 전에 아쉬람 일꾼이었던 깔리야나 순다람 씨가 자기 형제에게서 온 우편엽서를 당신께 가져오는데, 거기서 그의 형제는 마하르쉬님의 건강 상태를 물으면서 그날 아침에 스승님이 세 번째 수술을 받으셨는지 여쭈었다. 이에 대해 마하르쉬님이 대답하셨다. "아니. 그것은 수술이 아니라 라듐을 바르는 거지. 혹이 마치 링감처럼 안에서 자라고 있지만 나에게는 전혀 문제가 안 돼. 아무 통증도 못 느끼고 어떤 불편함도 없어. 의사들이 (상처의) 딱지를 좀 떼어 미국으로 보내서 라듐 치료를 해도 되겠는지 알고 싶어 했지. 그러나 아직 아무 답변도 오지 않았어. 종양에는 악성과 양성의 두 종류가 있어. 그게 뭐든 나으려면 시간이 걸리지. 왜 걱정해?" 몇 분 뒤 시자 벤까따 라뜨남(Venkata Ratnam)이 자기 스스로 가서 물어보고 돌아와 바가반께, 딱지를 떼서 미국으로 보낸 적이 없다고 알려드린다. 그러자 마하르쉬님은 "그래?" 하고 외치고는 관심 없다는 표시로 손을 내저으신다. 우리는 모두 당신의 천진함에 웃음을 지었다.

4월 27일

어제 저녁 6시 30분에 스리 라마이아(Sri Ramiah)가 남비아르 박사, T. N. 크리슈나무르티 박사와 함께 도착했다. 모두 오랜 헌신자들이다. 스리 라마이아가 소파로 다가가서 조심스럽게 여쭈었다. "이게 뭐죠 … 종기인가 … 바가반의 팔꿈치에요?" 스리 마하르쉬님이 대답하셨다. "그래. 자르지 말라고 했는데도 의사들이 잘라내야 한다고 우겼지. 내버려둬. 괜찮을 거니까." 그러고는 그 세 사람에게 즐겁게 이야기를 계속하셨다. 두 의사는 당신에게 팔을 움직이면 라듐 붙인 것이 떨어질 테니 움직이지 말고 다른 손으로 만지지도 마시라고 충고했다. 당신은 마치 '왜 이 야단들인가?' 하고 말씀하시는 것처럼 오른손으로 그들을 물리치셨다.

오늘 오후 5시 20분에 마하르쉬님은 저녁 산책에서 돌아와서 앉으시자마자, 옆에 있는 탁상 선풍기를 켜고 몇 가지 적어둔 것들을 읽기 시작하셨다. 시자 사띠야난다가 당신의 등에 부채질을 하기 시작했다. 스리 마하르쉬님이 그만두라고 말씀하시자, 그는 즉시 부채질을 멈추었다. 조금 뒤, 막 들어온 시자 벤까따 라뜨남이 스승님 뒤로 조용히 몰래 다가가서 이제 읽는 데 몰두해 계신 당신께 부채질을 해 드렸다. 스리 바가반을 이내 그것을 알아차리고 벤까따를 정면으로 돌아보셨다.

"오호! 자네의 헌신이 정말 대단하군! 이렇게 살짝 뒤로 돌아와서 나에게 부채질을 하는 것 보게. 아하! 자네 헌신이 그렇게 대단하다면, 가서 모든 사람들에게 부채질을 해주지 그러나?" 롬바 비세샴 … 롬바 사리(Romba visesham … romba sari)[아주 특출해, 아주 훌륭해]! 오호!" 이렇게 당신은 시자를 조롱하고 힐난하셨다. 그런 다음 당신은 이쪽저쪽을 돌아보면서 벤까따 라뜨남에 대해 불평하기를 10분은 족히 하셨다. 한 시간쯤 뒤에 법률가인 T. P. 라마짠드라가 시자들 곁에 앉아 있는 것을 보시자, 지금까지 연출한 장면을 그에게 재연하셨다. "이 사람[벤까따 라뜨남]의 대단한 헌신을 보게! 오늘 아침에 내가 누구도 나에게 부채질을 하지 말라고 했는데도, 저녁에 그가 내 등 뒤로 살짝 돌아가서 내가 뭘 읽느라고 열중해 있을 때 부채질을 했어. 나는 그에게 자기가 나한테 그렇게 신심이 있다면, 헌신자들에게도 다 부채질을 해주어야 하지 않느냐고 말했지. 헌신자들에 대한 봉사는 스승에 대한 봉사만큼이나 복을 짓는다고 하니까⋯. (벤까따 라뜨남을 돌아보며) 그래, 가서 부채질을 하게. 그는 자신의 따빠스가 워낙 강력해서 내가 자기 뜻에 따라주어야 한다고 생각하는 거지⋯. 롬바 날라두. 아하! 롬바 사리(*romba nalladu. Aha! romba sari*)[아주 좋아, 아주 탁월해]."

1949년 5월 1일

어젯밤 9시경에 마드라스에서 의사 세 명이 와서 **마하르쉬님** 팔의 엑스레이 사진을 찍었다. 오늘 아침에는 의사 두 명이 더 와서 가담했다. 그들은 라듐을 떼어내고 그 효과를 지켜보기로 했다. 한동안 그것이 종양이 자라나는 것을 크게 억제해 왔다. 1주일쯤 전에 그들은 이구동성으로 팔을 절단해야 한다고 권유했지만, 외과 의사인 라가바짜리 박사가 먼저 라듐을 사용해 보시라고 조언했던 것이다. 그러나 오늘 그는 팔을 절단하는 것이 불가피하다고 보고, 오후 4시 45분에 **스리 마하르쉬님**이 욕실에 혼자 계신 것을 보자 당신께 말씀드렸다. "저는 바가반께 솔직한 말씀을 드려서, 의학적 견지에서의 실제 상황을 당신께서 아시고 저희를 지도해 주시기 바랍니다. 이 병증을 끝내는 두 가지 방법이 있습니다.

첫째는 뼈에까지 닿게 살을 발라내는 것인데, 그러면 그 손은 사실상 쓰시지 못하게 될 겁니다. 다른 방법은 더 확실하고 안전한 것인데, 어깨에서부터 왼팔 전체를 절단하는 것입니다. 이제 바가반께서 결정해 주십시오." 마하르쉬님은 몇 초간 가만히 있다가 대답하셨다. "자네들 몸은 자네들이 돌보게 내가 내버려두듯이, 자네들도 내 몸은 제발 내가 돌보게 해주게." 근처에 있다가 그 말을 들은 한두 명의 헌신자가 옆으로 가서 울었다. 당신의 그 결정이 사형선고나 마찬가지라고 느꼈기 때문이다. 마하르쉬님은 그런 다음 지극히 초연한 무관심으로, 걸어서 회당으로 돌아오셨다.

5월 2일

북치는 소리와 큰 기도 소리, 그리고 예공(puja)이 진행되는 가운데 사원의 종이 정오까지 계속 울렸다. 이렇게 하여 3월 14일에 시작된 관수식을 공식적으로 끝내는 것이었다.

오후 5시 15분에 마하르쉬님과 데바라자 무달리아르는 어느 타밀 책—영어로 번역되어 있다—에 대해 이야기를 나누었다. 바가반은 그 책에 나온 이야기 하나를 들려주셨다.

"한 나그네가 개울을 지나가다가 쉬려고 개울가에 앉았습니다. 그는 나무에서 낙엽 하나가 떨어지는 것을 보았는데, 그 절반은 물에 잠기고 절반은 뭍에 걸쳐졌습니다. 그러더니 물에 잠긴 부분은 물고기가 되고 뭍에 걸친 부분은 새가 되어 서로 잡아당기기 시작했습니다. 나그네가 이 현상을 보며 의아해 하고 있을 때, 한 악마(천마)가 그를 덮쳐 자기 처소로 데려 올라갔습니다. 거기에는 999명의 다른 사람들이 있었는데, 모두 비슷하게 납치되어 온 사람들이었지요. 그들은 덕과 신심의 길에서 타락한 사람들이었습니다. 그들은 주인인 악마에게 대우를 아주 잘 받았고, 호화로운 식사를 하고 있었습니다. 그러다가 신입자가 와서 인원이 1,000명이 되자, 악마는 그들을 모두 자신의 신에게 제물로 바칠 준비를 했습니다. 사람들은 새로 온 사람에게 자기들이 곧 죽게 되었다면서 극렬하게 욕을 하기 시작했습니다. 그들의 마음은 끔찍한 공포심으로 인해 신, 즉 주主 **수브라마니암**(Lord Subramanyam)으로 향하게 되었고, 수브라마니암 신이 나타나서 악마를 죽이고 그들을 구해주었습니다."14)

4월 30일 밤에 의사들은 **마하르쉬님께 수혈을 해 드렸다**. 약 20온스(567g)의 양이었고, 밤 10시 30분에서 새벽 2시까지 수혈이 계속되었다. 한 병 더 맞으시라는 것은 당신이 거부하셨는데, 그것을 맞으면 아침 5시 30분에 외출하는 일과에 지장이 생길 것이기 때문이었다.

1949년 5월 8일

오늘 오전에 대증요법(allopathy)15)과 아유르베다(Ayurveda) 양 분야에서 유명한 락슈미빠티 박사(Dr. Lakshmipathi)가 마드라스에서 왔다. 그는 상처를 살펴보기 전에 **마하르쉬님께** 힌두 경전에서 이야기하는 다섯 껍질과 세 가지 몸에 대해 여쭈었다.16) **바가반**은 여느 때처럼 그에게 비이원적 답변을 해주셨는데, 그러자 그는 계속 열심히 생각을 하는 것이었다. 오후에 그는 상처를 본 뒤 "생각했던 것만큼 나쁘지는 않다"고 말했다. 그는 샹까르 라오 박사를 시켜 상처에 자기가 말한 어떤 약초를 바르게 했다. 그리고 그것을 바르면 상처가 다 치유될 거라고 선언했다.

---

14) *T.* 이 이야기의 다른 버전은 『라마나 마하르쉬와의 대담』(개정 2판), 371쪽 참조.
15) *T.* 질병에 대해 공격적으로 대처하는 방식. 곧, 항생제·수술·화학요법·방사선 치료 등의 방법을 쓰는 서양의학을 말한다.
16) *T.* 다섯 껍질과 세 가지 몸은 『라마나 마하르쉬 저작 전집』(개정 2판), 59쪽 참조.

라듐을 시술한 탓에 오늘은 종양이 완전히 사라진 것처럼 보이고, 상처도 거의 아물었지만 밑바닥은 아직 딱딱하다. 마하르쉬님도 훨씬 상태가 좋고 건강해 보인다. 라듐 바늘은 5일에 제거되었다.

5월 9일

오전 10시 30분. 까다까(kadakka)[가자訶子(myrobalan)][17]를 담은 작은 봉지 하나가 우편으로 왔다. 그것을 보고 마하르쉬님은 말씀하셨다. "오, 까다까, 하지만 나는 이걸 매일 사용하고 있는 걸." 그리고 그것을 당신 곁에 있는 사람들에게 조금 보여주셨다. 방갈로르의 아유르베다 학교 선생인 스리 라마짠드라 라오가 일어나서 말했다. "이 견과들을 좀 갈아서 바가반의 상처에 바르면 틀림없이 나으실 겁니다." 그 치료법이 너무 간단하고 효과가 너무 크다는 데 다들 놀랐다. 바가반은 눈빛을 빛내며 말씀하셨다. "오 그래, 자기는 의사니까 안다 이거지." 우리는 모두 웃고 말았는데, 그 아유르베다 선생 본인이 가장 큰 소리로 웃었다.

듣자 하니 라듐의 작용은 6월 5일까지 지속될 것이고, 스리 바가반의 종양은 특이한 신경흑색종(neuro-sarcoma)이지 암이 아니라고 한다.[18] 암은 체질성(constitutional)이어서,[19] 만약 한 부위에서 잘라내면 다른 데서 나타날 수 있는 반면, 흑색종은 국소적 종양이어서 같은 부위에서 나타나고 다시 나타난다는 것이었다. 만일 그것이 팔다리 중 하나에 나타나면 그 팔이나 다리를 절단하면 끝난다. 그러나 이 경우에, 스리 바가반은

---

[17] T. 남아시아산 myrobalan 나무의 열매를 말린 약재. myrobalan 나무에 세 종류가 있는데, 그 중 kadakka는 가자訶子나무(Terminalia chebula, chebulic myrobalan)의 열매를 말린 것이다. 세 종류의 열매를 균등하게 섞어 아유르베다 약재로 사용하기도 한다.
[18] T. 신경조직에서 발생하는 양성종양들이 있지만, 현대의학에서 '흑색종(sarcoma)'이라고 하면 모두 악성종양, 즉 암으로 분류된다.
[19] T. '체질성 질환'은 전신에 광범위하게 증상이 나타날 수 있는 질환을 말한다.

절단에 단호히 반대하고 계시다.

1949년 5월 14일

어젯밤 인도 총독 스리 C. 라자고빨라짜리아르 각하가, 마드라스 지사인 브하바나가르(Bhavanagar)의 마하라자20)와 마하라니(마하라자의 비) 예하와 함께 그들의 비서진과 수행원들을 데리고, 빠딸라 링감 위에 지은 사원을 개원하러 특별 객차를 타고 왔다. (행사의) 주최자인 딸레야르칸 여사가 오늘 아침 정각 8시에 **아루나찰레스와라** 큰 사원 안에서 각하를 영접했다. 그녀는 그 사원의 시주자이자 건축자로 J. H. 따라뽀르(Tarapore) 씨와, 그의 가족 그리고 몇 사람을 총독에게 소개한 다음 영어로 환영사를 했고, 여기에 총독은 타밀어로 답사를 했다. 그는 8시 45분경에 사원을 개원했고, 그런 다음 자신의 기차로 돌아갔다.

브하바나가르의 마하라자와 마하라니 예하 내외는 아쉬람으로 차를 타고 가서 **마하르쉬님**의 맞은편에 당신의 두 발과 일직선으로 놓인 두 개의 의자에 앉았다. 마하라자 예하는 **스승님**께 영어로, 자신과 아내는 당신을 친견하는 것이 오래 전부터의 소원이었고, 지금처럼 의자에 앉기 보다는 땅바닥에 앉고 싶었노라고 말했다. 스리 마하르쉬님은 아무 일도 하고 있지 않을 때 보통 그렇게 하시듯이, 허공을 응시하면서 아무 말씀이 없으셨다. 그들의 주최자(딸레야르칸 여사)가 그들에게 그들의 모국어인 구자라트어로 이야기를 했고, 10분 뒤에 그들은 일어나서 **스승님**께 절을 한 다음, 아쉬람의 사원에서 예배를 올리고 아쉬람을 둘러보기 위해 나갔다. 정오에 예하 내외와 그 일행은 총독과 철도역에서 오찬을 함께 한

---

20) *T.* 이 마하라자는 구자라트 지역의 토후국 브하바나가르의 군주였는데, 인도 독립 후 가장 먼저 인도연방에 자신의 토후국을 귀속시켰고, 그 공로로 마드라스 지사에 임명되었다.

뒤에 마드라스로 돌아갔다.

6월 1일

오늘 아침 사원의 새 회당을 영구적인 친견 회당(Darshan Hall)으로 하는 작은 의식이 거행되었다. 오늘부터 스리 바가반은 이곳에서 헌신자와 방문객들을 만나실 것이다. 의식이 끝난 뒤에 큰 화강석 덩어리 하나를 가져와서 마하르쉬님이 당신 침상에서부터 맞은편의 남쪽 문을 통해 바라보실 수 있는 바깥 지점에 갖다 놓았다. 그것은 당신의 석상이 될 것이었다. 여기에 터머릭(turmeric)과 주사朱砂(붉은 가루인 kumkum)를 발라 놓고 그 앞에서 장뇌 불꽃을 흔들어 대석장大石匠(stapati)의 행운을 빌었다. 그는 정과 끌로 바위에 첫 망치질을 했다.

어제 저녁에 지금은 노인이 된 마하르쉬님의 아주 오랜 제자 한 사람이 당신의 앞에서 오체투지를 했다. 나는 그의 왼쪽 팔꿈치에 붕대가 감겨 있는 것을 보고, 그가 마치 스리 바가반을 흉내 내고 있는 것처럼 보인다고 속으로 생각했다. 내가 이 생각을 미처 다 마무리하기도 전에, 그를 보고 있던 스리 바가반이 말씀하셨다. "허허! 당신은 나와 경쟁을 하는군. 나와 똑같은 자리에 상처가 있으니." 모두가 웃었지만 그 노인은 웃지 않았는데, 그의 유머 감각은 그 순간에 어디로 가 버린 듯했다.

6월 15일

붕대를 풀었다. 불룩한 혹 주위로 붉은 테가 생겨 있었는데, 이것은 좋은 징조가 아니다. 안식향(benzoin-피부 완화제로 쓰이는 약제) 자국만이 그 위에 그려져 있다.

1949년 6월 25일

어젯밤 9시경에 (시자가) 마하르쉬님의 왼손을 마사지해 드릴 때, 당신이 상처가 있는 위쪽 팔이 가려우니 거기도 마사지를 해달라고 하셨다. 시자는 의사들이 자신에게, 위쪽 팔은 거기서 피가 흐르면 안 되니 마사지를 하지 말라고 했다고 대답했다. "그래?" 하고 마하르쉬님이 말씀하시면서 오른손으로 위쪽 팔을 꽤 힘 있게 주무르셨다. 그러자 즉시 피가 흘러나왔다.

오늘 아침 8시경에 스리 바가반이 말씀을 하시기 시작했다. "어제 숨바라마이야 교수가 나에게 의지력으로 병을 치유하기도 한다는 이야기를 했는데, 그것은 내가 자신의 의지로 팔을 치유해야 한다는 뜻이었지. 내가 종양에게 나한테 오라고 했나, 그것보고 가라고 하게? 그것이 제 스스로 왔는데 나나 내 의지가 그것과 무슨 상관 있지?" 등의 말씀이었다. 당신은 다시 회복되겠다는 바람이나, 종양을 어떻게 하는 것이 가장 좋을지 생각해보려는 노력이라고는 조금도 하시지 않고, 그 병을 전적으로 내버려두기로 작정하신 것 같았다. 당신은 그 종양에 대해, 그것이 당신 뒤쪽 벽의 흙덩어리라면 하셨을 만큼의 걱정도 하지 않으신다.

7월 5일

3일에 의사들은 라듐 치료를 더 이상 할 수 없다는 데 동의했다. 마지막으로 붙인 것이 피부를 태워서 속살이 그대로 드러났기 때문이다. 어쨌든 스리 바가반은 팔을 절단하는 것만큼이나 라듐 치료도 허락하지 않으실 터였다. 그래서 아쉬람 당국(도감)은 몇 해 전에 당신의 쇄골 골절을 치료한 적이 있는 전통 의원醫員을 불러야 했다. 오늘 그가 와서 시중드는 의사들의 도움을 받아, 어떤 약초 이긴 것을 발랐다.

3일에 만디(Mandi)의 라자 예하 부처가 아들을 데리고 도착했다. 오늘 라니 사헤바(Rani Saheba-라니에 대한 존칭)가 겁먹은 듯이 스리 마하르쉬님께 다가가, 당신께서 스스로 치유하시라고 기도했다. 부드럽고 연한 목소리로 그녀가 위협했다. "저는 바가반께서 스스로 치유하겠다고 약속하지 않으시면 이 자리를 떠나지 않겠습니다." 당신은 그저 오른손을 내저어 그 제안을 일고의 가치도 없는 것으로 물리치셨다.

7월 6일

아주 오래된 저명한 제자로서 타밀어 학자이자 시인인 무루가나르 스와미가 마하르쉬님께 자신이 지은 타밀시 한 수를 건네 드렸는데, 스리 바가반께 온전한 건강으로 백 살까지 사시라고 기원하는 내용이었다. 한 헌신자가 그것을 소리 내어 읽었다. 그것을 듣고 스리 마하르쉬님이 말씀하셨다. "한 비슈누파 성자의 이야기가 있지요. 그의 백세 잔치 때 제자들이 백 년을 더 사시라고 기원했다고 합니다. 여러분이 제가 백 살까지 살기를 바라는 것은, 그때 가서 다시 백 살을 더 살라고 기원하려는 거지요!"

7월 15일

바가반의 건강이 좋아지는 것처럼 보인다. 며칠 전부터 종양에서 조각들이 떨어지고 있는데, 마지막 조각이 어제 떨어졌다. 오늘은 그 의원이 이제는 평평해졌다고 하는 종양의 바닥에서 "병病 물질을 모두 빨아내기 위해" 아주 화끈거리는 약초를 발랐다. 며칠 전부터 내복약도 드리고 있다. 오후에는 화끈거림이 상당한 정도까지 도달한 것이 분명했다. 몸이 떨렸고, **마하르쉬님**의 맥없는 모습과 졸음, 그리고 약에 취하신 듯한 표정으로 보아하건대 아마 열도 많았을 것이다. 평소에는 통증이나 어떤 불편함에 대해서도 결코 불평하지 않으셨는데 말이다.

그러나 4시 45분에 당신이 밖으로 나가려고 준비하실 때, 극도로 쇠약해지신 표가 났다. 전신이 떨렸고, 두 다리는 아예 서지도 못하고 당신의 체중을 지탱하지도 못해, 한 걸음도 떼지 못하셨다. 우리는 모두 당신이 우리가 보는 앞에서 꽈당 넘어지실 거라고 생각했지만, 어떻게 겨우 균형을 잡으셨고, 시자의 도움을 받아 가까스로 욕실까지 가셨다. 거기서 먼저 바른 약초를 떼어내고 완화하는 새 약초를 붙였다. 돌아오실 때는 약한 몸으로 발을 억지로 끌며 오시는 모습이 더 역력하여, 무서울 만큼 높은 돌 문지방을 넘어 당신이 회당에 들어와 우리를 바라보실 때는 당신의 얼굴에 죽음의 징후가 나타나 있었다. 기진맥진하여 침상에 털썩 앉으신 뒤에도 숨을 가쁘게 몰아쉬시는 것으로 보아, 그렇게 힘을 쓰신 데다가 아마 약 기운도 더해져 심장에 엄청난 무리가 간 것 같았다. 그 자리에 있던 300명의 남녀 헌신자들은 누구 하나 할 것 없이 얼굴이 창백해져서, 시자들이 앉으라는 신호를 할 때까지 땅에 못 박힌 듯 서 있었다.

그와 같이 목숨이 가는 실낱에 매달린 엄숙한 순간에도, 손님들과 헌신자들에 대한 **스리 마하르쉬님**의 배려는 당신 마음에서 가장 첫 자리를 점하고 있었다. 왜냐하면 당신은 채 휴식하기도 전에, 욕실에서 돌아오실 때 고관절을 부축해 드린 시자 사띠야난다를 불러서 뭐라고 속삭이셨는데, 나중에 누가 설명하기를 그것은 당신이 식사 일과가 바뀌면 안 된다는 뜻을 천명하신 거라고 했기 때문이다. 그것은 당신이 친견 회당에서 혼자 식사를 들지 않겠으며―그런 계획이 진행 중이라는 감을 잡으신 것이다―평소처럼 식당에서 남들과 같이 식사하시겠다는 의미였다.

식당은 친견 회당에서 먼 거리에 있는데, **마하르쉬님**이 보통 들어가시는 남쪽 출입구에는 일곱 개의 가파른 계단이 있다. 스리 바가반이 저녁을 들러 식당으로 가시려면 그 거리를 두 발로 걸어가야 할 뿐 아니라, 회당의 그 끔찍한 문지방을 넘어야 하고 일곱 개의 계단도 올라가셔야 하는데, 당신의 건강 상태로는 도저히 무리였던 것이다. 당신의 중요한 제자 몇 사람이 번갈아 당신께 가서 당신이 앉아 계신 친견 회당에서 혼자 식사하시는 데 동의해 주시라고 사정했지만, 당신은 거절했다. 오후 7시 30분에 저녁 식사종이 울리고 당신이 내려와서 걸으려고 준비하시는 것을 보는 우리는 마음이 조마조마했다. 걷기는 하셨고, 그것도 확고한 걸음으로 걸으셨지만, 당신이 남쪽 출입구를 피하시도록 하기 위해 쉬운 계단 두 개밖에 없는 북쪽 출입구로 들어가시라고 청했다. 그러나 당신은 그 요청을 거절하고 남쪽 문으로 가서 그 가파른 계단을 올라가셨다. 잠시 휘청거리기는 하셨지만, 당신을 붙들 태세를 하고 있는 시자들을 보시자 멈추어 서서 그들을 돌아보며 말씀하셨다. "나를 혼자 내버려두면, 훨씬 안정되게 걷겠군." 그러고는 도움을 받지 않고 식당으로 들어가셨다.

1949년 7월 20일

간밤에 한 여의사가 **마하르쉬님**의 상처를 보고 우리들 중 몇 명에게 사적으로 말하기를, 우리가 자축할 일은 없다고 했다. 종양은 아직 그대로 있고, 떨어져 나간 것은 독한 약초를 바른 탓에 괴사한 콜리플라워 같은 생성물뿐이라는 것이었다.

1949년 7월 31일

약초 의원에 대한 믿음이 완전히 사그라들었다. 종양이 점점 커졌고 **바가반**의 건강이 크게 악화되면서, 나날이 오후만 되면 체온이 오르고 식욕이 감퇴했다. 25일에 마드라스의 유명한 진단 외과의사인 구루스와미 박사(Dr. Guruswami)가 와서 상처를 보았다. 그는 지금까지 이 병을 치료해 온 방식과 라듐 치료, 그리고 약초 붙이기에 큰 불만을 표시했다. 그는 주사를 몇 대 처방했고, 첫 주사는 28일 밤에 놓아 드렸다.

오늘 오전에 세어 보니 아쉬람에 와 있는 의사가 여덟 명이었다. 한낮에 몇 명이 더 왔는데, 큰 의료 회의를 하기 위해서였다. **바가반**은 건강이 어제보다 훨씬 나빠졌는데도 여느 때와 다름없이 즐겁고 쾌활하시다. 당신은 방사선 의사 크리슈나무르티가 대단한 헌신자인 발라람 레디아르(Balaram Reddiar-발라라마 레디) 옆의 첫 줄에 앉아 있는 것을 보고 놀라워하면서 소리 지르셨다. "하하! 정말 희한한 일이군! 저 양반[방사선 의사]만 보면 발라람을 연상하게 된다니까. 얼굴도 같고, 머리칼도 같고, 생김새도 같고, 그리고 이제는 둘이 나란히 앉아 있어. (『마하바라타』에서) 발라라마는 스리 크리슈나의 형인데, 여기 이 발라라마도 이 크리슈나무르티보다 나이가 많군." 그러고는 껄껄 웃으셨다.

며칠 동안 아쉬람의 브라민 사제들은 매일 **마하르쉬님**의 회복을 위한 특별 예공과 태양경배(suryanamaskar)를 봉행해 왔다. 오늘 **마하르쉬님**은 이렇게 말씀하셨다. "그게 무슨 소용 있지? 태양 안에 있는 **영**靈은 여기에도 있고, 도처에 있는데."

오후 3시에 의사들이 회의하기 위해 모두 모였다. 스리 **마하르쉬님**은 예의 자비심에서, 헌신자이기도 한 두 사람의 동종요법가同種療法家도 회의에 소집해 주기를 원하셨다. 그래서 그들도 회의에 참석했지만, 그것은 단지 당신의 바람을 원하신 대로 만족시키기 위해서였다. 왜냐하면 의사들이―한 사람을 제외하고는―아무도 그들을 거들떠보지 않았기 때문이다. 밤에 그 중의 한 명은 오후 이른 때에 스리 마하르쉬님께 단 한 가지 동종요법(homeopathy) 처방을 했다는 것 때문에 질책을 들었다.

8월 2일

 오후의 열 때문에 마하르쉬님은 페니실린 주사를 네 대 씩 맞아왔는데, 모두 100만 단위(1단위는 0.6㎍)에 달했다. 이 주사로 이틀 전부터 열이 멈추었다.

 어제는, 당신이 극도로 쇠약해지셨으니 스리 마하르쉬님이 최대한 휴식하면서 편안히 쉬시게 해야 한다는 명령들이 (아쉬람 당국에서) 내려졌다. 따라서 제자들은 오전에 한 시간 그리고 오후에 한 시간, 일과 빠라야나 때만 참석해 달라는 요청을 받았다. 그래서 오전 9시 30분 이후에는 문들을 닫아두었는데, 마하르쉬님은 이것을 눈치 채지 못하셨다. 그러나 오후 3시 30분에 당신은 문이 여전히 닫혀 있는 것을 보시자 새로운 명령이 내려졌다는 것을 아시고, 반발하면서 문을 즉각 열라고 하셨다. 당신은 그 이유를 이렇게 말씀하셨다. "많은 사람들이 불원천리하고 친견을 하러 오는데, 저녁까지 기다리지 못합니다. 그들을 실망시키면 안 되지요. 둘째로, 만약 문들을 닫아 두면 사람들은 뭔가 심각한 문제가 있나 보다고 의심을 하게 되고, 그러면 온 읍내 사람들이 다 몰려올 것입니다. 셋째로, 만약 헌신자들을 이 시간에만 들어올 수 있게 제한하면, 어떤 사람들은 시간을 맞출 수 없어 아주 불편해 할 것입니다…." 그래서 문을 열어 두었지만, 그래도 헌신자들은 당신 앞에 가서 당신에게 불편을 끼치지 말아달라는 요청을 사적으로 받았고, 대다수 헌신자들은 이에 따랐다. 오늘은 힌두교 축제일인 데다가 화요일이라서 마을 사람들이 계속 회당에 들어와 오체투지를 한 다음 신성한 **아루나찰라** 산 주위를 오른돌이(*pradakshina*) 하기 위해 나갔다.

오늘도 회당을 평소처럼 열어 두었지만, 헌신자들은 특정한 두 시간 동안만 회당에 들어갔다. 다만 설득해도 안 되는 극소수는 예외였다. 오늘 저녁에는 사원의 종이 울리지 않았다.

1949년 8월 7일

내일은 보름이고 따라서 마하르쉬님의 삭발일이지만, 당신은 어제 삭발을 하셨다. 어제부터 빠라야나도 중단되었고, 그와 함께 헌신자들의 회당 출입도 금지되었다. 방문객들만 들어가서 오체투지할 수 있었고, 그런 다음 즉시 나왔다. 제자들은 회당 밖에서 오체투지할 수 있었다.

간밤에 의사 라가바짜리가 왔는데, 오늘의 수술에 필요한 온갖 의료기구들과 혈장 등이 그보다 먼저 도착했다. 오늘 오전 7시에 (수술을 집도할) 구루스와미 박사도 자동차로 왔다. 스리 마하르쉬님은 수술 받을 준비를 하기 위해 아침 일찍이 시약소로 걸어가셨다. 당신은 왼쪽 어깨에 '노보카인' 족族이며 아편의 한 알칼로이드21)인 '옴노폰(omnopon)'으로 된 새로운 마취제를 맞았다. 이것은 당신을 반쯤 잠이 들게 하여 수술의 통증을 둔화시키기 위한 것이었다. 이 수술은 투열도透熱刀를 사용해 출혈이 없게 할 예정이었는데, 이것은 실제로 하나의 칼이 아니라 전기로 제어되는 뭉툭한 바늘이다. 절개할 살 위로 이 바늘이 움직이기만 하면 전류가 실질적인 절개를 하고 동시에 혈관을 지져서 피가 즉시 응고하게 하여, 출혈도 없고 감염도 생기지 않는 것이다.

---

21) *T.* 노보카인은 국소마취제의 일종이고, 알칼로이드는 식물에서 추출한 염기성 물질인 니코틴, 모르핀, 코카인 등의 총칭이다.

오전 8시 15분에 본 수술이 시작되었다. 의사는 환부에 병든 세포가 단 하나도 남아 있지 않게 하기 위해 굉장히 주의를 기울였다. 그래서 그는 척골 신경을 건드리지 않고 아주 깊이 절개해야 했다. 수술은 약 두 시간 반 동안 계속되었고, 그런 다음 팔에 소석고(빨리 굳는 석고)를 붙이고 단단히 붕대를 감았다. 수술이 시작되고 조금 지났을 때 스리 마하르쉬님이 숨쉬는 것을 너무 힘들어하시자, 의사가 겁이 나서 한동안 수술을 멈추고 수혈을 하기 시작했다. 미리 들여놓은 혈장 두 병으로도 부족해서 방사선 의사와 다른 몇 사람의 신선한 피를 뽑아 일부는 혈장과 섞고, 일부는 그대로 수혈했다. 그래서 당신은 도합 250cc의 혈장과 생혈 650cc를 수혈 받으셨다.

오전 8시부터 남인도 각지와 읍내에서 온 헌신자들이 쇄도하기 시작했다. 그래서 10시 30분부터 경찰관들과 특별 자원봉사자들이 군중을 통제해야 했다. 시약소로 가는 모든 접근로가 봉쇄되었고, 길목마다 파수꾼이 배치되었다. 시약소에는 여러 명의 의사들이 진을 치고 있으면서 대략 10시 45분까지 이런 저런 용무를 위해 급히 들고났다. 10시 45분이 되자 스리 니란자나난다 스와미가 구루스와미 박사와 함께 나와서 걱정하는 군중들에게 이렇게 말했다. "수술은 대단히 성공적이었지만, 바가반은 오늘 하루 완전히 휴식하셔야 하고, 누구도 당신에게 접근해서는 안 됩니다. 헌신자들은 이제 부디 해산해 주십시오. 만약 의사 선생님들이 허락하면 내일 친견을 할 수 있을 겁니다."

군중은 점차 줄어들었으나, 오후 5시경에 다시 운집하기 시작했다. 많은 헌신자들이 당신의 상태가 어떤지 알고 싶어 한다는 소식을 접하신 스리 마하르쉬님은 친견 회당까지 걸어가겠다고 고집하셨고, 의사들은 당황했다. 그러나 가까스로 설득하여 결국 당신이 시약소의 베란다에 자리 잡고 거기서 친견을 베푸시는 것으로 타협을 보았다. 헌신자들은 일렬로

줄을 지어서 합장배례만 하면서 당신 앞을 지나갔다. 오체투지는 그럴 시간도 없고 공간도 없어서 하지 못하게 했다.

1949년 8월 9일

어제 스리 마하르쉬님은 소석고가 살에 들러붙어서 아주 불편해 하셨다. 상처 부위가 몹시 가려웠지만, 석고가 너무 두꺼워서 마사지를 해도 별 효험이 없었다. 오전 11시 30분에 석고를 떼어냈고, 오후 12시 45분에 마하르쉬님은 갑자기 일어나 시약소 계단을 내려가서 친견 회당 쪽으로 향하셨다. 시중들던 의사들이 너무 놀라서 당신을 쫓아가 합장을 하고 시약소의 당신 침대로 돌아가시라고, 적어도 4시 45분까지는 여기 계시라고 사정사정했으나 아무 소용이 없었다. 당신은 비틀거리며 새 욕실로 가신 다음, 거기서 다시 친견 회당으로 가셨다. 5시 15분에 사람들은 동쪽 문으로 해서 회당에 들어가는 것이 허용되었고, 들어가서 오체투지하고 남쪽 문으로 곧장 걸어 나왔다.

오늘 아침에는 마하르쉬님의 체온이 정상이고 당신도 상태가 좋아졌다고 느끼시지만, 누구도 회당에 들어가는 것이 허용되지 않았고 오체투지만 하고 나오는 것도 안 되었다. 오체투지는 남쪽 문 바깥에서 해야 했다. 이 문은 열어 두었고 옆으로 미는 접이식 문이 가로질러 있어서, 헌신자들은 들어가지는 못해도 이 문을 통해 그들을 향하고 있는 당신을 뵐 수 있었다.

보통 침상 가까이 두는 공양물 탁자가 오늘은 남쪽 문 밖에 놓여 있어서, 꽃과 과일 공양물을 거기에 놓을 수 있게 했다. 당신에게는 패혈증을 막기 위해 페니실린 주사를 놓아드리고 있다.

8월 14일

오후 5시에 마드라스의 방사선 의사인 P. 라마 라오(Rama Rao) 박사가 와서 라듐 바늘들을 밀랍에 박아 마하르쉬님의 상처에 붙이고, 손이 움직여도 라듐 주형물이 떨어지지 않게 팔을 깁스붕대로 감아드렸다. 그는 그것을 수학적 정밀함으로 그것을 붙였는데, 가장 크고 강력한 바늘들은 중앙에, 작고 약한 바늘들은 밀랍의 양 끝 쪽으로 붙였다. 라듐 바늘들은 금으로 만든 용기에 넣어져 있다. 첫 번째와 두 번째의 가장 강력한 바늘들은 고체인 금 안에 넣어져 있기는 해도 치명적인 것이어서, 집게를 가지고 다루어야 한다. 각 바늘의 수명은 200년에서 400년 사이일 것으로 추정된다.

수술을 한 지 벌써 7일이 지났는데도 상처가 아무는 과정이 아직 시작되지 않았는데, 그것은 마하르쉬님의 원기가 떨어져 있기 때문이라고 한다.

회당의 문을 계속 닫아두고 있고, 사람들은 남쪽 문 밖에서 오체투지를 하고 있다.

8월 15일

독립기념일을 맞이하여 오늘은 시자 크리슈나스와미가 자신이 책임지고 회당의 문을 열어, 사람들이 들어가서 오체투지를 할 수 있게 했다.

8월 18일

오전 5시 40분에 아쉬람 의사인 샹까르 라오 박사가 라듐 주형물을 떼어내 보니 상피上皮에 건강한 살눈(상처 부위에서 돋아나는 살 조직)들이 생겨나 있었다. 그것은 상처가 아물고 있다는 표시였다. 한 달 안에 종양이 재발하지 않으면 완전히 치유되지 않을까 하는 확신이 든다.

15일 이후로는 오체투지만 할 수 있게 회당의 문들을 열어두고 있다. 스리 마하르쉬님의 음식은 친견 회당 안의 당신 침상과 같은 높이로 설치한 탁자에 놓아드린다. 당신은 식사 시간에 당신을 뵙지 못하는 것을 아쉬워할 헌신자들을 줄곧 생각하신다. 어제 당신은 이렇게 물으셨다. "언제나 내가 식당에서 다른 사람들과 같이 밥을 먹을 수 있나?"

오후 3시 30분경에 라마 라오 박사가 가족과 함께 마드라스에서 와서 상처를 살펴보고 난 뒤, 3주가 경과하기 전에는 어떤 진단도 할 수 없을 것이라고 말했다.

1949년 8월 24일

오늘 저녁에는 몇 주째 중단되었던 빠라야나가 재개되고, 스리 바가반의 건강이 허락하는 한 앞으로도 그전처럼 아침저녁으로 계속될 것이다. 그리고 이때에는 헌신자들이 회당 안에 앉을 수 있다. 8월 6일 이후로는 처음으로 오늘 저녁 예공 중에 아쉬람 사원의 큰 종이 울렸다.

스리 마하르쉬님은 좋아 보이고 충분히 빨리 걸으시지만, 내 눈에는 마지막 수술을 받기 전보다 훨씬 더 야위어 보인다. 가끔 당신은 시자들과 농담도 하신다. 라듐 치료를 받는 동안과 받기 전에 느끼시던 통증은 가라앉고 있고, 뜨거운 물병을 갖다 대서 어느 정도 완화되었다.

며칠 전부터 누가 새끼 표범 한 마리를 아쉬람에 가져와 저녁마다 마하르쉬님께 데려가는데, 당신은 그것을 토닥이고 유심히 바라보신다. 도감은 이 새끼 표범을 아주 좋아하여, 등을 세게 때리면서 애정을 표현한 다음 우유 세 컵을 주어 다독인다. 그러면 그것은 마치 고양이처럼 탐욕스럽게 우유를 핥아먹는다.

8월 27일

며칠간 깨끗한 상태로 아물고 있던 **마하르쉬님**의 상처가 다시 허물을 벗기 시작했다. 오후 4시 30분에 라가바짜리 박사와 그의 조수들이 약 한 시간 반 동안 회당의 문을 닫고 적은 양의 허물을 벗겨낸 다음, 검사를 하기 위해 마드라스로 가져갔다.

스리 마하르쉬님의 목과 다리가 나날이 여위어가고 있다.

8월 29일

스리 마하르쉬님이 타밀어로 시를 한 수 지으셨는데, 한 영국인 여성 헌신자가 그것이 창조주를 찬양하는 노래인 줄 알고 아주 기뻐하면서 그것을 영어로 번역한 것을 읽고 싶어 했다. 그러나 그것은 **마하르쉬님**이 손수 10행이나 되게 길게 쓰신 하나의 완하제緩下劑 레시피였다. 바가반은 그것을 짓고 나서 기쁨에 넘쳐, 마치 시를 처음 지은 학생처럼 그것을 모든 사람에게 보여주고 계시다.

9월 11일

오늘은 구루스와미 박사가 **스리 마하르쉬님**의 건강 회복을 위해 제안한 태양경배(Suryanamaskar) 기도를 하는 48일째 마지막 날이다. 특별한 브라민들이 매일 아쉬람의 베다 학당에서 그것을 낭독했다. 그러나 오늘은 회향廻向하는 날이어서 그것을 회당에서의 통상적 일과기도가 끝난

직후에 독송했는데, 끝나는 데 7시 40분부터 9시 40분까지 두 시간이 걸렸다. 그것은 『야주르베다(Yajur Veda)』에서 가져온 132개 찬가로 이루어져 있다. 우리는 그것을 듣는 것을 굉장히 좋아했다. 그 리듬이 감미롭고, 베다 선생이 이끄는 일곱 명의 브라민 소년들이 잘 조화되는 목소리로 열의에 넘쳐 독송했기 때문이다.

스리 바가반은 한결 좋아지신 모습이고, 상처가 비록 느린 속도이기는 해도 천천히 아물고 있다고 해서 우리는 완치의 희망을 가져본다. 아마도 사기를 북돋우는 야주르베다 찬송의 곡조가 이런 낙관론과 관계가 있었을 것이다.

1949년 9월 24일

지난 40년 동안 매일 자신의 비용으로 자기 집에서 손수 지은 밥으로 마하르쉬님께 공양 올리던 연로한 무달리아르 여사—'할머니(Patti)'—가 자정 무렵에 별세했다. 그녀의 타계 소식이 스리 마하르쉬님께 전해지자마자, 당신은 그녀에 대한 이야기를 하기 시작하여 1908년에—에짬말이 온 지 1년 뒤—그녀가 비루팍샤 산굴山窟(Virupaksha Cave)22)에 오던 때 이후로, 그녀가 불굴의 신심과 정성어린 봉사로 줄곧 당신 곁을 지킨 내력을 하루 종일 들려주셨다. 당신은 장지葬地가 어디인지를 묻고, 힌두들의 일반 매장지라는 말을 듣자, 그녀가 죽은 곳에 묻어야 한다고 말씀하셨다. 당신의 명령에는 따라야 했으므로, 아쉬람 경내에서 멀지 않은 그 대지 안에 구덩이를 팠다. 그녀의 시신은 산야시들의 시신을 매장할 때 관습적으로 하듯이 요가 자세로 가부좌하게 하여, 꽃으로 장식하고 신성

---

22) T. 아루나찰라 산의 동남쪽 사면에 있는 바위 밑 암자. 바가반은 1899년부터 1916년까지 이곳에서 지냈다.

한 재와 장뇌를 뿌려주었고, 마침내 안장하여 영면하게 했다.

10월 15일

마하르쉬님은 왼쪽 무릎의 뻣뻣함과 류머티즘으로 큰 고통을 겪고 계신데, 한 브라민 헌신자가 여기에 대해 동종요법의 내복 및 찜질 약으로 인산 마그네시아(Magnesia Phos)[23]를 갖다드렸다. 당신은 힘들게 걷고 계시다. 당신이 밤에 욕실(화장실)에 다니시기 쉽게 하고, 회당의 높은 문턱을 넘는 일―이것은 당신에게 정말 하나의 악몽이 되었지만―을 면하시게 하기 위해, 오늘밤부터 당신의 침대를 (욕실에 인접한) 작은 방에 놓아드렸는데, 이 방은 지금까지 당신 소파의 깔개와 당신이 개인적으로 사용하시는 물품들을 보관하는 곳으로 쓰이던 곳이다.

10월 20일

마하르쉬님 가까이에서 회복도 하고 휴식도 취하며 13일간을 보낸 인도사회당 당수 유수프 메헤랄리(Yusuf Meherali)가 오늘 떠났다.

11월 5일

오늘은 보름이어서 스리 마하르쉬님은 평소와 같이 삭발을 하셨다. 중요한 힌두 축제였기 때문에, 저녁에는 회당에서 빠라야남을 하지 않고 사원에서 큰 예공(*puja*)을 올렸다. 신성한 링감(*lingam*)에 밥을 바르고 나

---

[23] *T.* Magnesia phosphorica. 근육 경련과 근육통을 완화하는 동종요법 제제製劑.

서 아라띠(*arati*)24)를 거행하려고 할 때, **스리 바가반**은 회당 중앙에 있는 돌 연꽃 위에 놓은 의자에 앉아서 **성물 중의 성물**(링감)을 직접 마주하셨다. 헌신자들은 당신의 좌우로 바닥에 앉았다. 아라띠를 하는 도중 **스리 바가반**은 종교적인 행사 때 거의 늘 그러시듯이, 완전히 내면으로 몰입해 계셨다. 아라띠가 끝나자 사람들은 당신을 몇 피트 떨어진 당신 침상으로 다시 모셨다.

1949년 12월 4일

오늘은 남인도 힌두들에게 가장 성스러운 **디빰** 날(Deepam Day)—**까르띠까이**(Kartikai) 달의 보름날—이다. 모든 심장들 안에, 그리고 우주 안에 있는 **영**靈의 빛을 상징하는 **불의 산**인 **아루나찰라** 정상에, 오늘밤 성스러운 횃불이 켜질 것이다. 시바의 다른 이름인 **아루나찰라**는 53년 전, 아직 십대의 젊은이에 불과하던 **스리 마하르쉬**를 매혹하여, 당신을 그의 본체 중의 본체로 만들었고, 그의 본질과 구분할 수 없게 했다. 돌의 무더기에 불과한 **아루나찰라**가, 당신에게는 지복스러운 **보편적 진아**이자 살아 있는 스승이었고, 그 둘이 하나였다. 이 아쉬람이 창건된 이래 매년, 아쉬람은 이날을 경축하여 불을 휘황하게 밝히고, 기도, 베다 독경, 헌가 獻歌를 한 다음, 몇 가지 **쁘라사담**(*prasadam*)25)을 나누어주었다.

오늘밤 **스리 마하르쉬**님은 산의 정상을 바로 바라볼 수 있는 친견 회당의 북쪽 베란다에 앉으셨다. 당신의 주위에는 온통 헌신자들이 앉았는데, 어떤 이는 시멘트 베란다 위에 앉았으나, 대부분은 모래 많은 흙바

---

24) *T.* 힌두 의식을 거행할 때 링감, 신상 또는 스승의 상 앞에서 정화의 불꽃을 흔드는 것.
25) *T.* 쁘라사담은 '쁘라사드(*prasad*)'의 타밀식 표기이다. 이것은 신이나 스승에게 바친 공양물의 일부를 공양자에게 되돌려주거나 다른 헌신자들에게도 나누어 주는 것이다.

닥에 그냥 앉았다. 당신의 소파에서 멀지 않은 곳에는 큰 놋쇠 단지가 하나 있었는데, 그 4분의 3을 순수한 기(ghee)로 채우고 굵은 심지 하나를 꽂아두어, 적절한 순간에 아쉬람의 성화로서 불을 켤 준비가 되어 있었다. 불이 켜지면 산 위의 성화, 아루나찰레스와라 큰 사원의 성화와 함께 신성한 삼각형을 이루게 될 것이었다.26)

그러나 이 경축에는 일말의 안쓰러움이 없지 않다. 스리 마하르쉬님의 건강이 유지되어 우리가 또 한 번 **디빰** 날을 갖고, 당신이 육신으로 우리 곁에 계실 것인가, 아니면 이번이 마지막이 될 것인가? 당신이 여느 때나 다름없이 싱그럽고 밝은 모습으로 자리에 앉아 당신이 사랑하는 **아루나찰라**의 정상을 고대하는 시선으로 응시하실 때, 우리는 당신의 회복을 낙관하지 않을 수 없었다. 그 몸은 더없이 악성인 질병에 걸려 외과의사의 칼에 여러 번 난도질되고, 라듐에 태워지고, 온갖 강력한 약에 시달리지만, 당신의 두 눈에서 빛나는 광채와 당신 얼굴의 즐거워하는 표정에서는 그런 괴로운 시련의 어떤 자취도 보이지 않는다. 그 안에서 어떤 기적들이 작용하고 있는 것인지! 그 불가사의함이란!

디빰(성스러운 횃불)을 밝힐 시간인 일몰 10분전, 스리 니란자나난다 스와미가 그 자리에 나타났다. 맨 가슴에 막 목욕을 하고 나온 그는 팔과 가슴과 이마에 시바파派(Shaiva)의 표식27)을 선명하게 한 채, 기(ghee) 단지 옆에 서서 주로 여성 헌신자들이 가져오는 기 공양물을 받아서 기 단지 안에 부어 넣었다. 6시 1, 2분 전, 산꼭대기에서 갑자기 불길이 솟구치자, 우리 아쉬람 불길도 즉시 뒤따르며 "나 까르마나(Na karmana)"

---

26) T. 디빰 축제 때는 아루나찰라 산꼭대기에 있는 큰 기(ghee) 통에 불길을 점화하여 열흘간 불빛을 밝힌다. 큰 사원과 아쉬람에서도 그 순간, 같은 불을 밝힌다.
27) T. 힌두교 시바파는 비부띠(vibhuti-성스러운 재)로 이마, 가슴 등에 가로로 세 줄을 그어 자신들이 시바파임을 표시한다. 반면에 비슈누파는 이마 한가운데 세로로 길게 U자 형태로 흰색의 두 줄을 긋고 한가운데에 주사朱砂로 세로줄을 긋거나 점을 찍는다.

송경誦經이 수반되었고, 이어서 일련의 찬송·헌가 등이 시작되었다.

마하르쉬님의 건강은 꽤 정상이지만, 당신의 소파에서 미끄러져 내려 오실 때는 일으켜 세워 드려야 하고, 서 계시거나 걸음을 떼실 때도 부축해 드려야 한다. 이것은 근육이 약해진데다가 무릎과 고관절이 뻣뻣하기 때문에 그런 것이고, 당신이 왼팔을 쓰실 수 없기 때문에도 그렇다. 팔꿈치가 움직이지 않을 때만 왼손 손가락을 사용하실 수 있다.

한 열흘 전에 당신은 주방의 뒷문 맞은편에 있는 고방의 개수改修한 베란다를 직접 보려고 고방을 찾아가셨다. 당신은 고방 출입문 위쪽에 시멘트로 그려 넣은 **아루나찰라 산**과 그 정상의 성스러운 횃불 문양을 올려다보며 살펴보신 뒤, 추억에 잠겨 시자들에게 그것은 12년도 더 전에 당신이 종이 위에 그린 그림을 본뜬 것이라고 말씀하셨다. (아쉬람의) 일꾼들(소임자들) 모두가 당신의 방문에 즐거워했다. 왜냐하면 당신이 왕복 60야드(54미터)를 걸으실 수 있었기 때문이다.

1949년 12월 13일

외과의사 라가바짜리가 어제 오후 2시경에 와서 종양을 살펴보고 자신의 의료진에게 18일 일요일로 예정된 수술에 필요한 모든 준비를 해 두라고 지시했다. 스리 마하르쉬님은 그에게 만약 종양을 그대로 두면 어떻게 되느냐고 물으셨다. 그러자 의사는 종양이 굉장히 커져서 온갖 체질성 질환과 합병증을 유발할 것이라고 대답하고, 이렇게 덧붙였다. "지금은 그것이 작은 라임(lime)만 하니까 쉽게 제거할 수 있습니다."

스리 마하르쉬님은 요즘 많이 조시고, 무릎의 류머티즘은 너무 심해져서 거의 언제나 두 명의 시자가 당신의 두 다리와 허벅지를 안마해 드린다. 당신이 드시는 음식은 영양가도 없고, 당신은 종종 더 엎어드리는 음식이나 과일을 물리치신다.

12월 19일, 월요일

어제 아쉬람 시약소는 어제로 예정된 수술을 위한 준비가 되어 있었으나, 수술이 오늘로 연기되었다. 그리고 오늘 아침 5시 30분경에 스리 마하르쉬님은 천천히 걸어서 시약소로 들어가셨다. 수술은 불상시不祥時 (Rahu kalam)28)전인 6시 15분경에 시작되어 7시 30분경까지 계속되었지만, 의사들은 주로 갓 뽑은 생혈로 400cc의 피를 당신에게 수혈하고 나서 19시 30분경에야 밖으로 나왔다.

12월 21일

스리 마하르쉬님은 아직 시약소에 계시고, 헌신자들은 오전 오후로 반시간 동안씩만 줄을 지어 당신 앞을 지나갈 수 있었는데, 그것은 고작 인사를 하고 물러날 정도의 시간밖에 되지 않았다. 당신은 아주 창백하고 기운이 없어 보였다. 내가 알기로, 간밤에는 당신을 편안하게 해 드리려고 아노다인(anodyne-진통제의 하나)과 수면제를 드시게 했다. 그러나 정확한 어떤 정보도 나오지 않고 있고, 게시문도 일절 없었다. 들리는 말로는 의사가 아쉬람 당국에게 경고하기를, 자신의 의료 체계로써 할 수 있는 모든 수단을 마하르쉬님께 시술했으며, 이제는 아쉬람에서 마하르쉬님께 가장 좋다고 생각되는 어떤 치료를 해드려도 좋다고 했다. 이 소식

---

28) T. 'Rahu kalam'이란 Rahu(해와 달을 집어먹어 일식이나 월식을 일으킨다고 하는 악마)의 영향을 받는 시간(kalam)으로, 하루 중 길상吉祥하지 못한 때이다. 그 시간대는 날에 따라 다르지만, 대략 한 시간 반 정도의 시간이라고 한다.

에 헌신자들은 크게 동요했고, 저마다 자기가 믿는 의사나 전문가가 치료해 보면 어떨까 하는 생각을 했지만 누구도 감히 그런 제안을 하지 못했다.

그리하여 비관과 절망의 구름이 헌신자들의 가슴에 무겁게 드리웠다. 스리 바가반의 비참한 건강 상태를 본 많은 여성들은 친견을 하고 나오면서 눈물을 흘렸다. 다들 이렇게 묻는다. "이제 어떻게 해야 하나요?"

1949년 12월 23일

마하르쉬님의 건강에 대한 우려가 상당히 커졌고, 헌신자들의 답답한 심정이 하도 격해져서 어제는 "동종요법! 동종요법!" 하는 외침이 많은 사람들 사이에서 터져 나왔다. 그것을 주장하는 사람들이 사무실로 몰려가서 오랜 회의 끝에 한밤중에 남인도의 동종요법 전문가인 스리 T. S. 아이어에게 전보를 쳐서 **스리 바가반**의 치료를 맡아 달라고 부탁했다.

오후 7시에 시자 랑가스와미가 졸린 눈과 피로한 얼굴로 나에게 말하기를, 스리 마하르쉬님의 통증이 더 심하고 당신의 기력은 지난번 수술을 한 뒤보다 더 약해졌다고 했다. 그는 또 이렇게 말했다. "당신께서 화장실에 가시려고 할 때는, 당신을 안아 내리기 위해 이제는 한밤에도 동시에 네 사람이 깨어 있어야 합니다. 당신이 변기통(bedpan)에 익숙하지 않으시거든요. **바가반**은 거의 주무시지 않고 음식을 드시지도 않습니다. 왜냐하면 당신의 주식인 밥을 드시자마자 즉시 게워 내시니까요. 당신께서 드시는 것은 얼마간의 과일즙, 사과 하나, 후춧물 조금이 전부입니다. 우리는 거의 잠을 전혀 자지 않습니다⋯⋯. 어떡합니까? 상처가 이제는 아주 커서 거의 위팔 전체를 덮고 있는데요."

12월 24일

동종요법가 T. S. 아이어가 이른 아침에 도착하여 시약소에서 **마하르쉬님**과 꼬박 한 시간 동안 이야기를 나누었다. 스리 바가반은 그에게 아주 자애로우셨고 그의 모든 질문에 답해 주셨는데, 그것은 좀처럼 없는 일이었다. 당신은 자신보다 연장자인 사람을 늘 공경하시기 때문이다. T. S. 아이어는 금잔화 로션(Calendula lotion)[29]을 외용약으로 쓰면서 치료를 시작했는데, 내일은 내복약을 드릴 작정이었다.

12월 26일

라가바짜리 박사가 오늘 와서 **마하르쉬님**을 살펴본 뒤 동종요법가와 이야기를 나누었다. 그런 다음 마드라스로 돌아갔다. 어제부터 **마하르쉬님**은 밥을 드시고도 별 거북함이 없었다. 오전과 오후 친견은 계속되고, 이제는 한 시간씩으로 늘어났다.

1950년 1월 2일

어젯밤 9시경에 스리 **마하르쉬님**은 조용히 시약소를 빠져나와 당신의 작은 침실로 들어가셨고, 거기서 밤을 보내셨다. 오늘은 그전처럼 친견 회당에 가시는 대신, 당신의 소파를 이 작은 방 밖의 통로에 놓으라고 지시하셨고, 오전 9시에서 10시까지, 그리고 오후 5시에서 6시까지 친견을 베푸셨다. 늘 하던 베다 빠라야나는 하지 않았다. 오후에는 사람들이 너무 밀렸는데, 그것은 헌신자들이 올해는 5일에 드는 **마하르쉬님**의 탄

---

[29] T. 금잔화의 꽃을 말린 Calendula에서 추출한 엑스인 Calendula lotion은 상처나 종기, 염증의 치료제이다.

신일을 위해 모이기 시작했기 때문이다. 널따란 베란다와 마하르쉬님을 마주보는 공간은 사람들로 가득 차서, 거기서는 명상하기가 매우 어려웠다. 사람들이 너무 빽빽해서, 자리가 없는 여성 헌신자들은 아래쪽 코코넛 숲에서 앉을 자리를 찾아야 했고, 거기서 스리 바가반을 바라볼 수 있었다.

스승님은 약하신데다 소파를 오르내리느라 힘들어하시는 듯이 보인다. 당신의 왼손이 움직이지 않게 하고 어디 닿지 않도록 하기 위해서, 세 명의 시자가 당신의 엉덩이를 받쳐드려야 한다. 그럼에도 당신은 침실을 오가실 때 벽과 소파 사이의 아주 좁은 틈을 비집고 들어가려고 몹시 애를 쓰신다.

1950년 1월 5일

오늘은 **자얀띠**(*Jayanti*), 즉 **스리 마하르쉬님**의 70회 탄신일이다. 도감이 당신께, 헌신자들이 많이 운집했으니 경축과 아라띠(*arati*)를 위해 큰 회당으로 가시자는 청을 드릴 거라는 소문이 돌았다. 우리는 저 난감한 문턱을 넘는 일이 당신에게 자칫 큰 문제를 야기하지 않을까 두려워서, 그 소문에 대해 걱정을 했다. 그러나 오늘 오전에 당신이 평소의 그 통로에서 친견을 베푸시는 것을 보고 안도했다. 당신은 9시부터 10시 반까지 앉아 계셨고, 이때 아라띠가 당신 앞으로 왔다.30) 아쉬람 역사상 처음으로 **마하르쉬님**은 오늘 자얀띠 식사를 당신의 헌신자들과 함께 하시지 않았다. 우선 무릎이 뻣뻣해서 바닥에 앉으실 수 없었다. 둘째로, 당신은 동종요법가가 처방한 대로 고추나 타마린드, 마늘, 양파 등이 들어가지

---

30) *T*. 예공(*puja*)의 마지막 순서로 장뇌 불꽃을 신상 앞에서 빙빙 돌린 뒤, 작은 불꽃과 함께 비부띠(*vibhuti*)와 꿈꿈(*kumkum*-붉은 가루)이 담긴 금속 쟁반이 회중 앞으로 나온다.

않은 특별한 음식을 들고 계셨다. 오후에 당신은 3시부터 6시까지, 즉 평소보다 두 시간 더 오래 친견을 베푸셨다. 그것은 멀리서 온 수행자들을 실망시키지 않기 위해서였다.

1월 8일

스리 마하르쉬님의 건강이 좋아져서 내일부터는 친견 시간을 30분씩 늘려 한 시간 반씩 하루에 두 번 친견을 베풀 수 있게 되었다고 한다. 오늘 오후에는 작은 사건 때문에 당신이 상당히 화가 나셨다. 욕실에 계실 때 곁에 당신을 도와드릴 시자가 아무도 없이 혼자 남겨지셨던 것이다. 당신은 밖에 나와서 시자들에게, 남들이 있을 때는 당신을 부지런히 돌보는 모습을 보이는 반면, 남들이 없는 데서는 당신을 내버려둔다고 질책하시고, 더 이상 그렇게 보여주기 식으로 당신 곁에 몰려 있지 말아달라고 하셨다. 당신이 그렇게 말씀하신 것은 그들 모두가 당신에게 하는 그 완전한 헌신과 군말 없는 봉사를 부정하는 것이 아니라, 단지 그들에게 긴장의 끈을 놓지 않도록 하기 위해서라는 것을, 오래된 헌신자들은 이해했다.

1월 20일

12월 19일에 중단되었던 베다 빠라야나가 오늘 다시 시작되었다. 이전처럼 마하르쉬님 가까이에서가 아니라 사원 안에서 했지만, 그 소리는 우리가 마하르쉬님을 마주하고 있던 동쪽 베란다에도 들렸다.

1950년 2월 8일

투자(Thuja) 30번(30th potency)31)을 가지고 하는 동종요법 치료가 계속되고 있고, 이어서 변비를 치료하기 위해 마전자馬錢子(Nux Vomika)32)를 썼다. 6일부터 투자 1000번(1000th)의 1회 분량을 마하르쉬님께 드렸고, 매일 아침 3분의 1분량을 드리는데, 오늘 그 마지막 분량을 썼다. 어제부터 당신은 상처 근처에 통증을 좀 느끼시고, 상처 주위의 살도 좀 두꺼워져서 아쉬람 당국을 겁먹게 했지만, 동종요법가는 그것이 고강력 분량에서 오는 덧나기 현상이며 일주일 안에 사라질 거라고 했다. 도감은 동종요법을 써야한다고 앞장서서 주장했던 영국인 제자에게, 앞으로는 매일 아침 드레싱을 할 때 임석해 달라고 요청했다.

2월 12일

띠루반나말라이에 검열 차 나온 마드라스 주州의 의무감醫務監 바티아 장군(General Bhatia)이 한 친구의 부탁으로 오전 10시경에 아쉬람을 방문하여 상처를 보았다. 그는 부기를 탐탁지 않게 여겼고, 페니실린을 추천했다. 만약 염증이 생긴 경우라면 그게 가라앉혀 줄 거라고 생각한 것이다. 그가 말했다. "여하튼, 우리는 그것이 뭔지 알아야 합니다." 시자 의사인 샹까르 라오 박사가, 치료를 맡고 있는 동종요법가에게 장군의 조언에 대해 의견을 구하니, 그는 그것이 자신의 투자 1000에서 오는 덧나기 현상일 수 있고, 다른 약으로 간섭하면 안 된다는 이유로 그것을 거절했다.

---

31) *T.* 투자(Thuja)는 측백나무의 씨(한방의 백자인栢子仁)에서 추출한 약제이며, 청량성 지혈제로 모든 혈증血症을 치료한다.
32) *T.* 마전나무(*Strychnos nux-vomica*)의 유독성 씨인 마전자馬錢子에서 추출한 약제. 식욕을 돋우고 소화액 분비를 촉진시키므로, 설사나 소화불량, 신경쇠약 등에 사용된다.

2월 14일

12월 19일에 수술한 부위 바로 밑에 새 종양이 생긴 것이 이제 확연히 눈에 띄는데, 동종요법가는 계속 그것을 자신이 쓰는 강한 약으로 인한 일종의 부기라고 진단하면서, 그것이 "곧 가라앉을 것이고 결국 완치될 것"이라고 했다. 동종요법가는 16일에 산록지대로 떠날 것이고, 친구인 한 동종요법가로 하여금 환자를 계속 돌보게 할 예정이다.

2월 15일

라가바짜리 박사가 정오 전에 와서 새 부기를 면밀히 검사한 뒤 그것은 그 육종의 재발이라고 선언했다. 통증이 크게 심해졌고, 워낙 아파서 손이 조금만 닿아도 마하르쉬님은 움찔하신다. 의사들과 도감, 그리고 몇 사람의 헌신자들이 회의를 열었는데, 여기서 T. S. 아이어의 관심은 외과의사(라가바짜리)의 판정에 가 있었다. T. S. 아이어는 종양이 재발했음을 부정하지 않으면서도 자신의 동종요법 치료를 계속하면 치료될 수 있다고 믿는다는 말을 되풀이했다. 저녁에 두 번째 회의가 열렸지만 역시 결론 없이 끝났다.

2월 17일

어제 T. S. 아이어가 떠나기 전에 그를 승계한 동종요법가 R. 아이어 씨가 실리시아 30(Silicia 30)[33] 1회 분량으로 치료를 시작했는데, 하루에 한 번씩 반복할 것이라고 한다.

---

33) *T*. 보통 Silicea로 표기되며, 광물인 실리카(silica)로 만드는 약제이다.

1950년 2월 25일

어제 동종요법은 실패라고 선언되었고 아예 중단되었다. 부름을 받고 21일에 도착한 무스(Moos)[말라바리 바이디야, 곧 우나니 의학의 의원][34]가 즉시 임무를 이어받아 외용약을 바르고 완화제를 썼다. 샹까르 라오 박사는 시자 의사 소임을 계속 맡고 있다. 그는 어떤 의학 체계와도, 그리고 아쉬람 당국이 지명한 어떤 의사와도 협력해서 일하는 데서 더없이 필수적인 존재임이 드러났다. 그는 정말 겸손하게, 완전한 헌신으로, 차분하게 자기 일을 한다.

2월 27일

종양에서 피가 나오기 시작했는데, 무스의 말을 빌리자면 그것은 자신의 약이 "바가반의 몸에서 모든 병 물질을 몰아내기 때문"이라고 했다.

3월 6일

스리 바가반의 건강이 눈에 띄게 악화하고 있다.

3월 14일

종양은 급속히 커졌고 통증이 심해졌다. 무스가 치료를 계속하고 있지만, 그는 자신이 병을 치료하지 못했고, 통증을 완화하는 데도 실패했다고 인정했다. 샹까르 라오 박사는 통증을 완화하기 위해 아노다인을 투

---

34) T. Moos는 인도 전통의학의 일파인 우나니 의학(unani medicine)의 전문 의원인 말라바리 바이디야(Malabari Vaidya)에 대한 일반적 호칭이다. 이들 전통의학은 아유르베다에 기초해 있고, 지역별로 전문화된 분파들이 있다.

약했다. 이틀 전 피 검사에서는 헤모글로빈이 58퍼센트밖에 나오지 않았는데, 이것은 심한 빈혈증을 말해주는 것이었다. 그러나 이 모든 상황에도 불구하고, 스리 바가반의 얼굴은 밝고 차분하며 고요하다. 한숨 한 번 쉬지 않고, 아프다고 얼굴 한 번 찡그리지 않으시며, 두려움이나 초조의 그림자가 당신 얼굴의 편안함이나 눈의 광채를 손상하는 일도 없다. 당신은 평소의 광휘, 차분함과 은총을 그대로 간직하고 계시다. 지금까지 내내 당신에게서 방사되어 온 평안(즉, 평안의 에너지)조차도 계속 강력히 느껴진다. 새로 온 사람이 당신을 본다면, 그런 악성 질병이 그 기품 있는 몸 안에 있으면서 그 몸의 생명력을 1분이 다르게 소진시키고 있다고는 생각하지 못할 것이다.

3월 17일

15일에 라가바짜리 박사와 다른 두 명의 의사가 와서 **마하르쉬님**의 상태를 살펴보고 서면 보고서를 제출했는데, 아쉬람 당국(도감)은 그것을 재빨리 쇠금고에 넣고 잠가버렸다. 그래서 다들 그 진단 내용이 좋지 않을 거라고 추측했다. 며칠 전부터 **스리 마하르쉬님**의 건강 상태가 악화되고 있다는 보도가 마드라스 언론, 특히 영자지英字紙인 「힌두(The Hindu)」지에 나오고 있다.

마하르쉬님의 체온이 며칠간 약 100도(37.8°C)에 머물고 있다(당신의 정상 체온은 97.5도(36.4°C)이다). 심장수축은 98로 맥박이 높게 뛰고 심장이 빨리 움직이는데, 아마도 발목이 붓고 종양이 계속 커지면서 심장이 비대해진 듯하다.

1950년 3월 20일

  타밀 라디오와 언론이 마드라스와 봄베이에서 **마하르쉬님**의 병세를 보도한 탓에, 어제 남인도 전역에서 걱정하는 방문객과 헌신자들이 대거 몰려와서 약 천 명에 달했다. 그 중에는 트라반코르(Travancore)의 전 수상인 C. P. 라마스와미 아이어 경이 있었는데, 그는 **스리 바가반**을 위해 사람 크기만 한 아름다운 장미꽃 화만花鬘을 가져왔다.

  한 벵갈인 헌신자는 자신의 '유능한' 점성가가 **스리 마하르쉬님**이 설사 12년을 더 사시지는 못한다 해도 "적어도 1953년 7월까지는 사실 것"이라고 했다는 희소식을 가져왔다. 왜냐하면 당신의 병은 "악성 종양이 아니라 류머티즘 염증"[들은 대로임!]이기 때문이라는 것이다. 그에 대해 그는 어떤 바스마(basmah)[싯다 약제]를 권했는데, 그것을 이 헌신자 본인이 캘커타에 있는 자신의 대단한 까비라지(Kaviraj)[싯다 의원-아유르베다의 전문가]35) 에게서 "절대 순수한" 상태로 확보할 수 있다고 했다. 그러나 아직 치료를 담당하고 있는 무스는 나흘을 더 기다려 보고, 그래도 **마하르쉬님**의 건강이 호전되지 않으면 그때 가서 그 까비라지를 불러 직접 그것을 시술하면 될 거라고 하면서, 그것을 시술하는 것을 거부했다. 어떤 제자들은 이쪽 편을 들고 어떤 제자들은 저쪽 편을 들어, 결국 그 바스마는 사용되지 못했다.

  그러는 사이 환자는 거의 어찌해 볼 수 없는 지경이 되고 몸은 너무 쇠약해졌다. 어제 아침에는 **마하르쉬님**이 욕실에 가시다가 비틀거려 넘어지셨다. 당신이 한층 쇠약해진 것을 모르고 있던 시자들은 이제까지 하듯이 행동하다가 당신이 걸으실 때 부축해 드리지 못했다. 다행히도 가볍게 넘어지신 것이어서 나쁜 후유증은 없었다.

---

35) *T.* 싯다 의학(*siddha* medicine)은 벵갈 지역에 기반을 두고 있는 전통의학의 또 다른 일파이며, 그 의원을 '*Kaviraj*'라고 한다.

3월 24일

어제 저녁에 **마하르쉬님의** 체온이 갑자기 101.6도(38.7°C)까지 치솟았다. 맥박도 마찬가지로 높아졌고, 심장의 잡음이 가슴 전체에 울렸으며, 상처에서 나는 냄새가 심해졌다. 당신은 오후 6시 15분에 욕실에서 돌아오시다가 실신하여 당신 침상 위에 부딪치셨다. 급히 불려온 S. 라오 박사와 무스가 당신에게 코코넛 물을 좀 드리고 절대 안정을 취하시게 했다. 15분 뒤에 당신은 회복되셨다.

3월 26일

어제 저녁 친견 시간 뒤에 회당 밖에서 많은 움직임이 있었다. T. 여사, M. 여사, B. 씨, S. 씨, 발라람 레디 씨, 그리고 다른 사람 한두 명이 협의에 들어갔는데, 한 번은 전원이 함께, 한 번은 소그룹별로 여기 저기, 이리저리 급히 왔다 갔다 하면서 근 40분간 그렇게 했다. 나는 뭔가 새로운 일이 벌어지고 있다는 것을 알았다. 나중에 들으니 그들은 그까비라지를 불러오자고 (아쉬람 당국의) 허락을 구했고, 그 허락이 떨어졌다고 했다. 즉시 캘커타로 전보를 쳐서 그에게 지체 없이 여기로 출발해 달라고 했다. 무스의 치료는 중단되었다.

3월 27일

마하르쉬님은 계속되는 구역질로 고생하시고, 물조차도 드시면 게워내신다. 식욕도 없고, 소변은 아주 조금 나온다. 종양은 이제 코코넛만큼 크다.

1950년 3월 29일

까비라지가 오늘 오전 10시에 도착하여 마하르쉬님께 우유에 희석한 자신의 첫 약을 드렸다.

스리 마하르쉬님의 몸이 워낙 현저히 약해져서, 어제 오후 이후로는 친견을 위해 바깥에 앉는 것을 그만두셨다. 헌신자들은 이제 하루에 두 번씩, 친견 시간에 당신의 소파를 놓던 곳에 가까운 통로 밑의 뜰 안에 줄을 지어 서서 당신의 문 앞을 지나가며 당신께 절을 드리게 되었다.

심장수축이 88로 떨어졌고, 심장이완은 60으로 나왔다. 까비라지는 낮 동안 두세 번 더 약을 복용하시게 했다.

4월 5일

어제 프랑스의 사진전문가 까르띠에-브레송(Cartier-Bresson) 씨가 스리 바가반의 사진을 한 장 찍었는데, 이것은 어쩌면 당신의 마지막 사진이 될지도 모른다.[36]

마하르쉬님의 건강은 지난 약 1주일간 다소 정체 상태에 머물러 있다. 구역질과 소변부족 증세는 지속적이지 않지만, 당신의 전반적 상태는 전혀 나아진 것이 없어, 친견을 위해 밖으로 나오지 못하시는 상태가 계속되고 있다.

어제 오전에 마드라스의 총독 각하와 브하바나가르의 마하라자 부처가 작은 방에서 스리 바가반을 친견한 다음 아쉬람의 사원에서 예공을 올리고, 자기들이 몇 주 전에 시주하고 갔던 흰 공작 두 마리에 대해 물어본 뒤 떠났다.

---

36) 이것은 과연 마지막 사진이 되고 말았다.

오후 6시. 지금까지 스리 마하르쉬님이 24시간 동안 소변을 보시지 못했다. 종양은 콜리플라워 같은 머리 모양을 한 덩어리들이 퍼져 나가고 있다. 까비라지는 치료 지침과 약들을 현지 까비라지인 빠라슈라마 아이어 박사의 손에 맡긴 뒤에 어제 캘커타로 떠났다.

4월 6일

분명한 독혈증毒血症(패혈증) 징후가 마하르쉬님의 몸에서 시작되었다. 하루 종일 당신의 소변 분비는 1온스(28.3그램)를 넘지 않았다. 당신의 적혈구 비율은 새로운 최저 수준으로 떨어졌고, 영양 섭취는 이렇다 할 것이 없다. 빠라슈라마 아이어 박사가 나를 찾아와서, 자기는 도감에게 캘커타에 있는 그 까비라지의 조수를 불러달라고 하면서 이렇게 말했다고 했다. "저는 그가 저에게 남겨두고 간 약들에 동의하지 않습니다. 저에게 투약하라고 한 땀바라[구리] 바스마(tambara basma)는 **바가반의 현재 건강 상태에서는 너무 강하다고 봅니다**. 저는 그것을 아주 적은 양만 드리고 있고, 지시받은 대로 더 드리기가 겁납니다. 저는 그런 강한 약을 사용한 결과를 감당하고 싶지 않습니다. 무엇보다 그것을 제가 처방하고 조제하지도 않으니 말입니다. 이 병은 가망이 없습니다." 그래서 그들은 까비라지에게 유능한 사람을 하나 보내달라고 전보를 쳤다.

4월 7일

스리 마하르쉬님이 약간 나아지셨다. 오늘은 당신이 덜 조시고 이따금 소변을 보신다. 당신은 시자들에게 당신이 달라고 하지 않으면 아무것도 가져오지 말라고 명하시며 이렇게 말씀하셨다. "내가 물을 원하면 달라고 할 터이니, 미리 묻지 말게." 당신에게는 하루에 여섯 번씩 까비라지의 약을 액체 형태로 드리고 있는데, 당신은 그것을 드시는 게 지겨우시다. 또 약을 가져오면 "뭐! 또 약인가!" 하고 외치시고, 당신이 섭취하는 어떤 물약이든 그것을 유동식의 양에서 공제하시는데, 이제 당신은 유동식밖에 드시지 못한다. 의사의 치료를 고의로 거부하려는 것이 아니라, 단지 당신이 편안하게 소화할 수 있는 양 이상은 위장이 받아들일 수 없는 것이다. 만약 지혜롭지 못한 사람이 조금 더 드시라고 채근하면, 당신은 모든 음식과 약에 대해 '불복종' 시위를 벌이신다. 그러지 마시라고 그 어떤 사람이 설득해도, 당신의 저항이 야기한 벌이 당신에게 가해졌던 압력과 동등해졌다고 느껴질 때 당신이 기꺼이 수용하시기 전까지는 거부를 풀지 않으신다. 의사들은 과일즙과 물을 더 드시기만 해도 소변 부족이 해소될 거라고 당신과 부드럽게 언쟁을 한다. 당신은 "그런데 내가 못 먹는다면?" 하고 대답하실 것이고, 그 문제는 종결될 수밖에 없다. 당신은 그 몸이 스스로 할 수 있는 최대한 자기 건강이나 질병을 관리하도록 내버려둔 채, 조금도 몸에 협력하는 노력을 하지 않으신다. 당신의 마음은 늘 지복에 잠겨 있다. 당신의 몸이 고통을 겪고 있는 것은 사실이지만, 그렇다고 해서 마음을 움직여 몸의 요구에 따라야 할 이유는 없다. 만약 몸이 죽는다면 그것은 좋은 일이고, 몸이 남아 있다면 그만큼 몸에게는 좋지 않은 일인 것이다. 몸을 유지하거나 거두어 가는 것, 온갖 걱정을 하는 것은 그분(신)이 할 일이고, 당신이 몸을 위해 개입하여 당신 자신을 불편하게 하는 것은 전혀 당신의 소관 사항이 아닌 것이다.

심장수축은 78로, 심장이완은 50으로 떨어졌다.

1950년 4월 8일

어젯밤 마하르쉬님이 너무 약해져 화장실로 걸어가지 못하셨다. 그래서 당신을 위해 실내용 변기(commode)37)를 들여왔고, 당신은 그것을 사용하신다. 사흘 밤 동안 당신은 심한 두통에 시달리셨는데, 시자들이 머리를 세게 눌러서 통증을 덜어드렸다. 그것은 비정상적으로 낮은 혈압 때문이라고 한다.

4월 9일

오후 친견이 있고 난 뒤에 모두의 얼굴에 근심과 슬픔이 어려 있다. 마하르쉬님은 축 늘어져서 거의 생기가 없으시고, 두통과 딸꾹질, 그리고 극심한 피로로 힘들어하신다. 까비라지의 아들이 오늘 도착했다. 그는 아주 젊고 미숙하며, 이같이 위중한 환자를 다룰 능력이 전혀 없어 보인다. 오후 7시에 그가 스리 마하르쉬님께 약을 드렸지만, 8시 30분에 샹까르 라오 박사가 심한 두통에 맥박수 100, 심장 수축 76이라고 알렸다. 의사들과 새로 온 까비라지, 스리 오만두라르(Sri Omandurar)[마드라스 총리], 은행 지배인인 헌신자, 그리고 다른 사람 한두 명이 모여 회의를 했다. 나는 다음과 같은 대화를 듣는다.

오만두라르: 그래요, 뭔가를 하세요. 하지만 내복약은 드리지 마세요. 저는 모릅니다. 의사가 아니니까요. 그러나 내복약은 드리지 마세요.

은행 지배인: 까비라지가 하던 대로 약을 준비하게 하지요···. 그리고 지켜봅시다.

S. 라오 박사: (걱정하는 표정으로) 예, 좋습니다. 까비라지가 외용약을

---

37) T. Commode는 팔걸이의자처럼 만든 환자용의 실내용 변기로, 한가운데에 착탈식 변기통이 설치된 것이다. 그 변기통만을 따로 bedpan이라고도 한다.

준비하게 하지요.

까비라지: 준비하는 데 한 시간은 걸립니다. 하지만 그 사이에 뭐든 드릴 것이 있으면 드려도 좋습니다····.

은행 지배인: 예, 그가 준비하는 동안 박사님, 당신이 드릴 게 있으면 드리십시오.

S. 라오 박사: (골똘히 생각하며) 아닙니다. 그가 외용약을 준비하게 하지요(그는 저쪽으로 가 버린다).

헌신자들은 오늘밤이 스리 바가반에게는 굉장한 위기라는 것을 예감한다. 한 사람 한 사람씩, 남녀 합해서 약 70명쯤 되는 사람들이 와서 숨소리 하나 들리지 않을 정도로 고요히 칠흑 같은 어둠에 싸인 회당의 동쪽 베란다에 앉아서, **마하르쉬님**이 딸꾹질을 하고 시자들에게 작은 소리로 말씀하시는 것을 듣고 있었다. 밤 10시 반쯤 도감이 사무실에서 나와 어두운 곳에 사람들이 모여 있는 것을 보고 여자 헌신자들도 끼여 있지 않나 하고 의심했다. 그는 그들이 있는 쪽을 향해 목소리를 높여 말했다. "이제 여러분은 모두 일어나서 부디 집으로 가 주십시오." 약간 주저들 하더니 모두 일어나서 조용히 흩어졌다.

1950년 4월 10일

오늘 새벽 3시 30분에 열린 회의에서 까비라지를 포기하고 대증요법으로 돌아가기로 결정되었다. 마드라스에 있는 의사 헌신자들에게 전화를 걸어서 심장 전문의들과 함께 즉시 와 달라고 했다.

스리 **마하르쉬님**은 오늘 너무 쇠약해서 방 안에 있는 실내용 변기까지 세 걸음도 못 떼시고, 그 변기통을 사용하지도 못하신다. 당신이 시자들에게 말씀하신다. "먹거나 마시고 싶지 않군. 그러면 변기를 사용하지 않아도 될 테니까. 영양을 조금만 섭취하면, 속에서 다 소진되어 이따금씩 일어날 필요가 없겠지. 게다가 2온스 이상 섭취하면 마치 배불리 먹은 듯한 느낌이야. 아니야, 변기통은 사용 못해." 당신의 자각은 전혀 흐려지지 않고 있다.

오늘 오전은 친견이 허락되지 않았다. 마하르쉬님이 9시에 그것을 아시고, 왜 커튼을 걷어 올려 사람들이 당신을 볼 수 있게 하지 않느냐고 물으셨지만, 그 문제를 더 이상 추궁하지 않으셨다. 나중에 들으니 당신은 헌신자들이 친견을 할 수 없게 한 데 대해 당국(도감)을 질책하셨고, 그 결과 저녁에는 평소 시간에—오후 5~6시에—친견을 하려고 모인 줄잡아 천 명의 헌신자들이 친견을 하는 것이 허락되었다. 많은 제자들은 이번이 자신이 사랑하는 스승의 곁에 있을 수 있는 마지막 기회라는 것을 알고, 몇 주일씩 자기 집을 멀리 떠나 이곳에 와 있다. 남녀 각 한 줄씩 늘어선 친견 줄은 아쉬람에서 나온 수십 명의 자원봉사자들이 통제하는데, 그들은 모든 사람이 마하르쉬님을 잠깐이라도 뵙고 정해진 시간 안에 얼른 절을 하도록 하기 위해 헌신자들에게 거의 종종걸음을 치게 한다. 내가 오늘 저녁에 세어 보니 분당 17명에서 20명이 당신의 문 앞을 지나가는 것이었다. 이 친견이 마하르쉬님께 매우 큰 부담이 되는 것은 분명했는데, 당신은 무한한 자비심으로 친견 시간 내내 당신의 얼굴을 헌신자들 쪽으로 계속 향하고 계셨다. 당신의 침상은 동서로 놓여 있고, 당신이 그 열린 틈으로 헌신자들을 바라보시는 문은 남쪽으로 향해 있어서, 꼬박 한 시간 동안 머리가 그쪽으로 향해 있으니 목이 긴장된다. 현재의 건강 상태로는 당신에게 그 긴장이 클 수밖에 없지만, 당신은 친견을 중단하지 않고, 하루 한 번으로 줄이지도 않으신다.

오늘 당신이 드신 음식은 약간의 과일즙, 토마토 즙 그리고 포도당을 넣은 얼마간의 코코넛 물이었다.

1950년 4월 12일

오전 10시 30분. 우리가 마치 종말의 날(Doomsday), 즉 우리가 삶의 보람으로 지니고 있던 모든 것—우리의 피난처, 우리의 희망, 우리의 가장 큰 보물인, 스승님의 소중한 생명을 빼앗기기로 운명 지어진 날의 전야처럼 보인다.

오늘 당신은 소파 위에 전신을 뻗고 드러누워 계신데, 두 눈은 쑥 들어갔고 뺨은 움푹 꺼졌으며, 피부는 파리하고 창백한데다 기력이 다 빠진 상태이다. 세 명의 시자가 당신의 다리를 세게 주무르고 있다. 상반신은 극히 민감해서 약간 닿기만 해도 심한 통증을 가져온다. 오전 9시에 30분간의 연속 친견 도중 당신은 이따금씩 헌신자들에게 얼굴을 돌리실 수 있을 뿐, 대부분의 시간은 맥없이 늘어져 계시다. 의사들은 당신을 검사하거나 진찰하는 것을 중단했고, 당신의 방에 누구도 일절 접근하지 못하게 했다. 돌팔이 점성가들의 지도·도표·예언을 믿는 점성술 애호가들 외에는 모두가 희망을 버렸다. 권한에서 최상위인 두 사람은 아직 여기 있는 젊은 까비라지에게 당신을 치료할 수 있게 하면 **마하르쉬님**이 나으실 수 있다고 의사들과 입씨름을 하는데, 의사들은 당연히 그런 주장을 우습게 여긴다. 그러나 만약 아주 영향력 있는 진영에서 그들의 어리석음에 대해 압도적 반대 의견을 내지 않았다면, 이 두 사람의 완고한 남자들은 의사들의 조언을 무시하고 **마하르쉬님의** 내켜하지 않는 목구멍을 쓸데없는 약들로 계속 괴롭혔을 것이다.

여자들은 울고 있고, 남자들은 낙담하여 말없이 생각에 잠겨 있다. 왜냐하면 모두가 오늘이 마지막 날이라고 느끼기 때문이다. **마하르쉬님은** 아직 의식이 있고 가끔 말씀도 하신다. 그러나 마지막까지 당신은 아무것도 달라고 하지 않으시고, 당신을 위해 무엇을 해야 하거나 하지 말아야 한다는 어떤 의견도 피력하지 않으시며, 일으켜 드리거나 아픈 자리를 건드릴 때 외에는 통증을 호소하지도 않으신다. 아픈 데를 건드릴 때만 당신은 마치 하나의 정보를 제공하듯 이렇게 말씀하신다. "건드리면 아프지 않은 곳이 한 군데도 없어." 그러면 시자들은 알아차리고 더욱 조심해서 당신을 모시는데, 특히 통증이 아주 심한 오늘 그랬다.

일반적으로 마하르쉬님은 아무리 아파도 친견을 베푸실 때 결코 누워 계시는 법이 없다. 지난 8월과 12월에 큰 수술을 받은 두 번의 경우에는 쿠션에 기대셨지만, 오늘은 기력이 너무 약해 완전히 드러누우셨다.

오후 8시에 마하르쉬님의 체온은 96도(35.6℃)이고 맥박은 빠르고 가늘며, 혈압은 68/36, 머리는 무겁고 아픈데다 종아리와 허벅지에 심한 통증이 있다. 아침에 죽(kanji)을 드리자 당신이 말씀하셨다. "왜 이 죽을 다? 버터밀크를 주게." 그래서 아침과 저녁에 그것을 드렸다. 물도 간간이 드셨다. 며칠 전부터 당신은 절식節食을 하신 탓에 식욕이 없고 소화가 안 된다고 말씀하고 계시다. 그것은 모두 동종요법가 때부터 시작되었는데, 그는 생각 없이 당신이 익히 드시던 이런저런 음식들을 제한하고 자신의 품목으로 교체했지만, 공연한 변덕이었다. 그 다음에는 무스(Moos)가 와서 제한을 더 많이 했을 뿐 아니라, 식욕에 전혀 도움이 되지 않는 약들을 드렸다. 그런 다음 까비라지가 이어받아 더 한정된 음식과 더 강한 약을 드렸고, 그러기를 빈번히 반복했다. 스리 바가반은 오늘 이렇게 말씀하셨다. "처음부터 이런 것이 다 필요 없다고 했지만, 누가 내 말을 듣나? 이제 위장이 너무 엉망이 되어 아무것도 받아둘 수가 없어. 어떤 음식에도 식욕도 없어. 입맛이 갔고, 혀는 민감함을 잃었어. 그런데도 먹고 마시라고 하니, 내가 어떻게 하나?"

오늘 아침에 당신의 친척 한 사람이 당신을 뵈러 들어갔다. 그 많은 병에도 불구하고 스리 바가반은 오늘이 그[친척]의 아버지의 기일임을 기억해 내어, 그에 대해 방문객에게 물으셨다. "오늘 제사는 지냈나? 아무

개 아무개[사람들 이름을 들면서]가 왔던가?" 이것을 볼 때 당신은 마음이 명료하실 뿐 아니라, 아주 명료한 기억을 가지고 계심을 알 수 있다. 저녁 식사 후에 시자들 중 한 명이 들어가서 교대할 때, **바가반**이 그에게 물으셨다. "자네 저녁은 먹었나?"

저녁 친견도 30분 동안 분당 30명의 속도로 진행되었다. 그런 다음 다시 오전과 같은 낙담과 근심이 뒤따랐다. 샹까르 라오 박사는 나중에 내게 이렇게 말했다. "오늘밤은 두려워할 것 없습니다. 왜냐하면 **바가반**의 몸이 비슷한 상황에서 다른 몸들이 하는 식으로는 움직이지 않고 있기 때문입니다. 우리는 포기해도, 그것은 계속 살아 있습니다. 혈압이 80/50 이하인 어떤 사람도 오래 살 가망이 없는데, **스리 바가반**의 몸은 10일 이상이나 80 이하였고, 오늘은 68/30입니다. 비정상이죠! 그러니 뭐라고 말 못하겠습니다."

밤 10시 15분에 두통이 극심했다. 시자들은 머리와 다리를 누르고 힘차게 마사지했다.

1950년 4월 13일

타밀 설이다. 오후 2시. 오전 진찰 결과: **마하르쉬님**의 심장이완은 46으로 올라갔지만 심장수축은 68에 머물러 있고, 맥박 94, 체온 98.4도 (36.9°C)(정상! 얼마나 아이러니인지!), 호흡은 분당 22.

오전 친견이 30분 동안 진행되었다. 그동안 **마하르쉬님**의 눈은 감겨져 있었고, 가끔씩 눈을 뜨실 때는 헌신자들이 줄을 지어 지나가는 왼쪽을 보기보다는 앞쪽을 보셨다. 이제 당신이 드시는 것은 버터밀크뿐이다.

밤 10시. 남인도 전역에서 온 방문객들이 너무 많아서 근 1,500명에 이르렀기 때문에, 저녁 친견을 45분간 연장해야 했다.

많은 헌신자들은 이날의 마지막 의학적 구두 보고를 듣기 위해 저녁 늦게까지 남아 있었다. 19시 30분에 현지 의사이자 대단한 헌신자인 크리슈나무르티 박사가 나에게 다가와서 말했다. "제가 받은 인상은 당장 급한 위험은 없다는 것입니다. **바가반**은 방금 시자들에게 당신도 잠을 잘 테니 자러 가라고 말씀하셨습니다. 호흡이 힘들지 않고, 눈에 띄게 숨이 가쁘지도 않습니다."

1950년 4월 14일, 금요일

마하르쉬님은 아주 위태로운 상태이다. 오전 내내 헌신자들은 우울하게 입을 다물고 숨을 죽인 채 보냈다. 오후 친견이 있고 난 뒤, 다들 오늘이 마지막이라는 데 의견이 일치했다. 스승님은 이제 큰 베개로 받쳐서 거의 앉으신 자세인데, 입을 벌린 채 머리는 뒤로 젖혀져 있고, 두 명의 시자가 활발히 부채질을 해드려서 당신이 숨을 자유롭게 쉬실 수 있게 하고 있다. 공기와의 싸움이 이렇게 시작되었다. 오후 7시에 약 5분간 당신에게 산소를 공급했지만, 전혀 고통이 덜어지지 않음을 아신 당신은 그것을 그만둬 달라고 미약하게 말씀하셨다.

상황은 긴장되어 있었다. 대략 500명의 헌신자들이 장엄한 마지막 순간을 슬프게 예상하며 밖에 있었다. 혈족들, 아쉬람 일꾼들, 몇 명의 오랜 제자들, 그리고 몇 사람의 새로운 희망자들이 차례로 들어가서 마지막으로 당신을 뵈었다. 임종이 다가오고 있다는 것을 알자, 전 회중이 당신이 오래 전에 주 **아루나찰라**를 찬양하여 지은 타밀 노래를 부르기 시작했다. "아루나찰라 시바, 아루나찰라 시바, 아루나찰라!" 하는 노래가 계속되던 중 8시 47분에 당신은 숨을 거두셨다. 많은 헌신자들은 슬픔에 겨워 가슴팍을 두드렸고, 감정을 억제하지 못하고 신성한 육신이 누워 있는 그 작은 방으로 일거에 쇄도했다. 그러나 경찰관들이 즉시 일대를 통제선으로 차단했고, 그런 다음 시신을 밖으로 모셔 나와 큰 친견회당(신 회당) 한가운데 요가 자세(yoga asana)로 안치하여 모든 사람들이 마지막 경의를 표할 수 있게 했다. 당신이 돌아가셨다는 소식이 들불처럼 읍내와 이웃 마을들에 퍼졌고, 엄청난 군중이 몰려들었다. 9시 15분경에는 군중이 너무 많아서 모든 사람이 질서 있게 추모를 드리고 시신을 지나갈 수 있게 기회를 주는 것이 필요해졌다. 그래서 일렬을 지어서 —6명에서 8명 넓이로— 빠른 걸음으로 지나가게 했다. 이 행렬은 아직도(밤 11:55) 줄어들지 않고 계속되고 있다.

(마하르쉬님을 안치한) 소파 주위에는 수십 명의 제자들이, 어떤 이들은 마하르쉬님의 시들을 찬송하고 어떤 이들은 헌가를 부르며 앉아 있었고, 다른 사람들은 침묵 속에서 명상을 했다. 이제 백단향액(sandalwood paste)과 재스민 꽃들이 시신을 덮고 있고, 그 옆에서는 향이 타고 있다.

저녁 9시경에, 이곳에 부인과 함께 약 2주째 머무르고 있는 프랑스인 사진가 까르띠에-브레송 씨가 자신이 경험한 일을 나에게 들려주었다. "더없이 놀라운 경험을 했습니다. 저의 집 앞 공터에 있었는데, 친구들이 하늘을 보라고 하기에 올려다보니, 생생하게 광채를 발하는 유성 하나가 빛나는 꼬리를 끌며 가더군요. 그것은 이전에 본 여느 유성과 다르게, 남쪽에서 나타나 하늘을 천천히 가로질러 **아루나찰라**의 정상에 도달하더니 그 뒤쪽으로 사라졌습니다. 그것이 하도 독특해서 우리는 모두 그것의 의미를 추측하며 즉시 우리의 시계를 보았고—8시 47분이더군요— 아쉬람으로 달려와 보니 너무나 안타깝게도 우리의 예감이 맞았습니다. 스승님이 바로 그 시간에 **대열반**(Mahanirvana)에 드셨던 겁니다." 아쉬람과 읍내에 있던 몇 사람의 다른 헌신자들도 나중에 나에게 말하기를, 한눈에 의미를 알 수 있는 그 유성을 자신들도 보았다고 했다.

1950년 4월 15일

많은 헌신자들은 어젯밤 신성한 육신의 곁에서 꼬박 밤을 새웠고, 어떤 사람들은 한두 시간 자고 나서 이른 아침에 돌아왔다. 베다 찬송과 송경이 계속되었고, 추모자들의 줄이 오늘 오전 11시 30분까지 이어졌다. 이 시간이 되자 시신을 남쪽 베란다에 모셔 나와 예공과 관수식을 거행했다. 도감인 스리 니란자나난다 스와미는 자기 아들 스리 T. N. 벤까따라만의 도움을 받아, 신성한 머리에 수십 단지의 우유, 응유, 버터밀크, 오렌지 즙, 으깬 바나나와 잭프루트(인도산 과일), 코코넛 물 등을 부어 드렸다. 이어서 많은 병의 장미수, 장미유, 온갖 종류의 향수와 향긋한 기름들을 부어 드렸다. 그런 다음 싱싱한 장미와 재스민으로 만든 엄청난 화만들을 목에 걸어드리고 온몸에 꽃을 흩어 드렸다.

삼매지 구덩이가 10.5×10.5피트 넓이에 7피트 깊이로 파졌다. 그 중앙에 석공들이 4.5×4.5피트 넓이의 작은 공간을 만들고 화강석, 회 그리고 시멘트로 만든 벽으로 둘러쌌다. 나머지 자리는 수레 여러 대 분량의 모래로 메웠는데, 이것은 신성한 갠지스 강과 나르마다(Narmada)[38] 계곡에서 가져온 것이라고 한다.

저녁 6시 30분에, 사원의 신상을 모셔낼 때 쓰는 장식된 가마에다 이제까지 4만 명 이상의 추도를 받은 시신을 태워서 삼매지까지 모셔 갔다. 여기서 시신을 같은 요가 자세로, 아주 고운 카다르(khaddar-손으로 짠 고급 면포)로 만든 자루에 넣고, 순수한 장뇌로 자루를 채운 다음, 그것을 넣게 만든 작은 구덩이에 내려놓았다. 그런 다음, 시신이 벌레들에게 먹히거나 빨리 부패되는 것을 막기 위해 장뇌·소금·성스러운 재(비부띠)로 구덩이를 가득 채우고, 석재로 덮었다. 군중이 너무 빽빽이 밀려 경찰관

---

38) T. Narmada는 인도 중서부를 흐르는 큰 강으로, 그 모래는 갠지스 강의 모래와 함께 삼매지를 만들 때 사용된다.

20명으로도 통제하기에 거의 역부족이었다.

　마하르쉬님의 파르시(Parsi)[39] **헌신자인 까이꼬바드**(Kaikobad) 씨가 간밤에 마드라스의 자기 집 테라스에 우연히 나와 있다가, 어젯밤 까르띠에-브레송 씨 등이 말하던 그 유성을 보고 직감적으로 그것이 **스승님의 대열반**과 관련이 있으리라 짐작하고, 아침이 되기를 기다리지 않고 즉시 택시를 집어타고 최고 속도로 달려왔다.

　1,900킬로미터쯤 떨어진 봄베이의 자기 집 발코니에 있던 H. P. 쁘띠뜨 양도 그 운명의 순간에 그 유성을 보고 즉시 그 의미를 짐작했고, 베나레스에 있는 자신의 한 친구에게 **마하르쉬님이 돌아가셨다고** 편지를 썼다고 한다.

　　　　　　　　　　　　　　　　　　　　　　　1950년 4월 16일

　오늘 아침 마드라스에서 온 모든 영자신문과 타밀어 신문이 **마하르쉬님의 서거**를 대문짝만한 기사로 크게 보도했다. 이 신문들은 또한 수십만 평방 마일에 달하는 마드라스 주 전역에 걸쳐 4월 14일 밤 8시 47분에 각 지역의 많은 사람들이 보고 나서 언론에 알린 그 유성에 대해서도 언급했다. 이들 목격자들은 그 유성의 특이한 모습과 움직임에 놀랐으며, 그 이상한 현상은 한 위대한 영적인 영혼의 서거를 뜻한다고 해석했다. 만일 증거가 필요하다면, 그러한 수많은 증언들이 그것을 잘 보여준다.

---

39) *T.* 13세기 이후 서부 인도에서 독자적으로 발전한 조로아스터교 공동체의 일원.

합본 별책
라마나에 대한 남은 회상
Residual Reminiscences of Ramana

서문

이 몇 페이지는 저자가 25년여 전에 대열반에 드신 그의 신적인 스승 스리 라마나와 접촉하면서 보존한 추억들의 나머지이다. 예리한 독자는 그 양이 적은 데 놀라기보다, 저자의 나이가 80이며 이 추억들이 그의 마음에 각인된 때와 이것을 저술해 달라는 요청을 받은 때 사이에 오랜 시간이 경과한 것을 고려할 때, 그 양이 많은 것에 놀랄 것이다.

여기에 포함된 내용의 주된 부분은 순전히 기억에 의존한 것이며, 날짜와 이름이 있는 적은 분량은, 저자의 첫 책인 『구루 라마나』의 출처가 된 두 권의 특별한 공책과는 별개인 24권 이상에 달하는 저자의 공책들에서 뽑은 것이다. 나는 독자들에게 먼저 『구루 라마나』를 읽은 뒤에 이 소책자를 읽기를 권한다. 그러면 스승님과 저자, 가르침과 가르침을 받은 이들에 관한 전반적인 지식을 얻게 될 것이다.

1975년 8월, 띠루반나말라이 라마나스라맘에서
S. S. 코헨

라마나에 대한 남은 회상

1936년 2월에 내가 띠루반나말라이의 스리 라마나스라맘에 도착하고 2, 3일 되었을 때, 이곳에 살고 있는 유일한 다른 외국인 상주자를 방문했다. 나는 그의 임시 숙소의 문지방에 선 채로, 탁자에 앉아 글을 쓰고 있던 이 덩치 크고 우람한 신사에게 큰 소리로 말했다. "안녕하십니까, 브런튼 씨. A. 보세 씨의 안부를 전해드립니다." 그의 대답은 쩌렁쩌렁했는데, 자기는 브런튼이 아니라 채드윅 소령이라는 것이었다. 그렇지만 들어와도 좋다고 하면서 의자 하나를 가리켰고, 자신도 의자를 돌려 앉으며 나를 마주보았다. 나는 들어가서 그에게 대놓고 말하기를, 나는 마하르쉬님의 가르침을 공부하기 위해 1주일가량 있을 예정으로 왔는데, 만약 그것이 체험은 조금도 없고 온통 이론뿐인 서양철학처럼 머리를 아프게 하는 것이라면 돌아갈 것이라고 했다. 채드윅 소령이 대답했다. "마하르쉬님은 전적으로 다릅니다. 만약 그분이 온통 체험이자 실천이 아니라면, 그분은 아무것도 아니지요. 제가 듣기로 브런튼 씨도 하루 이틀 안에 도착할 겁니다."

며칠 후 마하르쉬님이 조반을 마치고 돌아오신 뒤에, 나는 회당 안에 거의 혼자 앉아 있었다. 당신은 내 곁에 있는 가죽 장정을 한 책을 보시더니 "그거 무슨 책이오?" 하셨다. 내 짐작에 당신은 그것을 무슨 경전 안내서로 여기시는 듯했다. 나는 공책이라고 대답했다. 당신은 웃으면서 통역자에게 말씀하셨다. "백인(Vellai Karan)은 공책 없이는 돌아다니지 않는가 보군." 이 시작에 용기를 얻어 나는 성性의 문제를 끄집어냈다. 내가 말했다. "어젯밤 브런튼 씨와 저는 성과 결혼의 문제를 놓고 격론을 벌였습니다만, 저는 서양이 이 문제를 느슨하게 보는 것에 동의하지 않았습니다. 특히 그것이 영적인 삶에 영향을 끼치는 데도 말입니다. 마하르쉬께서는 그에 대해 어떻게 생각하십니까?" 마하르쉬님은 잠시 침묵을 지키더니 말씀하셨다. "이 수행에 관한 한, 브라마짜리야(Brahmacharya-독신 생활)는 브라만, 즉 절대적 실재 안에서 사는 것을 뜻하지요." 그러면서 당신은 그 문제를 내 좋을 대로 받아들이게 내버려두셨다.

말할 필요도 없이 나는 처음부터 거의 모든 시간을 회당에서 보내면서 마하르쉬님의 가르침에 관한 것으로서 내가 접해볼 수 있는 어떤 책이든지 탐독했다. 당신과 당신의 가르침에 대해 읽으면 읽을수록, 내 마음 속에서는 당신에 대한 이해가 더 분명해졌다. 약 3개월이 지나갔고, 나는 바가반이 계실 때는 어김없이 회당을 지켰다. 워낙 그러다 보니 베다 빠라야나 찬송 소리는 내 귀에 참을 수 없는 소음이 되었다. 하루는 내가 옆에 있던 브런튼 씨를 쿡 찌르고, 그에게 베다 독경이 나의 영적인 진보에—만약 나에게 진보 같은 것이 있다면—보탬이 되는 것이 아니라 방해가 된다고 속삭였다. 그는 나에게 바가반께 말씀드려 보라고 신호했다. 나중에 내가 바가반께 말씀드리자, 당신은 마치 안 들으신 듯이 침묵을 지키셨다. 그러나 다음날 평소처럼 일찍 회당에 들어갔을 때, 당신이 나를 기다리고 계셨다는 것을 알았다. 왜냐하면 내가 앉자마자 당신은 그 시간에 늘 거기서 명상을 하던 통역자를 돌아보며, 나에게 왜 내가 베다 빠라야나를 좋아하지 않는지 물어보라고 말씀하셨기 때문이다. 나는 그것이 가락이 잘 맞지 않아서 가슴 속에 헌신보다는 건조한 느낌을 더 주며, 베다를 찬송하는 소년들이 자기가 읽는 내용을 모르는 것 같다고 대답했다. 바가반은 웃으면서 그것은 내가 거기에 익숙하지 않은 탓이라고 말씀하셨다. "자네가 보다시피 저녁의 그 시간에 회당이 꽉 차는데, 그것은 사람들이 그걸 좋아한다는 증거지. 만약 자네가 거기 익숙해지고 그것을 하는 목적을 이해하면 자네도 좋아하게 될 걸세."

당신이 말씀을 채 끝내시기도 전에 한 안드라(안드라프라데시와 텔랑가나 주 지역 출신) 여인이 화가 난 채 들어와 **바가반** 앞에서 엎드려 절을 한 뒤에 소리치기 시작했다. "제 남편을 돌려주십시오. 당신께서 저에게서 남편을 빼앗아 가셨으니 돌려주셔야 합니다. 저는 먹을 것이 없고, 그는 직업이 없습니다. 남편이 일하던 학교는 더 이상 그를 원하지 않습니다. 그는 휴가도 받지 않고 여기 옵니다. 처음과 두 번째 빠져나왔을 때는 봐주었지만, 아무 제약 없이 계속 이러는 것은 그들이 허용할 수 없답니다. 부디 그가 한 사람의 남편이자 책임 있는 사람으로서 정상적인 삶을 살아가게 해 주십시오." 당사자인 남편은 북쪽 창가 근처에 웅크리고 앉아서 낮은 소리로 웃고 있었다. **바가반**은 그 여자에게 당신은 그녀 남편의 행동과 무관하다고 말씀하셨다. "이 회당은 밤낮으로 열려 있어서 누구나 들어오고 나갈 수 있다오. 저기 그대의 남편이 있으니, 내가 언제 그에게 오거나 가라고 한 적이 있는지 물어보시오." 그 남자는 갑자기 소리치기 시작했다. "그러면 당신 말고 누가 저를 오게 했습니까? 저는 스리 오로빈도를 친견한 뒤에 기차를 타고 안드라로 가려고 했지만, 빌루뿌람에 도착하자 제 발길이 안드라 행 기차에 타기를 거부하고 이리로 오는 기차를 타고 말았습니다. **바가반** 말고 누가 그렇게 했습니까? 만약 **바가반**께서 저를 놓아주신다면, 두말없이 집으로 돌아가겠습니다." **바가반**은 이 사람의 당돌함에 놀라 거의 말문이 막히셨다. 진실로 **바가반**은 그런 일과 의식적으로 아무 관련이 없으셨고, 그 사람에게 말씀하시기를 그것은 그런 이야기를 떠올린 그의 상상이고 진실이 아닌 망상이며, 만약 아내와 함께 집으로 돌아간다면 정말 환영한다고 하셨다. 그 남자는 지금이 아니라 2, 3일 후에 돌아가겠다고 대답했다. "집사람이 가고 나면 뒤따라가겠습니다." 여자는 돌아가겠다고 하더니 남편과 몇 마디 주고받기 위해 밖으로 휙 나갔다. 그녀는 바로 그날 띠루반나말라이를 떠난 모양이었다. 왜냐하면 우리는 그날과 그 다음날 그녀를 다시는 보지 못했기 때문이다. 그러나 그 남편은 13~4년의 **바가반**의 여생 동안 여러 번 볼 수 있었다.

그날 밤 우리가 저녁 식사 후에 산책을 나갔을 때, 브런튼이 나에게 성급하게 판단하지 말라고 충고했다. **마하르쉬님**의 감화력과 가르침, 그리고 아침에 베다 빠라야나에 대해 나에게 해주신 답변은 내가 더 기다려 봐야 한다는 것을 분명하게 말해준다고 했다. 그래서 기다렸다.

시간의 먼지가 주위에 쌓여갔고, 나는 빨라꼬뚜(Palakottu)에 새로 지은 내 진흙 오두막에 살면서 아쉬람의 조용한 삶에 정착해 있었다. 내가 온 뒤로 넉 달, 다섯 달, 여섯 달이 지나갔다. 기다리기는 했지만, 내 마음의 작용에서 어떤 새로운 변화, 전에는 느끼지 못한 어떤 것을 감지하기 시작했다. 특이한, 느리기는 해도 극히 미묘한 어떤 움직임이 의식 안에서 일어나고 있었다. 나는 그것이 뭘까, **마하르쉬님**도 이것을 알고 계실까 하고 궁금하게 여겼다. 늘 당신 침상 발치 근처에 있는 나를 가까운 곳에서 보시면, 내가 멀리 있을 때보다 당신이 (내 상태를) 짐작하시기가 더 쉬우려니 생각했다. 말할 것도 없이, **스승**은 항상 자신의 제자들을 지켜본다는 생각이 머릿속에 계속 잠복해 있었다. 그러나 사실 내가 나중에 발견했듯이, **바가반**은 이런 식의 짐작을 전혀 하시지 않았다. 당신은 **지고한 무집착의 화신**이셨다. 설사 그에 대해 뭔가를 아셨다 해도, 전혀 그런 내색을 하지 않으셨다. 그리고 나는 몇 년을 당신 가까이 있으면서 경험한 뒤에야 그 이유를 발견했다. 지금은 **바가반**이 그러시는 것을 비난한다는 것이 내게는 하나의 이단 행위로 보인다.

처음에는 마하르쉬님의 엄격한 초연함이, 전통적으로 스승들이 제자들의 영적인 진보를 촉진하기 위해 보여준다고 하는 관심과 상반되어 순전히 딱딱하게만 보였다. 그러나 세월이 가면서, 그것은 제자들의 의식을 정화하고, 개혁하고, 인도하고, 성숙시키는 작용 면에서 스승의 의식적인 개입보다 훨씬 강력한 것으로 드러났다. 이런 초연함 없이는 스승이 편파적이고 분별적으로 될 수밖에 없고, 그것은 도움을 주려는 의도에 치명적이다. 왜냐하면 그것은 그 목적을 위해 스승에게 내재되어 있는 특별한 집중력을 소모시켜서, 도움이 끝나 버리기 때문이다.

포기 혹은 순복은 수행의 초석이며 해탈(Mukti) 자체로 직접 이끄는데, 마하르쉬님과 함께할 때 그것이 가장 완벽했다. 의심할 바 없이, 이 아쉬람에서도 다른 아쉬람들에 못지않게 당신의 환심을 사려고 애쓰는, 뭔가 잘못 생각한 일부 헌신자들이 늘 있었지만, 바가반은 그들에 대한 당신의 영적인 태도에서 결코 중립적 위치를 벗어나지 않으셨고, 그들도 이익과 혜택을 얻게 하셨다. 영적인 질문들에 답변하는 일은 당신이 늘 하셨지만, 내가 당신과 접촉한 14년간을 통틀어, 접촉이든 심적인 투사投射든 다른 어떤 수단으로든, 당신이 누구에게 의식적으로 진아 깨달음을 베풀려는 시도는 결코 하지 않으셨다. 무의식적인 싯디(siddhis), 즉 진아에 내재한 신적인 능력들은 그림자처럼 진인인 스승을 따르고, 진인 자신이 그것을 요청하지 않아도 적시에 제자들의 의식 속에서 기적적인 변모를 일으킨다. 나는 '투시가透視家,' '투청가透聽家(보통 사람이 듣지 못하는 소리를 들을 수 있는 사람),' '오컬트주의자,' '입문자(initiate)'들과 그들의 무리가 주장하는 의식적인 싯디를 이야기하는 것이 아니다. 왜냐하면 나는 그런 것을 전혀 모르기 때문이다. 무의식적인 싯디란, 모두 자기 자신을 신, 곧 절대적 실재에게 완전히 내맡겨 온, 진아를 깨달은 사람에게 따라오는 모든 신적 능력으로서, 그 진인 자신이 청하지 않아도 저절로 작용하는 것이다. 진인은 개인적 의지를 이미 벗어버리고 신의 의지 안에 합일되었고, 그때부터는 이 신의 의지만이 그 진인의 몸의 생애가 끝날 때까지 작용한다.

5, 6개월이 지난 뒤의 내 마음으로 돌아가 그 마음 속에서 일어난 변화를 관찰해 보자면, 그것은 어떤 꿈에서 깨어나는 것과 같았다. 대다수 많은 사람들의 정신없이 분주한 업무와 서로에 대해서나 자기 자신의 자아에 대해서 가진 물질주의적 성향은, 내게는 어떤 이성이나 균형 잡힌 판단도 작동하지 않는 혼란한 꿈처럼 보였다. 그 기간이 지난 뒤의 몇 달 동안은 내 사고의 과정 안에서 완전히 새로운 하나의 경향, 즉 늘 내 마음과 심장을 무겁게 누르고 있던 구름들이 때때로 말하자면 '벗겨져 나가는' 현상을 인지했다. 다른 말로, 삶이 이전보다 덜 음울해지고 더 밝아진 것이다. 나는 소위 '빛을 보았'는데, 그것은 내 수행의 결과임이 분명했다. 나는 그것이 **마하르쉬**님의 가르침과 친존親存이 나를 인도하고 있는 방향이라고 추론했다. 진아의 성품 자체라고 말해지는 지복을 언뜻언뜻 보았고, 나는 그것에 확실히 다가가고 있다고 느꼈다. 이러한 발견에 내가 얼마나 기뻤을지 상상할 수 있을 것이다. 이 새로운 상태에 대한 민감성 자체가 넘치는 지복이었다. 즉, **바가반**이 그토록 자유롭게 주위의 모든 사람에게, 특히 자신의 수행으로—그것도 의도적으로 그렇게 하지 않으면서—그것에 더 잘 반응하게 된 사람들에게 나누어주시던 은총이었다.

머무를 것이냐 떠날 것이냐 하는 데 대한 나의 태도는 이제 정해졌다. 나는 머물렀고, 내 미래의 삶의 목표는, 말하자면 계획할 것도 없이 나도 모르게, 나 자신에게 분명해졌다. 흔히 하는 말로 주사위는 던져졌고 되물릴 수 없었다. 나는 다시는 삶의 번쩍거리는 쾌락을 좇으면서—건전하고 존경할 만한 자리에 있는 사람들조차도 그렇지만—지저분한 광기 속에서 뒹구는 세상의 일부가 되지 않을 것이었다.

이것은 진지한 구도자들이 열심히 노력한 데 대한 보상으로 얻게 된다고 하는, 떨어져 나가는 에고의 한 표지인가? 내게는 그것이 다분히 그렇게 보였지만, 우리의 체험을 확증해 주거나 논박해 주실 바가반이 계셨다.

하루는 기회를 잡아 당신에게, 내가 깨달음이란 돌연한 것이라고 늘 알고 있다고 말씀드렸다. 당신은 그런 돌연함(suddenness)이 있기 전에, 마치 나무에서 사과가 익듯이 느린 성숙의 과정이 있어야 한다는 것을 잊어서는 안 된다고 대답하셨다. 그래서 내가 단순히 자각하게 된 것이 바로 그 과정이라는 것이 분명해졌다. 그뿐이었다.

바가반을 바라보다가 한번은 어떤 사람이 당신께 이렇게 말하는 것을 들었다. "베즌트 여사(Mrs. Besant)는 열반(Nirvana)을 '꺼져 버린(blown out; blown off)'으로 번역합니다. 그녀는 붓다가 그 말을 사용한 의미로는 사용하지 않는 것 같습니다. 바가반께서는 그것을 어떻게 번역하십니까?" 바가반이 답변하셨다. "중요한 것은 문자적 번역이 아니라 그 의미입니다. 베즌트 여사는 아마 공空(Shunya)의 의미로 말한 것 같은데, 그것은 올바르지요. 공空은 진아 혹은 뚜리야의 순수한 열반적 상태이고, 거기서는 어떤 대상도 보이지 않습니다. 그 자신을 순수한 의식, 곧 찌뜨(Chit)로서만 인식하는 주체만이 있습니다. 그러나 '꺼져 버린'이란 말도 그 상태의 이러한 공空의 의미를 함축하고 있는데, 그것은 생시 상태의 깊은 잠과 비슷한 것입니다. 열반에는 다른 어떤 의미도 있을 수 없습니다." 그러나 그 과감한 질문자는 계속 붓다에게 '꺼져 버린' 이상의 의미를 귀속시키려고 했다. 그가 말했다. "저는 베즌트 여사가 뚜리야의 의미가 공空이라거나, 그 공空과 의식(Chit)이 같은 의미라는 것을 전혀 몰랐으리라고 봅니다. 소승불교는 의식을 늘 대상적인 것으로, 초월해야 할 어떤 것으로 여겨서, (의식의 본질을 깊이 탐구하지 않고) 어느 정도의 명상에서 멈춥니다." 바가반은 침묵을 지키셨다.

제2차 세계대전이 일어나기 전, 바가반의 한 유럽인 제자가 바가반의 가르침에 대해 아는 거라고는 분명히 전무하다고 할 수 있는 독일 출신의 친구 한 명을 데려왔다. 그 사람과 내가 어느 날 오후에 함께 걸으면서 당시 독일을 지배하고 있던 정치적 상황에 대해 이야기하고 있었다. 쩽감로路(Chengam Road-아쉬람 앞에서 서쪽으로 뻗은 도로)의 만따빰(mantapams-벽이 없이 기둥과 천장만 있는 석조건물) 안에 살고 있는 개구쟁이들은 여느 때와 같이 흰 얼굴에 푸른 눈을 한 사람을 보자, 돈을 달라며 손을 내밀었다. 내 동료는 아이들에게 저리 가라는 시늉을 했지만 그들은 계속 귀찮게 했고, 그가 화를 내는 것을 보자 더 조르는 것이었다. 아이들이 조르면 조를수록 그는 더 화가 났다. 나는 그에게 아이들을 신경 쓰지 말라고 했다. 그런데 갑자기 그가 내 곁을 떠나 그들을 쫓아가더니 가끔 아이들에게 돌멩이를 던졌고, 아이들도 돌멩이를 마주 던졌다. 나는 그를 쫓아가서 말렸다. 그는 시뻘건 얼굴을 하고 아이들이 자기에게 욕을 했다고 투덜거렸다. 나는 그에게 아이들을 못 본 척했으면 그들도 내가 그들을 지나갈 때마다 그러듯이 그냥 갔을 거라고 말해주었다. 왜냐하면 아이들은 내가 아무것도 주지 않는다는 것을 알기 때문이다. 그의 몸을 살펴보니 다행히 돌멩이에 다친 곳은 없었다.

우리가 회당에 왔을 때 나는 그가 바가반께, 배회하는 무리들이 그렇게 아쉬람 가까이 살게 내버려두느냐고 아쉬람을 탓하는 불평을 하려고 하는 것을 알아차렸다. 나는 그가 그러는 것을 원치 않았기에, 그가 말을 꺼내자마자 가로막으면서, 길가의 아이들이 그를 돈 많은 유럽인으로 알고 그에게 욕을 해댔다고 말했다. 바가반은 잠시 말없이 계시더니 이렇게 말씀하셨다. "누구를 욕합니까? 그들은 흰 몸뚱이를 보고 그것이 아주 부자이고 자기들에게 돈을 줄 거라고 생각한 거지요. 만약 그가 아이들이 자신에게 욕을 하는 게 아니라 몸에 욕을 한다는 걸 알았으면, 그들의 욕에 덧붙여 그도 자신의 몸에 대해 욕을 했을 것이고, 그러면 아이들이 그를 내버려뒀을 텐데 말입니다. 지각력 없는 물질이 순전한 무지(*avidya*) 때문에 얼마나 심각해질 수 있었는지를 보십시오. 이 모든 사태는 몸에서 옵니다. 그것은 인간의 가장 큰 적이니, 그에 합당한 대우를 해줘야겠지요. 이 경우에는 거지들을 무시하는 것이 가장 이로웠을 것입니다."

해가 가면서 나는 고르게 꾸준한 템포로 수행을 계속해 나갔다. 그러나 눈에 띄지 않게 신체적 피로가 시작되어 진도를 서서히 떨어뜨리다가, 결국 심각한 양상을 띠기 시작했다. 내 나이 50이 되던 해였다. 젊은 열의가 일용할 양식을 잃기 시작하면서, 내가 그토록 많은 공을 들여 쌓아온 진보를 위태롭게 했다. 그러나 내가 시간을 낭비한 것은 아니었다고 고백해야겠다. 한결같은 내적 고요함이 내 노력에 대한 보상으로 찾아왔고, 당시에는 그것이 내 목적에 충분했다. 하지만 만족을 느끼고 내면의 적에 대한 추적을 늦추는 것은 분명 잘못하는 일이었다. 이 고요함은 잘 붙잡히지 않고, 심지어 불길할 수도 있었다. 왜냐하면 이것은 우리가 자신이 **본연삼매**(*Sahaja*), 즉 진짜 **해탈**을 성취했다는 그릇된 믿음에 빠지기 쉬운 단계이며, 이제 자신의 아쉬람을 열어서 성공할 만한 실력이 된다는 느낌이 드는 단계이기 때문이다. 이런 사람은, 특히 강한 의지를 가지고 있을 때는—그런 의지를 (신에게) 내맡겼다고 큰소리쳐도 실제로는 그것이 다분히 살아 있다—성공할 수도 있겠지만, 처음부터는 아니라 해도 최소한 살아가는 과정에서는 참담하게 실패할 수도 있다. 자신의 성취를 잘못 평가한 탓에 후자의 일이 일어난다면, 그는 자신이 예전에 하던 수행으로 돌아가서 성공할 수도 있고, 그렇지 않으면 다음 생을 기다려서 완전한 깨달음을 얻어야 하는데, 내생에는 언젠가 분명히 그렇게 될 것이다.

또 하루는 한 노老여사가 **바가반**께 아쉬람의 책들이 고급 영어로 쓰여 있어 비영어권 국가에서 온 사람들에게는 무뚝뚝하고 이해하기 어렵다고 불평하는 소리가 들렸다. 언어가 더 쉬워야 하고, 논지가 잘 다듬어져 있어야 한다는 것이었다. **바가반**은, 영어를 아는 사람들이 읽는 언어는 훌륭하고 문법에 맞으며 영어다워야 하기 때문에 그것은 어쩔 수 없다고 답변하셨다. "당신은 산만하고 서투르고 불어답지 않게 쓰인 불어 책을 읽겠습니까? 그런 책은 손도 대지 않겠지요. 번역이 존중 받으려면 가장 훌륭한 언어로 이루어져야 합니다. 외국인들도 반복해서 읽다 보면 영어에 능통해질 수 있지요. 지금 완벽한 영어를 구사할 수 있는 독일인, 프랑스인 등을 우리가 여러 명 보듯이 말입니다. 사실 이 아쉬람을 방문하는 대다수 외국인들은 영어 교육을 받았고, 우리 책들이 어렵다고 불평하지 않습니다. 영어를 어떻게 배웠느냐고 물어보면, 그들 대부분은 학교에서 배웠다고 합니다. 영어를 전혀 모르는 외국인들에 대해서는 당신 말이 옳지만, 이런 사람들은 다수에 비하면 극소수입니다."

마하르쉬님의 다른 제자들과 마찬가지로 나도 내가 구상하는 어떤 계획에 대해 **바가반**께 말씀을 드리곤 했다. 내가 계획하던 일에 대해 말씀드릴 기회가 오기를 기다리다가 하루는 기회를 잡았다. 나는 당신께 몇 주일 전부터 내가 조금 피로를 느낀다고 말씀드렸다. "**바가반**께서는 저에게 기분전환을 하라고 조언하시겠습니까?" 당신은 내가 피로한 것은 단조로움에 익숙해져 있지 않기 때문이라고 대답하셨다. 나는 봄베이에 친구들이 있는데 십 년 동안이나 보지 못하고 있다고 말씀드렸다. 그 친구들에게 가 있으면 되는 것이었다. 그리고 1주일 안에 나는 봄베이에

가 있었다. 봄베이에 온 최초의 기쁨이 가시고 나자, 라마나스라맘과 바가반을 생각하기 시작했다. 그러나 근 2년 반 동안 나는 몸을 빼서 띠루반나말라이로 돌아갈 수 없었다. 다만 내 수행은 줄지 않고 계속되었고, 내적인 고요함도 나를 떠나지 않았다. 마치 내가 라마나스라맘에 있는 것 같았다. 하지만 똑같지는 않았다. 그 기간이 지나자 바가반에 대한 향수가 나날이 커졌고, 그래서 그 직후에 '집'으로 돌아왔다.

시끄러운 바빌론, 신神 없는 봄베이에서 2년 반을 살다가 마침내 띠루반나말라이, 곧 집으로 돌아온 것은 1948년 6월 5일 오전 8시였다. 날은 무더웠고, 나는 더위와 잠을 못 잔 여행으로 인한 피로로 완전히 녹초가 되었다. 목욕을 한 뒤 오전 10시에 아쉬람으로 갔다. 내가 돌아올 거라는 것은 한 사람만 알고 있었고, 그 사람이 바가반께 말씀을 드려두었다. 바가반이 띠루반나말라이에 도래하신 지 50주년 되던 1946년부터 '50주년 기념관(Jubilee hall)'이라고 알려진 널찍한 새 회당에 내가 나타났을 때, 당신은 마치 나를 기다리셨다는 듯한 모습이었다. 그곳은 구 회당 북쪽의 베란다가 있던 장소였다.[1] 당신이 내 등 뒤에서 나를 발견하고 웃음을 띠며 다가오시는 것을 알고 나는 오체투지를 했고, 과일 공양물을 올리고 나서 임석한 사람들의 맨 첫줄에 앉아 당신을 바라보았다. 나는 당신의 눈에서 한 가지 질문을 감지하고 그 의미를 이해했다. 나는 즉시 대답했다. "아닙니다, 바가반. 저는 봄베이 생활을 끝냈습니다. 아주 왔습니다." 당신은 얼굴에 웃음을 띠었고, 나는 행복했다.

나는 바가반의 얼굴과 몸을 실컷 바라보면서 주 깔라(Lord Kala)[시간의 신]가 거기에 가한 파괴를 가늠했다. 당신은 그때 68세였다. 당신의 몸은 더 야위었고, 특히 당신의 두 다리와 허벅지는 1946년의 모습과 비교할

---

1) T. '기념관'이라고도 한 이 새 회당은 나무와 코코넛 잎 등으로 지은 것으로, 1949년에 준공한 석조건물인 '신 회당' 이전의 것이다.

때 이제 너무 수척해졌다. 당신 목의 살은 더 늘어져 덜렁덜렁했지만, 당신의 미소와 두 눈의 반짝임은 여전히 그대로였다. 요즘은 침상에서 더 힘들게 일어나시고, 걸으실 때도 눈에 띄게 구부정하게, 그리고 다리가 불안정해서 몸을 기우뚱거리며 걸으셨다.

두 명의 미국인—젊은 농부와 앳된 아가씨—이 아쉬람의 외국인 식구에 가담해 있었다. 처음부터 나는 그들이 부부가 되겠거니 생각했는데, 과연 몇 년 뒤 그들은 고국으로 돌아가는 길에 베나레스에서 부부가 되었다. 래폴드(Rappold) 씨와 벤(Ben) 양은 래폴드 부부가 되어 인도를 떠났다. 1년 뒤 그들은 아들을 낳았고, **바가반**의 원래 이름인 '벤까따 라마나'를 줄여 부르는 '라마나'를 이름으로 지어주었다.

이 미국인들이 오기 오래 전에는 아쉬람에 '상당한' 독일인 한 사람이 온 적이 있었는데, 우리들 사이에서는 그를 남작, 혹은 폰 폴트하임(von Voltheim) 남작이라고 불렀다. 그는 유명한—부드럽게 표현해서—허풍쟁이였다. 내가 오기 5주쯤 전에 그는 인도에서 보낸 2주간 중 하루를 아쉬람에 와서 묵었다. 그는 1935년 12월 23일 오후 4시 30분에 와서 24일 오전 9시 30분에 떠났다. 그는 몇 가지 질문을 했고 폴 브런튼도 그에 가담했는데, 그것은 중요한 경우가 아니면 브런튼이 결코 하지 않는 일이었다. 따라서 아쉬람 사람들이 이 남작이 '중요한' 인물이라고 믿는 것도 무리가 아니었다. 그는 '일기(Journal)'[2]에 기록된 질문들과, 왔다가 떠난 몇 가지 사실 외에는 아무 흔적도 뒤에 남기지 않았다. 그는 **마하르쉬님**에 대한 존경심에서 의자에 앉기를 원치 않았지만 바닥에 가부좌하고 앉지 못해서, 자기 담요를 말아서 바닥에 놓고 그 위에 앉았다.

---

[2] *T.* 방문객들과 바가반의 문답 등을 기록하던 큰 공책. 그 기록은 훗날 『라마나 마하르쉬와의 대담』으로 출판되었다. 이날의 문답은 대담 114 참조.

그가 한 첫 질문은 이러했다. "진아에 대한 지知와 세계에 대한 지知 간에는 조화가 있어야 합니다. 그것들은 나란히 발전해야 합니다. 맞습니까? 마하르쉬께서는 동의하십니까?" 바가반이 침묵을 지켰으므로 폴 브런튼이 "마하르쉬께서는 동의하십니다"라고 대답했다. 바가반은 늘 그러듯이 "그래요, 그래요"라고 말씀하셨다.

질문: 이 지성 너머에, 그리고 지혜가 밝아오기 전에, 자기 의식 앞을 지나가는 세계의 그림들이 있을 것입니다. 그렇습니까?

바가반은 그 그림들이 거울에 비치는 반영과 비슷하다는 것을 뜻하는 「다끄쉬나무르띠 송찬(Dakshinamurti Stotra)」의 비슷한 구절을 지적하셨다.

질문: 1930년 이후로 전 세계에 걸쳐 영적인 깨침이 있습니다. 마하르쉬께서는 동의하십니까?

답변: 그 발전 여부는 그대의 소견 나름입니다.

여기까지는 질문들이 합리적이었다. 그러나 그런 다음 남작의 오컬티즘(occultism)이 드러났다.

질문: 마하르쉬께서는 저에게 황홀경을 일으켜서 저에게 무언의, 그러나 이해할 수 있는 메시지를 주시겠습니까?

답변: (바가반은 침묵했으나, 폴 브런튼이 말했다.) 마하르쉬께서 그렇게 하실 수는 있지만 그것을 하사해 주실 수는 없습니다.

그러자 남작은 **마하르쉬님**께 자신은 12월 19일 오후 2시에 봄베이를 떠난 기차 안에서 오후 5시에 **마하르쉬님**과 접촉을 확립했다고 말했다. 그래서 그들은 서로 초면이 아니라는 것이었다. 마드라스의 꼰네마라 호텔에서 그가 맨 먼저 본 것은 「마드라스 메일」 지紙에 실린 "라마나 아쉬람에 있는 두 유럽인"이라는 머리기사였는데, 그는 그것을 관심 있게 정독했다고 했다. 이때 **마하르쉬님**이 밖으로 나가셨다. 남작은 다음날 오전 9시 30분에 아쉬람을 떠났다. 그러나 그것으로 남작의 에피소드가 끝난 것은 아니었다.

몇 달 뒤의 어느 날 아침 우편물에 독일에서 온 몇 가지 문건이 있었다. 거기에는 독일에서 폴트하임 오스트라우 남작으로 불리는 사람이 아쉬람을 방문한 이야기가 들어 있었다. 그 이야기에서 그는 **마하르쉬님**의 신체에 접촉하는 것은 원래 금지되어 있지만 자기는 접촉을 했을 뿐 아니라, 당신의 류머티즘 증세를 덜어드리기 위해 허벅지 등을 마사지해 드렸으며, **마하르쉬님**은 남작이 12월 23일 오후 4시 30분에 도착할 것이라고 예언했는데, **마하르쉬님**이 폴 브런튼에게 받아 적게 한 글에 의해 증명된다고 주장하고 있었다. 이것을 보자 **바가반**이 어떤 신비적 현상도 일으키는 것을 본 적이 없는 제자들이 웅성웅성했다. 그러자 그 남작과 **바가반**이 만나서 대화를 나눌 때 있었던 사람들이 다리를 마사지했다는 것은 순전히 허구라고 선언했다.

우리가 더 크게 놀란 것은 지난 달(1975년 8월)[3] 「디아서피스트(*The Theosophist*)」 지誌에 실린, 그의 한 숭배자가 쓴 것으로 보이는 기고문에 그 예언 쪽지 이야기가 되살아나고 있는 것을 읽었을 때였다.[4] 그 내용이 어떤 것인지 보여주기 위해 그 기고문의 일부를 여기 옮겨본다.

폴트하임-오스트라우[남작]는 인도에 도착하자마자 인도의 가장 중요한 **구루**들 앞으로 보내는 소개장을 여러 통 받았다. 그가 받은 문서들 중에는 폴 브런튼이 스리 라마나에 대해 쓴 소책자도 한 권 있었다. 폴트하임 오스트라우는 그것을 봄베이에서 마드라스로 가는 기차 안에서 읽었으나, 그다지 감명을 받지는 않았다고 한다. 그는 남인도를 얼마간 여행한 뒤에

---

[3] *T.* 여기서 우리는 저자가 이 소책자를 1975년 9월경에 썼음을 알 수 있다.
[4] *T.* 이 기고문은 *The Theosophist*, 1975년 8월호에 독일인 Peter Meyer-Dohm이 쓴 'A Very Impressive Personality'라는 글이다. 그는 오스트리아 신지학회 지부의 정기간행물 *Adyar*의 2016년 2월호에도 거의 같은 내용을 되풀이하여 게재하고 있다.

띠루반나말라이로 왔는데, 놀랍게도 마하르쉬가 그를 맞이하면서 '당신은 내가 기다리던 독일인이오. 폴 브런튼과 스와미들에게 물어보시오!'라고 말했다. 그러자 폴 브런튼이 그에게, 그날 오전에 마하르쉬께서 한 독일인이 정확히 그 시간에 올 것이라고 공개적으로 선언했다고 말했다. 이때 폴트하임-오스트라우는 (마하르쉬에게) 자기가 올 것이라고 선언했느냐고 물으면서, 자신은 그날 띠루반나말라이에 가게 될 줄 몰랐다고 말했다. 그에 대한 답변은 '아니오'라는 것이었다. 폴트하임-오스트라우는 다음과 같은 대화 내용을 들려준다. "마하르쉬는 그때 상당히 서투른 영어로 '당신은 언제부터 나와 접촉했소?'라고 물었다. 나는 일기장을 들여다보고 나서 말했다. "봄베이에서 마드라스로 가고 있던 중인 1935년 12월 19일 오후 4시 30분부터입니다." 그러자 브런튼과 스와미들이 종이쪽지 하나를 내게 보여주었는데, 거기에 이렇게 적혀 있었다. "오늘 오후에 도착할 독일 신사는 마하르쉬와 12월 19일 4시 30분부터 접촉하고 있다." 이것은 말하자면 이 위대한 구루가 나에게 준 첫 명함이었다.

그가 마하르쉬를 찾아간 것과 그분과의 놀랍고도 통찰력 있는 대화가 묘사되어 있는 '위대한 스승'이라는 상세한 장에서, 폴트하임-오스트라우는 인상적인 사건 하나를 이야기한다. 대화 도중에 마하르쉬는 삼매에 들었다. 폴트하임-오스트라우는 마하르쉬가 조금 전에 말한 것을 기록하는 데 몰두해 있었는데, 마하르쉬가 갑자기 그를 바라보았다. "우리는 이제 서로의 눈을 들여다보았다. 그리고 얼마나 많은 시간이 지났는지 나는 알 수 없었다. 왜냐하면 나는 거의 육체가 없는, 그리고 거의 공간이 없는 어떤 상태 속으로 들어갔고, 거기서는 정상적인 시간조차도 의미를 잃고 있었기 때문이다. 내 몸이 확장되고 있고 무게가 없어진다는 느낌이 있었는데, 그것은 마치 우리가 잠이 들어서 꿈을 꾸는 것을 스스로 자각하고 있는 것과 같았다. … 이 상태는 더 발전하여 하나의 확대이자 하나의 '깨침'이라고 밖에는 표현할 수 없는, 점점 또렷해지는 어떤 자각을 수반했고, 그것은 사고의 비상한 논리적 명료성을 갖는 의식의 비상한 한 단계였다. ···나는 그것을 나의 과거·현재·미래를 포함하는 내 전 존재의 상상할 수 없는 평형 상태의 느낌이라고 밖에는 묘사할 수 없다고 생각하는데, 그것은 무한한 비인격적 사랑이 그 자체를 넘어서고 나를 관통하여, 내 삶 속에 들어왔던 모든 것에게도 확대되는 느낌이었다. 나는 내 주위에, 내가 접촉해 왔던 모든 사람과 동물들이—살아 있든 죽었든—나를 둘러싸고 있다고 느꼈으며, 나는 그들에 대한 어떤 문제나 감정 동요도 없이, 비인격적이면서도 가장 따뜻한 사랑에 가득 차 있는, 표현할 수 없는 평안의 상태에 있었다."

그런 다음 그는 이렇게 계속한다. "내 두 눈은 삼매 안에서 살고 있는 마하르쉬의 눈의 황금빛 심처深處에 잠겨 있었는데, 어떤 일이 일어났다. 나는 그것을 가장 깊은 경외심과 지극한 겸허함으로, 진실되게, 아주 단순하면서도 간략하게 묘사할 수밖에 없다. 그의 몸의 거무스레한 색깔이 흰색으로 천천히 변했다. 이 흰 몸이 마치 안에서 빛이 비추는 듯이 점점 밝아지더니 빛이 나기 시작했다 ···이제 나는 왜 전 인도가 이분을 살아 있는 신으로 존경하는지 내 눈으로 보고 알 수 있었다."

그때부터 이 빛나는 몸은 폴트하임-오스트라우가 명상 중에 마하르쉬와 접촉할 때 늘 나타났고, 심지어 마하르쉬가 1950년 4월 14일에 죽은 뒤에도 그랬다. 독일의 저명한 초상超常심리학자 거다 발터(Gerda Walther) 박사는 그녀의 책 『신비주의자의 현상학(Phenomenologie der Mystik)』에서 폴트하임-오스트라우의 이 체험을 다른 몇 사람의 체험과 함께 인용했다. 네덜란드 철학자이자 신지학자인 J. J. 포르트만(Poortman) 교수도 다섯 권 짜리 저작 『오케마(Ochema)』에서 이 '빛나는 몸의 체험'을 다른 문화 집단들의 가르침 및 체험과 연관시켜 언급했는데, 이 책에서 그는 물질의 미묘한 상태에 대한 여러 관념들을 광범위하게 다루고 있다.

기고문의 인용은 여기서 끝난다. **마하르쉬님**이 남작과 대화할 때의 당신의 삼매에 대해서는, 물론 그 누구도 아무 말을 할 수 없다. 왜냐하면 삼매의 상태는 **마하르쉬님**의 마음 혹은 의식 안에 있었을 수밖에 없고, 남작이든 그 어떤 오컬티스트(occultist)든 그 내용을 알 수 없었으며, 그것이 삼매인지 아닌지도 알 수 없었기 때문이다. 당신의 제자들은 온갖 관념들, 온갖 지적인 태도와 능력들, 그리고 온갖 등급의 부풀려진 에고를 가지고 아쉬람에 온 어쭙잖고 미숙한 갖가지 사람들의 그런 주장들에 익숙해져 있다. 우리는 그런 사람들을 그냥 무시해 버린다. 그들은 다른 누구에게보다도 그들 자신에게 해를 끼친다. 누구도 자기가 그렇게 되기를 바란다고 목청껏 소원을 말하거나 그것을 일기장에 쓴다고 해서 오컬티스트나 투청자透聽者가 될 수는 없다. 굳이 말한다면, (폴트하임 오스트라우가 말한) 그것은 어떤 무지나 정신적 불균형의 과시일 뿐이다.

몇 년 전에 회당 안에서는 바로 **바가반**의 친존에서 재미있는 사건이 하나 있었다.

1937년 초쯤이었을 거라고 생각되지만, 날짜는 중요하지 않다. 도감, 말하자면 법률상의 도감이 며칠간 자리를 비워 임시로 사실상의 도감이 그 자리를 대신했는데, 그를 S. I. 씨라고 하자.

"일기"—장부책같이 큰 두 권의 책—는 항상 회당 안에, **바가반**의 침상에서 멀지 않은 곳에 비치되어 있는데, 『라마나 마하르쉬와의 대담』의 저자는 그날 회당 안에서 주고받는 대담을 즉석에서 기록해 넣곤 했다. **바가반**은 아는 사람이 새로 오면 그것을 보여주고 누구든지 **바가반**을 찬양하는 시를 몇 줄로 써넣고 싶은 사람은 당신에게 말하지 않고도 그렇게 할 수 있도록 허용했다.

어느 날 아침 **바가반**은 그것을 한 번 보시고 싶어 했다. 시자는 S. I.

씨가 그것을 가지고 갔다고 말씀드렸다. S. I.를 불러서 왜 가져갔는지 이유를 물어보았더니, 그는 **바가반**이 꿈에 자기에게 와서 **일기**를 회당에서 들어내고 다시는 그것을 가져오지 말라고 하셨다는 것이다. 그래서 자기는 명령에 복종한 것이라고 했다.

바가반은 재미있다는 웃음을 지으며 대답하셨다. "어쨌든, 자네가 그렇게 복종한다면 가서 **일기**를 가져오게. 어젯밤에 자네에게 명령한 것은 꿈속의 **바가반**이고, 지금 자네에게 명령하는 것은 생시의 **바가반**이니까." 그리고 즉시 시자에게 S. I.를 따라가서 일기를 가져오라고 하셨다. 시자가 돌아왔을 때 일기를 가져오지 않은 것을 보고 **바가반**은 금방 그 이유를 짐작하셨지만, 침묵을 지키셨다. 당신은 사람들의 내심의 미신을 알고 계셨던 것이다. 즉, 그들은 실제 살아 있는 신보다 꿈속의 신을 더 두려워했고, **바가반**은 누구에게도 두려움을 안겨주지 않았기 때문이다. 누구든지 **바가반**을 생각하면 기쁨과 행복이 가슴에 충만해 오므로 당신을 두려워할 이유가 없었다. 그러나 꿈속의 **바가반**은, 공포심이 자기가 원하는 정도로 확대될 수 있는 그 사람 자신의 상상의 산물이기에, 무서운 것이다. 그래서 일기는 S. I.가 계속 가지고 있었다.

바가반은 헌신자들이 2년 전에 죽은 당신의 시자인 고故 마다바 스와미(Madhava Swami)의 후신이라고 생각하는 흰 공작을 좋아하게 되신 것 같다. 오늘(1948. 7. 18) 유명한 암소 락슈미가 죽었다. 어떤 사람들은 그녀가 전생에 **바가반**의 제자였다고 믿는다. 그들은 그녀의 출생, 그녀의 생애 동안 있었던 일들, **바가반**에 대한 그녀의 애착 등을 종합하여 그런 결론을 끌어냈다. **바가반**은 락슈미의 역사를 마감하신 뒤, 바로다(Baroda)라는 먼 곳에서 온 흰 공작의 역사를 시작하고 계시다. 이 공작은 마다바 스와미가 죽고 나서(1946년 7월) 석 달 뒤인 1946년 10월에 태어났고, 1947년 4월에 바로다(Baroda)의 마하라니가 마드라스로 데려왔으며,

같은 날 데이비드 맥키버 씨가 라마나스라맘으로 데려왔다.

이 무렵 **바가반**은 이 공작의 거동을 지켜보셨다. 공작은 책들을 보관해 둔 책장으로 가서 마치 책들을 점검하듯이 자기 부리로 유리문을 동쪽에서부터 서쪽까지 일직선으로 쭉 건드려 보곤 했다. 둘째로, 공작은 마다바가 드나들던 바로 그 시간에 회당에 나타났다가 떠나곤 했다. 셋째로, 공작은 마다바 스와미가 늘 앉던 바로 그 자리에 앉곤 했으며, 그가 그랬듯이 사무실·서점·도서관 등지를 역시 그가 이런 곳을 찾아가던 그 시간에 찾아가곤 했다. 이 공작의 습관은 마다바의 습관을 빼닮은 것이기 일쑤였다. 그래서 여러 헌신자들의 결론은 그가 마다바가 환생이라는 것이었다.

1948년 6월 25일

오전 8시 30분. 나는 명상을 할 기분이다. 회당은 조용하고 와 있는 헌신자들이 아주 적다. 이날 아침은 시원하고, **바가반**은 쾌활하시다. 나는 명상에 잠겨든다—한 번, 두 번, 세 번. 나는 시계를 본다. 9시 10분이다. **바가반**이 지켜보신다. 나는 당신이 영어로 뭐라고 말씀하시는 것을 듣는다. 나한테 하시는 말씀이 틀림없기에, 당신을 바라본다. 과연, 당신이 나에게 말씀하신다. "그란트 더프(Grant Duff) 씨[5]가 세상을 떠났군." 내가 말했다. "여든 일곱의 나이에 말입니까?" "아니, 여든 셋이지." 당신이 정정해 주셨다. "어디서요? 미국에서요?" "그래." 당신은 대답하고 나서 침묵에 잠기신다. 내가 말했다. "그분이 돌아가시기 전에 고통 받으셔야 했다면 유감입니다." 여기에 대해 **바가반**이 대답하셨다. "모르겠어."

---

[5] T. 영국의 외교관·시인(1865-1948). 그가 바가반을 찾아온 이야기는 『라마나 마하르쉬와의 대담』, 대담 16 참조.

더 이상은 대화가 없었기에 나는 다시 명상에 들었다가 9시 40분에 회당을 떠났다.

1948년 8월 23일

나는 **바가반**의 침상 맞은편 맨 앞자리에 앉아 명상에 몰입해 있다. 바가반이 말씀하시는 것이 들린다. "자기가 아스라맘(아쉬람)의 감독관이야." 내가 눈을 뜬다. 당신은 나를 돌아보고 흰 공작을 가리키며 말씀하신다. "자기가 아스라맘의 감독관이야." 나는 즉시 이해하고 대답한다. "자기가 아스라맘을 검사하면서 돌아다니죠." "그래. 돌아다니며 뭐든지 코를 들이밀어 보고 긍정한다는 표시로 고개를 끄덕이지." 오후 6시 15분에 **바가반**은 아쉬람을 감독하는 이 공작에 대해 같은 이야기를 계속 하신다. 당신이 덧붙이시기를, 어젯밤 회당에서 암소 락슈미에 대해 자신이 지은 시를 낭독한 하린드라나트 짜또빠디야야(Harindranath Chatopadhyaya)가 그 공작에 대해서도 시를 한 수 지으려 한다고 하신다. **바가반**은 오늘 왼쪽 뺨이 부으셨다. 나는 당신의 잇몸이 부었다는 것을 안다.

1948년 8월 24일

벤까따라뜨남(Venkataratnam)이 **바가반**께 뭔가를 드리고, 당신은 그것을 입 안에 밀어 넣고 웃으면서 나를 바라보신다. "동종요법이야." 당신이 말씀하신다. 나는 무슨 뜻인지 이해했다. "누가 처방했습니까?" 내가 여쭈었다. 당신은 오즈본 여사(Mrs. Osborne)를 가리키며, "그녀지" 하고 대답하셨다. 나는 동종요법은 아주 좋다고 말씀드렸다. 오늘은 뺨이 덜 부으셨다.

1949년 3월 26일

오후 6시에 이곳에서 오래 머무르며 수행하던 D. 여사와 그녀의 조카가 **바가반** 앞에서 엎드려 절을 한 다음 카슈미르에 있는 집으로 돌아가는 것을 허락해 달라고 청했다. 그런데 D. 여사가 갑자기 일어서서 소리를 지르기 시작했다. "제가 왜 가야 합니까? **바가반**께서 저를 부르셨기 때문에 제가 당신의 발아래 왔습니다. 왜 이 더러운 세상으로 돌아가야 합니까?" 그런 다음 조카에게 말했다. "가라고. 나는 안 가." 그리고 그녀가 회당의 여자 구역으로 가는 것을 제지하는 비스와나탄에게 소리질렀다. "당신은 훼방꾼이군요. 저를 내버려두세요. 안 가요." 그녀는 점점 큰 소리로 비명을 질렀지만, 조카가 그녀를 꽉 붙들고 끌고 갔다. 그는 소매를 걷어붙이더니, 마치 아기 안듯이 그녀를 두 팔로 안아 데려갔다. 그녀는 필사적으로 "벤까따라마이아 씨… 비스와나탄 씨…" 등으로 소리를 지르기 시작했지만, 끌려 나간 뒤에는 조용해졌다. 그런데 10분도 채 되지 않아서 웬걸, 그녀가 조카를 옆에 데리고 제 발로 걸어서 다시 나타났다. 필시 **바가반**을 마지막으로 뵙고 돌아가겠다고 조카에게 약속한 것이리라. 그녀는 정상적으로 오체투지를 하더니 그 자세로 한참을 있었다. 마침내 그녀는 일어나서 바깥에 대기하고 있던 자동차로 돌아갔다. 그것은 진짜 떠난 것이었다. 왜냐하면 두 번 다시 돌아오지 않았기 때문이다. 그녀는 이날까지 한 번도 돌아오지 않았다. 머스튼 씨(Miss Merston)[6])가 친절하게도 마드라스까지 그녀와 동행하여 돌아가는 조카를 도와주었다. D. 여사가 떠난 뒤 **바가반**이 그녀가 한 말에 대해 언급하기 시작하셨다. "**바가반**이 누구입니까? 그가 여러분과 별개입니까?"

---

6) *T.* 영국인 여성 헌신자 에셀 머스턴(Ethel Merston, 1882~1967). 1939년에 처음 바가반을 찾아왔고, 1944년 띠루반나말라이로 이주했다. 바가반 입적 후 떠났다가 1959년에 다시 띠루반나말라이로 돌아와 이곳에서 생애를 마쳤다.

나는 봄베이에서 돌아온 뒤에 소음, 특히 아이들의 떠드는 소리를 기피하는 내 성향을 극복하기 위해 가능한 한 자주 회당 안에서 명상을 하기로 결심했다. 이 아이들은 그 어머니들이—지혜롭든 지혜롭지 않든—데려와서 회당 안에서 마음대로 놀게 하곤 했다. 다른 소음은 사람들이 내가 알아듣지 못하는 언어로 **바가반**과 대화하는 것이었다. 그러나 바로 지금은 그것이 "나는 누구인가?"와 **진아** 깨달음에 대해 영어로 던진 하나의 질문이다. 어떤 때는 제자들끼리 이 주제로 논쟁하기도 하지만, 일반적으로는 **바가반**께 말씀을 드린다. 지금은 두 가지 방법이 다 사용되고 있다. **바가반**이 말씀하신다. "누구의 **진아**를 깨달아야 합니까? **진아**가 없는 사람이 누가 있습니까? 왜 **진아**를, 마치 그것을 바깥에서 데려와야 하는 것처럼 확대합니까? 그대가 **진아**, 곧 **존재**이며, '**그대**' 그 자체입니다. 보통의 상식과 논변으로 그것을 이해하기만 하면 됩니다. 이것을 '**탐구**(*Vichara*)'['그대는 누구인가?'에 대한 탐구]라고 합니다. 이것은 '나는 누구인가?'와 똑같습니다. 그대는 **진아 깨달음**을 위해서 **탐구**를 합니다. 거기에는 아무 신비도 없습니다. 그렇다면 '나는 누구인가?'를 하나의 만트라로 사용하여 의식적으로든 무의식적으로든 계속 염할 필요가 어디 있습니까? 그대가 가령 자신의 이름을 잊어버린다든지, 어떤 두 사람 중에서 누가 그대의 삼촌인지를 잊어버릴 때는, 다른 문제를 따지듯이 그것을 따져야겠지요. 그대는 **진아**입니다. 지금 그대의 불행은, **그것을** 그대의 몸이라고 생각한다는 것입니다. 몸은 마치 차를 움직일 엔진이 없는 자동차처럼 하나의 송장에 불과한데 말입니다." 물론 나의 모든 관심은 **바가반**의 말씀에 쏠려 있다. 명상은 어떻게 되는가? (중단될 수밖에 없다.) 그래서 나는 채드윅에게 회당 안에서 명상하지 말고 내가 하듯이 자기 방에서 명상하라고 완강하게 조언하는 것이다. 어쨌든 소령은 약 3년 전부터 회당 안에서 명상하는 것을 그만두었다. 새 베란다 회당은 그가 방해받지 않고 머물러 있을 만한 설비가 부족하기 때문이다.

나는 어떤 사람이 회당 한가운데서 목청을 돋우어 말하는 소리를 듣는다. "모든 문제는, 진아는 지각되지 않고 몸은 지각된다는 데 있습니다. 우리는 진아가 나의 '존재'라는 것 말고는 그것을 전혀 인식할 수 없는 반면, 몸이 움직이고, 말하고, 생각하는 것을 봅니다. 저희들은 스승에게서 이 모든 것이 환幻이라는 것을 배우지만, 그 반대로 이야기하는 우리의 감각기관을 부인할 수 없습니다." 바가반은 그래서 믿을 수 있는 스승이 필요한 것이라고 답변하셨다. "스승에게는 제가 말한 모든 것이 너무나 명백합니다. 따라서 그는 올바른 길을 가르칠 위치에 있습니다. 자신의 체험을 토대로 말입니다. 그리고 그대는 자신의 눈을 믿을 필요는 없고, 스승을 믿어야 합니다."

우연히 들른 한 방문객이 회당 안의 어디선가 일어나서 앞줄로 나왔다. 그는 바가반께 용감하게, 그러나 예의바르게 말했다. "제가 엊그제 여기 회당 안에 있을 때 마하르쉬께서 진아 깨달음에 대해 말씀하셨습니다. 저는 마하르쉬께서 체험을 토대로 말씀하시고, 따라서 옳으시다는 데 의심이 없습니다. 그러나 저는 제가 훈련받은 내용을 거스를 수 없는데, 그것은 제가 다름 아닌 몸이고, 최고의 증거(*pramanam*)[유효한 논변을 확립할 수 있는 네 가지 증거의 하나]는 직접증거, 즉 눈으로 보는 것이라는 가르침입니다. 저는 당신께서 말씀하신 것을 전부 제 마음 안에서 굴려보았는데, 진아, 즉 당신께서 찌뜨(*Chit*) 혹은 의식이라고 부르시는 것이 저의 존재요 궁극적 진리라는 것을 납득할 수 없다는 것을 알았습니다. 몸도 의식을 가지고 있고, 그것이 죽으면 저도 죽습니다. 저는 끝이 나고, 모든 사람이 가는 곳으로 갑니다. 거기가 어디든 관계없이 말입니다. 마하르쉬께서는 어떻게 보십니까?"

바가반은 1분간 침묵한 뒤에 말씀하셨다. "그대가 몸 안에 있는 의식의 존재를 인정하는 한, 언젠가는 그것이 뭔지 알고 싶어 하고, 그것이 그 자체로 으뜸가는 증거라는 것을 알고 싶어 할 거라는 희망이 있습니다. 왜냐하면 생명은 생명이 없는 몸보다 훨씬 더 중요하기 때문입니다. 서양에서도 철학자들이 감각의 증거는 아무 쓸모가 없음이 밝혀졌다고 인정하고 있습니다. 그런 책을 읽어본 적이 있습니까?" 방문객에게서 읽어보았다는 대답이 나왔다. "그러나 아시다시피 선생님, 저는 마다바짜리야(Madhavacharya)의 추종자이고 이원론의 신봉자입니다. 제가 당신을 공경하면서 저의 믿음을 거역해 행동하면 이단자로 간주될 것입니다, 바가반." 바가반이 말씀하셨다. "상관하지 마세요(Parwa ille)."

이날(1949. 3. 27) 바가반의 팔꿈치에 대한 두 번째 수술이 이루어졌다. 그것은 외과술이냐 비외과적 치료법이냐를 판가름하는 수술이었고, 그래서 그것은 내 기억에 생생하게 남아 있다. 1948년은 바가반이 내내 비교적 양호한 건강 상태로 보내셨다. 사실 당신은 평생 어떤 중병도 앓으신 적이 없었다. 어린이들에게 그렇듯이 사소한 질병들이 오고가기는 했다. 그러나 나중에는, 예컨대 60대에는, 젊은 시절에 걸리신 류머티즘이 고관절과 무릎관절에서 떨어질 날 없이 당신을 괴롭혔다. 추운 계절에는 가슴에서 이따금 천식성 재채기가 일어나기도 했지만, 결코 발병까지 가지 않았다. 시자들이 그에 대해 어떤 자가요법을 계속 써왔다고 생각되는데, 당신은 종종 그것을 받지 않으려고, 약을 가져오는 사람에게 마치 "소란 피우지 말라"고 하는 것처럼 손을 흔들어 물리치시곤 했다.

그러나 1948년에서 1949년으로 접어들기가 무섭게 그 몸은 본격적으로 고통을 겪기 시작했다. 1949년 2월부터 1950년 4월까지 일어난 일들은 다른 곳—『구루 라마나』—에서 간략하나마 상세히 기록했다. 하지만 1949년 말이 되기 오래 전부터 대부분의 오랜 헌신자들은 스승님이 신체적으로 그들을 떠나 **무신해탈**(*Videhamukti*)로 들어가려 하신다는 것을 알았고, 맹목적 희망과 몇몇 엉터리 점성가들의 빗나간 예언 외에는 그들을 위로할 것이 아무것도 없었다. **바가반** 자신은 그 문제를 심각하게 받아들이지 않으셨고, 그래서 처음에는 아무 통증도 느낄 수 없다고 말씀하셨다. 당신은 의사의 외과적 치료는 전혀 불필요하며, 태어날 때부터 신의 섭리에 의해 그 몸에 예정되어 있는 운명을 바꿀 수 없으리라고 생각하셨다. 치료가 갈수록 더 심각해지고 고통스러워지면서, 당신은 때때로 헌신자들과 의사들에게 당신이 우선적으로 바라는 것은 그 종양을 그대로 두고 전혀 손대지 않는 것임을 상기시키곤 하셨다. 하지만 무해하면서―병을 치료하지는 못해도―십중팔구 당신에게 얼마간 고통을 경감해 주었을 다른 비외과적 의료 체계―동종요법, 말라바리(Malabari), 싯다(Siddha) 등―라면 분명히 승인하셨을 것이다. 나중에 이런 것들을 사용하기는 했지만 아무 소용이 없었다. 이런 체계들은 모두 칼을 쓰는 것을 혐오했는데, 칼은 증상을 흩어버려서 의사들, 특히 치료법을 처방하기 위해 증상에 의존하는 동종요법가들을 혼란시키기 때문이었다.

그러나 대증요법가(양의)들은 수술을 하고 라듐을 부착하면서 당신을 위해 자기들 나름대로 최선을 다해 그들의 의무를 수행하겠다고 고집했다. 그들이 이겼고, **바가반**은 당신의 운명에 체념했다. 당신은 그것이 자신의 운명이므로 당신으로서는 그것을 모두 말없이 참아내는 것이 최선이라고 생각하셨을 수 있다.

나는 누구에게 책임을 지우거나 이름을 거명하지는 않겠다. 그러기에는 날이 너무 저물었다. 나는 내 회상록을 쓸 뿐이며, 그 당시에 일어난 일로서 내가 본 것을 기록해야 한다. 그래서 두 번째 수술로 이어지지 않을 수 없었던 것이다.

1949년 12월 16일에 아쉬람의 사무실을 지나가다가 채드윅 소령이 사무실로 들어가는 것을 보았다. 그는 평소에 과묵한 것과는 달리, 19일로 예정된 바가반의 네 번째 수술에 대해 이야기하고 있었다. 몇 마디 서두를 꺼낸 뒤에 수술 소식에 열을 받은 그는, 그 쩌렁쩌렁한 목소리를 돋우어 당국(도감)을 질책했다. "바가반을 언제까지 절개하려고 합니까? 이런 고문 없이 가시게 하세요. 당신들이 그렇게 여러 번 수술을 했지만 좋아진 게 뭐 있습니까? 당신을, 당신을, 당신을 가시게 하세요!" 그는 '당신을'이란 말에 힘을 잔뜩 주어 말했다. 그 자리에 있던 사람들이 다 놀랬고, 완강한 도감조차 말문이 막혀 몇 분 뒤 소령이 자리를 뜰 때까지 아무 말을 못했다.

나는 전적으로 채드윅에게 동조했지만, 대증요법가들을 책임지고 있던 내부 자문위원회의 의견 앞에서는 누구의 의견도 아무 가치가 없었다.

나는 당국이 다른 의료 체계들에 대해 알지도 못하면서 그것을 즉시 시도해 보지 않았다고 비난하지는 않는다. 예컨대 동종요법의 경우에는 정말 유능하고 자격 있는 의사가 없었다. 써 볼 수 있는 사람은 신출내기로 완전히 무능했다. 유능한 T. S. 아이어 씨가 왔을 때도, 그는 동종요법이 필요로 하는 충분하고도 넉넉한 시간 동안 머무르지 않았다. 아니면 그는 희망이 없다고 보았기 때문일까?

남아서 경쟁을 한 사람들은 대증요법가들이었는데, 그들은 최소한 자격 있는 의료인들이었고 반평생의 경험과 실무 경력을 가지고 있었다. 오직 내가 불만스러워한 것은 어떤 다른 의료체계들, 특히 칼을 대고 난 뒤에는 소용이 없는 동종요법에, 그 솜씨를 발휘해 볼 적절한 기회를—특히 종양이 아직 콩알보다 크지 않고 육종이라는 진단이 확증되기 전이던 2월 9일에—주었어야 한다는 것이었다. 진짜 동종요법은 대단한 위력이 있으며 신속한 효험을 발휘한다. 그러니 그것이 의료 경쟁에서 승리하지 못했으리라고 누가 장담하겠는가? 바가반도 그것에 대해서는 칼에 대해서 반대하듯이 그렇게 반대하시지는 않았을 것이다.

12월 21일과 23일에 샹까르 라오 박사는 자기가 19일 **바가반**께 수면제를 드렸다고—**바가반**이 그것을 드시지 않을 것이라고 생각한 몇몇 헌신자들의 부인과는 반대로—나에게 시인했는데, 그것은 이틀 밤에 걸쳐 효험이 있었다.

12월 31일에 도감은 **바가반**이 사원 회당의 돌 문지방에 대해 결정적으로 불평하시는 것을 알게 되었다. 당신은 화장실을 다니느라고 하루에 몇 번씩 이 문지방을 넘어오고 넘어가실 수가 없었던 것이다. 도감은 **바가반**이 회당을 드나드실 필요가 없도록 하기 위해 사원 회당 안에 화장실을 만들 계획을 세웠으나, **바가반**이 반대하셨다. 그 다음에 도감은 구회당으로 눈길을 돌려 이곳에 화장실을 만들려고 그 바닥 일부의 석판들을 뜯기 시작했는데, **바가반**은 여기에도 반대하셨다.

그래서 1950년 1월 1일 밤 9시경에 **바가반**은 화장실 옆의 작은 방을 당신의 영구적 침실로 삼기로 결심하시고, 말없는 시자들의 도움을 받아 당신이 1949년 12월 19일부터 머무르고 계시던 시약소에서 이곳으로 옮기셨다. 당신은 결코 다시는 돌 문지방을 넘지 않으셨는데, 나는 그것을 보고 **크리슈나**가 드와라까(Dwaraka)를 포기한 것[7]을 상기했다.

1월 2일부터 낮 시간에 **바가반**이 수백 명씩 몰려드는 헌신자들에게 친견을 베푸실 때, 당신의 소파를 놓은 곳이 바로 이 작은 침실의 좁은 통로였다.

그 후로 석 달 반 동안 **바가반**의 몸에 일어난 일은 당시의 신문들을 통해서, 아쉬람의 책들을 통해서, 그리고 마지막 순간까지 스리 라마나스라맘 안이나 주변에서 하루에 두 번씩 당신을 친견하던 헌신자들을

---

7) *T*. Dwaraka는 크리슈나가 아수라(악마)들을 죽이기 위해 건립한 도시이다. 아수라들을 제거한 뒤에 그는 이곳을 버렸다.

통해서 널리 알려졌다. 라마나스라맘으로서는 응당 해야 할 일을 다 했으며, 적시에 다른 의료 수단을 얻지 못했기 때문에 달리 어떻게 할 수 없었으리라는 것은 모든 사람들이 인정하는 바이다. 게다가 우리는 **바가반**의 충실한 제자들로서, 모든 것은 엄격한 운명의 작용을 통해 **섭리**에 의해 예정되어 있다고 하신 당신을 믿어야 하고, 오랜 헌신자들에게 만큼이나 새로운 헌신자들에게도—심지어 순수한 **지**知이자 영원한 지복으로서의 당신이 아직 육신으로 계실 때는 태어나지도 않은 사람들에게도—당신의 친존이 계속 느껴지는 것을 **바가반**께 감사해야 할 것이다.

바가반의 **대열반**(Mahanirvana)이 있고 난 뒤에 아쉬람을 찾아온 사람들은, 그때부터 구 회당이 아쉬람에서 가장 성스러운 명상 회당이 되었다는 것을 안다. 왜냐하면 이곳은 **스승님**이 당신의 접견실·침실·사무실·서재로서, 그리고 당신의 드높은 가르침을 담고 있는 장소로서 가장 오랫동안 관계하신 곳이기 때문이다.

그리고 우리가 눈을 들어, 당신이 쓰시던 바로 그 침상 위에 놓인, 여러 해 동안 당신의 등과 수족을 받쳐주던 바로 그 쿠션에 기대고 계신 모습의 실제 크기의 당신 사진을 바라보면, 우리는 시공의 환幻을 넘어서 마치 당신이 실제로 거기에 육신을 가지고 계신 것처럼 느끼게 되고, 그리하여 당신에 대한 사랑과 숭모로써 반응하지 않을 수 없다. **바가반 라마나 아루나찰라**로, 스승들의 스승이며, 지고의 의식이자, 인간으로 화현한 은총이라고 불리던 그분께.

옴 따뜨 사뜨
(OM TAT SAT)

만년의 S. S. 코헨

2

대담에 대한 성찰

Reflections on
Talks with Sri Ramana Maharshi

서문

스리 라마나 바가반의 말씀은 명료함 그 자체로 여겨지는데, 그에 대해 주석서를 쓴다는 것은 군더더기 일로 보일지 모른다. 하지만 **스승님**의 입술에서 직접 가르침을 듣는 특권을 가져보지 못한 수많은 학구적 구도자들이 있는데, 그들은 그런 특권을 가졌던 사람들에게서 그 가르침에 대한 해설을 들으면 도움을 받았다고 느끼면서 실로 즐거워할 것이다. 그런 분들을 위하여, 지금 좋은 평판을 얻고 있는 『라마나 마하르쉬와의 대담(*Talks with Sri Ramana Maharshi*)』이라는 방대한 저작에서 나의 보잘 것없는 견해로 볼 때, 그 가르침을 적절히 포괄적으로 대표할 수 있을 만한 보석들을 적당한 분량으로 뽑아서—그 출처를 보여주기 위해—"텍스트"라고 이름붙이고, 각 인용문마다 나 자신의 성찰을 "주註(Notes)"로서 덧붙였다. 뿐만 아니라 그것들을 별개의 장章들로 거르고 분류하여 각 개별 주제에 대한 공부가 용이하게 하였다.

여기서 『대담』이라는 책에 대한 간략한 내력을 제시하는 것이 필수적이라고 생각된다. 이 책에 "대담"이라는 이름이 붙은 것은, 그것이 거의 만 4년 동안—1935년 4월부터 1939년 5월까지—방문객들과 제자들이 **영적인** 문제들에 대해 **스승님**과 나누었던 대화들 중 일부를 하나의 일기 형태로 기록한 것이기 때문이다. 당시에는 그것이 "일기(The Journal)"로 불리곤 했다. 이 기간의 대략 절반 동안, 기록자 스리 M. 벤따라마이아(Venkararamiah)—고故 스와미 라마난다 사라스와띠—는 친견 회당에서 그가 임석해 있던 각 대화가 끝나면 그것을 기록했다. 스리 바가반은 영어로 답변하는 일이 거의 없고 어김없이 타밀어로 답변했는데, 그것을 일기 기록자 자신이 전체 청중이 들을 수 있게 질문자에게 영어로 통역해 줄 때가 많았다. 그러나 텔루구어와 말라얄람어 질문에는 **바가반**도 같은 언어로 답변했는데, 말라얄람어로 하신 답변들은 그 언어를 알지 못한 일기 기록자가 놓쳤다고 말할 수 있을 것이다.

따라서 이 일기의 언어는 기록자의 것인데, 대개는 **스승님**의 답변을 나름대로 풀어서 옮기고, 가끔은 당신의 말씀 자체를 그대로 영어로 옮긴 것이었다. 왜냐하면 당신이 하신 말씀 전부를 나중에 기록하기란 불가능했고, 설사 현장에서 답변들을 글자 그대로 받아 적는다 해도 당신의 말씀을 따라갈 수 없었기 때문이다. 우리가 원하는 것은 **바가반**이 설하신 **진리**이고, 이 **진리**가 여기에 다 들어 있다. 이것이 중요하다.

스리 바가반의 가르침으로 말하자면, 이제는 그것이 세계적인 인정을 받고 있고, 5대륙 전부에서 진지한 구도자들을 끌어당기고 있다. 이는 그 가르침이 견고한 합리성을 지닌 것만큼이나 신선한 단순함을 지녀서, 머리와 가슴에 공히 호소력이 있기 때문이다. 그러나 그것은 "너 자신을 알라" 혹은 "찾는 자를 찾으라"는 옛 격언으로 요약될 수 있다. 스승님은 당신이 베푸는 사실상 모든 답변에서 이것을 이런저런 형태로 귀가 닳도록 말씀하신다. 당신은 이렇게 주장한다. "질문하는 자를 알아내라. 그러면 진리를 알게 될 것이다. 그것이 그대의 모든 문제를 해소하고, 그대의 모든 의문을 없애줄 것이다."

그것이 행복·**지**知·해탈·**진리** 등 어떤 이름, 혹은 어떤 모습으로 통하든, **평안**이 모든 인간이 노력하는 의식적·무의식적 목표이자 목적이다. 왜냐하면—**스승님**의 말씀으로는—그것이 우리 존재의, 우리의 **진아** 자체의 성품이기 때문이다. 그래서 자기추구(self-seeking)란 결국에는 **평안**

에 대한 탐색임이 드러나며, 거기서 벗어날 수 없다. 진아라는 토대 위에 서 있지 않은 어떤 느낌, 어떤 생각, 어떤 행위도 없다. 자기보존 혹은 자기사랑은 모든 생명에게서 지배적 본능이다. 하느님(여호와)이 광야에 있는 이스라엘의 자손들에게 이웃을 자신처럼 사랑하라고 명했을 때 [레위기, 19:18], 그가 말하고자 한 것은 한 사람이 다른 사람에게 할 수 있는 최대의 선善은 자기 자신을 사랑하는 만큼 그를 사랑하는 것이라는 의미였다. 자기사랑은 모든 정념 중에서 가장 강한 것이고, 모든 감정의 바탕이기 때문이다. 많은 어머니들이 극도의 위험 속에서 자식을 위해 자기를 희생하거나, 애국자가 자기 나라를 위해 자신을 희생했다는 이야기를 우리는 익히 들었지만, 이 희생에서 나오는 만족감은 진아에게 있다. 내 자식, 내 나라는 분명히 '나', 곧 자기(진아)를 의미하며, 희생되는 것은 몸일 뿐 진아가 아니다. 이 진아는 순수한 지知, 순수한 영靈이기에, 결코 희생되어 소멸할 수 없다.

따라서 우리는 모든 것에서, 모든 상황에서, 매 순간 진아를 추구한다. 우리가 욕망하고, 일하고, 배우고, 경쟁하고, 노력하게 하고, 우리가 정치인, 행정가, 과학자, 암거래상, 도박사, 박애가, 애국자, 그리고 마지막으로 요기가 되도록 이끄는 것은 자기사랑 혹은 자기추구이다. 우리에게 하늘을 뒤지고, 땅을 파고, 대양의 깊이를 재게 만드는 것은 자기사랑이다. 그러나 애석하게도 이 자기추구는 비지성적이어서, 자기 바깥에서 추구하며, 그래서 설사 성공한다 해도 위태롭기만 하다. 우리가 진아를 추구하려면 진아로 나아가야지, 비非진아로 나아가서는 안 된다.

따라서 사람들이 문제들의 다발, 질문과 불만사항들의 다발을 가지고 스승님 주위에 몰려들 때, 당신은 그들이 진아를 추구하고 있을 뿐임을 아시고, 그들을 진아로 향하게 하신다. 당신은 그들에게 사실상 이렇게 말씀하신다. "그대가 이런 모든 질문을 하는 것은 그대 자신의 이익을 위해서입니다. 지금까지 그대의 모든 노력은 그대의 이 자아의 이익을 지향해 왔습니다. 이제 이 이익이 진정한 이익이었는지, 이 자아가 그대의 참된 **자아**인지 알아내려고 노력하십시오. 그대는 이 이익을 그릇된 방향에서, 그릇된 것들에서, 그릇된 장소에서 추구했습니다. 왜냐하면 그대 자신의 정체성을 착각해 왔기 때문입니다. 그대가 그대 자신이라고 여겨온 것은 전혀 그대 자신이 아닙니다. 그대의 자기사랑 본능이 그대의 감각지각들과 혼동되어 왔고, 그대를 이 속박으로 끌어내렸습니다. 그대는 사기를 당했고, 거기서 구제 받기 위해 수고롭게도 많은 걱정과 불행이라는 짐을 끌고 이 아쉬람으로 왔습니다."

"이제 그대가 해야 할 일은 **진아**가 무엇인지를 배우고, 그것을 직접적으로 추구하는 것입니다. 몸들, 껍질들(koshas), 내적 진화(involution)와 외적 진화(evolution), 탄생과 죽음, 초감각적 광경이나 소리 등, 이와 무관한 문제들에 빠져 옆길로 가지 마십시오. 왜냐하면 그런 모든 것은 이 과업과 무관한 사항들로서, 그대를 함정에 빠트리고 그대 자신의 **실재**에서 벗어나게 유혹하며, 그대를 감각기관의 미혹 속에 붙들어 매는 것이고, 그대는 지금 거기서 탈피하려 하고 있기 때문입니다. 중요한 것은 그대가 지각하고 생각하고 행하는 것이 아니라, **그대의 실체**(WHAT YOU ARE)입니다."

감각지각·개념·감각·행위들은 그것을 지각하는 **의식** 안에서의 꿈들, 화면들에 지나지 않는다. 그것들은 마치 꿈꾸는 사람에게서 꿈이 일어나듯 **의식**에서 일어나, 한동안 자신의 주의를 분산하다가 **의식** 안에서 사라진다. 그것들은 부단히 변하고 시작과 끝이 있지만, '생각하는 자', '아는 자'인 그(**진아**)는 순수한 지성이어서, 항상 그대로 있다. 그래서 '아는 자'는 파괴 불가능하다. 지知라는 빛은 그, 곧 주체에게서만 오지, 결코 대상인 몸에서 오지 않는다. 따라서 우리가 **자기**라고 부르는 것은 태어나고, 성장하고, 죽는, 그리고 생각하지 않고, 추구하지 않고, 지각하지 않고, 이해하지 못하는 무수한 비동질적 부분들로 이루어진 이 몸이 아니다. 우리는 몸에 편재하면서 몸을 사용하는, 지성적이고 불가분한 단위인 '나'—생명 그 자체—이다. 이 '나'는 (대상들을) 보지만 (그 자체는) 보일 수 없고, 듣지만 들릴 수 없고, 냄새 맡지만 냄새 맡아질 수 없으며, 알지만 알려질 수 없다. 그것은 늘 주체이지 결코 대상이 아니기 때문이다. 그런데 우리가 자신의 '나'를 볼 수 없고, 들을 수 없고, 냄새 맡을 수 없기 때문에, 자신이 보고, 듣고, 냄새 맡을 수 있는 몸을 '나'로 오인한다. 그래서 자아본능, 곧 '나'라는 느낌(I-sense)이 감각지각들과 혼동되고, 감각지각들의 세계 속에서 그 자신을 잃어버린다. **지고의 안내자인 신적인 스승** 외에는 누구도 그것을 구해줄 수 없다.

그래서 '아는 자', 혹은 '꿈꾸는 자'만이 실재하며, '알려지는 것'은 순전한 꿈이다. 이것이 **베다**(*Srutis*-우파니샤드)의 가르침을 요약해 주며, **스리 라마나 바가반**의 체험에도 부합한다.

진아를 깨달을 때까지 **탐구**를 계속해 나가는 것이 **지**(*Jnana*)의 길, 곧 **지고한 지**知, **해탈**, 영원한 **지복**의 길인데, 이것은 바로 **스승님**이 모든 측면에서 바라보고 아주 자세히 논의하신 길이다. 당신은 말해야 할 필요가 있는 모든 것을 말씀하셨고, 드러낼 필요가 있는 모든 것을 드러내셨다. 당신이 말씀하시지 않고 드러내시지 않은 것은, 그게 뭐든 거의 알 가치가 없는 것이다.

따라서 이것이 모든 진리 추구자들의 허기를 충족시킬 수 있는 영적인 **까마데누**(Kamadhenu)[1]이다. 그 가르침을 시험해 보는 수행자, 혹은 **요기**(yogi)는 자신의 내적 탐구를 인도해 주는 풍부한 자료를 거기서 발

---

[1] 모든 은택, 특히 먹을 것을 하사하는 천상의 소.

견할 것이다. 한 수행자의 전진을 돕는 것이 다른 사람에게는 도움이 되지 않을 수도 있다. 그러나 어떤 수행자라도 거기에서 자신에게 가장 잘 맞고, 그를 목표로 곧장 이끌어줄 것 같은 수행법을 스스로 찾아내는 데 더없이 도움이 되는 힌트들을 발견할 것이다. 그 안에서 마치 물리학과 수학의 법칙들에 대해 익히 그렇게 하듯이 명상과 삼매(samadhi)의 원칙들에 대한 길고 자세한 설법을 찾는 사람은, 찾아도 찾지 못할 것이다. 왜냐하면 우리는 여기서 액체와 고체들, 지속 시간과 공간적 크기가 있는 보통의 세계에서 검증되고 해결될 수 있는 감각적 문제와 방정식들을 다루는 것이 아니라, 추구하는 마음 자체가 그 자신의 본래적 상태를 지각하는 것을 가로막는 장애들을 다루기 때문이다. 그 장애들은, 바로 그 마음이—어떤 감각적 매개체나 과학적 도구의 도움 없이—자기탐색과 자기제어를 통해서 제거하지 않고는 누구도 제거할 수 없다.

벨로르(Vellore)에서
S. S. C.

제1장 행복과 불행

1. "불행을 어떻게 피할 수 있습니까?" 스승님이 답변하셨다. "불행에 어떤 모양이 있습니까? 불행이란 원치 않는 생각일 뿐입니다. 마음이 그것에 저항할 만큼 강하지 않은 것입니다. 신을 숭배해서 그것을 강화할 수 있습니다." 대담 241

주註: 바가반은 바로 처음부터 인간적 문제들의 핵심으로 들어가는데, 그것은 인간의 비행非行·몰지각함·욕망·죄 등의 결과인 불행이다. 당신은 이런 물음으로 인간들의 눈을 열어 주려고 한다. "불행에 어떤 모양이 있습니까?" 확실히 불행은 우리의 머리에 내려와서 우리를 으깰 수 있는 어떤 견고하고 무거운 물체가 아니다. 그것은 순전히 하나의 정신적 현상이고 하나의 생각일 뿐이어서, 강한 마음이 조금만 노력하면 몰아낼 수 있는 것이다. 그러나 불행히도 인간들의 마음은 일반적으로 제어력의 부족, 강한 집착, 이기심, 무지로 인해 약해지고, 그래서 그들은 닥쳐오는 모든 재앙에 늘 휘둘린다. 바가반은 마음을 강화하는 몇 가지 방법을 제시한다. 신에 대한 숭배가 아마 가장 쉬운 것 중의 하나일 것이다. 가장 높고 가장 순수하고 가장 고상한 이념(신)을 내관하는 것은 마음을 향상시키고, 불행을 야기하는 생각들을 포함한 다른 모든 생각들을 당분간 차단해 준다. 그러면 점차 마음이 순수함과 균형을 획득하고,

그래서 어떤 재앙도 흔들 수 없는 영구적 평안을 얻게 된다.

2. "저는 마음의 평안이 없습니다. 뭔가가 그것을 가로막는데, 아마 저의 운명이겠지요." 바가반이 답변하셨다. "운명이 무엇입니까? 운명은 없습니다. 순복하십시오. 그러면 모든 일이 잘 될 것입니다. 모든 책임을 신에게 던져 버리십시오. 스스로 그 짐을 지지 마십시오. 그러면 운명이 그대를 어떻게 할 수 있겠습니까?" **대담 244**

주註: 질문자는 큰 정신적 괴로움을 겪고 있는 한 여성—마하라니—이다. **바가반**은 공감한다. 당신은 신이 일체를 감당하고 있으며, 순복을 통해서 그에게 우리의 모든 짐을 맡겨야 한다고 위안의 말씀을 건넨다. 이것은 신에 대한 숭배를 권장한 앞의 답변과는 다른 곡조를 연주하는 것처럼 보인다. 여기서 그 곡조는 '순복(surrender)'인데, 그것은 사실상 내관內觀(contemplation)을 통한 숭배와 같은 것이다. 내관 혹은 명상도 순복이다. 왜냐하면 명상에 대한 생각 외의 모든 생각을 포기하는 것은 전 세계를 포기하는 것이기 때문이다. 사실 생각의 중지가 모든 순복 중에서 가장 위대한 것이다. 명상은 매일 한정된 시간 동안밖에 해나갈 수 없지만, 다년간 거듭해서 하다 보면 그것이 매우 강력해진다.

바가반이 "운명은 없다"고 했을 때 그것은 발현업(prarabdha)이 없다는 뜻으로 하시는 말씀이 아니다. 우리는 그것이 있다는 데 모두 동의하지만, 당신이 말씀하신 뜻은 일단 우리가 진정으로 그리고 참으로 순복하면, 알지 못하는 가운데 발현업이 우리를 지나갈 거라는 것이다. 우리의 마음이 신에 대한 생각에 몰입해 있는 동안 그것은 스스로 해소될 것이다. 어쨌든 운명은 몸만큼이나 지각력이 없다. 그래서 우리의 마음이 범부의 마음처럼 그 자신의 생각과 감정들에 비참한 제물이 되지 않는 한, 운명은 마음을 지배할 아무런 힘이 없다.

3. "시바(Siva)는 자신의 모든 소유물을 비슈누(Vishnu)에게 넘겨주고 숲과 황야와 묘지를 방랑하면서 탁발한 음식으로 살아갔지. 그는 무소유가 소유보다 행복의 등급이 더 높다고 본 거야. 더 높은 행복은 걱정에서—소유물을 어떻게 지킬 것인가와 그것을 어떻게 사용할 것인가에 대한 걱정에서—벗어나는 것이지." 대담 225

주註: 이 말씀을, 우리에게 시바를 따라하라는 조언으로 여겨서는 안 된다. 즉, 행복을 얻기 위해서 재를 몸에 바르고, 탁발한 음식으로 화장터나 매장지에서 살라는 것이 아니다. 왜냐하면 그럴 경우 묘지들이 죽은 사람보다 산 사람들로 가득 찰 것이고, 음식을 베푸는 사람보다 거지들이 더 많아질 것이기 때문이다. 우리는 소유물이 마음의 평안에 도움이 되지 않는다는 교훈을 얻기만 하면 된다. 바로 앞 텍스트에서 평안을 찾으려고 왔던 마하라니의 경우에 그 점을 잘 보여주었듯이 말이다.
 게다가 우리는 이 이야기를 문자적으로 받아들이면 안 된다. 주 시바는 빠라메스와라(Parameswara-지고의 하느님)이고, 카일라스의 주이며 지고의 요기여서, 그 자신이 그의 헌신자들에게 지복과 지知를 하사한다. 타고난 진인인 그가, 지知와 행복을 얻기 위해 무엇을 포기할 필요가 어디 있는가? 소유물이 있든 없든, 그는 지고의 지복 그 자체이다. 그가 소유물을 비슈누에게 넘겨주는 것은 하나의 유희, 곧 우리에게 포기에 관한 교훈을 가르치기 위한 한 토막의 연기이다. 포기만이 축적된 부富의 정반대인 영원한 행복으로 이끈다.

더욱이 단순히 소유물을 포기하는 것만으로 행복을 얻지는 못한다. 만약 마음이 계속 날뛰어, 마음 자체에게 소유물이 그러는 것보다 훨씬 더 나쁜 어려움들을 야기한다면 말이다. 부富와 세계에 대한 정신적 태도가 바뀌어야 한다.

4. "만약 행복이 우리의 소유물에 기인한다면, 그 행복은 소유물이 늘어나고 줄어듦에 비례하여 늘어나고 줄어들 것이고, 만일 소유한 것이 아무것도 없다면 영이 되겠지요. 그러나 그것이 참됩니까? 경험이 그것을 입증해 줍니까? 깊은 잠 속에서 우리는 자신의 몸을 포함해서 아무 소유물이 없습니다. 하지만 이때 우리는 지극히 행복합니다. 누구나 푹 자고 싶어 합니다. 결론은, 행복은 우리 자신의 자아에 내재해 있지, 외적인 원인에 기인하지 않는다는 것입니다. 그 오롯한 행복의 창고를 스스로 열기 위해서는 자신의 진아를 깨달아야 합니다." 대담 3

주註: 이것은 평이한 상식이다. 잠의 행복은 모두에게 분명한 것이다. 우리는 그것을 안식이라고 부르는데, 그것은 위안·평안을 뜻하는 다른 단어이다. 그때는 우리가 우리의 몸을 포함한 모든 소유물을 벗어 버리는데도 불구하고 그러하다. 이 잠의 지복은 생명의—여하한 종류의 재산이나 부도 가지고 있지 않은 인간, 동물 혹은 식물의—가장 귀중한 유산이다. 그것은 어떤 외부적 환경이나 조건에서 오지 않고, 우리 자신의 내면—우리 자신의 존재에서 나오는 지복이다. 이 진리는 사려 깊은 모든 사람이 직접 검증할 수 있게 열려 있으며, 여기에 도달하는 데는 많은 노력이 필요하지 않다.

5. "행복이 무엇입니까? 그것은 진아에 내재합니까, 대상에 내재합니까, 아니면 주체와 대상 간의 접촉에 내재합니까?"

바가반: "바람직한 대상과의 접촉이나 그에 대한 기억이 있을 때, 그리고 바람직하지 않은 접촉이나 그에 대한 기억에서 벗어나 있을 때, 우리는 행복이 있다고 말합니다. 그런 행복은 상대적이며, 쾌락이라고 부르는 것이 낫습니다. 그러나 우리는 절대적이고 영구적인 행복을 원합니다. 그것은 대상들 안에 거주하지 않고 **절대자** 안에 거주합니다. 그것은 고통과 쾌락에서 벗어난 **평안**입니다. 곧, 하나의 중립적 상태입니다." 대담 28

주註: 참된 행복의 특징을 이루는 **평안**은 고통도 아니고 쾌락도 아니다. 왜냐하면 그 둘 다 주체가 대상과 접촉하는 데서나, 그에 대한 기억에서 나오는 활동적 상태인데, 그것은 주체가 대상을 추구하여 그 자신에게서 빠져나가는 것을 요하는 반면, **평안**은 우리가 잠의 예에서 증명했듯이 주체 자신으로 존재하는 것에 내재해 있기 때문이다. 이 **평안**은 대상, 곧 비존재('나의 존재 아닌 것')와 전혀 어떤 관계도 없다. 존재하는 것(To BE)이 평안이고, 지복이다. 그래서 행복은 바로 우리의 자아(self)로서 늘 존재한다. 우리가 영원한 지복 안에 있기 위해서는—생각하거나 행하는 것이 아니라—**존재하기**만 하면 된다. 왜냐하면 '생각하기'는 늘 어떤 감각대상—몸, 혹은 다른 몸들—과 연관되며, 결코 **진아**와 연관되지 않기 때문이다. 쾌락은 이런 접촉의 결과이기에 찰나적일 수밖에 없는 반면, 지복은 존재 혹은 **진아**의—곧 모든 생각들을 생각하는 자이고 모든 행위들을 행하는 자이며, 모든 시간에 모든 환경에서 동일한, 불변의 고정된 주체의—지복이다.

6. "우리의 노력과 노력 없음을 넘어서는 상태가 있습니다. 그것을 깨달을 때까지는 노력이 필요합니다. (이것은 삼매三昧의 상태이고, 지복스럽습니다.) 그런 지복을 한 번이라도 맛본 뒤에는 그것을 다시 얻으려고 거듭 노력하겠지요. 평안의 지복을 한 번 체험하고 나면, 누구도 거기서 벗어나거나 다른 일에 관여하고 싶지 않을 것입니다. 진인이 생각에 몰두하기 어려운 것은 무지인(ajnani)이 생각에서 벗어나기 어려운 것과 같습니다. 어떤 종류의 활동도 진인에게 영향을 주지 않습니다. 그의 마음은 영원한 평안 속에 항상 머물러 있습니다." **대담 141**

주註: "노력과 노력 없음"은 행위와 무위無爲이고, 그 너머에 존재의 상태가 있는데, 그것을 깨달으려면 명상의 노력, 즉 수행(sadhana)이 필요하다. 이 상태의 지복을 한 번 맛보면 그것을 잊을 수 없고 버릴 수도 없다. 바꾸어 말해서, 우리가 마음의 활동―생각·느낌 등―을 일단 초월하면, 그때부터는 그 지복스러운 존재(being)를 다시 맛보기 위해 그런 것들을 초월하려는 노력을 늘 하게 될 것이고, 그러다 보면 그것이 영구적인 것이 된다. 그때는 '생각하기'가 처음에 생각을 억누르려고 하는 것이 어려운 만큼이나 어려울 것이고, 그 결과 우리는 무엇을 하거나 하지 않거나에 관계없이 항상 평안 속에 머무르게 될 것이다. 이것이 진인의 본연삼매(sahaja samadhi) 상태, 즉 희석되지 않은 지복이다. 그의 행위조차도 무위로 간주되는데, 왜냐하면 그것은 애씀이 없기 때문이다.

7. "우주는 '나'라는 생각 때문에 존재합니다. 그 생각이 끝나면 불행도 끝이 납니다. 잠들어 있던 사람이 지금은 깨어 있습니다. 잠 속에서는 행복이 있지만 생시에는 불행이 있습니다. 잠 속에서는 '나'라는 생각

이 없었지만, 깨어 있는 지금은 그것이 있습니다. 잠 속에서의 행복의 상태는 애씀이 없습니다. 따라서 우리는 바로 지금 그 상태를 이루어 내는 것을 목표해야 합니다. 그것은 노력을 요합니다." 대담 222

주註: 바가반은 행복이 진아에서만 나온다는 진리를 우리에게 계속 망치질(hammering)한다. 자기 자신―'나'―에 대한 생각이 있을 때는 늘, 하나의 생각-세계가―너, 그들, 그, 무수한 다른 것들이―있고, 하나의 세계가 있을 때는 늘 괴로움이 있다. 이것을 하나의 불변적 법칙으로 여겨도 될 것이다. 따라서 세계는 불행의 상태이다. 완전한 불행에 빠진 사람은 한동안 잠의 지복스러움 속에서 자신과 자신의 불행을 잊기 위해 약을 먹거나 술을 마시고 잠이 드는데, 잠 속에서는 생각에서 벗어난, 그래서 불행에서 벗어난 상태가 지배한다. 잠을 자서 괴로움을 떨쳐낸 뒤에, 그 약 먹은 사람은 깨어나서 다시 불행을 갖는다.

따라서 우리가 괴로움에서 영구히 벗어나기 위해서는, 바로 이 세계 안에서 생시의 상태에서도 우리의 잠을 영속화시켜야 한다. 이것이 모든 요가 수행의 목표이고, 삼매三昧라고 불리는데, 그것은 생시 상태(jagrat)에서의 잠(sushupti)을 의미한다. 모든 노력이 이것을 향해야 한다.

8. 애완 다람쥐가 케이지(cage)에서 달려나갈 기회를 엿보고 있다. 스승님이 말씀하셨다. "다들 달려나가고 싶어 하지요. 밖으로 나가기로 하면 한이 없습니다. 행복은 안에 있지 밖에 있지 않습니다." 대담 229

주註: 스승님은 일상생활에서 가져온 비유를 즐겨 쓰시는데, 이 비유는 적절하고 아름답다. 이 다람쥐는 다양성의 세계에서 고통과 쾌락을 즐기려고 자신의 '집'—진아 곧 심장—에서 도망가는 개아(jiva)이다. 그것은 집이 없는 것, 바깥에서 이방인이 되는 것인데도 말이다.

"다들 달려나가고 싶어 한다"는 것은, '집'에서 평안과 고요함 속에 머물러 있기보다 세계의 그림자 연극에 의해 미혹되기를 더 선호하는 대다수 사람들에게 해당된다.

이 애완 다람쥐는 먹잇감을 찾는 고양이들로부터 보호하려고 아쉬람에서 케이지에 넣어둔 아기 다람쥐이다. 아기 다람쥐들이 나무 위의 둥지에서 사고로 떨어져 무력하게 곤경에 처해 있으면 **바가반**이 데려다 보살피다가, 그들이 다 자라서 자신을 돌볼 수 있게 되면 풀어주시곤 했다.

9. "영혼, 마음, 에고는 말에 불과합니다. 그런 것들은 실재하는 개체가 아닙니다. 의식이 유일한 진리입니다. 그것의 성품은 **지복입니다**. 지복만이 있습니다. 향유자와 즐거움 둘 다 그 안에 합일됩니다. 쾌락은 마음을 안으로 돌려서 붙들어두는 데 있고, 고통은 마음을 밖으로 내보내는 데 있습니다. 쾌락만이 있습니다. 쾌락이 없는 것을 고통이라고 합니다. 우리의 성품은 쾌락-지복입니다." **대담 244**

주註: 의식, 진아, 존재는 똑같은 **실재**이다. 우리가 이미 보았듯이, 진아는 지복스럽다. 우리는 성품상 지복이지만, 앞의 주註에 나온 비유에서처럼 "달려나갈" 때, 곧 우리가 바깥을 향하고 몸을 우리 자신으로 여기면서 그것에 특별한 이름 하나를 부여할 때는, 우리가 우리 자신 아닌 것—몸과 그 이름—이 되고, 그럴 때 우리는 지복이 아니다. 우리는 아무개 씨의 몸이 이어받고 있는 괴로움을 우리 자신이 떠맡는다. 바꾸어 말해서 우리는 자신을 비非진아(not-Self)로 상상하며, 마찬가지로 우리 자신 안에서 비非진아의 괴로움과 고통을 상상한다. '밖으로 향함'이 이런 거짓된 상상의 원인이다. 우리는 내면에서 순수하고 지복스러운 '세계를 보는 자'를 바라보지 않고, 바깥으로 불행과 질병이 널린 세계를 바라보고 '보는 자'의 그 사멸할 몸을 바라보면서, 그것을 '보는 자' 자신으로 착각한다.

"영혼, 마음, 에고는 말에 불과하다. 의식이 유일한 진리이다." 이것은 우리가 전혀 아무런 의미도 전달하지 못하는 (단어의) 소리들에 빠져서는 안 된다는 것을 적시에 상기시켜 주는 말씀이다. **바가반은 굉장히 실용적이다.** 우리는 영혼이나 에고라는 단어를 기계적으로 되풀이하지만, 누구도 영혼이나 에고가 무엇인지 모른다. 그러나 자각이 무엇인지, 의식과 무의식이 무엇을 의미하는지는 모두가 알고 있다. 왜냐하면 우리는 매일 눈앞에서 무의식의 상태에 있는—잠이 들었거나, 기절했거나, 마취 상태인—사람들을 보기 때문이다. 그래서 스승님은 진아와 그것의 모든 동의어들—영혼·영靈·마음·지知·지성, 심지어 에고(이것은 진아에 대한 잘못된 명칭이지만)—에 대해 의식이라는 단어를 사용한다.

10. "그대의 성품은 행복입니다. 그대는 그것이 분명하지 않다고 말합니다. 무엇이 그대의 참된 존재를 보지 못하게 가로막는 보십시오. 그 장애물은 그릇된 정체성이라고 그대에게 지적해 드리고 있습니다. 그 오류를 제거하십시오. 환자가 병이 치유되려면 의사가 처방해 준 약을 환자 자신이 먹어야 합니다. 만일 그대가 말하듯이 그 환자가 너무 약해서 스스로 먹지 못한다면, 침묵하면서 의사가 재량껏 하게 해야 합니다. 그것이 애씀 없음입니다." 대담 295

주註: 이 텍스트의 앞 절반은 이미 다루었다. 환자와 약과 관련하여 질문자는 "자신을 의사의 손에 무조건 맡겼다"고 호소했다. 스승이 제자를 위해 진아를 보아줄(진아자각을 대신해 줄) 수 없다는 것은 타당하다. 왜냐하면 제자가 늘 그 자신을 위해 진아를 보고 있기 때문이다. 제자의 정신적 소견이 변해야 하고, 그가 거짓된 동일시를 제거하기 위해서는 스승이 처방해 준 약을 스스로 먹어야 한다. 약함을 호소하여 수행을 해야 할 의무를 면제 받은들 도움이 안 될 것이다. 왜냐하면 누구나 같은 구실을 대면서 노력하는 것을 면할 수 있기 때문이다. 바가반은 만일 제자가 (스스로) 노력하기에 "너무 약하다면" 스승에게 완전히 순복해야 한다고 말한다. 이 대안은 이런 "약한" 구도자들 대부분을 기쁘게 할 것처럼 보인다. 왜냐하면 그러면 그들이 긴장할 필요에서 벗어나기 때문이다. 이때 문제는 이 약한 제자가 순복할 만큼 강한가 여부이다. 만일 그가 마음을 집중하는 노력을 조금도 할 수 없다면, 부단한 기억을 요하는 순복이라는 훨씬 더 큰 노력을 할 수 있는 힘을 어디서 가져오겠는가? 만일 질문자가 스스로 생각하듯 자신을 "무조건" 내버렸다면, 그는 은총을 구걸하러 찾아오지도 않을 것이고, 그 자신이 은총을 하사하는 자, 즉 스승이 될 것이다. 다음의 대화에서 우리는 이 점에 대한 바가반 자신의 견해를 듣게 될 것이다. 위의 논점들을 분명히 하기 위해 나는 그 대화 전체를 있는 그대로 제시한다.

그러나 초심자들은 그들이 이런 노선에서 어떤 노력을 하든, 그 노력은 결코 허비되지 않는다는 사실에서 안도해야 할 것이다. 이 길에서는 누구나 모든 단계를 통과해야 근기인根機人(adhikari)이 된다. 마치 모든 사람은 유아기·아동기·사춘기를 통과해야 성인이 되듯이 말이다.

11. 문: "제가 스승의 은총을 받을 수 있겠습니까?"
답: "은총은 늘 있습니다."
문: "그러나 저는 그것을 느끼지 못합니다."
답: "순복하면 은총을 이해하게 될 것입니다."
문: "저는 온 마음으로 순복해 왔습니다. 저의 내심은 제가 누구보다도 잘 압니다. 그런데도 은총을 느끼지 못합니다."
답: "만약 순복했다면 그런 의문이 일어나지 않겠지요." 대담 317

주註: 이 질문자가 진지할 뿐 아니라 단호하다는 것은 누구도 부인할 수 없다. 그는 또한 "온 마음으로 순복했고", 그에 대해 "누구보다도 잘 안다." 그런데 왜 은총은 곤경에 빠진 그를 내버려두고 있는가? 은총이 편파적이거나 진아가 무정한가? 우리는 진아의 지혜와 선함을 의심하든지, 아니면 순복이 완전한지를 의심해야 할 것이다. 그리고 전자는 생각할 수도 없는 것이므로, 결함은 후자에 있음이 분명하다. 만일 순복이 일어났다면 은총에 대한 요청은 "일어나지 않았을" 거라는 바가반의 결론적 답변은, 순복과 노력을 주장하고, 그 위에 "온 마음으로"를 추가하는 대다수 사람들이 가진 환상을 폭로한다. 자기분석(self-analysis), 곧 자신의 동기動機와 자기 내심의 비밀들에 대한 가장 신중하고 정직한 점검은 우리의 수행에서 매우 필수적인 부분이며, 자기탐구(vichara)와 명상(dhyana)을 돕는다. 그것은 구도자들의 모든 망상을 제거한다. 스승에게 설득력 있는 언어를 구사하면 자신들이 원하는 무엇이든 그에게서 얻을 수 있다고 상상하는 사람들도 있다고 한다. 자기점검은 이런 어리석음을 뿌리 뽑고, 그들을 깨우쳐서 그들이 제자와 관련한 스승의 역할에 대해 건전한 소견을 얻도록 해준다.

12. "각자가 행복을 추구하지만 고통과 연관된 쾌락을 행복이라고 착각합니다. 그런 행복은 일시적입니다. 그가 잘못 알고 하는 활동이 그에게 일시적인 쾌락을 안겨줍니다. 세상에서는 고통과 쾌락이 번갈아 듭니다. 고통이 따르지 않는 일이 뭐가 있습니까? 인간은 고통을 추구하고 거기에 관여합니다. 고통을 낳는 일과 쾌락을 낳는 일을 구분하여, 행복을 낳는 추구에만 자신을 국한하는 것이 무욕(vairagya)입니다."
대담 302

주註: 이 텍스트의 끝부분은 무욕에 대한 좋은 정의定義인가? 그 과정에서는 통상 그렇지 않지만, 그 결과에서는 확실히 그렇다. 포기가 행복이다. 세상에는 행복 같은 것이 없다. 왜냐하면 세계는 비非진아이고, 우리가 이미 증명했듯이, 진아만이 희석되지 않은 행복이기 때문이다. 상반되는 것에서 어떤 덕이나 자질을—예컨대 증오에서 사랑을, 공포에서 평안을, 컴컴한 어둠 속에서 빛을—추구하는 것은 자가당착이다. 행복에 적대적인 영역, 즉 세계에서 행복을 기대하는 것은 헛된 기대이다. 하지만 모든 인간들의 활동은 이 거짓된 기대에 기초해 있다. 다만 그들은 자신들이 그것을 성취해 있다고 상상한다. 이러한 자기도취는 마약을 먹고 인위적인 지복을 얻는 아편 복용자의 도취와 같다. 하지만 진아가 끊임없이 나타나면서, 이따금 역경을 통해서 사람을 성숙시켜 자신의 통탄할 만한 상태를 깨닫게 한다. 이런 사람이 바로 (세간적 행복 추구라는) 아편 복용의 습관에서 자신을 치유하는 것을 목표로 하는 무욕인(vairagi)이고, 초보 해탈자(mukta)이다.

13. "행복에 대한 욕망은 항상 존재하는 진아의 행복에 대한 하나의

증거입니다. 그렇지 않다면 어떻게 그에 대한 욕망이 그대 안에서 일어날 수 있습니까? 만약 두통이 인간들에게 본래적인 것이라면 아무도 그것을 없애려고 하지 않겠지요. 사람은 자신에게 본래적인 것만 욕망합니다. 행복은 본래적인 것이기에, 그것은 얻어지지 않습니다. 원초적 지복이 비非진아에 의해 가려지는데, 이 비진아는 비非지복, 곧 불행입니다. 불행의 상실은 행복을 얻는 것과 같습니다. 불행이 제거되면 항상 존재하는 지복이 얻어진다고 합니다. 불행과 뒤섞인 행복은 불행일 뿐입니다." **대담 619**

주註: 이 텍스트의 많은 부분은 이미 논의했다. 첫째 행은 매우 암시적이다. 모든 살아 있는 존재가 자신의 행복을 욕망한다는 것은 자명하다. 왜냐하면 그것은 생명 그 자체에 내재한 하나의 타고난 본능으로서, 궁극적으로 우리 자신이 영원히 지복스러운 존재임을 재발견하도록 이끌어주기 때문이다.

이 텍스트가 선언하듯이 만일 행복이 우리의 **진아** 자체라면, 우리는 어떻게 해서 행복이 너무 없는 이 세상에 있게 되어, 그것을 얻으려고 그토록 많은 애를 써야 하느냐고 물을지 모른다. 그 답은, 우리에게 행복이 없는 때가 없다는 것이다. 행복은 우리의 존재 자체로서 지금도 있고, 늘 존재해 왔다. 그러나 **바가반**은 이 "원초적 지복"이, 감각기관들이 창조한 외관상으로 즐거운 이 세계에 의해 가려져 왔다고 단언한다. 외적인 대상들, 곧 비非진아는 아주 매력적이어서 우리의 주의를 독점하고 우리가 그것을 지각하지 못하게 유혹해 왔다. 하지만 불행이 뒤섞인 즐거움은 불행에 지나지 않는다. 감각기관들의 창조물을 제거하면, 혼합되지 않은 지복스러움이 드러날 것이다. 행복 그 자체를 얻으려고 애쓸 필요는 없고, 본질상 불행인 세계의 인위적 즐거움들을 없애고, 영구적인 지복 안에 있으려고 노력하라. 이것이 "불행의 상실은 행복을 얻는 것과 같다"는 문장의 주안점이다.

"사람은 자신에게 본래적인 것만 욕망한다"는 말은, 우리가 어떤 것을 욕망하기 때문에 그 사물이 우리의 성품임이 드러난다는 의미가 아니다. 왜냐하면 그것은 이 가르침의 면모를 달리 보이게 할 것이기 때문이다. 그 말의 의미는 만일 지복이 바로 우리의 존재성이 아니라면, 왜 우리가 그것을 그토록 열렬히 욕망하겠는가라는 것이다. 그것은 또한 우리가 가진 보통의 욕망들조차도 진아를 위한 행복을 목표로 한다는 뜻이다.

14. "왜 지금 고통이 있어야 합니까?"

바가반: "만일 고통이 없다면 행복해지고 싶다는 욕망이 어떻게 일어날 수 있겠습니까? 그 욕망이 일어나지 않는다면 **진아탐구**가 어떻게 성공할 수 있겠습니까? 행복이 무엇입니까? 건강하고 잘생긴 몸, 제때에 하는 식사 같은 그런 것입니까? 황제조차도 끝없는 문제를 가지고 있습니다. 몸이 건강하다 해도 말입니다. 모든 고통은 '나는 몸이다'라는 거짓된 관념에서 비롯됩니다. 그것을 없애는 것이 **진지**眞知(jnanam) 입니다." **대담 633**

주註: 그것 보시라. 가능한 모든 즐거움 요소들—건강, 최고의 음식과 보살핌, 부유한 여가, 잘생긴 얼굴, 신체적 우아함 등—을 가지고 몸에 비위를 맞춰준다고 해서 행복이 오지는 않는다. 굳이 말하면, 그것은 명백한 몇 가지 이유로 어려움을 배가시킨다. 물질적 즐거움 요소들과 무관하게, 도덕적 건강만이 고요함으로 이끈다. 왜냐하면 그것은 몸에 대한 상당한 무욕(dispassion)을 수반하기 때문이다. 그래서 우리가 몸에 대한 주의와 집착적 사랑을 줄이면 줄일수록, 우리는 **진아**의 지복에 더 가까이 간다. 이것은 몸이 우리 자신이라는 믿음을 정면으로 논박하는 것이자, 한편으로 마음의 평안을 욕망하면서 다른 한편으로 신상神像을 숭배하는 것보다 자신의 몸을 더 숭배하는 사람들의 눈을 번쩍 뜨게 하는 것이다.

괴로움은 순전한 악인가? **바가반**은 그렇지 않다고 답변한다. 오히려 괴로움은 우리를 감각기관들에게 데려가서 우리가 괴로움에서의 해방을 깊이 생각하고 탐구를 시작하게 강제한다는 점에서, 하나의 축복이다.

따라서 이 텍스트가 의심의 여지 없이 입증하는 세 가지 논점은, 1) 몸은 그 사람이 아니다, 2) 인간은 성품상 슬픔이 없다, 3) 슬픔은 하나의 질환이기에 **진아지**에 의해서만 뿌리 뽑힐 수 있다는 것이다.

제2장 삶, 죽음, 환생

1. 어떤 사람이 죽었다는 소식이 스승님께 전해졌다. 당신이 말씀하셨다. "좋지요. 죽은 이들은 실로 행복합니다. 그들은 문제 많은 혹 덩어리인 몸을 없애 버렸습니다. 죽은 이는 슬퍼하지 않습니다. 살아남은 자들이 죽은 사람에 대해 슬퍼합니다. 사람들이 잠을 두려워합니까? 오히려 잠을 반기고, 잠에서 깨어나면 누구나 행복하게 잤다고 말합니다. 하지만 잠은 일시적 죽음에 지나지 않습니다. 죽음은 긴 잠이지요." **대담 64**

주註: 바가반은 죽음과 잠이라는 두 가지 상태에서 우리의 행동이 현격하게 대비됨을 지적하는데, 이 두 상태는 지속시간의 문제를 제외하면 동일하다. 그런데 그에 대해서도 우리는 그다지 확신하지 못한다. 우리는 죽음을 싫어하지만, 잠을 자려고 갖은 애를 다 쓴다. 워낙 그래서 며칠 밤을 못 자면 의사의 도움을 청하고, 극단적 모르핀 주사는 맞지 않는다 해도 수면제를 먹기 시작한다. 우리가 잠이라고 하는 일시적 죽음에서는, 우리가 침상을 펴고 잠을 고대하며 노수부老水夫(Ancient Mariner)의 이런 노래를 부른다.

"오 잠이여, 잠은 온화한 것

남극에서 북극까지 사랑받는 것
성모 마리아께 찬미를 드리니
그녀가 천상에서 온화한 잠을 보내
내 영혼 속으로 스르르 들어왔네.[1]

우리가 죽음이라고 하는 긴 잠에서는, 우리가 사랑했던 사람들이 세상을 떠나면 그 떠난 이들은 그것을 즐기는데, 우리는 그들에 대해 즐거워하기는커녕 우울한 얼굴로 슬퍼한다. 죽음이 불러일으키는 강렬한 슬픔과 무서운 두려움이 절절하지 않다면, 우리의 그런 비합리적 행동이 지혜로운 사람에게는 우습게 보일 것이다.

스승님은 몸을 '문제 많은 혹 덩어리'로 인식한다. 왜냐하면 그것은 그 사람—곧 순수한 존재 위에 덧씌워지기 때문이다. 스승님도 몸을 가지고 있지만, 당신은 자신을 몸이 없다고(videha) 보신다. '몸이 나다'라는 느낌은 당신에게 존재하지 않지만, 몸이 필요로 하는 것들과 몸의 질병들은 계속 '문제'가 된다. '무신자無身者'는 해탈자(Mukta)이며, 때로는 '무신해탈자(Videhamukta)'로 불린다. 헌신자들은 그를 순수한 브라만의 현현으로 숭배하지만, 비지성적인 사람들은 그의 상태를 '산 죽음(living death)'이라고 부른다. 그렇지만 우리는 모두 이 '산 죽음'을 얻기 위해 노력하고 있고, **무신해탈자를 조롱하는 사람들도 그러하다.**

스승님은 이렇게 말씀을 계속한다.

2. "만일 인간이 살아 있는 동안에도 (잠을 통해 매일) 죽는다면, 남의 죽

---

[1] *T.* 새뮤얼 테일러 콜리지, 「노수부老水夫의 노래(The Rime of the Ancient Mariner)」(제5장)(2017, 글과 글 사이, 김천봉 옮김).

음에 슬퍼할 필요가 없습니다. 몸이 있든 없든 우리가 존재하는 것은 명백합니다. 그렇다면 왜 신체적 족쇄를 바란단 말입니까? 사람은 자신의 불멸하는 진아를 알아내고 행복해져야 합니다." 대담 64

주註: 바로 앞 주註에서 우리는 '살아 있는 동안 죽는 사람'이 누구인지를 보았다. 당연히 그런 사람은 누구의 죽음을 슬퍼하지 않는다. 그는 자신의 상태를 알듯이 그들의 상태를 알고 있고, 기분 좋게 웃기 때문이다. 바가반은 경험에 비추어 말씀하시기를, "몸이 있든 없든" 사람은 모든 상황과 조건 하에서 동일한 존재로 남아 있다고 하셨다.

3. 바가반의 한 지극한 헌신자가 세 살 난 외아들을 잃었다. 다음날 그가 가족과 함께 아쉬람에 왔다. 스승님이 그들을 보시고 말씀하셨다. "마음 훈련은 우리가 슬픔과 사별을 용기 있게 견디는 데 도움이 됩니다. 특히 자식을 잃었을 때 말입니다. 슬픔은 우리가 자신을 유한한 형상을 가진 존재로 여기는 한에서 존재합니다. 그 형상을 초월하면, 우리는 자신이 탄생도 죽음도 없이 영원하다는 것을 깨달을 것입니다. 태어나는 것은 몸일 뿐입니다." 대담 80

주註: "형상을 초월한다"는 것은 굉장한 관념이다. 죽음이 파괴하는 것은 형상뿐인데, (죽은 사람의) 그 형상에 집착하는 한 우리는 계속 죽음의 고통을 느낀다. 그러나 만약 지知에 의해, 그 형상은 우리가 사랑하는 그 사람이 아니라는 것을 깨닫게 되면, 우리가 슬픔을 초월할 수 있을 것이고, 사실 죽음 자체도 초월하게 될 것이다.

우리는 사랑하는 가족이 단순히 하나의 형상, 채색된 그림, 생명력 없는 물질이 아니라, 생명과 지성으로 충만해 있고, 생각하고, 느끼고, 사랑하고, 의지하고, 행위하는 하나의 존재, 하나의 개체이며, 그 존재와 우리가 아버지·아들·남편·이웃·친구 등의 관계들을 확립하는 것이라는 데 모두 동의한다. 지성이 없는 몸은 그 자체로 그런 어떤 기능도 수행할 수 없고, 생명[즉, 그 사람]이 몸에서 철수할 때는 하나의 무력한 물질로 남아 화장火葬하기에 적합한 것이 된다.

바가반이 제시하는 "마음 훈련"은 사별로 인한 모든 슬픔을 소멸할 뿐 아니라, 우리의 불멸성에 대한 진리를 드러내줄 것이고, 그리하여 우리를 미래의 탄생과 죽음에서 구원해줄 것이다. 그래서 경전(*Srutis*)에서, 우리가 지각할 수 있고 생각할 수 있는 어떤 대상도 **의식**의 대상이며, 따라서 지각력이 없고, 변할 수 있고, 파괴될 수 있다는 법칙을 규정해 둔 것이다. 주체, 곧 **의식**만이 지각력이 있고, 변할 수 없고, 파괴 불가능하다.

4. "가지가 잘린 나무가 어떻게 다시 자라는지 보십시오. 그 생명 근원이 영향을 받지 않는 한 그것은 자랄 것입니다. 마찬가지로, 상습常習(*samskaras*)도 죽음을 맞아 **심장** 속으로 가라앉지만 소멸하지는 않습니다. 그것은 다시 태어납니다. 큰 반얀나무가 작은 씨앗에서 솟아나듯이, 이름과 형상들로 이루어진 이 광대한 우주도 **심장**에서 솟아납니다." 대담 108

주註: 이것이 환생(rebirth)의 이유이다. 한 생이 마감될 때 남아 있던 상습常習, 곧 인상들이 다음 생의 씨앗이 된다. 그것은 **심장** 속에 저장되고, 거기서 적절한 때에 새로운 환경, 새로운 여건, 새로운 성향을 가진 하나의 새로운 몸이 "솟아"나서 새로운 삶을 만들어 간다. 거북이 자기 다리들을 등딱지 속에 집어넣듯이, 평생의 (정신적) 인상들도 마지막 순간에 한데 모여서 감각기관들과 함께 의식의 중심 속으로 철수하여 미래생의 중핵을 이룬다. 『바가바드 기타』에서는 이것을 다음과 같이 생생하게 표현한다.

> 하느님이 한 몸을 획득할 때와 그것을 버릴 때, 그는 감각기관들과 마음(manas)을 붙잡아 가져간다. 마치 바람이 꽃에서 향기를 가져가듯이.
> 귀, 눈, 촉감, 맛, 냄새와 마음 속에 내장되어 있는 그는, 감각의 대상들을 즐긴다.
> 미혹된 자들은 성질(gunas)에 지배되어, 그가 떠나거나 머무르거나 즐길 때 그를 지각하지 못하지만, 지혜의 눈을 가진 이들은 그를 지각한다.
> ― 『바가바드 기타』, 15.8-10

그래서 하느님은 개아個我를 그 자신과 동등시한다. 왜냐하면 개아가 곧 불멸하고 불변하는 그(진아)인데, 몸들을 취하여 그 몸을 통해 감각기관들을 즐기고, 그 몸들을 버리고는 새 몸들을 취하기 때문이다. 이와 같이 경전에서는 우리의 불멸성과 신성神性을 확인해 준다.

몸이 일어나면서 감각기관과 모든 정신적 기능들도 일어나서 무한한 공간과 무한한 시간 속에서 하나의 우주를 펼친다. 따라서 전 우주는 우리가 **심장**이라고 부르는 작은 공간 안에 뿌리를 두고 있다.

5. "우리가 사랑하는 사람이 죽으면 슬픔이 일어납니다. 모두를 똑같이 사랑하거나 전혀 사랑하지 않으면 그런 슬픔을 피하게 될까요?"

바가반: "두 가지 다 같은 거나 마찬가지입니다. 모두가 하나의 진아가 되었을 때, 사랑하거나 미워할 사람이 누가 있습니까? 슬퍼하는 그 에고가 죽어야 합니다. 그것이 유일한 길입니다." 대담 252

주註: 슬퍼하는 자는 그 시신을 자신이 사랑하던 그 사람으로 여긴다는 점은 우리가 이미 논의했다. 그 몸이 죽으면 자신이 사랑하던 그 사람이 죽었다고 믿는다. 이 오류는 누구의 책임인가? 물론 에고, 즉 자신을 자기 몸으로 착각하는 그 사람이다. 그러나 이 에고는 그 자체 하나의 그릇된 개념, 상상된 개체이다. 따라서 결론은, 전체 현상―죽은 사람, 그 죽은 사람에 대한 슬픔, 죽은 사람에 대한 슬픔에 사로잡힌 사람―이 쓸모없다는 것이 분명하다. 그것은 상상이 만들어낸 하나의 몽마夢魔(incubus)인데, 스스로 없애기가 어려운 것이다. 만일 그 몽마를 죽이는 어떤 방법, 예컨대 어떤 수행법이 발견될 수 있다면, 그 환각은 저절로 해체되어 **진아**라는 **실재** 속으로 흡수될 것이다. 그럴 경우, 사랑하는 자와 사랑 받는 자의 이원성이 없고, **진아**만이 유일한 존재이기 때문에, 질문자가 지칭하는 그런 사랑은 일어날 일이 없을 것이다.

6. "그대는 환생하는 자가 에고인지를 묻습니다. 그렇지요, 그러나 환생이 무엇입니까? 에고는 동일하지만 새로운 몸들이 나타나서 그것을 붙듭니다. 그대의 몸에 바로 (지금) 어떤 일이 일어나는지만 한 번 보십시오. 그대가 런던에 가고 싶다고 합시다. 그대는 어떤 교통수단을 타고 부두로 가서 기선에 올라, 며칠 만에 런던에 당도합니다. 어떤 일이 일어났습니까? 교통수단이 세상의 한 곳에서 다른 곳으로 움직였습니다. 교통수단의 그 움직임들이 그대의 몸 위에 덧씌워졌습니다. 마찬

가지로 환생도 덧씌움입니다. 그대가 꿈의 세계로 들어갑니까, 아니면 그것이 그대에게 다가옵니까? 분명히 후자입니다. 환생에 대해서도 마찬가지라고 할 수 있겠지요. 에고는 내내 변함없이 그대로 있습니다."
대담 311

주註: 이 텍스트의 주안점은, 개인에게 일어나는 일은 그 자신의 안에서 일어나는데도 바깥에서 오는 것처럼 보인다는 것이다. 탄생은 개인이 —개아 혹은 에고가— 그 자신의 안에서 구성된 하나의 몸을 취하는 것이다. 마치 꿈속의 몸이 그 꿈을 꾸는 사람 자신에게서 일어나 그의 마음에—혹은 같은 말이지만, 그 자신에게—덧씌워지듯이 말이다. 이것이 "그대가 꿈의 세계로 들어갑니까, 아니면 그것이 그대에게 다가옵니까?" 라는 말의 의미이다. 죽음은 그 덧씌움이 일시적으로 제거되는 것이고, 탄생은 하나의 새로운 몸 안에서 그것이 재확립되는 것이며, 그렇게 계속되다가 결국 진지($jnana$)가 그 덧씌움들을 돌연히 끝내게 된다. 이것은 거미가 일시적으로 사용하기 위해 그 자신에게서 뽑아내는 무수한 거미줄들과 비슷하다.

여행 과정의 비유는, 그 개인 자신이 늘 똑같은 자로 남아 있고, 오랜 여행[윤회]은 그가 하는 것이 아니라 그가 여행을 위해 사용하는 여러 교통수단들[몸들]이 하는 것이라는 사실을 잘 보여준다. 개아는 그 자신의 탈것을 구축하여 발현업($prarabdha$)의 요구에 따라, 말하자면 그 자신의 즐거움을 위해서 그것을 타고 다니는데, 발현업이란 그 개아가 하는 행동과 그것이 이전의 몸들을 사용할 때 받은 정신적 인상들의 결과이다. 따라서 우리가 죽어서 다시 태어난다거나, 진화의 바퀴(윤회)를 돌고 도는 것이 우리라고 말하는 것은 잘못이다. 우리는 시작이나 끝이 없이 늘 똑같은 것으로 남아 있다. 우리의 마음 속에 그것을 확고히 고정하여, 진화론, 오컬티즘, 행동주의 기타 그런 부류에 매몰되지 않도록 하자.

7. "지성과 감성은 죽음 이후에도 살아남습니까?"
바가반: "그것을 생각해 보기 전에, 먼저 그대의 잠 속에서 어떤 일이 일어나는지를 생각해 보십시오. 잠은 두 생시 사이의 간격입니다. 그것들(지성과 감성)이 그 간격을 넘어 살아남습니까? 그것들은 몸-의식을 나타내며, 그 이상 아무것도 아닙니다. 만일 그대가 몸이면 그것들이 늘 그대에게 붙어 다닙니다. 그대가 몸이 아니면 그것들이 그대에게 영향을 주지 못합니다. 잠들어 있던 사람이 지금은 이야기를 하고 있습니다. 잠 속에서 그대는 몸이 아니었습니다. 지금은 그 몸입니까? 그것을 알아내십시오. 그러면 전체 문제가 해결될 것입니다." **대담 426**

주註: 이것은 자신의 죽음에 관심이 있는 사람들에게 굉장히 흥미로운 것이다. 당신은 지금 깨어 있고, 내일도 깨어 있을 것이다. 그러나 그 둘 사이에는 깨어 있지 않은 상태라는 하나의 간극이 있다. 그 상태에서 당신의 지성과 감성은 어떻게 되는가? 어떻게 되는지 모른다고 말할지 모르지만, 그때도 당신이 존재한다는 것을 당신은 안다. 그렇지 않다면 당신은 그 간극, 즉 잠을 전혀 언급하지 않을 것이다. "간밤에 여섯 시간을 잤다"고 하면서, 생시의 경험을 하듯이 당신이 잠의 경험을 한다는 것을 시인하지 않을 거라는 것이다. 만약 밤에 당신의 존재에 단절이 있다면, 당신은 매일 끝이 나고 매일 아침 새로운 사람이 될 것이다. 그러면 당신이 어제 아무개를 만났다거나, 20년 전에 이러이러한 일을 했다는 것을 기억한다는 것이 불가능할 것이다. 오늘 이전의 어떤 것에 대한 기억도, 당신의 이름, 집, 하는 일 혹은 가족관계에 대한 기억조차도 전혀 없을 것이다. 왜냐하면 당신은 새로 태어난 것과 같을 테니 말이다.

이전의 사건들·대상들에 대한 기억과, 거듭거듭 잠을 자고 깨어났다는 기억이 지속된다는 사실은 당신이 고정되어 있다는 것, 당신은 다양한 경험들—때로는 즐겁거나 기억할 만하고, 때로는 그 반대인 경험들—을 통과하는 하나의 논리적 연속체라는 것을 증명한다. 당신은 그런 모든 경험들이 염주알처럼 꿰어져 있는 실인 것이다.

"내가 이 모든 경험과 상태들 속에서, 그리고 이 모든 세월 속에서 존재한다는 것을 인정한다고 해도, 어떻게 해서 나는 그런 경험들 대부분은 기억하면서 불과 몇 시간 전에 나의 잠 속에서 일어난 경험들은 기억하지 못하는가?"라고 당신은 반문할지 모른다. 그 답은, 우리는 그때의 경험들에 전혀 관심이 없다는 것이다. 왜냐하면 기억은 감각기관들처럼 잠 속에서는 **근원**으로 돌아갔다가 깨어나면 다시 나오기 때문이다. 우리는 당신 자신의 존재에만 관심이 있는데, 당신이 잠 속에서도 그 존재가 지속됨을 시인하므로, 우리에게는 이것을 죽음 이후의 상태에 적용하는 것 외에 아무 할 일이 남아 있지 않다. 그렇게 하는 데는 아무 어려움이 없을 거라고 본다. 잠 속에서 몸이 없을 때에도 개아個我는 연속된다는 입장을 우리가 취할 때는, 몸을 가지고 있다는 것이 존재의 기준이 될 필요가 없다는 것을 발견한다. 그렇다면, 몸이 소멸할 때 존재가 소멸한다고 가정할 만한 어떤 타당한 증거가 있는가? 확실히 그런 어떤 증거도 없다.

죽은 뒤의 우리의 지성과 감성으로 말하면, 그것들은 바로 지금도 그것이 매일 밤 가는 곳으로 갈 것이다.

이제 **바가반**의 말씀이 명백해진다. "잠들어 있던 사람이 지금 깨어 있다. 그대는 잠 속에서 그 몸이 아니었고, 그래서 지금도 그것이 아니다. 태어나는 것—몸—은 죽을 수밖에 없다. 그대는 태어나서 죽게 되는 존재가 아니다. 탄생과 죽음은 그대, 곧 **진아**에게 영향을 주지 않는다."

는 것이다.

8. "저희들은 전생에 모두 어떠했습니까? 왜 저희들은 저희 자신의 과거를 모릅니까?"
바가반: "신은 자비심에서 사람들이 그것을 모르게 해두었습니다. 만약 그들이 (전생에) 덕 있는 사람이었다는 것을 알면 자만하게 될 것이고, 그 반대였다면 기가 죽겠지요. 둘 다 좋지 않습니다. 우리가 **진아**를 아는 것으로 족합니다." 대담 553

주註: 이 질문은 아쉬람 사람들이 한 것이다. 사실 그것은 영적인 노선에 있는 거의 모든 사람에게 일어난다. 환생 이전을 이렇게 망각하는 것에 대해 **바가반**이 자비로운 신에게 감사하는 것은 타당하다. 그렇지 않다면 세상은 완전히 혼란에 빠져 있었을 것이고, 삶은 현 상태에서 이미 그러한 것보다 훨씬 더 비참할 것이다. **바가반**이 이야기하는 자만심이나 겸허함과 별개로, 완전히 잊혀지는 것이 더 나은 수많은 사건과 사물들이 있고, 그 자신을 위해서 그리고 관계되는 사람들을 위해서 세인들의 눈에 띄지 않고 있는 것이 더 나은 수백만의 사람들이 있다. (만약 사람들이 전생을 다 기억한다면) 수적으로 워낙 많고 본질적으로 워낙 심각한 문제들이 일어나서 점잖은 사람이 살기에는 지구가 너무 뜨거워질 것이다. 따라서 우리는 "한 날의 괴로움은 그날로 족하다"(성경, 「마태복음」, 6:34)고 말하면서, 한 생과 다른 생 사이에 무거운 커튼을 드리워준 데 대해 **전능한 하느님**께 감사 드려야 할 것이다.

하지만 우리는 그 커튼을 찢어서 과거를 보는 능력이 있다고 주장하는 일부 '오컬티스트'들에 대해 모두 들어 보았고, 그것이 무슨 이익을 주었는지 의아해 한다. 전생이 읽혀진 그 사람에게 그것이 지知를 안겨 주었는가, 아니면 '오컬티스트' 자신이라도 지知를 얻었는가? 그것이 뭔가 하는 일이 있다면, 그것이 어떤 사람들에게는 그 진정성에 대한 심각한 의문을 갖게 만들고, 또 어떤 사람들에게는 초라한 원시적 믿음을 갖게 만든다는 것인데, 둘 다 분명히 영적으로 해롭다. 그러니 왜 쓸데없는 초자연적 사항들에 관여하겠는가? **바가반**은, 얻을 가치가 있는 유일한 지知는 **진아**에 대한 **지**知이고, 그 나머지는 순전히 환상이라는 것을 우리에게 일깨워준다.

9. "환생의 필요성이 어디 있습니까? 진화 이론은 물리적으로 완벽합니다. 그러나 영혼에게는 더 발전하는 것이 필요할 수 있고, 그것은 그가 죽은 뒤에 일어납니다."

바가반: "우리가 환생을 이야기하기 전에 먼저 탄생이 있는지를 살펴봅시다. 그 사람은 누구입니까, 그 몸입니까, 그 영혼입니까? 그대는 '그 둘을 합친 것'이라고 대답합니다. 그러나 몸이 없을 때, 이를테면 잠 속에서도 그대는 존재하기를 그치지 않습니다. 그대는 잠을 일시적인 죽음이라고 합니다. 따라서 삶도 일시적입니다. 만일 삶과 죽음이 일시적이라면, 일시적이지 않은 뭔가가 있어야 합니다. 그것이 **실재**입니다. 이런 질문들이 누구에게 일어나는지를 보십시오. 그 질문자를 발견하지 못하면 그런 질문들이 결코 쉬어질 수 없습니다." 대담 644

주註: 많은 사람들이 전생에 대한 의문을 피력했는데, 특히 환생을 가르치지 않는 경전을 신봉하는 사람들이 그러했다. 이 질문자는 무슬림으로서 진화론에 완전히 만족하고 있었기에, 그에게는 환생이 필요하지 않았고, 인간이 아메바에서 솟아났다는 것 외에는 자신의 신학적 믿음에서 벗어나지도 않았다. 그러나 주의 깊게 고찰해 본다면, 그의 질문들은 그 안에 그 나름의 해법들을 가지고 있다.

우선 첫째로, 그는 영혼의 불멸성과, 죽음 이후 그것이 지속적으로 발전하여 완성을 성취한다는 것을 인정하지만, 몸에 대한 편견을 버리지 못하고, 몸을 영혼의 파트너로 삼아 한데 종합한 것이 자신의 자아(self), 곧 '나'라고 믿는다. 그러나 자신이 어떤 기반 위에서 몸에게 '나'의 한 구성요소 자리를 부여하는지 탐구해 보려고 하지 않는다. 만일 몸이 그의 자아의 절반이라면, 이 자아는 더 이상 하나의 동질적 단위가 아니라 필멸의 물질과 불멸의 실체가 합성된 혼합물이며, 그 중에서 그가 죽음 이후에도 살아남는 영혼이라고 부르는 불멸체는 한 부분, 곧 절반일 뿐이다. 이것이 말이 되는가? 더욱이 만약 영혼이 하나의 통합적 전체가 아니라면, 어떻게 그것이 그가 말하는 진화 속에서 완성을 이루는 것이 가능한가? 또 그는 영혼이 죽음 이후에 "더 발전하는 것"을 어떻게 아는가? 무엇보다도, 그가 영혼을 무엇이라고 생각하기에 이 발전이 필요하다는 것인가? 그가 몸에게 그의 '나' 안에서 한 몫을 부여하면서 몸에게 지각력·지성을 하사할 때 그 혼동은 더 복잡해지는데, 그가 조금만 생각해 본다면 그 반대임을 납득했을 것이다. 그는 몸의 필멸성必滅性을 시인함으로써 즉시 그것이 지각력이 없음을 고백했다. 왜냐하면 지각력은 결코 죽지 않기 때문이다. 그것은 영원한 생명이다. 그래서 몸은 지각력이 없고, 따라서 지성적이지 않은 반면, '나'는 만물을 아는 자로서의 순수한 지성이다. 따라서 몸은 '나'도 아니고 그것의 일부도 아니다.

환생으로 말하면, 왜 그는 그것이 비논리적이라고 느끼는가? 그가 인정하듯이 만일 그가 이번 생에 태어난다면, 왜 다시 태어나지 못하겠는가? 이 탄생을 야기한 것은 또 다른 탄생의 유효한 원인일 수밖에 없다.

그는 무엇을 근거로 이번 생의 원인이 소진되었고, 더 이상 다른 생이나 일련의 새로운 생들을 가져올 수 없다고 상상하는가?

구체적인 한 예로써 이것을 설명해 보자. 남자가 결혼을 하는 것은 한 여자에 대한 욕망이 있기 때문이다. 만일 그 여자가 얼마 후 죽는다면, 남자는 같은 충동으로 인해 두 번째 결혼을 할 수도 있다. 그러나 그러는 사이 그도 몸을 잃는다고 가정하면, 그 끈질긴 갈망을 충족하기 위해 그는 무엇을 할 수 있는가? 그가 이런저런 욕망을 위해 현재의 몸을 받았듯이, 당연히 다른 몸을 받아야 한다.

그래서 **바가반**은 환생 같은 것은 없다고 우리에게 말한다. 존재하는 것은, 욕망의 충족을 위해 몸을 하나씩 받고 또 받는 것뿐이다.[2] 만일 당신이 또 하나의 몸을 받고 싶지 않다면, 얼마든지 몸을 받지 않을 자유가 있다. 단, 그 어떤 것도 갈망하지 않고, 그리하여 '환생'의 원인을 제거했다면 말이다.

따라서 우리는 진화·환생·삶·죽음 등을 탐구하기 전에 인간을 연구해야 하고, 그래서 **스승님**은 그 질문자에게 먼저 그 자신을 발견하라고 조언하는 것이다.

바가반은 계속 이렇게 말한다.

---

[2] *T.* "환생 같은 것은 없다"는 말은, 환생하는 어떤 자아나 주체가 없다는 의미이다. 이전 생에서 충족되지 못한 욕망들이 남아 있기에 새로운 몸이 출현하여 그 욕망을 충족시키지만, 모든 욕망과 그 충족을 넘어서 있는 불변의 의식인 진아에게는 어떤 변화도 없다. 따라서 진아에게는 어떤 탄생도 없고, 어떤 환생도 없다. 탄생하고 환생한다고 생각되는 '주체'는 실은 '에고'로 지칭되는 하나의 개념인데, 그것은 그 자체 탄생이나 환생을 일으킬 수 있는 독립적 힘이 아니라 외관상의 탄생이나 환생이 일어난 뒤 그 위에 덧씌워진 사후적·가정적 주체, 즉 거짓 개념일 뿐이다(그래서 에고는 이전 생들의 욕망이 야기한 현생에서의 결과인 발현업을 지배할 수 없다). 더 나아가 성찰하면, 모든 이전 생과 그 생들에서의 모든 욕망과 행위는 현생 의식 안에 들어 있고, 현생 의식에서 투사된다고도 볼 수 있다(즉, 모든 과거는 현재 안에 있다). 이 의식에는 욕망과 집착이라는 불순물들이 섞여 있으므로, 그것이 사라지고 의식이 순수해질 때까지는 거듭되는 탄생, 즉 환생이라는 환幻의 삶이 투사된다. 이 투사는 의식인 진아 안에서 일어나는 하나의 자연발생적 과정이며, 그 안에 어떤 독립적 주체도 없다. 따라서 모든 탄생과 환생은 의식 안의 꿈과 같은 현상일 뿐 실재하지 않는다.

10. "사람이 꿈속에서 어떤 건물을 봅니다. 그때 그는 그 건물이 어떻게 오랜 시간 동안 수많은 노동자들이 벽돌을 한 장 한 장 쌓은 끝에 지어졌는지를 생각하기 시작합니다. 진화론도 마찬가지입니다. 자기가 볼 때 자신이 사람이니까, 자기가 아메바의 원시 상태에서 진화해 왔다고 생각하는 것입니다." 대담 644

주註: 이것은 우리의 과학들을 꿈의 과학으로 만든다. 실제로도 그렇다. 과학자들이 절대적 실재에 관심이 없다는 것은 주지의 사실이다. 그런 것은 철학자들에게 맡겨두고, 그들은 물리적 현실, 예를 들면 염색체들의 분열과 증식, 수소와 산소 원자의 비례적 결합이 물 분자를 형성하는 것 등에 만족한다. 그런데 그들이 물리적인 것에서 나와서 비물리적 영역으로 들어가면, 헷갈려 하고 혼란에 빠진다. 예를 들어 생물학자들이 생명의 진화를 이야기할 때, 그들이 말하는 것은 생명이 거주하는 그 형상의 진화이다. 왜냐하면 인간의 몸이 작은 점 크기의 수정란에서 신생아의 크기로, 유아의 크기로, 사춘기로, 그리고 완전한 성인으로 진화하고, 그 안에서 마음이 점차 전개되는 것을 우리가 눈앞에서 보기 때문이다. 과학자들은 생명이 무엇인지, 그것이 진화하는지 아니면 변치 않고 남아 있는지 알기 위해 생명과 직접 접촉하지 않는다. 그들은 예컨대 염색체에서 생명을 직접 지각하지 못하고, 염색체의 행동에서 그것을 추론할 수만 있는데, 염색체의 물리적 성질, 곧 크기·색상·형태·움직임·변화·구성요소 등은 그들이 직접 관찰할 수 있기 때문이다.

따라서 진화의 법칙을 믿는 사람들은 자신들의 지식이 매우 부분적이고, 지각력 없는 우주에만 속한다는 것을 알아야 한다. 우주만 지각될 수 있고 변화를 겪을 수 있기 때문이다.

생명은 과학자들에게 하나의 닫힌 책이고, 생명의 다른 이름인 마음도 마찬가지다. 그것들의 활동이 아니라 그 자체 있는 그대로의, 바탕이자 '제1원리'로서의, 생명과 마음 말이다. 만일 그들이 마음의 본질을 안다면, 그들의 모든 노력은 그들 자신의 의식 속에서 일어나는, 본질적으로 하나의 꿈인 한 세계에 국한되어 있다는 것도 알았을 것이다. 왜냐하면 어느 순간에도 과학자는 자신의 마음 밖으로 나가서 "여기에 나 없이—내 마음 없이—그 자체로 존립할 수 있는 실재하는 한 세계가 있다"고 말할 수 없기 때문이다. 어떤 사람이 꿈속에 있으면서, 꿈 밖으로 나가 그것이 하나의 꿈임을 깨달으라는 말을 들으면, 스스로 몸을 조금 흔들어 그 꿈에서 벗어나서 생시의 상태가 되어 자신의 이전 지위를 확인할 수 있다. 그러나 깨어 있는 꿈—생시($jagrat$)—에서는 그것이 쉽지 않다. 이때는 감각기관들이 만개하여 그들 자신의 영역인 이 상태에 완전히 자리 잡고, 절대군주로 행세하기 때문이다. 이런 이유로 과학자는 자신이 꿈을 꾸고 있다는 것을 믿지 않으며, 계속 자신이 아메바에서 기어나와 수백만 년 전에 원숭이가 되었고, 원숭이에서 수십만 년 전에 인간이 되었다고 믿는다. 그런 모든 변신을 겪은 것은 그가 아니라 그가 취한 몸들의 형상이었다는 것을 어떻게 그에게 납득시킬 수 있는가? 만일 그가 이 진리를 납득할 수 있다면, 아메바·원숭이, 그리고 수백만 년의 세월이 그의 이 생시라는 꿈($jagrat\ dream$)의 진화 중 일부라는 것도 아마 납득할 것이다.

제3장 운명과 자유 의지

1. "운명(karma)이 끝날 수는 있겠습니까?"
바가반: "업業들(karmas)은 자체 내에 스스로를 파괴하는 씨앗을 지니고 있습니다." 대담 11

주註: 업業(karmas)은 우리의 자유로운 행위로써 스스로 창조한 운명이다. 행위에는 생각과 감각, 동기들, 선하거나 악한 감정 등이 포함되어 있다. 우리는 기존의 운명을 해소하는 동안, 그것의 작용에 반응하는 방식에 의해 새로운 운명을 창조하게 되어 있다. 그런데 여기에 자유의지의 자리가 들어온다. 우리는 예전 업業의 추세를 마음대로 바꿀 수 없다. 예를 들면 우리의 부모, 나라, 우리의 출생 상황과 환경, 우리의 신체적·정신적 근기根機와 능력을 선택할 수 없다. 그런 것들은 우리에게 강제되며, 우리는 그것을 바꿀 수 없다. 우리가 바꿀 수 있는 것은 우리가 그것들을 받아들이고 해소하는 방식이다. 우리는 많은 일들에서 결정이 우리의 손에 달려 있다는 데 모두 동의한다. 그 결정은 우리의 것이고, 그 행위는 우리의 것이며, 그 행위 이면의 동기도 우리의 것이고, 그 행위를 하는 정신적 태도 역시 우리의 것이다. 그렇다면 이것이 우리에게 의지의 자유가 허용되는 분야이고, 그것이 우리의 미래 운명의 씨앗을 품고 있다. 우리는 자기 뜻대로 그 운명을 형성할 수 있는데, 만일 대다수 사람들처럼 우리가 이 진리를 알지 못한다면, 우리의 충동에 스스로 휩쓸려 결국 우리가 이미 있는 상태보다 더 나쁜 곤경에 처하게 된다. 대개 새로운 업業은 지금 해소되고 있는 업에 바로 잇따르지 않으며, 그래서 우리는 몇 생에 걸쳐 노예 상태의 사슬을 끌고 다닌다.

여기서 경전의 유익한 계명誡命들이 우리를 구원하여, 삶에 대한 우리의 견해와 남들에 대한 우리의 태도를 교정하게 해준다. 이런 것들과, 운명이 지속적으로 가하는 타격이 점차 우리의 충동을 부드럽게 만들고, 우리의 소견을 수정하고, 우리의 지성을 예리하게 하여, 서서히 그러나 확실하게 우리를 구도자로 만들고, 이어서 요기로 만들며, 결국 완전한 진인으로 만들어준다. 그러면 업業이 지멸止滅된다. 진지眞知는 업을 완전히 절멸한다. 이 모든 향상된 변화, 곧 진화는 그 인간 자신 안에서 일어나는 것이 아니라, 그에게 덧씌워진 기능들, 즉 그의 견해와 행위들 안에서 일어난다는 것을 잊지 말자.

이처럼 진지는 선한 자유의지에 의해 산출되는 선한 업業에 의해 일어나는데, 이 선한 의지는 나쁜 자유의지에 의해 산출되는 나쁜 업으로 인한 지속적인 괴로움의 결과이다. 업業은 무정물無情物인 기계와 같아서 우리가 거기에 투입하는 것을 산출한다. 그래서 스승님은 당신의 「가르침의 핵심(*Upadesa Saram*)」을 "업業은 지각력이 없다(*jada*)"는 말로써 시작한다. 업業을 엄격한 운명으로서 움직이고 작용하게 만드는 것은 우리의 자유의지 행사에 의해 산출되는 에너지이다.

만약 지속적으로 나쁜 업業의 결과로 나오는 괴로움에 의해 야기되는 지속적으로 나쁜 자유의지가 더 나쁜 업을 발생시켜서 우리를 점점 아래로 끌어내린다면, 우리가 다시 표면으로 올라올 가능성은 과연 어디 있는가라고 반문해 볼 수도 있겠다. 우리는 괴로움의 구원적 은총(saving Grace-구원을 돕는 유익한 측면)과, 우리의 성품의 본래적 순수성을 잊어서는 안 된다. 이 성품은 우리가 언제까지나 타락과 불행에 무감각한 상태에 있는 것을 용납하지 않을 것이다. 괴로움과 우리 자신에게로 돌아가려는 강렬한 충동은 부표浮標처럼 작용하여, 이 광대한 윤회의 바다 깊은 곳에서 우리를 떠오르게 한다. 그래서 괴로움을 통한 업業의 작용은 업을 소멸하는 진지를 향한 동력을 안겨준다. 이것이 바가반이 "업業은 자체 안에 스스로를 파괴하는 씨앗을 지니고 있다"고 한 말씀의 의미이다.

업業이 한 육신에게서만 효과가 나타난다는 것은 말할 필요도 없다. 왜냐하면 한 육신을 가지고 진 빚은, 바로 이 몸이든 미래의 몸이든, 그런 몸을 가지고 갚아야 하기 때문이다. 베단타는 사후死後의 빚 갚기를 믿지 않는다. 그래서 환생이 필요하다.

2. "애초에 어떤 욕망도 없었는데도 저희가 어떤 이상한 경험을 할 때가 있습니다. 그 경험들은 어디서 일어납니까?"
바가반: "지금은 그런 욕망이 없을지도 모릅니다. 그러나 예전에 그런 욕망이 있었다면 충분히 그럴 수 있지요. 비록 잊혀졌지만, 그것이 지금 열매를 맺는 것입니다. 진인이 발현업을 가지고 있다고 하는 것도 그런 까닭입니다. 물론 남들의 견지에서 볼 때 그런 거지요." 대담 115

주註: 질문자는 사람들이 늘 자신들의 도덕적 비행非行, 작위나 부작위의 죄, 그들의 행위가 남들에게 미치는 효과를 의식함은 물론이고, 그들 자신의 욕망도 의식한다고 생각하는 듯하다. 그렇지 않다. 과도한 탐욕과, 남들의 감정과 이해利害에 대한 배려 부족은 불행히도 흔한 질병인데, 정치·사업상의 경쟁, 자기 이웃들에 대한 행위에서의 수많은 의도적인 혹은 일상적인 일탈행위가 그 예이다. 그래서 자신들이 얻는 괴로움에 대해 무고한 피해자 역할을 해본들 섭리(신의 뜻, 곧 업의 법칙)를 속일 수는 없다. 금생이나 전생에 자신과 남들에게 영향을 준 예전의 욕망, 예전의 죄악과 행위들을 의식하지 못하거나 망각한다고 해서, 그것이 흐트러진 균형을 회복하는 데 필요한 인과응보를 무효화하지는 않는다. 진인조차도 전생에서 운명을 가져오지만, 그것은 그에게 새로운 업業, 새로운 탄생을 창출하거나, 보통 사람들에게 그러하듯이 그에게 고뇌를 야기하지 않고 스스로 소진된다. 진아 안에 전적으로 잠겨 있는 그의 마음은 모든 상황에서 여름 달빛만큼이나 싱그럽고 서늘해져 있다. 남들은 그의 몸이 고통 받는 것을 보고, 진인 자신이 고통 받는다고 상상한다.

3. "그대가 자신을 그 행위를 하는 자라고 느끼는 한, 그 행위들의 열매를 향유하게 되어 있습니다. 그러나 그것이 누구의 업業인지를 알아내면, 그대가 그 행위자가 아니라는 것을 발견할 것입니다. 그러면 자유로워집니다. 그러자면 신의 은총이 필요한데, 그것을 얻으려면 그에게 기도하고 그에 대해 명상해야 합니다." 대담 116

주註: 욕망이 운명의 뿌리에 놓여 있다. 우리는 욕망하고, 그 욕망의 대상을 얻으려고 움직인다. 그런 다음 그것을 확보할 때까지, 우리의 온 주의는 그 대상에 집중되고, 우리는 그 행위자의 정체성에 대해 결코 생각해 보지 않는다. 진리와 비진리의 견지에서 '행위자가 누구인가' 하는 문제는 그 순간 우리에게 일어나지 않는다. 그 대상에 대한 즐김이 우리를 가장 많이 사로잡는데, 우리는 그 즐김을 우리의 행위에 대한, 곧 그것을 얻기 위한 우리의 노력에 대한 보상으로 암묵적으로 받아들인다. 이것은 자신이 행위자라는 느낌을 가지고 한 행위(karma)인데, 그 행위자란 경험적 '나'이다. 설사 그 느낌이 마음 속에 적극적으로 있지 않다 해도 그것은 그 행위 자체에 함축되어 있고, 그래서 우리를 속박한다.

이제 만약 우리가 그 행위의 원인과 동기, 그리고 그 행위자의 성품을 탐구해 본다면, 즐김의 동기를 가지고 행위한 사람은 진정한 '나'가 아니라 하나의 모방자, 곧 거짓 '나'라는 것을 발견할 것이다. 그러면 우리는 그 행위의 책임에서 자동적으로 벗어날 것이고, 그리하여 업業의 속박에서 벗어날 것이다. 이후로는 행위를 한다고 해도, 행위하고 있는 것이 우리라는 느낌이 우리에게서 떨어져 나갈 것이고, 그와 함께 업業이 우리를 장악하는 힘도 떨어져 나갈 것이다. 왜냐하면 장악될 경험적 '나'가 더 이상 존재하지 않을 것이기 때문이다.

그러나 바가반은, 이 발견 혹은 깨달음은 치열한 숭배와 명상을 통한, 신 혹은 진아의 도움 없이는 오지 않는다고 주장한다. 이 점에 대해 우리는 이어지는 장들에서 더 많은 말씀을 듣게 될 것이다.

바가반은 이렇게 설명을 계속한다.

4. "동기 없는 행위는 사람을 구속하지 않습니다. 진인조차도 행위하며, 애씀 없이 그리고 산깔빠(sankalpas)―동기―없이는 어떤 행위도 있을 수 없습니다. 따라서 누구에게나 산깔빠가 있습니다. 그러나 여기에 두 종류가 있는데, 사람을 구속하는 속박인束縛因(bandha-hetu)과 구속하지 않는 해탈인解脫因(mukti-hetu)이 그것입니다. 전자는 포기해야 하고 후자는 계발해야 합니다." 대담 116

주註: 여기에 업業의 흐름에서 빠져나가는 길이 있다. 바가반은 모든 인간들에게 행위가 있고, 모든 행위에는 결과가 있다고 가정하지만, 행위의 구속력 있는 잔여물이 모든 행위자들에게 똑같이 적용된다는 것은 논박한다. 행위는 그 동기 요소가 속박하는 유형―속박인束縛因―인 한에서만 구속하며, 만약 그것이 물질적·이기적 동기가 전혀 없는 해방하는 유형―해탈인解脫因―의 것이라면 결코 속박하지 않는다. 따라서 속박의 흐름에서 뛰어나와 해탈의 흐름 속으로 들어가려 하는 사람들은 그들을 속박하는 상습常習을 제어하고 해탈의 상습을 계발해야 한다.

이제 이런 질문을 해볼 수 있다―그 두 가지를 구분하기 어렵다고 하는데, 그들이 그것을 어떻게 구분할 수 있는가? 이 텍스트는 어떤 행위가 자신의 수행과 부합하는지 여부를 부단히 걱정하는 수행자(sadhaka)를 위한 것이다. 바가반은 모든 인간들에게 행위가 있고, 동기 있는 행위도 있다고 인정함으로써 이런 의문을 해소한다. 예를 들어 옛날에는 바가반 자신도 주방에서 일을 하셨고, 산 위에 사실 때는 당신의 산굴에 진흙 벽을 쌓기도 하셨다. 그럴 때 당신은 자신이 그 일을 왜 하는지 아셨고, 분명히 그 일의 효용적 요소를 염두에 두셨다. 그렇지 않다면 그 일을 하지 않으셨을 테니 말이다. 그러나 바가반은 일을 하실 때 내내 당신의 참된 존재(진아)를 '그 행위를 하는 자'로 자각하고 계셨고, 그 행위자는 욕망이 없다. 그래서 이런 행위의 동기는 속박하는 유형이 아니다. 따라서 그 수행자의 행위가 속박하는 유형이고 그 배경에 욕망이 있는 것이 아닌 한, 그는 걱정할 필요가 없다.

5. "자유의지와 운명은 항상 존재합니다. 운명은 과거 행위의 결과인데, 그것은 몸과 관계됩니다. 몸에게 자기에게 맞는 행위를 하라 하십시오. 거기에 왜 상관합니까? 거기에 왜 주의를 기울입니까? 몸이 지속되는 한, 자유의지와 운명도 지속됩니다. 그러나 진지(jnana)는 둘 다

를 초월합니다." 대담 193

주註: "자유의지와 운명은 항상 존재한다"는 것은, **바가반**이 '어떤 자유의지도 존재하지 않을 것이고, 모든 행위와 우리가 겪는 모든 경험, 심지어 가장 사소한 것까지도 미리 결정하는 업業(karma)만 존재한다'는 자기모순적 이론을 가지고 있다고 말하는 사람들의 오류를 드러내는 중요한 말씀이다. 자유의지 없이 업業이 존재할 수 없다는 것은 말할 나위도 없다. 보상이나 벌, 즉 업業을 끌어들이는 것은 자유로운 행위일 뿐이고, 그래서 자유의지와 업業은 함께 일어나고 스러진다. 업業은 몸과 관계된다는 것, 따라서 우리는 몸에게 자기 좋을 대로 행위하게 해야 한다는 것은 얼마간 설명이 필요하다.

업業과 자유의지는 몸처럼 지각력이 없고, 몸에만 영향을 줄 수 있으며, 그것을 작동하면서 둘 다를 초월하는 지성적 존재에게 결코 영향을 줄 수 없다. 따라서 '몸이 나다'라는 느낌이 지배하는 한, 그것들은 계속 작용하고, 그 개아(jiva)는 업業을 해소하기 위해 한 몸에 이어 계속 다른 몸을 취하지만, 진지가 밝아오자마자 그것들은 (업의) 열매 맺기를 그친다. 업業은 (진인의) 마지막 몸과 함께 끝이 날 것이고, 자유의지는 더 이상 (보통은 '몸이 나다'라는 기초 위에서 판단하는) 그 개아의 의지가 아니라, 그 개아가 이제 그 속으로 완전히 합일된 **브라만**의 의지일 것이다.

따라서 **바가반**은 그 구도자에게, 부가물들(upadhis)[1]에 대한 업業의 작용에 주의를 기울이지 말고, 그것들과 관계를 끊으라고 조언한다. 그럴 때 그 구도자는 새로운 몸을 받을 의무에서 벗어나고, 그 결과 속박에서 벗어날 것이다.

---

[1] *T.* 진아에 덧씌워져 진아를 일정하게 제한하는 몸·감각기관·마음 등을 가리킨다.

6. "개인성이 있는 한 그대는 향유자이고 행위자입니다. 그러나 그것이 상실되면 신의 의지가 지배하면서 사건들의 진행을 이끕니다."
"자유의지는 선하게 살라는 경전 계명誡命에도 내포되어 있습니다. 그것은 지혜를 통해 운명을 극복하라는 의미입니다. 지혜의 불은 모든 행위를 태워버리는데, 지혜는 **사뜨상가**(sat sanga)— 곧 진인들과의 친교, 그리고 그 정신적 분위기를 통해서 얻어집니다." **대담 209**

주註: 모든 경전들이 선한 행위를 권장하는데, 그것에 내포된 의미는 의지의 자유를 인정하는 것이다. 만약 의지가 자유롭지 않다면, 우리에게 선하라고 요구할 까닭이 어디 있겠는가? 의지가 자유롭지 않을 때는, 인간도 기계나 동물처럼 자기 행위에 책임이 없어 벌을 받을 수 없을 것이다. 여기서 "지혜의 불"은 현자들과의 친교가 자극해 주는 분별력을 의미한다. 선과 악의 분별은 필연적으로 우리에게 선을 선택하고 악을 회피하게 유도하며, 그 궁극적 결과는 행위자 지위(doership)의 소멸—행위 자체의 소멸이 아니라, 우리가 그 행위를 하는 자라는 느낌의 소멸—이 될 것이다. 그것은 그 개인 자체가 신에게 합일되듯이, 그 개인적 의지가 신의 의지 안에 합일된다는 의미를 내포한다. 그때부터는 "신의 의지가 지배하면서 사건들의 진행을 이끌" 것이다.

7. "**발현업**(prarabdha)이 소진되면 그 에고는 아무 흔적도 남기지 않고 완전히 해체됩니다. 이것이 최종적 해탈입니다. 그럴 때까지는 **생전해탈자**(Jivanmukta)에게조차도 에고가 순수한 형태로 계속 일어납니다. 저는 (무상삼매가) 최대 21일간 지속된다는 말을 여전히 의심합니다."
대담 286

주註: 이것은 질문자에 따를 때, 지난 세기의 한 위대한 성자(스리 라마크리슈나)가 "**무상삼매**(nirvikalpa samadhi)는 21일 이상 지속될 수 없고", 그것을 넘으면 죽는다고 했다는 말에 대한 하나의 답변이다. 표면상으로도 그런 말은 용인될 수 없다. 이 **진인**(스리 라마크리슈나)이 염두에 두고 있었던 것은—흔히 잘못 전해지고 있지만—21일 동안 세상에 대한 의식이 전혀 없이 삼매에 끊임없이 머물러 있는 경우였다. 왜냐하면 몸이 영양공급 없이 그 이상 버티기는 불가능하다고 여겨질 수 있었을 테니 말이다. 그런데 이것조차도 옳을 수 없다. 세상에 대한 의식이 전혀 없는 것은 참된 삼매(samadhi)에서는 결코 일어날 수 없다(제13장, 48을 보라). 그럴 경우에는 그것이 삼매이기를 그치고 잠(sushupti)이 될 것이기 때문이다. 오랜 시간 지속되고 무상삼매로 오인되는 어떤 상태도 그와 유사한데, 이는 라야(laya-심잠心潛)라고 불리는 일종의 경직된 황홀경으로서 가장 깊은 잠이나 기절과 비슷하다. 여기서는 **진아**에 대해서는 물론이고 세상에 대해서도 완전한 무의식이 일어나며, 순수한 **의식**으로서의 **진아**가 홀로 최고의 상태로 지배하는 **무상삼매**의 체험과는 상반된다. 이 경직 상태는 절대지식絶對止息(kevala kumbhaka)[2] 수행에 의해서 일어날 수 있다. 우리는 장시간의 혼수상태 같은 황홀경에 대한 이야기를 듣는데, 그것은 참된 **무상삼매**와 전혀 무관하다. 그런 상태는 일부 초심자들이 명상에 들다가 부지불식간에 라야(laya)에 빠져드는 경우에도 일어나는데, 그들은 그것을 삼매로 착각하거나, 아니면 그것을 어떻게 이해해야 할지 몰라서 헷갈려 한다.

더욱이 21일에 대한 그 말이 맞는다면, 그 진리를 가르칠 사람이 아무도 남지 않았을 것이다. 우파니샤드의 모든 **리쉬**들과 우리가 전해들은

---

[2] 부록을 보라.

모든 위대한 해탈자들(*muktas*)이 누가 그들에 대해서 듣기도 전에, 그리고 그들이 누구를 가르칠 시간을 갖기도 전에 무덤에 들어가 있었을 것이다. 뿐만 아니라, 만일 그 말이 세상을 전혀 의식하지 못하는 상태를 의미하는 것이라면, 그들이 가르칠 것—깊은 잠의 하나가 되는 체험—이 아무것도 없었을 것이다. 베다조차도 햇빛을 보지 못했을 것이다.

바가반은, 몸은 몸의 업業이 소진된 뒤에야 떨어져 나가며, 그 이전에는 그러지 않는다고 공언한다. 우리도 많은 경우에 몸은 **본연무상삼매**(*sahaja nirvikalpa*)를 성취한 뒤 40년, 50년, 심지어는 그보다도 더 오래 지속된다는 것을 알고 있다. 바가반 자신의 경우가 빛나는 한 예이다. 당신은 끊임없는 **무상삼매**에 54년간 머물러 계신 뒤, 몸이 없는 최종적 해탈인 무신해탈無身解脫(*videhamukti*)에 드셨다. 그럴 때까지는 **생전해탈자**에게도 에고가 계속 솟아오르지만, 그것은 가장 순수한 형태로, 즉 그 진인에게 실재에 대한 무지無知와 이 무지로 인한 괴로움을 야기하지 않으면서 솟아오른다고, 바가반은 우리에게 말한다. 감각기관들의 강렬한 영향으로 인해, 그 에고가 일시적으로 세계의 실재성에 대한 피상적 믿음을 야기할지 모른다. 그래서 그것을—순수하기는 해도—에고라고 한다.

8. "행위(*karma*)[봉사 또는 숭배]를 하는 동안 신을 생각하는 것으로는 충분치 않고, 그를 계속 끊임없이 생각해야 합니다. 그럴 때만 마음이 순수해집니다."

그러자 **바가반**의 시자가 말했다. "그렇다면 제가 **바가반**께 신체적으로 봉사하는 것으로는 충분하지 않고, 당신을 부단히 기억해야 하는군요?" 여기에 대해 **바가반**이 말씀하셨다. "**자기탐구**(*vichara*)를 통해서 '나는 몸이다'라는 관념이 사라져야 합니다." 대담 337

주註: 이 시자는 **바가반**의 말씀을 제대로 해석하고 있다. 스승님을 신체적으로 보는 것은, 마음으로 당신을 내관하기 전에는 아무 소용이 없다. 하지만 당신의 신변 가까이 있는 것 자체가 시자의 원습을 정화하는 데 엄청난 잠재력이 있다는 점에서, 당신에게 봉사하는 것은 큰 효용이 있다. 스승님의 마음은 전적으로 순수하기 때문이다. 그러나 그것만으로는 해탈을 안겨주기에 충분하지 않다. 정화 과정들은 우리가 마음 수행 ─명상과 **자기탐구**─의 노선에 들게 하는 길에서 한 단계일 뿐이고, 마음 수행만이 이 여정의 마지막 단계에서 마음이 **브라만**을 체험하도록 준비시켜 줄 수 있다. **바가반**은 "**자기탐구**를 통해서 '나는 몸이다'라는 관념이 사라져야 한다"고 주장한다.

봉사의 길은 순복의 길이며, 그것은 시간과 공간에 한정되지 않는다. 왜냐하면 그것은 24시간, 사시사철 계속되는 것이기 때문이다. 그것은 신, 스승 혹은 **진아**를 기억하며─또다시 심적인 과정이지만─다년간 지속된다.

9. "의지력을 얻겠다는 그대의 생각이 성공을 담보하지만, 의지력이란 성공과 실패를 담담하게 마주하는 마음의 힘이라고 이해해야 합니다. 그것은 어떤 성공과 동의어가 아닙니다. 우리의 시도가 왜 늘 성공을 거두어야 합니까? 성공은 오만을 키우고, 그리하여 우리의 영적 진보가 저지됩니다. 실패는 오히려 우리가 자신의 한계에 눈뜨게 하여 자신을 순복하게 준비시켜 주는 한에서 이롭습니다. 따라서 우리는 모든 상황에서 마음의 균형을 얻을 수 있도록 노력해야 합니다. 그것이 의지력입니다. 또 성공과 실패는 발현업의 결과이지 의지력의 결과가 아닙니다. 어떤 사람은 선한 일만 하는데도 실패자가 될 수 있고, 어떤

사람은 그렇게 하지 않는데도 어김없이 성공할 수도 있습니다. 그렇다고 해서 이 사람에게는 의지력이 있고, 저 사람에게는 그것이 없다는 것은 아닙니다." 대담 423

주註: 이 맥락은, 사업에서 거듭 실패하여 자신에 대한 믿음을 상실하고, 이제 그것을 회복할 어떤 길을 모색하고 있는 사람의 경우이다. 그는 자신감과 의지력을 혼동하고 있다. 우리는 자기 자신에 대해 넘치는 자신감을 가지고 있어도 일을 할 의지가 없을 수도 있다. 질문자의 경우는 그 정반대이다. 즉, 그는 일을 할 의지가 있지만, 과거에 계속 실패했기 때문에 자신이 하는 노력의 결과에 대해 비관적이다. **바가반**은 그에게, 성공과 실패는 결국 모두 사람의 운명에 달려 있으니 성공과 실패에 대해 평등한 태도를 계발하라고 조언한다. 동시에 장기적으로 실패는 오만을 죽이고, 우리가 궁극의 목표에 다가가는 것을 가속화하는 무욕의 태도를 증진한다는 점에서 실패가 성공보다 영적으로 더 유익하다고 평가한다. 대다수 사람들은 자신들의 찬란한 운명에 완전히 무지한 채 살아가는데, 자신의 약점들—곧 따마스적이고 라자스적인 갈망과 행동에 대해서는 더더욱 무지한 채 살아간다. 특히 부자들은 그런 약점들을 직접적으로 지적해 주는 데 가장 강력히 반발한다. 그렇다면 어떻게 **신**이 그들의 눈을 띄워서 그러한 자아도취에서 구해줄 수 있겠는가? 신은 그들의 공중누각을 흔들고 그들의 오만이라는 두꺼운 껍질들을 깨트리기 위해 그들에게 재난과 재앙들을 안겨준다. 부富·지위·명성·권력·학식 등에 대한 자부심과, 모든 것 중 최악인 가문에 대한 자부심은 결국 스스로를 파괴하여 그 소유자의 머리 위로 쏟아지며, 그렇게 해서 그에게 영구적으로 이익이 되게 한다.

제4장 싯디와 환영 幻影

1. "몸이 보이지 않는 것은 진보된 **지혜**(*jnana*)의 증거 아닙니까?"
바가반: "아니지요, 왜냐하면 그럴 경우 남들이 보는 가운데 생애를 보낸 모든 사람들이 무지인(*ajnanis*)으로 간주될 테니 말입니다. 그런 진인들이 그들의 지혜와 병행하여 그런 능력들(*siddhis*)을 계발한 것은 그들의 발현업(*prarabdha*)이었을 수 있습니다. 필수적이지 않고 오히려 지혜에 장애가 되기 쉬운 것을 왜 목표하려고 합니까? 진인이 자기 몸이 보인다고 해서 답답해합니까? 마법사는 순식간에 자기 몸을 안 보이게 할 수도 있겠지요. 그렇다고 해서 그가 **진인**입니까? 보이거나 안 보인다는 것은 '보는 자'가 있다는 의미입니다. 그 '보는 자'가 누구입니까? 먼저 그를 알아내십시오. 다른 문제들은 중요하지 않습니다." 대담 30

주註: 무엇보다 중요한 것은 **진지**(*jnana*), 곧 진리에 대한 **지**知이다. 이것을 절대자에 대한 깨달음, 혹은 **진아** 깨달음이라고 한다. 싯디(*siddhis*)는 진아 자체가 아니라, 보고 냄새 맡고 생각하는 것 등과 같은 진아의 능력인데, 단 하나 다른 점은 보고 냄새 맡는 등의 능력은 일상적 경험인 데 반해 싯디는 그렇지 않다는 것이다. 그 능력들 자체는 비지성적이다. 지성적인 것이 그 능력들의 소유주이다. 따라서 그런 능력들에 주의를 고정하고, 그 소유주, 즉 실재에 주의를 고정하지 않는 것은 진주를 내버리고 그 조개껍데기를 간직하는 것과 같다.

또한 보통의 지각이 진지에 장애물이듯이 싯디도 장애물인데, 이것은 더 큰 장애물이다. 왜냐하면 싯디는 지고자를 향한 사람의 노력을 이완시켜, 그 사람을 싯디에 그림자처럼 따르는 부와 명성의 제물로 만드는 경향이 있기 때문이다. 그래서 브라만을 추구하는 과정에서는 싯디가 감각기관들보다 훨씬 더 위험하다. 발미끼(Valmiki), 바시슈타(Vasishta) 등의 경우에서처럼, 진지가 수반될 때에만 그것이 용인된다. 그렇지 않은 경우에는 싯디가 전혀 아무런 영적 가치도 없고, 그것을 사용하는 것은 그것을 사용하는 사람과 거기에 속아 넘어가는 사람들―마음이 약한 사람들―에게 굉장히 해롭다.

2. "바시슈타와 비슈와미트라(Vishwamitra) 같은 요기들이 시야에서 사라지는 것은 신체적 문제일 뿐입니다. 그것이 우리의 주된 관심사입니까? 그대는 진아―곧 실재―아닙니까? 외적인 문제들에 왜 신경을 씁니까? 본질을 취하고 다른 이론들은 쓸모없는 것으로 배제하십시오. 해탈을 추구하는 데 몸이 보이지 않는 것이 중요하다고 상상하는 사람들은 잘못 생각한 것입니다. 그런 어떤 것도 필요치 않습니다. 그대는 몸이 아닙니다. 그렇다면 그것이 이런저런 방식으로 사라진다고 해서 그게 뭐가 중요합니까? 그런 현상에는 아무 대단한 점이 없습니다. 실재를 성취하는 것만이 중요합니다. 주된 목표는 에고를 잃어버리는 것이지, 몸을 잃어버리는 것이 아닙니다. (진정한) 자기를 (실재하지 않는) 몸과 동일시하는 것이 진짜 속박입니다." 대담 32

주註: 수행(sadhana), 즉 절대자에 대한 추구는 일정한 요가적 행법을 통한 정신적·영적 정화로 이루어진다. 그러나 싯디는 몸하고만 관련된다. 즉, 몸이 마음대로 나타나고 사라지게 하고, 보통은 들리지 않는 소리를 듣게 하거나, 보통은 보이지 않는 사물을 보게 하거나, 보통은 냄새 맡지 못하는 것을 냄새 맡게 하는 것 등이다. 바꾸어 말해서 싯디는 예리한 요기가 나아가는 방향과 정반대 방향으로 사람을 데려간다. 우리는 몸을 사용하는 **영혼**(진아)에 우리의 주의를 고정하기 위하여 몸의 방식과 습관을 배척하는데, 이 **영혼**은 단 하나의 영원한 **실재**로서, 그것을 성취하면 우리가 육신의 속박과 슬픔과 무지에서 완전히 벗어나게 된다. 바로 앞 주註에서 보여주었듯이, 싯디는 무지(avidya)를 영구화하고, 종종 에고를 저급화하고 강화하지만, 우리는 이 에고를 소멸하려고 애쓴다. '투시자'와 '투청자'가 엄청나게 인기가 있고 신격화되는 것과, 그런 사람이 미신적인 사람들, 덮어놓고 믿는 사람들, 마음이 약한 사람들에게 휘두르는 권력을 생각해 보라. 이런 사람들은 신과의 완전한 합일을 성취한, 그리고 이 **진리**와 그것의 지복에 이르는 직접적인 길을 보여줄 위치에 있는 **진리인**을 추종하기보다, 그런 싯디 과시자를 훨씬 더 추종할 것이다. 우리는 또한 그 싯디들이 진짜가 아닐 가능성이 매우 많다는 것도 고려해야 한다.

바가반은 그런 것을 "외적인 문제들"—즉 참된 추구와 전혀 무관한 것이라고 하면서, "그런 현상에는 아무 대단한 점이 없다"고 말한다. 참된 **싯다**(Siddhas)는 **진인**들이며, 그들은 싯디를 설교하지 않고, 그것을 보여주는 일도 거의 없다. 오히려 그들은 **절대자**의 학學과, **그것**에 이르는 길 외에는 아무것도 가르치지 않는다. 그들은 껍질들(koshas), 창조계, 사후死後의 삶, 멘탈 차원과 아스트랄 차원, 요정들, 귀신들 따위와 전혀 무관하다. 머리의 구석구석을 채우는 이런 잡동사니로는 **실재**를 통찰할 수 없다. 만일 동화들이 진짜로 받아들여지면, **브라만**이라는 **실재**에 이르는 길을 막는다. 확실히 진정한 근기인(adhikaris)들은 그런 것에 몰두하지 않는다. 바가반은 이렇게 말씀을 계속한다.

3. "거짓된 관념들을 놓아버리고 실재를 직관적으로 지각하십시오. 그거야말로 중요합니다. 그대가 금 장신구를 녹인다고 할 때, 그것이 어떻게 녹는지, 전체가 녹는지 일부가 녹는지, 혹은 그 장신구가 어떤 형태였는지가 뭐가 중요합니까? 그대는 금에만 관심이 있습니다. 진아를 깨달으십시오." 대담 32

주註: 우리가 금을 살 때는 그것을 녹이기 전에 어떤 형태였는지, 그것을 어떻게 녹였는지 등을 묻지 않는다. 마찬가지로, 우리는 우리가 어떻게 태어나고 어떻게 죽는지, 우리가 얼마나 많은 계界와 행성들을 찾아갔는지, 그런 데를 가기는 했는지, 그리고 전생에 우리가 누구였는지에 시간을 낭비해서는 안 된다. 그런 모든 것은 무가치한 것이고, 쓸데없는 호기심이며, 우리가 "놓아버려야" 할 "거짓된 관념들"이다. 우리가 원하는 것은 금, 즉 우리 자신을 알고 우리 자신이 되는 것이다. 이것을 얻으면 우주의 수수께끼가 풀린다. '투시자'의 우주란 것은 설사 그 투시가 진짜라 하더라도 낭만적인 것이다. 그 투시로 보는 것은 꿈들만큼이나 거짓이고 이 생시 상태만큼이나 거짓인데, 우리는 이 생시 상태에 몰두해 있기보다는 그것을 초월하는 것을 목표하고 있다. 꿈을 꾸는 그 사람만 실재하고, 그 꿈은 전적으로 환각이다. '보는 자'가 금이고, '보이는 것'은 무가치한 것이다. 구도자의 진아가 실재이며, 우리는 이 진아에 우리의 모든 주의를 쏟아야 한다.

4. "진아 깨달음을 얻으면 진정한 그리고 부단한 따빠스(*tapas*)를 하게 됩니다. 그러한 따빠스가 성숙되면 어떤 진인들은 자신의 몸을 누가 접촉할 수 없고 눈에 보이지 않게 할 수 있지요. 그런 분들은 싯다(*siddhas*)라고 알려져 있습니다." 대담 57

주註: 이것은 매우 중요하니 기억해 두어야 한다. 여기서 따빠스는 깨달음 이전의 고행이 아니라 깨달음 이후에 진아에 내재하는 것을 뜻한다. 이와 관련하여 『라마나 기타(*Ramana Gita*)』에서는 이렇게 말한다. "본연상태(*sahaja* state)에 고정되어 있는 사람은 자동적이고 끊임없는 따빠스를 하고 있는 것이다"(XI, 18). 또한 "진아의 원초적 성품은 애씀 없고 자연발로적인 따빠스이다. 이러한 부단한 따빠스는 모든 능력의 현현으로 이어진다."(XI, 24)고 하였다. 이로써 싯다인 리쉬와, 우리가 이 나라에서 가끔 만나는 '투시자', 마법사, 혹은 기적을 행하는 자 사이에 즉시 분명한 선이 그어지는데, 그들이 널리 과시하는 사업 기술과 그들의 피상적인 가르침—만약 가르침이라는 것이 있다면—에서 드러나듯이, 그들에게는 진지眞知가 없다.

5. "사람들은 몸에만 신경을 쓰면서 싯디(*siddhis*)를 원합니다. 그들은 진지(*jnana*)의 관념에 만족하지 못하고, 그래서 그와 연관되는 싯디를 원합니다. 그들은 진지의 위없는 행복을 등한시하고 싯디를 열망하기 쉽습니다. 그것을 위해 그들은 왕도로 가지 않고 샛길로 가고 있고, 그래서 길을 잃을 공산이 큽니다. 그들을 올바르게 인도하여 왕도로만 가게 하기 위하여, 싯디가 진지에 수반된다고 이야기하는 것입니다. 사실 진지는 모든 것을 포함하며, 진인은 한 생각도 싯디에 허비하지 않

을 것입니다. 구도자들은 **진지**를 얻으려고 노력해야 하며, 그런 다음 만약 원한다면 싯디를 추구해야 합니다." 대담 57

주註: 이 텍스트의 주된 취지는 본 장에서 이미 논의되었다. 싯디에 끌리는 사람들은 자신의 몸에 큰 집착을 가진 사람들이다. 왜냐하면 그들은 **진지**의 진정한 지복 상태를 등한시하면서 몸을 위해 싯디를 추구하기 때문이다. 이런 사람들은 그들 자신의 적이다. 싯디가 **진지**에 수반된다는 말은 "그들을 올바르게 인도하여 그들이 왕도로 가게 하기 위한" 것이라고 하신 말씀이 주목할 만하다. 싯디를 보여주는 것은 그것이 길 잃은 양들을 제자리로─곧 **진지** 혹은 **진리**라는 "왕도"로 복귀시킨다는 조건에서만 허용될 수 있다. 사람들이 과시주의(자기를 과시하고 싶어 하는 경향)에 빠져, '기적적인' 것을 근사하게 펼쳐 보이는 데 몰두하다 바른 길에서 벗어나는 것을 보는 것만큼 **깨달은 사람**에게 언짢은 것도 없다. **바가반**은 싯디의 팬들에게 참되고 건전한 싯디를 얻는 길을 제시한다. 즉, 먼저 **진지**를 얻으려고 노력하고, 그런 다음 만약 계속해서 싯디를 열망한다면 그것을 닦으라는 것이다. 그러면 그들이 싯디와 그것을 사용하는 것에 대해 건강한 평가를 하게 될 것이다.

6. "『할라시야 마히마(*Halasya Mahima*)』[1])에는 여덟 가지 싯디에 관한 장章이 있습니다. 거기서 **시바**가 말하기를, 당신의 헌신자들은 싯디에 한 생각도 결코 허비하지 않는다고 합니다. 또 **시바**는 자신이 결코 은택恩澤을 하사하지 않는다고 말합니다. 헌신자들의 욕망이 그들의 발현

---

1) *T.* 띠루쭐리(Tiruchuzhi)에 관한 신화집. 『스깐다 뿌라나(*Skanda Purana*)』의 일부이다.

업(prarabdha)에 따라 충족될 뿐인 것입니다. **이스와라**(Ishwara) 자신이 그렇게 말한다면 남들은 어떻겠습니까? 싯디를 과시하기 위해서는 그것을 인정해 줄 남들이 있어야 하는데, 그 말은 그것을 과시하는 사람에게는 진지가 없다는 뜻입니다. 따라서 그런 것들은 일고의 가치도 없습니다. 진지만을 목표하고 그것을 얻어야 합니다." 대담 57

주註: 시바가 싯디에 반대했다는 이 증언을 매우 진지하게 받아들여야 한다. 왜냐하면 여기서 그는 **지고의 요기**, 우주의 **영**이자 **영혼**, 즉 순수한 **의식**과 **지복**으로서의 그의 **최고의 형상**을 하고 있기 때문이다. 탄트라파, 특히 **까울라파**(Kaulas)2)는 싯디를 목표로 하는데, 그들은 그것을 최고의 영적 성취로 착각한다. 그들의 스승과, 싯디와 모든 **은택**恩澤(boons)3)의 **하사자**는 바로 **시바**와 그의 반려자인 **데비**(Devi), 일명 **바이라비**(Bhairavi)이다. **지**知 추구자는 전자인 **시바**를 그의 이상이자 인도자로 여기며, 그래서 『할라시야 마히마』에서 **시바**가 싯디와 은택을 배격하는 것이 그에게 큰 의미가 있다.

또 하나 주목할 만한 점은 공덕의 기초 위에서만, 즉 개인적 발현업에 따라서만 하사되는 은택과 관계된다. 은택은 사람들이 흔히 착각하듯이 운이 좋아서 얻는 것이 아니다.

세 번째 논점은 면밀한 주의를 요한다. **바가반**이 "싯디를 과시하기 위해서는 남들이 필요하다"고 한 것은(이는 그 과시자를 자동적으로 무지인(ajnani)으로 규정하는 것이지만), **진인**은 항상 **진아** 안에 있으면서 유일하게—두 번째가 없는 하나로서—존재하는 순수한 **의식** 외에는 아무 것도 인식하지 않는다는 뜻이다. 싯디를 과시한다는 것은 다수성을 인정

---

2) *T*. 탄트라의 일파. 꾼달리디 등 몸의 측면을 강조하며, 좌도 밀교적 특징을 보였다.
3) *T*. 신이나 스승이 헌신자에게 베푸는 은총의 혜택. 예컨대 건강·부富 같은 것이다.

한다는 의미를 내포하는데, 진지는 그것을 부정한다. 그래서 의도적으로 싯디를 과시하는 사람은 스스로 무지인임을 공언하는 셈이며,4) 앞에서 언급한 진인-싯다는 예외이다.

7. "오직 아뜨마(Atma-진아)를 깨달아야 합니다. 그것을 깨달으면 다른 모든 것은 그 범위 안에 있습니다. 샥띠(sakti)·차크라(chakras)·가나빠띠(Ganapati)5)·싯디 등은 그 안에 포함됩니다. 그런 것을 이야기하는 사람들은 아뜨만을 깨닫지 못한 것입니다." 대담 57

주註: 이것은 앞의 텍스트들을 확인해 준다. 절대자에만 관심이 있는 바가반은 다음의 진리, 즉 모든 사물, 모든 능력, 모든 현상들은 영원불멸이어야 하는 하나의 공통된 근원을 가지고 있다는 진리에 당신의 입장을 두고 있다. 경전들은 이 절대적 근원을 다양한 이름으로 지칭하는데, 그 중에서 가장 좋은 것은 아뜨만 곧 진아(Self-자기)이다. 이것은 누구나 사랑하고 누구나 알고 있는 우리 자신의 존재, 곧 있음(being)으로 표현되기에, 누구나 이해하기 쉽다. 따라서 진아가 모든 능력, 모든 형태, 모든 색상, 모든 생각, 모든 감각—요컨대 물리적이고, 정서적이고, 정신적인 전 우주의 저장소이다. 결과적으로 진아에 대한 지知만이 참된 지知이고, 참된 깨달음이다. 왜냐하면 그것은 영구적이고 일체를 포함하기 때문이다. 그것의 그러한 현현물과 방출물들은 불안정하고, 그래서 싯디

---

4) "오, 무니들의 주님이시여, 진아지(atmajnana)가 없고 해탈하지 못한 자만이 싯디를 추구합니다. 해탈한 자는 결코 무지를 따르지 않습니다. 싯디는 빠라마뜨마(Paramatma)의 지위를 성취하는 데 결코 도움이 되지 못합니다." —『바라하 우파니샤드(Varaha Upanishad)』.
5) T. Ganesha 또는 Vinayaka라고도 하며, 시바의 맏아들이다. 그는 몸 안의 차크라들 중 맨 밑의 물라다라 차크라(muladhara chakra)에 자리 잡고 있다고도 말해진다.

에 대한 갈망은 무지無知와 불행에 이른다. **바가반**은 싯디·차크라·샥띠·심령 현상 등을 다루는 사람들은 **진리**의 빛을 보지 못했음을 스스로 증명하고 있으니, 그런 사람들을 피해야 한다고 말한다. 이것을 매우 주의 깊게 기억하자.

8. 한 스위스 여성이 눈을 활짝 뜬 채 **바가반** 앞에 앉아 있다가, 스승님의 얼굴이 포동포동한 아기 얼굴같이 되더니 눈부신 꽃들로 장식되었다. 그녀는 그 아기 같은 얼굴에 사랑을 느꼈다. 그녀가 그 환영幻影을 **바가반**께 묘사했다. 당신이 말씀하셨다. "그 환영은 그대의 마음 속에 있습니다. 폴 브런튼은 저를 하나의 거인으로 보았는데, 그대는 저를 어린아이로 보았군요. 둘 다 환영입니다. 그런 것에 속지 마십시오. 폴 브런튼은 눈을 감고 있었던 반면, 그대는 눈을 뜨고 있었지요. 아마 그대는 어떤 아기를 생각하고 있었는데, 그것이 환영에 나타난 것이겠지요." 그 여성은 그랬다고, 즉 **시바**의 아이 같은 얼굴을 생각하고 있었다고 고백했다. 대담 304

주註: "환영幻影에 속지 말라"는 것은 경전의 한 금지항목이다. 환영을 신뢰할 수 없는 정도는, 똑같은 사람에 대해 거대한 인물을 보았다고 한 폴 브런튼의 환영과 한갓 어린아이를 보았다고 한 그 여성의 환영 간의 차이로 가늠할 수 있다. 앞서 이 여성이 아이 같은 **시바**를 생각했다고 고백했듯이, 모든 환영들은 정신신체적인 것으로서 대개 무의식에서 방출된다. 위의 여성이 그 환영이나 그것의 기원을 알듯이, 모든 환영이 그 주체인 사람에게 분명하게 알려질 필요는 없다. 어떤 주체들은 환영을 기대하고 고대하며, 그래서 환영을 갖기도 한다. 그들은 자기 내면에서 환영을 조작한 다음, 눈을 감거나 뜬 채 자신의 밖에서 그것을 본다. 신이 그런 환각에서 최대의 피해자였다. 불변이고, 무형상이고, 단 하나이며, 모든 민족에게 동일한 그가 사람에 따라 다르게 나타나 보이게 되었고, 그 때문에 무고한 목숨이 무수히 희생되었으며, 살아 있는 더 많은 무수한 사람들이 헤아릴 수 없는 고통을 겪었다. 그리스인들은 그를 천둥을 휘두르는 **제우스**로 보았고, 예수는 그를 **아버지**로 보았으며, 그의 추종자들은 나중에 그를 "**삼위일체의 하느님**"으로 확장했다. 모세에게는 그가 **바가반**이 종종 인용하는 구절인 "**나는 내가 있다는 것이다**"로서 나타났다. 힌두들에게는 그가 **라마**이고, **크리슈나**이며, 다른 많은 신들이다. 하지만 그는 모든 심장들 속에 거주하는 **단 하나의 존재**이다. 기록된 인간의 역사에서, 인습적 종교들이 보여 온 불관용과 아집에서 드러난 것보다 무지가 더 잘 드러날 수는 없다. 이것은 환영과 상징들을 진리로 여기고 그에 따라 행동하는 것의 위험성을 보여준다.

바가반은 이렇게 말씀을 계속한다.

9. "환영幻影은 외적인 것이 아닙니다. 그것은 내적으로 나타날 뿐입니다. 만일 환영이 외적인 것이라면, '보는 자'가 없어도 그것이 스스로 나타나겠지요. 그럴 경우 그것이 존재함을 보증하는 것은 무엇입니까? '보는 자'일 뿐입니다." **대담 305**

주註: 환영은 그것을 보는 자와 독립해 있는가? 우리는 그렇지 않다는 것을 안다. 그렇다면 그것이 어떻게 실재할 수 있겠는가? **실재**는 자기충족적이고, 실체적이고, 전적으로 그 자신에게 의존해야 하고, 언제 어느 때나 존재해야 한다. 그러나 환영은 일시적일 뿐만 아니라 그것을 보는 자의 마음의 성질과 능력들에 의존한다. 따라서 모든 환영은 거짓이다.

10. "이곳의 많은 방문객들이 저에게 말하기를, 그들은 당신으로부터 오는 환영이나 상념의 흐름(thought-currents)을 받는다고 합니다. 저는 지난 한 달 반 동안 여기 머무르고 있지만 어떤 종류의 체험도 해보지 못했습니다. 그것은 제가 당신의 **은총**을 받을 만한 근기가 아니기 때문입니까? 만약 그렇다면, 멀리 있는 외국인들은 받는데 바시슈타 계보의 일원인 제가 당신의 **은총**을 받지 못한다는 것이 수치스럽습니다. 이런 수치를 없애기 위해 제가 감내하거나 겪어야 할 어떤 속죄법을 부디 일러 주시겠습니까?"

바가반: "환영과 상념의 흐름은 마음의 상태에 따라서 얻어지는데, 그것은 그 개인들에게 달렸지 **보편적 친존**(Universal Presence)[6]에 달린 것이 아닙니다. 더욱이 그런 것들은 중요하지 않습니다. 중요한 것은 마음의 평안입니다." 대담 317

주註: 여기에 이 항목을 수록한 것은 앞서 구체적으로 수록한 스승님의 답변 때문이라기보다 질문의 성질 때문이다. 이것은 앞에서 내가 환영들은 그것을 기대하는 사람들에게 종종 찾아온다고 한 말을 잘 예증한다. 이 질문자는 6, 7주 전부터 어떤 환영을 기대하고 있었고, 환영이 나타나지 않자 참담해졌다. 그는 위대한 바시슈타 무니의 직계 후예인 그 자신의 영적인 가치를 의심하고 있기 때문이다. 이렇다 할 어떤 계보에도, 전혀 어떤 카스트에도 속하지 않는 "외국인들"보다 못하게 등한시

---

6) *T.* 세계(우주) 도처에 존재하는 실재. 여기서는 지고의 실재로서 존재하는 바가반 자신을 가리킨다.

된다는 것이 그에게는 치욕이고, 굉장히 당혹스러운 재앙인 것이다.

우리는 이 가여운 사람의 하소연에 실로 공감한다. 그러나 그것이 진짜 하소연인가? 그는 스승님의 친존에서 당신이 부단히 말씀하시는 가르침, 즉 환영은 쓰레기 같은 것이며, 이 길에서는 계보가 아니라 근기根機(adhikara)만이 중요하다는 것에 주의를 기울이지 않는 것처럼 보인다. 나는 이것을 싯디 숭배자들의 정신적 소견과 그런 소견들이 마음을 편벽되게 만드는 해로움의 한 실례로 가져왔다. 이 신사가 아쉬람에서의 삶을 조금 더 오래 경험해 보았더라면, 그곳에 6주가 아니라 6년, 10년, 15년 살았으면서도 어떤 환영도 가져본 적이 없고, 그렇다고 해서 그들의 계보, 그들의 개인적 품위, 혹은 영적인 진보에 어떤 수모도 느껴본 적이 없는, 오히려 그런 것이 없는 것을 스승님에게서 받는 완전한 은총으로 여기고, 그것은 다른 방식으로도 얼마든지 증명된다고 여기는 사람들을 발견했을 것이다.

바가반이 이야기하는 마음의 평안은 실재에 대한 직접적인 이해에 자연스럽게 수반된다. 환영이 아니라 그런 평안이 우리의 목표가 되어야 한다.

11. "어떤 성자들은 죽은 자를 살려냈다고 합니다. 하지만 그들조차도 죽은 자를 모두 살려내지는 못했습니다. 만약 그것이 가능하다면 어떤 죽음도, 어떤 묘지도, 어떤 세계 등도 없겠지요." 대담 342

주註: 이 맥락은 다음과 같다. 한 엄마가 죽은 자기 아이의 시신을 가지고 띠루반나말라이까지 기차로 3백 마일쯤 되는 거리를 아주 비싼 차비를 지불하고 왔는데, 자기가 꾼 꿈에서 누가 말하기를 바가반이 손을 대주면 아이가 살아날 거라고 했다는 것이었다. 아쉬람에서는 그 시신을 아쉬람 안으로 가져오는 것을 허락하지 않았고, 그래서 그 손댐은 이루어지지 않았다. 그러나 **바가반**은 그 절망적인 엄마를 만족시켜 주기 위해 손을 대는 대신 구두로 말씀하시기를, 만약 그 꿈이 참되다면 다음날 그녀의 아들이 되살아날 거라고 했다. 그래서 그 시신을 하룻밤 두었고, 다음날은 화장되었다.

그렇다면 그것은 잔인한 꿈 아니었던가? 그런데 이런 것이 꿈, 환영, 예언, 천상적 소리와 모습 등에 따라 자신의 삶을 꾸려가는 사람들의 운명이다. 십중팔구 그 꿈은 그 엄마의 희망사항에서 비롯되었던 것이다.

바가반은 죽은 자들을 되살렸다고 하는 사람들조차도 제한된 능력을 가지고 있었고, 그들의 행위는 자연의 흐름에 역행하는 것이라고 말하는데, 옳은 말씀이다. 그렇지 않다면 인류가 불멸을 성취했겠지만, 그러면서 정치적·경제적·사회적·가정적으로 워낙 복잡한 사태를 야기하여, 죽은 자들을 되살리는 사람들이—설사 법적 제약을 받지는 않는다 해도—별 대접을 받지 못했을 것이다.

손을 대거나 성자들의 은총으로 죽은 사람을 되살리는 것은, 위의 텍스트 6에서 본 **주 시바**의 증언이 입증하듯이, 그 되살아난 사람의 발현업에 달려 있다고 봐야 한다.

제5장 브라마짜리야, 홀로 있음, 사회생활

1. "브라마짜리야(*Brahmacharya*)는 '브라만 안에 존재하는 것'(혹은 '브라만 안에서 사는 것')입니다. 그것은 흔히 알고 있는 독신생활과 아무 연관이 없습니다. 진정한 브라마짜리(*Brahmachari*), 즉 브라만 안에서 사는 사람은 브라만, 곧 진아 안에서 지복을 발견합니다. 그렇다면 그가 왜 행복의 다른 원천을 찾아야 합니까? 사실 진아에서 벗어나는 것이 모든 불행의 원인입니다." 대담 17

주註: 자기 자신이 되는 것이 가장 지복스러운 상태이다. 그것이 브라마짜리야, 곧 '브라만 안에서 살기'이다. 그렇다면 그 지복을 즐길 만큼 복 있는 사람(진인)이 그보다 훨씬 못한 세간의 쾌락을 추구할 수 있겠는가? 그런 쾌락은 (즐길 만한 가치가 있는지) 의심스러운 것은 차치하고, 그것을 안겨주거나 유보하는 것이 남들에게 달려 있는데 말이다. 따라서 이 추론은, 항상 진아의 넘치는 지복 안에 있는 진인에게서는 독신생활이 당연하다는 것이다. 그러나 이것을 '진인들은 늘 독신자'라는 일반 원칙으로 여긴다면 그 추론은 잘못된 것이다. 왜냐하면 가장 유명한 진인들 중 일부는 한 명 이상의 부인과 결혼하여 자식들이 있었고, 어떤 이들은 소유물들이 있었고 어떤 이들은 소유물이 없었다고 알려져 있기 때문이다. 진인은 해탈한 사람이고, 모든 규칙과 규제, 모든 윤리적·종교적·

사회적 행위규범에서도 벗어나 있다. 그는 자신이 그 자신에게 법이고, 그가 무엇을 하고 무엇을 하지 않을지는 알 길이 없다. 하지만 그는 **진지**를 성취하기도 전에 벌써 모든 라자스적·따마스적 습習을 벗어버렸기에, 사뜨와적(*sattvic*) 삶을 영위하는 것으로 알려져 있다.

이 비이원적 노선에서는 수행의 한 보조수단으로서의 독신생활이란 것도 의문시된다. 이 관점에서만 본다면 결혼생활은 확실히 최고의 진리에 장애가 아니며, 어떤 경우에는—탄트라에서 '대장부(*vira*)' 수행자라고 부르는 그런 경우에는—그것이 더 도움이 될 수도 있다. 독신생활이 분명한 정신적·정서적 번뇌를 야기하여 평화로운 수행을 망치는 경우가 아니라면, 그것이 가정생활에서 따르기 마련인 여러 가지 업무, 해야 할 일들, 근심 걱정을 면하게 해주는 한에서 확실히 큰 도움이 된다. 그리고 이 점을 분명히 하기 위해 **바가반**은 이와 같이 설명을 계속한다.

2. "수많은 다른 보조수단들 중에서 독신생활은 분명히 깨달음의 한 보조수단입니다." **대담 17**

주註: "수많은 다른 보조수단들 중에서"를 놓쳐서는 안 된다. 그것이 이 텍스트의 주안점이다. 이 말씀이 독신생활에 부여하는 가치는, 다른 수많은 도움 요인들과 동등하게, 무시해도 좋을 정도의 가치이다. 다음의 답변에서 이 점이 확인된다.

3. "그러면 독신생활은 필수불가결하지 않습니까? 결혼한 사람이 진아를 깨달을 수 있습니까?"

바가반: "물론이지요. 그것[깨달음]은 마음의 적합성 문제입니다. 결혼했든 하지 않았든, 사람은 진아를 깨달을 수 있습니다. 진아는 지금 여기 있기 때문입니다." 대담 17

주註: 진아가 모든 것이다. 미혼이든 기혼이든 관계없이 말이다. 우리가 자신의 진아인데, 만약 마음이 그에 대해 준비되어 있다면, 누구인들 그것을 온전히 순수한 상태로 체험하는 것이 거부될 수 있겠는가? 만약 독신생활만이 깨달을 수 있는 유일한 원인이라면, 모든 독신자들은 해탈자이고, 모든 재가자들(grihastas)은 아주 깊은 속박 속에 있겠지만, 우리의 경험과 전통은 그것이 그렇지 않음을 말해준다.

4. "재가자(grihasta)는 해탈(Moksha)을 추구하는 공부를 어떻게 해나갑니까?"
바가반: "왜 자신을 재가자라고 생각합니까? 설사 그대가 출가자로 나선다 해도, 자신이 출가자라는 생각이 그대를 따라다닐 것입니다. (그대가 출가한다면) 한 생각을 다른 한 생각으로 바꿔놓을 뿐입니다. 마음의 장애들은 늘 있습니다. 그것은 새로운 환경에서 더 커질 수도 있습니다. 환경을 바꾸는 것은 아무 도움이 되지 않습니다. 마음이 장애물입니다. 그러니 환경을 왜 바꿉니까?" 대담 54

주註: 따라서 수행의 실제적 적은 가정생활이라기보다, 우리가 어디를 가든 계속 우리와 동행하는 마음의 습관, 들뜸, 지론持論, 욕망, 아집, 아둔함—요컨대 미성숙함이다. 왜 그것을 가정 탓으로 돌리고, 어떤 때는 심지어 신 자신의 탓으로 돌리는가?

바가반은 그 잘못을 이렇게 상기시켜 준다.

5. "환경은 그대의 욕망에 따라, 결코 그대를 버리지 않습니다. 저를 보십시오. 저는 집을 떠났습니다. 그대 자신을 보십시오. 그대는 가정이라는 환경을 떠나 여기 왔습니다. 여기서 무엇을 발견합니까? 이곳이 그대가 떠나온 곳과 다릅니까?" 대담 54

주註: "저를 보십시오. 저는 집을 떠났습니다."라고 바가반은 말하는데, 당신이 1896년에 집에서 도망 나와 도착한 띠루반나말라이 큰 사원 안 빠탈라링가(Pathalalinga)[지하굴]의 칠흑 같은 더러움 속에서 발견한 환경은, 마두라이에 있던 당신의 집 "환경"과는 전혀 달랐다는 것을 잠시 잊으신 것이다. 나 자신의 의견을 말해보자면, 하루 종일 바가반을 뵙다가 다른 데서 몽마夢魔 같은 욕심 많은 집주인—확실히 "나의 의식적인 욕망에 따른" 몽마는 아니지만—을 보는 것은 엄청난 차이가 있다는 것을 덧붙여야겠다. 그러나 우리는 스승님이 어떤 뜻으로 하신 말씀인지 이해한다. 사람은 자신의 환경을 가지고 다니는데, 그것은—우리가 바로 앞의 주註에서 보았듯이—그 자신의 마음에 다름 아니다. 누구도 자기 마음을 뒤에 남겨두고 신을 찾으러 나갈 수 없다. 그래서 마음은 우리가 그것을 어떻게 사용하느냐에 따라 가장 골치 아픈 것이기도 하고 가장 도움이 되는 도구이기도 한데, 우리는 이 도구와 부단히 함께 하게 된다. 그것이 환경을 만든다.

바가반은 "환경은 그대의 욕망에 따라, 결코 그대를 버리지 않을 것"이라는 말씀으로, 우리의 환경을 형성하는 마음의 상습常習—우리 자신의 변덕과 공상—이 가차 없음을 우리에게 다시 새겨주고 싶어 한다.

그래서 우리는 (그 환경에서 벗어나려고) 침상을 준비하여 그 위에서 잠을 자는 것이다.

6. "사람이 **무상삼매**(nirvikalpa samadhi)에 몇 년씩 들어 있어도, 거기서 나오면 그가 가질 수밖에 없는 환경 속에 있는 자신을 발견합니다. 샹까라짜리야(Shankaracharya)가 그의 탁월한 저작 『분별정보分別頂寶』에서 **무상삼매**보다 **본연삼매**(sahaja samadhi)가 더 낫다고 강조한 것도 그 때문입니다. 우리는 어떤 환경 속에서도 자연발로적 삼매, 즉 자신의 원초적 상태에 있어야 합니다." 대담 54

주註: 바가반은 이 주제를 계속 논하지만, 마음에 물리적 환경을 포함시킨다. 진인에게는 물리적 환경이 육신에게만 영향을 준다. 바가반은 다른 곳에서 주장하기를, 진인조차도 몸의 업(karma)은 겪어야 하지만 그의 마음은 더 이상 오염될 수 없다고 한다. 진인은 항상 삼매에 들어 있다. 그가 세계에 대한 스위치를 끄면 **무상삼매**(nirvikalpa)에 든 것이다(그것은 **합일무상삼매**(kevala nirvikalpa)라고 부르는 것이 더 나은데, 왜냐하면 **본연삼매**(sahaja)도 무상삼매로 불리기 때문이다). 그 스위치를 켜 두었을 때는 **본연삼매**에 들어 있다. 즉, 물리적 세계를 지각하는 동시에 **실재** 안에 있다. 진인의 물리적 환경은 그의 몸을 위해 발현업에 의해 설정되고, 이것이 그가 몸을 가지고 있는 한 그를 떠나지 않는다. 그러나 그것이 어떤 종류이든, 그것은 물리적 환경 여하에 관계없이 항상 "원초적 상태"에 집중되어 있는 그의 마음에 영향을 줄 수 없다.

7. "홀로 있음은 마음 속에 있습니다. 어떤 사람은 세간의 번잡한 곳에 있으면서도 마음의 평온을 유지할 수 있습니다. 그런 사람은 홀로 있는 것입니다. 어떤 사람은 숲 속에 있어도 여전히 자신의 마음을 제어하지 못합니다. 그 사람은 홀로 있다고 할 수 없습니다. 욕망에 집착한 사람은 어디 있어도 홀로 있음을 얻지 못합니다. 집착 없는 사람은 늘 홀로 있습니다." 대담 20

주註: 우리는 이미 마음의 상태가 참된 환경이라는 것을 보았다. 그러나 욕망과 홀로 있음의 관계에 대한 스승님의 말씀은 이렇게 요약될 수 있다. "욕망은 군중이고, 무욕은 홀로 있음이다." 아니면 "욕망은 도시를 창조하고, 무욕은 숲을 창조한다." 바가반은 이 점을 다음과 같이 발전시킨다.

8. "집착을 가지고 하는 일은 하나의 족쇄인 반면, 무집착으로 하는 일은 그 행위자에게 영향을 주지 않습니다. 그는 일을 하는 동안에도 홀로 있는 것입니다. 봉사로 말하자면, 진아 깨달음이 인류에게 베풀 수 있는 가장 큰 봉사입니다. 따라서 성자들은 숲 속에 거주한다 해도 (인류에게) 도움을 줍니다. 그러나 홀로 있음은 숲 속에서만 얻어지는 것이 아니라, 도시에서도, 세간의 번잡한 직업 활동 속에서도 얻어질 수 있다는 것을 잊으면 안 됩니다. (성자들의) 그 도움은 눈에 띄지 않지만 그래도 존재합니다. 성자는 사람들이 모르는 가운데 전 인류를 돕습니다." 대담 20

주註: 이것은 요기들, 곧 해탈의 길을 가는 구도자들이 이기적이라는 비판에 대한 결정타가 될 것이다. 이제 비판자들은 물리적 봉사에 큰 비중을 두는 것이 자신들의 근시안적 태도임을 알게 될 것이다. 그런 봉사는 결코 영구적이고 전반적인 만족을 안겨줄 수 없기 때문이다. 경제학과 사회개혁의 법칙들은 물리적 차원에서는 잘 작동할 수도 있고, 노동자의 소득 능력을 늘려주고 더 나은 주거를 제공하며, 그의 자녀들을 교육시켜 주고 그에게 더 높은 사회적 지위를 안겨줄지도 모른다. 그러나 그것은 결코 그에게 행복을 안겨줄 수 없다. 급료가 오르면 오를수록 더 많이 받으려는 노동자의 투쟁도 늘어날 것이며, 자신의 요구를 어디서 멈춰야 할지 결코 알지 못할 거라는 것을 우리는 눈앞에서 목도한다. 그러나 설사 그를 백만장자로 만들어 준다 해도, 그의 마음은 세상의 모든 백만장자들의 흐릿하고 늘 들떠 있는 마음처럼, 궁핍한 프롤레타리아로 남을 것이다. 따라서 가난한 자들을 위해 일하며 그들을 향상시킨다고 하는 그런 모든 이야기는 본질적으로 거짓된 가치에 기초해 있다. 가진 부富가 크로이소스(Croesus)1)의 부만큼 된다 할지라도, 불행한 사람은 가난한 것이다. 최대의 부富는 참된 지知에서 흘러나오는 평안이며, 그것은 이런 '이기적인' 요기와 리쉬들만 전수해 줄 수 있다. 그렇다고 해서 박애가들과 사회사업가들이 폐업하고 돕기를 그만두어야 한다는 것은 아니다. 돕는 것이 그들의 다르마(dharma)이고, 그들은 그것을 회피할 수 없다. 이러한 다르마를 수행하는 데서 그들 자신이 구원받기 때문이다. 그러나 그들은 모든 도움들 중 가장 귀중한 도움, 즉 무지와 불행에서의 구원을 영원히 안겨줄 수 있는 사람을 비웃는 일은 그만두어야 한다.

질문자는 (몇 가지 질문을 더 한 뒤에) 말했다. "유럽에서는 홀로 있는 사람들이 도움을 줄 수 있다는 것을 사람들이 이해하지 못한 채, 세간에서

---

1) T. 엄청난 부의 소유자로 알려졌던 고대 리디아 왕국의 왕(기원전 6세기).

일을 하는 것만이 쓸모가 있다고 생각합니다."

  바가반: "유럽이나 미국은 신경 쓰지 마십시오. 그대의 마음 안에 있지 않다면 그것들이 어디 있습니까? 그대 자신을 깨달으십시오. 그러면 모든 것을 깨닫게 됩니다. 그대가 꿈을 꾸고 깨어나서 꿈속에서 만난 사람들을 회상할 때, 그 사람들도 깨어났는지 그대가 확인해 봅니까?"

제6장 세계

1. "그대의 소견을 지혜의 소견으로 만들면, 세계가 **신**이라는 것을 알게 될 것입니다. 브라만을 모르면서, 어떻게 그가 일체에 편재함을 알 수 있겠습니까?" 대담 1

주註: 이 '지혜의 소견'은 **브라만**을 깨달은 **진인**의 소견이다. 그는 그것이 모든 지각의, 즉 세계의 근원임을 안다. **브라만**은 세계의 근원일 뿐만 아니라 세계에 편재하는 것, 아니 세계의 자아 그 자체―세계의 날줄이자 씨줄이며, 세계의 재료이자 바탕 그 자체이다. 그러나 신이 이렇게 일체에 편재하는 것은 **본연삼매**에서 **진아 깨달음**이 온전히 성취될 때까지는 지각될 수 없다. 깨닫지 못한 사람에게 세계가 **신**이라고 말하는 것은 그것을 물 위에 글로 쓰는 것만큼이나 무의미하다. 그에게 먼저 신, 곧 **브라만**을 깨달으라고 하라. 그러면 그는 궁금해 하기를 그치고 이해하려고 노력할 것이다.

2. "세계는 바깥에 있지 않습니다. 그 인상들은 어떤 외적인 원천을 가질 수 없습니다. 왜냐하면 세계는 의식에 의해서만 인식될 수 있기 때문입니다." 대담 53

주註: 세계가 무엇인가? 바가반은 "마음의 인상들"이라고 답한다. 그 인상들은 근원이 있는가? 현대 심리학에서는 "그렇다, 외부의 자극이다"라고 답하는데, 바가반은 그것을 배격한다. 심리학자들은 외부 공간에 있는 비정신적 자극에 대해 전혀 어떤 증거도 가지고 있지 않다. 요가적 체험은 외부의 대상이나 공간 같은 그 어떤 것도 존재하지 않음을 보여주고 있다. 왜냐하면 그런 것이 있다 해도 그것이 전혀 지각되지 않을 것이기 때문이다. 심적이지 않은 것은 마음에 인상을 줄 수 없다. 따라서 인상들은 의식 그 자체에서 일어나며, 이는 마치 꿈의 인상들이 꿈꾸는 사람의 마음에서 일어나고 그 마음에 의해 지각되는 것과 같다. 세계는 그 자체로 존립할 수 없고, 그것이 알려지려면 의식에 의존해야 한다. 그렇지 않으면 우리가 어떻게 그것이 존재한다고 확신할 수 있겠는가?(제10장, 10 참조). 만약 예컨대 꿈을 꾸는 도중에, 그때 우리가 지각하는 세계와 그때 우리가 먹는 음식이 우리의 상상이 만든 허구일 뿐이라는 것을 증명해 보라고 요구 받는다면, 생시의 상태에서 생시 세계와 생시의 음식에 대해 그 허구성을 증명해 보라는 요구를 받을 때만큼이나 난감할 것이다. 왜냐하면 생시에 우리가 생시를 실재한다고 여기는 것만큼이나, 꿈을 꾸는 동안은 그 꿈이 실재한다고 여기기 때문이다.

3. "세계가 그것을 지각하는 자 없이 존재할 수 있습니까? 어느 쪽이 다른 쪽보다 먼저입니까? 존재-의식(Being-consciousness)입니까, 출현-의식(rising-consciousness)입니까? 존재-의식은 늘 있고, 영원하고 순수합니다. 출현 의식은 일어나고 사라집니다. 그것은 일시적입니다." 대담 53

주註: 바가반은 위 텍스트에서, 당신이 존재-의식이라고 부르는 '생각하는 자'가 당신이 출현-의식이라고 부르는 '생각들'—세계—보다 먼저 있어야 한다는 논지를 따른다. 생각하는 자가 존재하고 나서 그가 생각을 하기 시작한다. 생각하는 자는 하나이고 고정되어 있는 반면, 그의 생각들은 무수하고 끊임없이 변한다. 그래서 존재-의식은 "영원하고 순수한" 실재이며, 찰나적인 출현-의식의 근원이다.

4. "세계는 그대의 마음의 결과입니다. 그대의 마음을 알고, 그런 다음 세계를 보십시오. 그러면 그것이 진아와 다르지 않다는 것을 깨달을 것입니다." 대담 53

주註: 이것은 앞의 텍스트를 요약한다. 마음이 세계를 투사한다. 따라서 세계가 성품상 무엇인지를 알기 위해서는 마음을 조사해야 한다. 이 탐구는 궁극적으로 마음이 진아와 동일하다는 발견으로 이어질 것이다. 그래서 "보는 자를 보라" 또는 "아는 자를 알라"가 진아의 장엄한 비밀과 세계의 근원을 여는 마스터키이다.

5. "진아 깨달음 뒤에도 세계가 지각됩니까?"
바가반: "세계가 지각되든 지각되지 않든 무슨 상관 있습니까? 무지인은 진인이 행위하는 것을 보면 혼란에 빠집니다. 두 사람 다 세계를 지각하지만 그들의 관점은 다릅니다. 영화의 예를 들어봅시다. 화면들이 스크린 위를 움직입니다. 그 화면들이 사라지게 해보십시오. 무엇이 남습니까? 스크린뿐입니다. 여기서도 마찬가지입니다. 세계가 나타날 때에도 그것이 누구에게 나타나는지를 알아내십시오. '나'라는 바탕을

붙드십시오. 그 바탕을 붙들고 있을 때, 세계가 나타나든 사라지든 무슨 상관 있습니까?" 대담 65

주註: 우리는 질문자에게 공감한다. 그의 호기심은 흔히 있는 약점이다. 스승님은 답변의 시작 부분에서, 진인에게는 세계를 본다고 해서 얻는 것도 없고, 보지 않는다고 해서 잃는 것도 없다는 사실에 질문자가 주목하기를 바라신다. 더없이 중요한 것은 존재, 곧 자기충족적이고 완전한 그 사람 자신—그 자신으로서 있는 그—이며, 진인은 이 존재 안에 확고히 자리 잡고 있다. 그래서 진인이 바깥 세계를 지각하는지 여부는 별로 중요하지 않다.

진인의 마음 상태를 추측해 보는 것은 부질없는 노력이다. 왜냐하면 그것은 지고한 브라만의 상태와 같이, 추측해 본들 알 수 없는 것이기 때문이다. 그 둘은 똑같은 하나이다. 다만 진인의 경우에는 활동하는 겉모습이 있기는 하지만, 이 활동은 진실로 말해서 스크린 위 화면들의 움직임과 같은 비활동이며 실제로는 존재하지 않는다. 스크린 위에는 전혀 어떤 활동도 없고, 활동이 있는 듯이 보일 뿐이다. 스크린만이 실재하고 화면들은 실재하지 않듯이, 진아만이 실재하고 행위는 실재하지 않는다. 그래서 활동과 그 활동이 일어나는 세계 둘 다 실재하지 않는다. '나'가 스크린이고, 지각력 있는 '보는 자'이며, 모든 화면과 세계들은 그 안에서 혹은 위에서 펼쳐지는 지각력 없는 쇼이다.

바가반은 그대가 눈에 보이는 광경에 미혹될 때는 주의를 그대 자신, 곧 보는 자에게로 돌리라고 주장한다. 거듭거듭 계속 그렇게 하면 그대의 확실한 성공을 보장할 수 있다.

6. "어떻게 마음을 세계로부터 돌아서게 하느냐고요? 진아와 별개로 세계가 있습니까? 세계가 자기가 존재한다고 말합니까? 한 세계가 있다고 말하는 것은 그대입니다. 그렇게 말하는 자기를 발견하십시오."
대담 81

주註: 이 답변의 실질은 앞서 답변들의 그것과 동일하지만, 형태에서 다르다. 우리는 모든 근본적 원리에서 그 바탕의 단일성을 발견하지만 그 표현에서는 다양성을 발견하는데, 그것은 피상적인 형태이다. 질문들의 차이가 답변들에 차이를 야기하며, 영적인 탐구에서의 견해차들로 인해 세계의 모든 경전들이 나왔다. 그렇지 않으면 방대한 베다도 단 하나의 음절─옴(OM)으로 요약될 수 있을 것이다.

생각하기(thinking)가 곧 세계이며, 그것이 세계를 창조한다. 우리는 생각을 하고, 그 생각들은 외적인 대상들로 나타난다.[1) 세계는 우리가 태어나기 전에 있었고, 우리가 죽은 뒤에도 계속 존재한다는 것, 과학과 역사가 그 사실을 증명한다는 것은, 이러한 과학적·역사적 사실들조차도 우리의 현재적 생각 또는 관념─즉, 우리가 생시 속에 있는 한 우리를 따라다니는 관념─이라는 진리를 바꿔 놓지 못한다. 모든 세계들과 그 세계들이 지속되어 온 수십억 년의 세월은, 우리가 베개에 머리를 두고 생시로부터 떠나가는 순간 (쌓아둔) 한 벌의 카드처럼 무너지고, 그와 함께 우리보다 먼저 살았던 사람들과 그 사람들보다 먼저 있었던 세계 등의 역사도 와해된다. 하지만─우리의 침상 속에서─우리의 생시 생각들이 완전히 해체(pralaya)되고 우주가 완전히 소거됨에도 불구하고, 우리

---

1) T. 여기서는 '생각하기' 또는 '생각'이라 했으나, 이것은 머릿속을 지나가는 생각이 아니라 생각·감정 등 표층의식과 잠재의식을 포함하는 '의식'을 가리킨다. 이것은 생각과 감정, 욕망과 집착에 의해(즉, 업에 의해) 부단히 갱신되는 저변의 한 흐름이며, 업력業力의 저장고이다. 이 의식이 그 업력에 따라 세계라는 환경을 창조하고 감각의 대상들을 현출한다.

는 계속 존재하며, 새로운 육지를 여행하고 새로운 바다를 건넌다. 육지
와 바다도 생시와 같이 우리 자신의 창조물이지만 말이다. 그래서 생시
를 꿈꾸는 그 사람만이 실재하고, 생시라는 꿈은 전적으로 가짜이다.

7. "그대는 세계가 물질주의적이라고 말합니다. 물질주의적이든 영적이
든, 그것은 그대의 소견 나름입니다. 그대의 소견을 올바르게 하십시
오. **창조주**는 자신의 창조계를 돌보는 법을 알고 있습니다." 대담 240

주註: 마지막 문장은 우리에게 정치인, 사회사업가, 박애가, 경제철학
자, 심지어는 성직자들을 생각나게 한다. 그들은 나라와 세계를 도우려
고 늘 노심초사하면서, 어떻게 하면 인류를 불행과 재난에서 구원할지를
자나 깨나 생각한다. **바가반**은 사실상 그들에게, 만물을 만들어내고 움직
이는 어떤 **힘**이 있다고 이야기한다. '그대는 누구이기에 그대 좋을 대로
무엇을 만들고 없앨 수 있다고 생각하는가?'라는 것이다. 그런 걱정들은
신의 섭리에 대한 무지, 혹은 **섭리**의 임무를 자기 것이라고 주장함을 의
미한다. 구도자들은 그들이 추구하는 **지고의 존재**(지고자)의 전지전능함에
대한 강한 믿음을 가지고 시작할 것이 기대되므로, 그런 집착적 관념들
을 버려야 한다. 남들에 대한 봉사는 **진지**를 궁극적 목표로 삼는 수행으
로서 할 때만, 자기정화의 한 수단으로서 허용된다. '진리를 발견하라.
그러면 모든 것이 세계와 조화로울 것이다.'라는 것이다. "그대의 소견을
올바르게 하라. 왜냐하면 세계는 그대의 소견 나름이기 때문이다."

8. "바가반께서는 진화를 믿으십니까?"

바가반: "진화는 한 상태에서 다른 상태로 되는 것일 수밖에 없습니다. 차별상들이 인정되지 않는데, 어떻게 진화가 일어날 수 있습니까? 그대는 스리 크리슈나가 아르주나에게 '여러 생이 지나면 그 구도자가 지知를 얻고, 그리하여 나를 알게 된다'고 말할 때, 그것은 진화를 의미한다고 말합니다. 그러나 『기타』는 '나도 그대도 이 우두머리들도 없었던 적이 없다', '그것은 태어나지도 않고 죽지도 않는다'라는 말로 시작한다는 것을 잊으면 안 됩니다. 그래서 탄생도 없고, 죽음도 없고, 그대가 바라보는 현재도 없습니다. 실재는 있었고, 있고, 늘 있을 것입니다. 그것은 불변입니다." **대담 264**

주註: 질문자는 신지학도이고, 아르주나와 다윈(Darwin)처럼, 형상들의 진화를 보고 그것을 불변인 **생명**의 진화로 착각한다. 스리 크리슈나는 아르주나가 태어나지도 않고 죽지도 않는 주체의 절대성에 대한 자신의 뜻을 파악하지 못하는 것을 보자, 방법을 바꾸어 아르주나가 이해하는 언어로 말하기 시작한다. 움직이고, 변화하고, 진보하는 것은 생명이 거주하는 그 형상, 혹은 그 형상의 기능인 그것의 관념·개념·소견이지, 그 자체가 '생각하는 자'나 '관념하는 자'가 아니다. 인간이 어릴 때부터 노인이 될 때까지, 어떻게 그 자신은 똑같은 개아(*jiva*)로 남아 있으면서 사물과 세계에 대한 견해를 매일같이 바꾸는지를 우리 모두가 보아 왔다. **생명**은 변치 않고 항상 완전하며, 그래서 그것은 진보하고 '진화할' 필요가 없다. **생명**은 순수한 지각력, 즉 영원한 존재성인데, 그것은 어떤 경계선에도 구속되지 않으므로 "진화"를 통해 자신의 속박을 깨트릴 필요가 없다. **생명**에 진보가 있다고 하고 진화와 환생을 끌어들이는 것은 인간의 통상적인 난시증難視症(사물을 분명하게 보지 못하는 증세), 더 정확히는 언어가 정밀하지 못한 데서 비롯된다. 베다(*Srutis*)도 환생을 이야기하지만,

베다는 자신이 무슨 말을 하는지 알고 있다. 『기타』에서의 스리 크리슈나도 마찬가지다. 그들은 모든 시대의 무수한 아르주나에게 그런 말을 하지만, 절대적 진리를 받을 준비가 된 진지한 수행자에게는 다른 언어로 이야기한다.

9. "세상의 조건을 개선하기 위해 우리는 무엇을 해야 합니까?"
바가반: "만일 그대가 고통에서 벗어나 있으면 어디에도 고통은 없을 것입니다. 문제는 그대가 세계를 외부에 있는 것으로 보고, 그 세계에 고통이 있다고 생각하는 데서 비롯됩니다. 그러나 고통과 세계 둘 다 그대 안에 있습니다. 만일 그대가 내면을 보면 어떤 고통도 없을 것입니다." 대담 272

주註: 여기서 다시 세계는 우리의 어깨 위에 앉아 있다. 세계의 불행이 우리를 무겁게 짓누른다. "세계를 개선하기 위해 우리는 무엇을 해야 하는가?"라고. 이것이 참된 이타주의인가? 걱정하는 그 사람의 삶은 이기심의 오염에서 벗어나 있는가? 만약 아니라면, 우리는 그런 이타주의의 정확한 가치를 알고 있다. 그러나 이것은 실은 **바가반**의 관심사가 아니다. 당신은 절대적 수준에서 이 문제에 접근한다. 당신은 우리에게 말한다. '그대는 바깥을 바라보고 세계를 보면서, 세계의 고통에 대해 걱정하기 시작한다. 그러나 세계가 실제로 있어서 그대가 세계의 고통을 그토록 심각하게 여기는 것인가? 전체 드라마는 그대의 마음에 의해 상연되고, 그 마음 안에 있다. 그대는 경찰의 복장을 한 채 도둑을 수색하러 가는 도둑과 같다.' 세계에 대한 연민과 걱정의 모든 쇼는 세계와 세계의 고통을 야기한 그 범죄자가 벌이는 하나의 쇼이다. 생각하는 마음이 세계와 세계의 고통을 창조하며, 그 생각하는 마음이 지금 세계의 구원자 행세를 한다. **바가반**은 사실상 그 마음에게 위선자 아니냐고 묻는다. 즉, '그대 자신의 죄악을 뿌리 뽑으라, 그러면 어디에서도 어떤 죄악도 보지 않게 될 것이다.'라는 것이다.

10. "인간들의 영적인 복지를 지켜보는, 모든 종교의 원래 창시자들의 어떤 영적인 위계구조가 있습니까?"
바가반: "그들이 그렇든 않든 상관없지요. 그것은 기껏해야 추측일 뿐입니다. **아뜨마**는 자명합니다(pratyaksha). 그것을 알고 사변思辨을 끝내십시오. 어떤 이는 그런 위계구조를 받아들일 수도 있고, 어떤 이는 그러지 않을 수도 있습니다. 그러나 누구도 **아뜨마**는 부인하지 못합니다." **대담 274**

주註: 나는 "그것은 기껏해야 추측일 뿐입니다"에 밑줄을 그었는데, 우리는 이것을 "그런 위계구조의 존재 여부를 분명하게 알 수 있는 수단은 누구도 갖고 있지 않다"는 스승님의 권위 있는 말씀으로 여겨야 한다. 이것을 잊은 채, 그런 모든 주장들을 액면대로 받아들여서는 안 된다.

설사 그런 위계구조가 존재한다 하더라도, 우리가 **실재**를 성취하는 데 그것이 과연 도움을 줄 수 있는가? 하지만 "인간들의 영적인 복지를 지켜보는"이라는 말은 아주 매력적으로 들린다. 문제는, 설사 그것이 맞는 말이라 해도, 누군가가 어느 멀리 있는 알 수 없는 세계 너머의 알 수 없는 지역에서, 이를테면 나의 영적인 복지를 어떻게 지켜보면서 내가 **실재**를 성취하는 데 도움을 주겠는가? 그것은 나 자신이 홀로, 나 자신의 의식 안에서, 한 스승의 직접적인 인도와 친존을 통해서 해내야 하는 과정이고, 그 스승은 본인이 그것을 성취하여 인격화된 **실재**가 된 분으로서, 눈에 보이지 않는 어떤 멀리 있는 '관찰자'보다 이 일에 훨씬 더 유능한 분이다. 그 모든 것은 그림자들, 곧 '사변적' 가정들을 끌어안기에는 너무나 실제적이고 너무나 합리적인 구도자에게는 뿌연 연무와 안개같이 보인다. 이 길은 의심스럽고 복잡한 관념들을 용납하기에는 너무나 단순하다. 진리는 자명하다고(pratyaksha), **스승님**은 말한다. 그것은 위계구조를 발견하는 데 있지 않고, 위계구조들과 알려진 모든 것을 발견하는 그 마음, 혹은 그 존재를 발견하는 데 있다. 그리고 누구나 하나의 존재이므로, 모든 인간은 그 자신이 그 진리이고, 만물을 담는 용기用器인 것이며, 이는 "부인할 수 없는" 하나의 사실이다. "그대 **자신을 알라**"가 가장 지혜롭고 가장 실제적인 조언으로 남는다.

바가반은 이렇게 말씀을 계속한다.

11. "여하튼 진아와 별개인 것은 아무것도 없습니다. '영적인 위계구조' 조차도 진아와 별개로 존재할 수 없습니다. 그것은 진아 안에 있을 뿐이고 진아로서 머무릅니다. 진아 깨달음이 모두에게 단 하나의 목표입니다." **대담 274**

주註: 이것이 이 문제를 종결짓는다. 그런 위계구조조차도—설사 그것이 존재한다 해도—저 단 하나의 절대적 **진아** 안에 포함된다. 그렇다면 왜 바로 지금 **진아**만을 추구하지 않는단 말인가? 왜 2차적이고 별 관련 없는 문제들에 시간을 낭비하는가? 그런 것들을 추구해 봐야 아무 소득이 없을 텐데 말이다.

12. "어떤 현상이 단순히 한 가지 목적에 이바지한다고 해서 **실재**일 수는 없습니다. 꿈들도 꿈속의 목적에 이바지합니다. 예를 들면 꿈속의 물은 꿈속의 갈증을 해소해 줍니다. 그러나 꿈의 창조물은 생시 상태와 모순됩니다. 지속되지 않는 것은 실재할 수 없습니다. **실재**는 항상 실재하며, 한때는 실재하고 다른 때에는 실재하지 않는 것이 아닙니다. 마법(magic)도 그와 같아서, 실재하는 것처럼 보이지만 그것은 환幻입니다. 마찬가지로, 세계는 그것의 저변에 있는 **실재**와 별개로는 실재하지 않습니다." 대담 315

주註: 이것은 '세계는 신기루 같은 환幻이 아니다. 세계는 어떤 목적에 이바지하지만 신기루는 그렇지 않기 때문이다'라고 여기는 일부 탄트라파(Tantrikas)에 대한 하나의 답변이다. **바가반**은 실재성의 한 기준을 효용에 두는 논변을, 꿈속 대상들의 비유로써 논박한다. 꿈속의 대상들은 꿈의 세계에서는 나름의 효용이 있다. 예컨대 꿈속의 불은 꿈속의 음식을 요리하고, 꿈속의 음식은 꿈속의 허기를 채워주지만, 그것들은 존재하지 않는다. 실재성의 시험은 효용이 아니라 영구적 지속성이다. 그래서 이 세계의—생시의—현상들은 꿈속의 그것과 동등하게 찰나적인 것으로, 따라서 그것과 같이 환적인 것으로 되는 반면, **실재**는 그 위에서 현상들이 나타나는 고정된 바탕이다. 꿈의 바탕은 그 꿈을 꾸는 사람 자신이다. 생시라는 꿈을 꾸는 사람이 생시의 현상들의 바탕이다. 그는 실재하지만 현상들은 그렇지 않다. 그리고 꿈을 꾸는 사람이자 생시를 꾸는 사람은 똑같은 개아(jiva)이므로, 그 개아가 곧 **절대적 브라만**이다. 이것은 경전에서 "개아와 **브라만**은 차이가 없다(jivo Brahmaiva na parah)"[2)]

---

2) T. 88쪽의 각주에서 *Brahmajnanavalimala*, 제20연 참조.

고 한 개아와 브라만의 동일성을 다시 한 번 확인시켜 준다.

다음 텍스트는 이 점을 그림처럼 잘 보여준다.

13. "영화의 스크린 상에서 불이 났습니다. 그 불이 스크린을 태웁니까? 폭포수가 쏟아집니다. 그 물이 스크린을 적십니까? 연장들(칼 따위)이 있습니다. 그것이 스크린을 손상합니까? 물과 불은 브라만이라는 스크린 위의 현상들일 뿐, 그것에 영향을 주지 않습니다." 대담 316

주註: 이것은 『바가바드 기타』(2.24)에서 '불은 그것을 태우지 않고, 물은 그것을 적시지 않으며, 칼은 그것을 자를 수 없으니, 누구도 그것을 모른다고 할 수 없다'고 한 스리 크리슈나의 말에 대한 실제적이고 완벽한 한 예증이다. 왜냐하면 지성을 가진 사람으로서 영화관에서 그것을 보지 않은 사람은 없고, 스크린이라는 천이 타오르는 불, (범람하는) 물, (난무하는) 칼을 받아들이면서도, 그 위에서 무섭게 타오르는 것처럼 보이는 필름상의 화재에 전혀 영향을 받지 않는다는 것을 모르는 사람은 없기 때문이다. 스크린은 보는 마음이고, 바로 앞 주註에서 이야기한 주체(꿈꾸는 자)이며, 필름상의 화재는 세계이다.

14. "왜 개인들은 이 세상일에 말려들어 있고, 그 결과 문제를 얻습니까? 벗어나야 하지 않습니까? 그들이 영적인 세계 안에 있으면 더 큰 자유를 얻을 것입니다." 스승님이 답변하셨다. "세계는 영적일 뿐입니다. 그대는 자신을 그 육신과 동일시하기 때문에 이 세계는 물적이고 다른 세계는 영적이라고 말합니다. 반면에 '있는 것'(실재)은 영적일 뿐

입니다. 영靈으로서의 그대 자신을 깨달으면, 이 세계가 영적일 뿐이라는 것을 알게 될 것입니다." 대담 328

주註 : 만일 순수한 의식만 있다면, 눈에 보이고 그 의식에 의해 지탱되는 현상들은 전적으로 군더더기이다. 그러나 우리가 그 현상들을 심각하게 받아들이기 때문에, 세간사들이 문제라고 말하는 것이다. 더 심각한 것은 우리가 몸을 현상들보다 더 실재하는 것으로 여긴다는 것이다. 왜냐하면 몸은 분리될 수 없는 동반자로서 평생 우리에게 붙어 있고, 우리는 거기서 벗어나 안식할 수 없기 때문이다. 생시 상태에서는 우리가 몸 없이 우리 스스로 우리 자신을 바라봄으로써, 실재하는 우리와 실재하지 않는 몸을 분간할 기회가 전혀 주어지지 않는다. 이 끊임없는 동반 관계는—우리는 그것을 통해 지각하고, 행위하고, 욕망의 대상들을 얻고 즐기지만—몸이 바로 우리 **자신**이라는 환상을 창조해 왔다. 그런데 그 환상에 우리의 모든 어려움이 자리 잡고 있다. 몸은 물리적인 것이므로 우리는 자신이 물리적이라고 생각하고, 몸은 병들고 피로해지므로 우리는 자신이 병들고 피로해진다고 생각하는 식이다. 그러나 스승님이 우리에게 자신의 과오에 눈을 돌리게 하면, 우리는 상황을 가늠해 보고 그것을 바로잡는다. 몸을 포함하는 외부 세계를 보던 데서 방향을 돌려, 세계와 몸을 '아는 자'로서의 우리 자신의 자아를 향한다. 지知는 물리적이지 않으므로 그것은 형상, 냄새 혹은 색깔이 없고, 몸처럼 시간에 의해 속박되거나 공간에 의해 제한될 수 없다. 그리하여 우리는 우리 자신이 무한한 의식이고, 이 의식이 몸을 사용한다는 것을 깨닫게 될 것이다. 그럴 때 몸의 괴로움은 더 이상 우리에게 영향을 주지 않게 될 것이고, 마찬가지로 우리는 더 이상 세계와 몸을 외적인 것으로 보지 않고 우리 자신의 **진아** 안에 있는 현상들로 보게 될 것이다. 세계는 물리적인 것을 넘어 의식임이, 곧 본질상 정신적인 것임이 드러날 것이다. 첫 번째 단계로서, 몸을 순수한 의식에서 의식적으로 분리하면 모든 의심이 해소될 것이다. 그것이 이 수행의 목표이자 목적이다.

15. 한 스페인 여성이 편지에서 이렇게 썼다. "만약 개인적 자아가 보편적 진아 안에 합일된다면, 어떻게 우리가 인류의 향상을 위해 신께 기도할 수 있겠습니까?"

바가반이 언급하셨다. "그들은 신에게 기도하면서 이렇게 끝맺습니다. '당신의 뜻이 이루어지이다.' 만약 그의 뜻이 이루어질 것이라면, 기도는 왜 합니까? 신의 뜻이 언제 어떤 상황에서도 관철될 거라는 것은 사실입니다. 개인들은 자기 뜻대로 행위할 수 없습니다. 신의 뜻이 가진 힘을 인정하고 침묵을 지키십시오. 한 사람 한 사람을 신이 돌보고 있습니다. 그가 모든 것을 창조했습니다. 그대는 20억 명 중 한 명입니다. 그는 수많은 사람을 돌보는데, 그대를 빠뜨리겠습니까? 또 그대에게 필요한 것을 그에게 알려줄 필요도 없습니다. 그 자신이 그것을 알고 있고, 그것을 돌봐줄 것입니다." **대담 594**

주註: 기록자는 "이 물음은 서양의 사상가들 사이에서는 흔한 것으로 보인다"라고 덧붙인다. 과연 그렇다! 그 이유는 단지 서양인들은 어릴 때부터 남들을 위해 기도하라고—물론 그들 자신, 그들의 아버지와 어머니, 형제자매들부터 시작하지만—배우기 때문이다. 동시에 그들은 하느님에 대한 절대적 믿음을 가지라고 배운다. 그들은 이런 절대적 믿음을 갖는 것과 동시에 그에게—마치 그가 아무것도 모른다는 듯이—자신들이 원하는 것을 해달라고 명령하는 데서 어떤 비일관성도 발견하지 못한다. 그들은 이 텍스트와 같이 "그들[무엇을 간청하여 오래 기도하는 이교도들]처럼 되지 말라, 너희의 **아버지**께서는 너희가 구하기 전에 너희에게 필요한 것이 무엇인지를 알고 계신다"[마태복음, 6.8]라고 명하는 산상수훈을 잊어버린 것이다.

그들은 심지어 어떤 때는 국제적 분쟁에도 **하느님**을 끌어넣어, 전선의 양쪽 모두에서 그의 도움을 청하기도 한다. 그들은 집단적 종교 행렬과 옥외 기도회들을 통해서 그에게 강요하기도 한다.

영적인 세계에서 합리적인 믿음은 사람들을 하나로 묶는 큰 힘이지만, 맹목적 믿음은 암흑시대의 섬뜩한 역사가 증명하듯이 도처에 더없이 재앙을 가져온다. 맹목적 믿음은 20세기에도 여전히 강하게 살아 있지만, 다행히도 그 날카로운 이빨들은 모두 무디어져 있다.

스리 라마나의 추종자들은 일관성이 있고, 합리적인 **비이원론**의 길을 고수한다. 신은 우리의 **진아** 자체이고, 우리가 신을 신으로서 깨닫지 못하는 한 그 믿음을 계속 내면에 확고히 지니는데, 우리는 단 한 사람도 결코 등한시되지 않는다는 확신으로 그것을 보강한다. 무한한 지혜인 신은 각자에게 무엇이 최선인지를 알며, 우리가 상기시켜 주지 않아도 그는 그것을 한다. 그는 우리의 제안이나 조언을 필요로 하지 않는다.

바가반은 이렇게 말씀을 계속한다.

16. "더욱이 그대는 기도를 왜 합니까? 그대의 **창조자**이자 **보호자**가 그대가 약하다는 것을 모릅니까? 그대는 신이 스스로 돕는 자를 돕는다고 말합니다. 물론이지요, 그대 자신을 도우십시오. 그것 자체가 신의 뜻을 따르는 것입니다. 행위 하나하나가 그에 의해서만 촉발됩니다. 남들을 위한 기도로 말하면, 그것은 표면상 아주 비이기적인 것으로 보

입니다. 그러나 그 감정을 분석해 보면, 거기에도 이기심이 있다는 것을 발견할 것입니다. 그대가 남들의 행복을 바라는 것은 그대가 행복하기 위해서입니다. 아니면 그대가 남들을 위해 대신 기도했다는 명예를 얻고 싶은 것입니다. 신은 매개자들을 필요로 하지 않습니다. 그대의 일에 신경 쓰십시오. 그러면 모든 일이 잘 될 것입니다." 대담 594

주註: 이기심으로 대신 기도하는 사람들에 대한 **바가반**의 힐난은 충분히 정당한 것이다. 우리가 서양의 정치적·사회적·가정적·영적 삶에서 이러한 대리기도(intercession-기독교의 중보기도仲保祈禱)가 끼친 해악을 깨달으려면 종교사 책을 읽어보기만 하면 된다. 유럽에서는 몇 세기 동안 면죄부라는 이름으로 대리기도와 대리기도 증명서들을 공개 시장에서 사고팔기도 했고, 그 관행은—적어도 대리기도의 관념은—오늘날도 많은 사람들 사이에서 여전히 사라지지 않고 있다. 그러니 우리는 남들을 위해 그리고 세계 평화를 위해 기도하여 신과 인간들의 눈에 영웅 행세를 하고 싶어 하는 사람들에게 놀라서는 안 된다. 인도에서조차도 그 수입된 관념이 일부 영적인 조직에 퍼졌고, 그런 데서는 대규모로 대리기도를 행하고 있다. **바가반**은 우리에게 "신은 매개자들을 필요로 하지 않는다"고 상기시킨다.

"행위 하나하나가 신에 의해 촉발된다"는 것은 조금 설명을 요한다. 표면상 이 말씀은 마치 업業과 자유의지를 부정하는 것처럼 보인다. 사실은 그렇지 않다. 그 의미는 단순히 이런 것이다. 즉, **진아** 혹은 신은 순수한 지성이므로—즉, 그것만이 지성적이므로—그리고 어떤 행위도 지성적인 행위자 없이 이루어지지 않으므로, **진아** 그 자체가 모든 행위의 행위자이며, 그럼에도 불구하고 이 행위들 자체는 같은 **진아**의 소산인 업業의 법칙에 구속되지 않는다는 것이다. 그래서 신이 모든 것을 하는 자이고, 모든 것을 아는 자이다.

진아만이 지성적 존재인데, 그것이 그렇게 지각되지 않기 때문에, 이런 모든 그릇된 사고, 인간의 무력함·죄악·무지에 대한 이런 거짓된 믿음이 있고, 그래서 고해告解, 성자들의 대리기도, 용서를 위한 기도와 평화를 위한 기도 등등이 필요해진다. 바가반은 우리에게 올바른 길을 보여주고, 우리에게 우리 자신의 일에 신경 쓰면서 계속 수행하라고 한다. 그러다 보면 우리 자신의 노력과 직접체험에 의해 신에 대한, 그리고 인류에 대한 진리를 깨닫게 될 것이다.

17. "신은 어떤 선택받은 사람을 통해서 그의 뜻을 이루지 않습니까?"
바가반: 신은 모두의 안에 있고 모두를 통해서 작업합니다. 그러나 그의 현존(presence)은 순수해진 마음들 안에서 더 잘 인지됩니다. 순수한 마음은 순수하지 못한 마음보다 신의 행위들을 더 명료하게 반영합니다. 그래서 사람들이 자기는 선택받은 자라고 말하는 것입니다. 그러나 선택받은 사람 자신은 그렇게 말하지 않습니다. 만약 자신이 매개자라고 생각한다면, 그 사람은 개인성을 가지고 있고, 완전한 순복이 되지 않은 것이 분명합니다. 대담 594

주註: 신만이 행위자라는 것은 우리가 이미 논의한 사항이다. 여기 도입된 새로운 논점은 순수한 마음만이 신을 신으로 이해할 수 있고, 그러한 마음은 (신의) 대리자로 행세하지 않는다는 취지이다. 그렇게 행세하는 사람은—확실히 많은 사람들(성직자들)이 그렇게 하지만—에고적 망상의 제물이라고 이름 붙여야 할 것이다.

그러나 질문자는 의도적 대리기도의 함축된 의미와는 다르게 질문하는 것처럼 보인다. 그는 어떤 인간의 행위를 통해서 어떤 사람이나 어떤 나라 전체를 이롭게 하는 신의 은총의 행위를 말하는 듯하다. 이것은 매우 타당하다. 그러나 바가반의 논점은, 그런 행위는 그런 일에 다른 사람보다 더 적합한 마음 안에서만 가능하다는 것이다. 하지만 이 '선택 받은' 사람은 ― 자신의 사명과 모순되지 않고는 ― 자신이 선택되었다는 것을 모를 것이고, 그렇게 말하는 일은 더욱 없을 것이다. 그도 그럴 것이 그 선택은 자동적인 행위이고, 그 사람 자신에게는 여느 행위와 같이 자연스럽게 보이기 때문이다. 다만 그것이 인류의 이익을 위한 것이었음이 드러나게 될 뿐이다.

만일 우리가 모든 행위가 신의 행위임을 인정하면, 한 행위를 다른 행위와 구분할 것이 아무것도 없다. 모든 행위는 그 지성적 행위자(내면의 신, 즉 진아)에 의해 유도되거나 영감을 받아 ― 그것이 신의 행위임을 상기할 것도 없이 ― 우리 자신의 내면에서 일어나기 때문이다. 보편적으로 혹은 개인적으로 자비로운 행위도 마찬가지라고 할 수 있을 것이다. 그래서 대리기도자, 곧 의식적인 중개자로 행세하는 사람은 우리가 의심의 눈길로 바라보아야 하고, 만일 그가 순복의 따빠스(*tapas*)를 통해 더 높은 영성을 가졌다고 주장한다면 더욱 그래야 한다. 이것은 그의 순복에 결함이 많고, 그의 따빠스는 그 이름에 값하지 않는다는 것을 증명한다.

18. "브라민들은 사제, 곧 신과 남들 사이의 매개자로 간주되지 않습니까?"

바가반: "그렇지요, 그러나 누가 브라민입니까? 브라민이란 브라만을 깨달은 사람입니다. 그런 사람은 내면에 개인성의 느낌이 없습니다. 그는 자신이 매개자로서 행위한다고 생각할 수가 없습니다." 대담 594

주註: 브라민주의에 대한 이 정의는 매우 오래된 것이다. 수천 년 전 비슈마(Bishma)가 화살 침상 위에 누워 스리 크리슈나의 친존親存에서 빤다바 일족에게 다르마 샤스뜨라(Dharma Shastras-다르마에 관한 힌두 경전들)를 가르쳤을 때, 그도 바가반처럼 브라민으로서 산다는 것의 참된 의미를 다음과 같이 제시했다.

"누가 브라마나(Brahmana-브라만인 사람)이고 누가 아닌지는 행위만이 판정해준다. 모든 의식과 희생제를 거행한다고 해서 브라마나가 되는 것은 아니다. 단 하나의 속박, 즉 욕망에서 비롯된 속박이 있을 뿐이다. 이런 속박에서 벗어난 사람이 브라마나이다. 감각기관을 제어하고, 부단히 요가적 삼매에 들어 있는 사람이 브라마나이다. 그는 다른 모든 이들보다 뛰어나고, 진아에서만 기쁨을 얻는다."(『마하바라따』, '평화서(Shanti Parva)')

그래서 브라민이란, 진실로 말해서 브라만 안에 거주하는 자, 곧 진인이거나, 최소한 그의 신체적 계보(카스트)와 무관한 으뜸가는 수행자이다. 그러나 질문자는 성사聖絲를 두르고 있는 사람들(카스트 브라민들)만을 염두에 두고 있는데, 그들은 계보상 권리로 브라민주의를 주장한다. 그러나 위 인용문에서처럼, 베다(Srutis)와 기타 성전들(Smritis), 그리고 바가반은 그것을 배격한다. 하지만 카스트로서의 브라민들은 이 아대륙(인도)이 오랜 세월에 걸쳐 겪은 많은 흥망성쇠 속에서 전통을 철저히 고수함으로써 경전들이 파괴되지 않도록 지켜내어, 인도와 세계에 이로운 일을 많이 해왔다. 그러나 불행히도 지난 한두 세기에 세계에 불어 닥친 변화의 바람은 이 카스트에도 영향을 주었다. 브라민들 대다수는 생존을 위한 투쟁에 직면해 있다 보니, 크샤트리아와 바이샤들이 갖게 되어 있던 자리들을 차지할 수밖에 없었다. 하지만 이런 불리함에도 불구하고 그들은 요가와 베단타의 학습과 실천, 그리고 산스크리트어로 된 지식의 전파와 관계되는 곳에서는 계속 선봉에 서 있다. 그것은 이 시대의 물질주의적 성향 속에서 그나마 위안이 되는 면모이다.

이제 신과 인간 사이를 중개할 수 있는 어떤 종류의 인간 행위도 존재하지 않음이 분명하다. 진인, 곧 신을 깨달은 해탈자(mukta)만이 도움을 줄 수 있다. 중개자로서가 아니라 진아의 절대적 상태를 가르치는 스승이자 안내자로서 말이다.

19. "꿈과 잠은 저에게 어떤 호소력도 없습니다. 잠의 상태는 정말 둔한 반면, 생시의 상태는 아름답고 재미있는 것들로 가득 차 있습니다."
바가반: "그대가 아름답고 재미있는 것들로 가득 차 있다고 여기는 것이, 진인에게는 실로 둔하고 무지한 잠의 상태입니다. (산스크리트어 속담에서 말하듯이) '남들에게 어둠이 지배하는 곳에서 현자는 활짝 깨어 있다'는 것입니다. 현재 그대를 장악하고 있는 그 잠에서 깨어나야 합니다." 대담 607

주註: 이 질문을 하는 영국인 여성은 자신도 모르게 우리에게 **창조**의 비밀을 드러낸 듯하다. 그녀는 필시 감각기관들, 즉 세계를 생겨나게 한 **의식** 속의 구나들(gunas)의 요동 원인을 우연히 발견한 것이다. 그 요동은 "아름답고 재미있는 것들"을 경험하려는 어떤 내적 욕구, 어떤 충동이라고 할 수 있겠는데, 웬걸, 그 아름답고 재미있는 것들이 과연 있다! 순수한 존재의 형상 없고, 색깔 없고, 맛 없고, 냄새 없고, 소리 없는 상태가 견딜 수 없이 '둔해지면', **의식** 안에서 동요가 일어나 하나의 꿈을 펼치고, 이 다수성의 세계라는 만화경 같은 쇼를 즐기기 위하여 하나의 영화관을 건립한다. 여하튼 아름다움에 대한 이 여성의 욕망이 그녀의 그 몸의 원인이고, 그 몸이 그녀에게 '아름다움'을 즐길 수 있게 한다.

이제 이런 물음이 일어난다. 만일 질문자가 이 세계의 아름다운 것들에 그토록 몰두해 있다면, 왜 그녀는 그것을 떠나 매일 잠의 '둔함'을 추구하는가? 그녀가 투박하고 모호한 잠을 위해 의도적으로, 심지어는 갈망하듯 그 아름다운 것들을—어쩌다 한 번이 아니라 1년에 최소한 365번씩이나—버릴 때, 아름다움에 대한 그녀의 충성에는 일관성이 거의 없다. 그렇다면 그녀는 자신이 열렬히 싫어하는 것—즉, 둔한 잠—을 자신이 열렬히 추구하는 데는 뭔가 이상한 것, 뭔가 불가사의한 것이 있다고 진지하게 생각해야 한다. 어떤 탐구자들은 잠의 상태에서 자신이 어떤 상태로 있는지는 자신들의 물음과 무관하다고 여겨, 거기에 눈길도 주지 않는다. 그들은 자신들이 진리의 확고한 세계에 잘 자리 잡고 있고, 자신들을 거기서 데려나와 그림자와 안개의 세계 속으로 데려갈 수 있는 어떤 감각기관도 있을 수 없다고 상상한다. 그러나 생시의 참된 본질을 온전히 이해하기 위해서는 세 가지 상태 모두의 비교와 조정이 더 없이 필수적이라는 사실은 남는다. 또 질문자는 잠이 "몸의 이완"을 위해 유용하다고 상상한다. 이완이란 긴장 이전의 어떤 느낌을 의미한다. 우리는 몸이 지각력이 없다는 것을 여러 차례 입증해 왔다. 그렇다면, 어떻게 지각력 없는 사물이 긴장을 느낄 수 있겠는가? 더욱이 몸의 이완이 목표라면, 몸을 이 세상의 침상 속에 아주 남겨둔 채 딴 세계(꿈과 깊은 잠의 상태)로 갈 이유가 대체 어디 있는가? 왜 그것을, 수많은 다른 기계들이 휴식을 얻는 바로 여기서는 할 수 없는가?

실은 우리가 잠을 추구하는 이유는, 말하자면 감각기관들에 의해 야기되는 피곤한 기력 낭비로부터 우리 자신을 거두어들이는 곳인 내적인 "집"의 안식과 기쁨에 대한 열망 때문이다. 감각기관들의 "재미있는" 창조물은 허구이며, "아름다움"은 찰나적인 신기루이다. 우리가 생시라고 여기는 것은 실은 꿈꾸는 것이고, 우리의 잠은 실은 꿈 없는 건전한 상태로 깨어나는 것이다. 바가반의 인용문에서는 '무지한 자에게 어둠인 것이 현자에게는 빛'이라고 말하는데, 그 의미를 우리가 주의 깊게 연구해야 한다.

바가반은 이렇게 설명한다.

20. "잠·꿈·생시 상태들은, 단순한 자각으로서 그 자체 정지해 있는 진아 위에서 나타나는 현상들에 불과합니다. 같은 사람이 잠을 자고, 꿈을 꾸고, 깨어납니다. 생시의 상태는 아름답고 재미있는 것들로 가득 차 있는 것으로 지각됩니다. 잠 속에서는 그것이 없어 잠의 상태는 둔하다고 말하게 됩니다. 그대는 자신을 몸과 동일시하기 때문에, 주위의 세계를 보면서 생시 상태는 아름다운 것들로 가득 차 있다고 말합니다. 잠이 둔하게 보이는 것은 거기서는 한 개인으로서의 그대가 없었고, 따라서 그런 것들이 지각되지 않기 때문입니다. 그러나 무엇이 사실입니까? 세 가지 상태 모두에서 존재의 연속성이 있지만, 그 개인과 대상들의 연속성은 없다는 것입니다."

"연속적인 것은 지속됩니다. 불연속적인 것은 일시적입니다. 따라서 존재의 상태는 영구적인 반면, 몸과 세계는 그렇지 않습니다." 대담 609

주註: 이것은 굉장히 명석하다. 그 모든 것은, 생시의 상태에서 "아름답고 재미있는 것들"을 보는 몸이 잠 속에서는 없기 때문에, 그때는 그런 것들도 없다고 말하는 것과 마찬가지다. 따라서 세계와 몸은 동시에 일어나고 가라앉으며, 깨어나고, 꿈을 꾸고, 잠을 자는 그 존재에게는 영향을 주지 않는다. 이처럼 몸은 그 존재(being)가 아니라, 그 존재가 아름답고 재미있는 것들을 즐기려고 그 자신을 위해 선택한 도구일 뿐이다.

마치 우리가 10마일 떨어진 곳에 있는 어떤 대상을 보려고 고르는 망원
경처럼 말이다. 망원경이 없으면 그 대상은 눈에 보이지 않을 것이다.
몸이 우리 자신이 아닌 것은 망원경이 우리 자신이 아닌 것과 같다. 뿐
만 아니라, 몸은 버려질 수 있는 반면 그 존재는 지속적이다. 그래서 그
존재는 실재인 반면, 일시적인 몸은 그렇지 않다.

21. "마음은 허공(akasa)과 같습니다. 허공 안에 대상들이 있듯이, 마음
안에 생각들이 있습니다. 우리는 우주를 가늠하고 현상계를 연구하는
것을 바랄 수 없습니다. 그것은 불가능합니다. 왜냐하면 대상들은 마음
의 창조물이기 때문입니다. 그것(우주와 현상계 연구)은 자기가 드리운 그림
자의 머리를 자기 발로 밟아 보려 하는 것과 같습니다. 우리가 멀리
움직이면 움직일수록 그림자의 머리도 멀리 움직입니다." 대담 485

주註: 우리는 허공이 마음의 연장延長이며, 그 마음속에 든 생각들이
외부의 대상들로 나타난다는 것을 이미 살펴보았다. 그 대상들은 우리
자신의 창조물이므로, 그것들의 끝까지 가 보려고 하는 것은 마치 우리
자신의 그림자의 머리에 발을 놓아 보려고 하면 그 그림자 머리는 몸이
다가갈수록 뒤로 물러나는 것과 같다. 왜냐하면 우리가 생각을 하면 할
수록 우주는 더 커질 것이기 때문이다. 아무리 우주가 만만치 않고 헤아
릴 수 없을 만큼 광대하다 해도—이미 그렇지만—말이다.

따라서 현상들에 대한 연구로는 절대 어디에도 이르지 못하고, 결코
끝나지 않는 현상들로 이어질 것이다. 즉, 현상들 저변의 **실재**에는 결코
이르지 못한다. 모든 학문—수학·물리학·의학—은 현상, 곧 공간·시
간·체험·몸들·행위의 세계에 속하고, 그것들과 함께 사멸한다.

22. "생각들은 물질에 불과합니까?"

바가반: "그것은 그대의 주위에서 보는 사물들과 같은 물질이라는 의미입니까? 그러나 그 생각하는 자가 누구입니까? 그대는 그것이 **정신**이라고 인정합니다. 그것은 **정신**이 물질을 산출한다는 의미입니까? 의식이 비非의식을 산출할 수 있습니까? 아니면 빛이 어둠을?" 대담 613

주註: 이 질문은 세계가 우리의 생각에 불과하다는 자주 되풀이되는 주장에 대해 분명한 설명을 요구하는데, 이는 정당하다. **바가반**의 답변은 "우리의 생각"이란 하나의 겉모습일 뿐 그 안에 실재하는 것이 아무것도 없다는 의미를 내포한다. 이는 마치 신기루가 물의 겉모습을 하고 있어도 그 안에 물이 전혀 없는 것과 같다.

생각이란 결국 의식 안의 진동들(vibrations)에 불과한데, 그것 자체로는 무無이지만, 우리의 마음 속에서는 그 생각이 대상들—산·육지·바다·숲, 그리고 우리를 에워싸고 있는 수많은 사물들—에 대한 관념의 형태를 취한다. 그렇지 않으면 순수한 영靈인 브라만 혹은 신이 어떻게 돌·불·물을 산출할 수 있겠는가? 아무리 세계의 종교들이 그를 자신들의 창조주라고 부른다 해도 말이다. 뿐만 아니라 지고한 **지복**-**지성**으로서 순수한 광휘인 그가 무지(avidya)라는 비정상적 어둠, 혹은 두려움·증오·시기·고통·질병 등을 발생시킨다는 것도 아예 생각할 수 없는 일이다. 여기서 추론되는 것은, 세계도 무지도 존재하지 않는다는 것이다. 그것들은 순전히 환상이다. 의식만이 있다.

바시슈타(스리 라마의 스승)가 **라마**에게 말한다: "눈에 보이는 세계는, 라마여, 나 자신이고, 그대 자신이며, 만물은 무無이다. 만물은 창조되지 않고, 태어나지 않는다. 지고한 영靈만이 그 스스로 존재한다."

"공중의 진주처럼, 세계는 존재하지 않는다. 그것은 의식의 허공 안에 있는 (개별) 영혼이 실재하지 않는 것만큼이나 실재하지 않는다."

―『요가 바시슈타』, III.14.1, 15.1

인용된 『요가 바시슈타』의 시들이 본 장의 내용을 압축적으로 보여주는데, 그것은 세계가 마음의 한 상태―즉, 세계를 경험하는 자의 마음 속에서 일시적으로 나타나는 겉모습―일 뿐임을 거듭거듭 증명해 왔다. 그 자체로는 세계가 전혀 존재하지 않는다.

자주 되풀이되는 진리이지만, 실재는―진아 혹은 브라만은―불변이고 항상 존재한다. 한때는 존재하고 한때는 부존재하는 것이 아니다. 실재는 그 자신이 상태들의 경험자이다. 그는 생시·꿈·꿈 없는 잠 속에, 그리고 뚜리야(*Turiya*)나 삼매 속에 존재하는 반면, 세계는 생시에만 존재하고, 다른 상태에서는 전혀 존재하지 않는다. 산, 바다, 큰 강들, 강력한 화산들 등을 다 가진 세계가, '보는 자'가 생시에서 나와 다른 상태로 들어가는 순간 그의 의식이라는 바탕에서 그냥 지워져 버린다. 이는 생시에만 작동하면서 세계를 만드는 감각기관들이 세계의 창조자라는 것을 증명한다. 육신은 그 안에 박혀 있는 감각기관들―눈·귀·코 등―을 통해서, 그것들을 통해 외관상 바깥에서 받아들인 인상들을 감각기관들에게 먹인다. 이 감각과 감각기관들의 기계장치는 다른 어떤 몸에서도 발견되지 않는다. 그래서 그것의 기만력―마야―은 생시 상태에서만 지배하고, 따빠스 수행―명상과 공부―을 통해 거기서 벗어나려는 노력은 생시에만 하게 된다. 이것이 우리 비이원론자들이 아는 유일한 마야인데, (통념과 다른 이런 설명에) 당혹해할 구도자들과 단순함과 직접적 접근법을 좋아하는 학인學人들이 차분히 이해하도록 단순한 언어로 표현되었다.

제7장 신

1. "신을 보는 것이 가능합니까?" 바가반이 답변하셨다. "예, 물론이지요. 그대는 이것저것을 보는데, 신이라고 왜 못 보겠습니까? 모두가 늘 신을 보고 있지만, 그것을 모릅니다. 신이 무엇인지 알아내십시오. 사람들이 (신을) 보면서도 보지 못하는 것은, 신이 무엇인지 모르기 때문입니다." **대담 31**

주註: 바로 그거다. 「시편詩篇」 저자(다윗왕)는 다른 맥락에서 "그들은 눈이 있지만 보지 못하고, 귀가 있지만 듣지 못하며, 코가 있지만 냄새 맡지 못한다"라고 노래한다. 신은 우리가 보고, 맛보고, 냄새 맡고, 듣고, 접촉할 수 없기 때문에—그것이 인간들이 대상을 인식하는 유일한 수단인데—늘 존재하는 그가 인식되지 않는다. 그리고 신이 무엇인지 우리가 모른다면, 그는 자신이 신임을 우리에게 납득시키기 위해 우리 눈에 보이는 어떤 형상·색깔·크기를 취해야 하는가? 자기 나름의 신인동형적神人同形的 애호신愛好神(평소에 숭배하는 신)을 가지고 있지 않은 헌신자가 신에게 그의 참된 자아를 보여 달라고 호소할 때, 그것은 신에게 아주 난감한 딜레마가 된다. 그가 어떤 형상을 취해도 그 헌신자는 납득하지 않을 테니까 말이다. 더욱이 그것은 확실히, 형상 없는 그의 모습이 아닐 것이다.

우리는 앞에서 진인에게는 세계가 신적인 것으로 보인다는 것을 살펴보았는데, 어떤 스승들은 자신의 청문자들이 즐거워할 거라고 생각하면서 그것을 소리 높이 설교하기까지 한다. 그러나 그들이 그것을 소리 높이 설교하면 할수록, 생각 깊은 청문자는 덜 납득하게 된다. 그는 이렇게 따질 것이다. "만약 세계가 신이라면, 왜 우리는 신의 환영을 본 뒤에도 그토록 허기지는가?" 여기 이 질문자도 자신이 그렇다는 것을 보여준다. 만일 세계가 신이라면 도처에 완전한 만족이—지복(Ananda), 엘리시움(Elysium)[1], 천상적 기쁨이—있을 것이다. 우리가 신을 갈망하면서 비非신적인 세계에서 평안을 얻으려고 하는 것은, 세계가 신이 아니기 때문일 뿐이다. 경전들은 더 합리적이어서, 세계를 비아非我와 같게 보고, 구나(gunas)와 같게 보며, 우리 의식 안의 흐트러진 평형과 같게 본다. 따라서 무지인(ajnani)[깨닫지 못한 사람]에게는 (진인의 경우와) 정반대이다. 즉, 세계는 신이 아닐 뿐만 아니라 신의 반대쪽 면이고, 그래서 신 쪽으로 가려면 우리가 세계에 등을 돌려야 한다.

이처럼 자신의 오관을 믿는 사람은 신을 본래 있는 그대로의 신으로서 보기를 결코 기대할 수 없고, 신의 역할을 하는 하나의 가짜 개체로서만 볼 수 있을 것이다. 그것은 하나의 모방품, 곧 기껏해야 그 숭배자가 마음속에 가지고 있거나 알고 있는 신의 한 상징적 표현일 것이다. 크리슈나의 숭배자는 그를 아기 크리슈나로 보고, 라마의 헌신자는 그를 라마로, 기독교인은 그를 기독교 성자들 중 한 사람으로 보지만, 참된 헌신자는 신에게 어떤 형상도 없으며, 그는 눈에 보이는 모든 것을 보는 자, 모든 소리를 듣는 자, 모든 냄새를 냄새 맡는 자, 모든 앎을 아는 자이고, 그래서 보이는 것, 소리, 냄새들 등으로만 구성되어 있는 세계

---

[1] T. 고대 그리스인들이, 선한 사람과 영웅들이 사후에 거주한다고 믿은 복된 세계.

안에 항상 존재하고 있다는 것을 안다. **바가반**은 우리에게 이와 같이 그를 알라고 한다. 그럴 때 우리는 참으로 신을 알았다고 말할 수 있다. 이것이 최고의, 그리고 유일하게 참된 신의 환영이다.

2. "비이원론(Advaita)은 신과 하나가 되는 것을 목표하지 않습니까?"
바가반: "신과 하나가 됨이 어디 있습니까? 그 생각하는 자 자신이 항상 실재이고, 그는 궁극적으로 이 사실을 깨닫습니다." **대담 31**

주註: 여기서 **바가반**은 늘 그러듯이 개인과 신의 구분을 분명하게 제거하고, 체험에 의거해 베다를 지지한다. '됨(Becoming)'이란 현재의 '있지 않음(non-Being)'을 의미를 내포하는데, 그것은 말이 안 된다. '있음(Being)'은 영원한 존재, 즉 신이나 영원한 진리를 의미한다. 그런데 우리는 단 하나의 존재, 즉 우리 자신의 존재만 시인하고, 그것만 논박할 수 없이 확신하므로, 우리가 곧 있음이라는 것—즉, 우리는 지금 있고, 영원히 신 그 자신 혹은 그 자체라는 이야기가 된다. 우리 같은 비이원론자들은 인간과 신의 동일시를 이단적이라고 여기는 이원론자들에게 개의치 않는다. 그들(예컨대 기독교인들)은 신이 무엇인지에 대해 흐릿한 관념조차도 가지고 있지 않지만, 그들 자신의 모습대로 신을 만들어, 전능함 뿐만 아니라 편파성, 질투, 불의, 잔인함, 옹졸함, 냉담함 등의 인간적 약점들도 함께 가진 하나의 인격체로 그를 숭배한다. 그리고 그들의 감각기관들은 모두 바깥에 있으므로, 고체나 액체인 것(구체적 형상을 가진 것), 눈·귀·코, 그리고 그들 특유의 공동체적 신념과 관습의 견지에서가 아니면 아무것도 이해하지 못한다. 바로 앞 **주**註에서는 **비이원론**에서 우리가 신이라고 할 때 그것이 무슨 의미인지를 논의했는데, 만약 질문자가 이러한 견해에 익숙해진다면 **바가반**의 답변이 분명하게 이해될 것이다.

3. "우리는 신을 구체적인 형상으로 보지 않습니까?"

바가반: "예, 신은 마음 안에서 보입니다. 신 현신의 그 형상과 모습은 헌신자의 마음에 좌우됩니다. 그러나 그것은 궁극이 아닙니다. 이원성의 느낌이 있습니다. 그것은 꿈에서 보는 모습과 같습니다. 신을 지각한 뒤에 탐구(*vichara*)가 시작됩니다. 그것이 **진아 깨달음**으로 끝납니다. 탐구가 궁극적인 길입니다. 물론 탐구가 닦을 만하다고 느끼는 사람은 소수입니다. 다른 사람들은 헌신이 더 쉽다고 느낍니다." **대담 251**

주註: 이것은 본 장의 첫 번째 텍스트를 확장하며, 그에 대한 (저자의) 성찰들을 확인해 준다. 즉, 감각에 속박된 사람은 신들과 성자들의 환영을 보지만, 그가 기대하는, 혹은 가장 잘 이해하는 형상들로 본다는 것이다. 왜냐하면 **신**은 순수한 **영**靈, 순수한 **의식**이며, 그것은 우리의 개인적 의식이라는 순수한 빛에 의해서 파악될 수 있는데, 그 빛은 모든 겉모습들의 저변에 있으면서 그것을 주시하는 똑같은 하나의 **의식**이기 때문이다. **바가반**은 이 점에서 매우 분명하다. 즉, "신 현신의 그 형상과 모습은 헌신자의 마음에 좌우되지만, 그것은 궁극이 아니다." 숭배자와 숭배 받는 자의 이원성을 현출하는 것은 그 헌신자의 산깔빠(*sankalpa*)이기 때문이다. 따라서 내적인 탐구(*vichara*)를 통해 이 외적인 형상을 초월해야 한다. 그 탐구가, 개인적 의식이 우리가 **브라만** 혹은 절대적 **진아**라고 부르는 순수한 **의식**과 동일하다는 것을 드러내 줄 것이다. 만약 그것들이 똑같은 하나의 **의식**이 아니라면, 개인적 의식이 순수한 **의식**을 성취하는 것은 불가능하고, 전혀 있을 수 없는 일일 것이기 때문이다.

4. "만물에 내재한 신이 어떻게 **심장공간** 안에 거주한다고 이야기됩니까?"

바가반: "우리는 한 곳에 거주하지 않습니까? 그대는 자신이 그대의 몸 안에 있다고 말하지 않습니까? 마찬가지로, **신은 심장연꽃**(Heart-lotus) 안에 거주한다고 이야기됩니다. **심장연꽃**은 하나의 장소가 아닙니다. 신의 처소로 어떤 장소가 거론되는 것은, 우리가 자신이 몸 안에 있다고 생각하기 때문입니다. 이런 식의 가르침은 상대적인 지知만 평가할 수 있는 사람들을 위한 것입니다. 신은 도처에 내재하기에, 그에게는 어떤 특정한 장소도 없습니다. 그 가르침의 의미는 '내면을 보라'는 것입니다." **대담 269**

주註: 무한하고 가없는 **전능한 신**이 인간의 심장이라는 작고 불편한 구멍 속에 그 **자신**을 집어넣을 수 있다는 것은, 감각기관에 속박된 사람에게 엄청난 문제를 제기한다. **바가반**은 **심장연꽃**이 어떤 물리적 장소가 아니라, "상대적인 지知만―즉 감각적 경험만―평가할 수 있는" 사람들을 위해 만들어진 적절한 비유라고 설명한다. 그러나 신에 대해 **심장**을 지목하는 것은 근거가 없지 않다. 삼매三昧 속에서는 절대적 존재의 체험이 우리의 가장 내밀한 존재 안에 있는―더 정확히는 우리 존재의 심장 속에 있는―순수한 의식으로서 느껴지는데, 왜냐하면 그것은 존재인 것만큼이나 지복스럽기 때문이다. 우리는 모두 기쁨이나 어떤 감정도 심장 속에서만 느껴진다는 데 동의한다. 근육으로 이루어진 심장이 아니라, 가슴 속―가슴의 살과 갈비뼈 안은 아니라 해도―우리 존재 안의 어딘가에서 말이다. 삼매 속에서 순수한 의식의―곧 신의―지복이 느껴지는 것은 이 **심장**, 이 미묘한 정서적 중심에서이다. 그것이 신은 지복이고, **심장**의 허공 속에 거주한다고 하는 말의 의미이다. 만약 전 우주가 이

의식 속에 거주한다면, 의식이 우주에 편재해 있다는 이야기가 된다. 그래서 신은 내재적이고, 심장 안에도 거주한다. 그리고 만약 그대가 그것을 검증하고 싶다면, 바가반은 그대에게 "내면을 보라"고 권한다.

제8장 경전과 학식

1. "베다에는 우주기원론에 대한 상충되는 이야기들이 나옵니다. 이것은 베다의 신뢰성을 손상하지 않습니까?"
바가반: "베다의 본질적 목표는 불멸인 아뜨만의 본질을 우리에게 가르치고, 우리가 곧 그것임을 보여주려는 것입니다. 이 목표와 가르침에 만족한다면, 나머지는 사물들의 기원을 알고 싶어 하는 무지한 사람들을 위한 보조적 설명(Arthavada)으로 간주해야 합니다." 대담 30

주註: 인간 사회는 정신적 수준이 서로 다른데, 각 사회는 자신들이 이해할 수 있는 가르침을 필요로 한다. 베다는 이런 가르침을 베풀지만, 최상의 가르침은 **지고자**를 추구하는 사람을 위해 아껴두고 있고, 그들에게는 **브라만**, 곧 절대적 **진아**의 학學을 드러낸다. 우리는 이 학學에만 관심을 가져야 한다. 왜냐하면 그것은 우리 자신의 존재, 영원한 **진리**의 학學이기 때문이다. 바가반은 우리에게 **창조·해체** 등에 대한 이야기 같은 외적인 것들에 탐닉하지 말라고 충고한다. 베다에 있는 그런 이야기들은 허구와 사변을 좋아하는 사람들에게 와 닿는 것이다.

2. "경전들은 더 높은 힘의 존재와 그것을 얻는 방도를 가리켜 보이는

데 유용합니다. 경전들의 핵심은 그 정도일 뿐입니다. 그것을 소화했을 때, 그 나머지는 쓸데없습니다. 우리는 너무 많이 읽습니다. 그 읽은 것을 우리가 다 기억합니까? 그 핵심은 마음속에 젖어들고 나머지는 잊혀집니다. 경전도 마찬가지입니다." 대담 63

주註: 바가반은 기억을 언급함으로써, 우리의 의식이 고도로 조직된 그것의 기계장치 속에서 자동적으로 알곡에서 겨를 걸러내고, 본질적인 것에서 비본질적인 것을 걸러내어, 마치 학생이 교과목에서 가장 중요한 부분만 보유하고 나머지는 기억의 체(거름망)를 빠져나가게 하듯이, 그것들을 망각의 저편으로 던져버리는 행동에 우리가 주목하게 한다. 우리도 경전에서 우리가 읽은 것에 대해 그렇게 해야 한다. 우리는 영원한 **진리**와 직접 관계되는 것을 선택하고, 그 나머지는 완전히 못 본 체해야 한다. **베다**(우파니샤드)에 대한 신중한 공부가 가장 큰 결실을 맺는데, 이것은 베다의 화신 그 자체이자 기타 경전들의 영혼인 어떤 스승의 지도를 통해서만 이루어진다.

3. "궁극적 진리는 아주 단순합니다. 그것은 원초적 상태의 존재에 지나지 않습니다. 그것이 필요한 말의 전부입니다. 그러나 사람들은 단순한 것에 만족하지 않고, 복잡한 것을 원합니다. 그들이 뭔가 정교하고, 멋있고, 알쏭달쏭한 것을 원하기 때문에, 수많은 종교들이 생겨났습니다. 종교마다 아주 복잡하고, 각 종교의 교리마다 그 신봉자와 반대자들이 있습니다."

"예를 들어 보통의 기독교인은 이런 말을 듣지 않으면 만족하지 않겠지요. '하느님은 멀리 떨어진 천국의 어딘가에 계시고, 도움 없이는 그분에게 도달할 수 없다. 그리스도만이 **그분**을 알았고, 그리스도만이 우리를 인도할 수 있다. 그리스도를 숭배하고 구원 받으라.' 만일 '**하늘 나라는 그대 안에 있다**'는 단순한 진리를 말해주면, 그는 만족하지 않고 그런 말에서 복잡하고 터무니없는 의미를 읽어낼 것입니다. 성숙한 마음만이 온통 적나라하게 드러나 있는 단순한 진리를 파악할 수 있습니다." 대담 96

주註: 이 텍스트에서 **바가반**은 매우 솔직하다. 확립된 종교들을 공격하거나, 그 중의 한 종교를 가장 미신적이고 비합리적인 종교로 골라내려 한다는 것이 아니라, **절대자**를 가르치는 스승으로서, 신의 이름으로, 신의 "지혜"로, 신의 "진리" 등등으로 행세하는 다양한 운동들에 관해 누군가가 당신의 견해를 말씀해 달라고 호소할 때, 일관성을 유지하셔야 한다는 것이다. 자신의 종교나 '영적인' 기관에 대해 조금이라도 뭐라고 하면 흥분하는 극도로 민감한 사람들의 마음을 상하게 하지 않기 위해, 늘 답변을 조심해서 하시기는 하지만 말이다.

바가반의 말씀으로는, 한 개인의 삶 속에서 종교가 해야 하는 역할은, 멋진 우주창조론과 우주론으로 그를 즐겁게 하거나 미신적 발명물(예컨대 죄의식을 주입하는 교리)로 그를 겁먹게 하는 것이 아니라—이는 그가 **실재**에 접근하는 데 이익이 되기보다 해를 끼친다—그저 그에게 그 자신에 대한 진리를 보여주는 것이어야 한다는 것이다. **바가반**은 종교의 윤리적 면이나, 모든 인간이 **최고의 진리**를 얻을 준비가 되어 있지는 않다는 주지의 사실을 무시하지 않는다. 그러나 질문자가 **지고자**를 추구하는 사람일 때는, 그에게 **지고자**를 보여주어야 하며, 그 앞에서 윤리적 가르침은 한낮의 달빛처럼 희미하게 보인다.

바가반이 이야기하는 '복잡한 것'은 분명 매우 숨 막히는 것인데, 왜냐하면 그것은 **실재**를 흐릿하게 만들기 때문이다. 하지만 그런 것의 음절 하나하나까지 방어하기 위해 마지막 피를 흘릴 준비가 늘 되어 있는 사람들이—성직자는 물론이고 속인들도—무수히 많이 있다. 이 복잡한 것—미신들, 덧붙어 늘어난 것들, 별 관계없는 것들—이 그들에게 쓸모가 있는가? 이 복잡성은 마치 그들이 그것보다 더 성장할 때까지는 그 나름의 수준에서 존재하는 것처럼 보인다. 근기인根機人(adhikari)은 즉시 그것을 짚어내고, 그것을 거리낌 없이 논박하며, **지고한 길의 건강한 가르침**에 대해 자신을 열어 간다. 그보다 근기가 낮은 이들은 많은 미신에서는 벗어나지만 "정교하고, 멋있고, 알쏭달쏭한 것"—어쩌면 싯디—에 사로잡힌다. 왜냐하면 그들은 낮은 구나(gunas)를 아직 완전히 초월하지 못했고, 그래서 한평생 노력을 허비하면서 보내기 때문이다. 스승님에게는 **진리**가 "자기 손바닥 안의 구스베리(gooseberry)"를 보듯이 자명하다. 왜냐하면 그것은 자신의 "원초적 성품"에 지나지 않고, 수행자는 그것을 향해 곧장 나아가서 결국 어김없이 그것을 성취하기 때문이다.

4. "『브리띠 쁘라바까라(Vritti Prabhakara)』의 저자는 이 책을 쓰기 전에 35만 권의 책을 연구했다고 주장합니다. 『탐구의 바다(Vichara Sagara)』는 논리와 전문용어들로 가득 차 있습니다.[1] 그게 무슨 소용 있습니까? 이 장황한 책들이 실제적으로 무슨 도움이 될 수 있습니까? 그 책들이 **진아 깨달음**을 가져다줄 수 있습니까? 하지만 그런 책들을 읽고 나서, 단지 **진인**들이 자신의 질문에 대답할 수 있는지 보려는 목적으로 그들을 찾아가는 사람들이 있습니다. 이런 책들을 읽고, 새로운 의

---

[1] *T*. 이 두 책은 성자 니쌀다스(Nischaldas, 1791~1863)가 지은 베단타에 관한 저작들이다. **바가반**은 『탐구의 바다』에서 내용 일부를 발췌하여 『탐구보주화만』을 엮었다.

문을 발견하고, 그것을 해결하는 것이 그들에게는 하나의 낙樂입니다. 그것이 순전한 시간 낭비임을 아는 진인들은 그런 사람들을 격려하지 않습니다. 한번 격려해 주면 끝이 없겠지요.

진아에 대한 탐구만이 쓸모가 있습니다.

논리학, 『브리띠 쁘라바까라』, 『탐구의 바다』 그리고 『경소經疏(Sutra Bhashya)』2)와 같은 큰 저작들에 친숙한 사람들은 진아만을—그것도 핵심적으로—다루는 『드러난 진리(Truth Revealed)』(「실재사십송」의 한 영역본) 같은 작은 저작들을 즐길 줄 모릅니다. 왜냐하면 그들은 원습(경전습)을 축적했기 때문입니다. 마음이 덜 혼란스럽고 순수한 사람들만이, 작지만 목적에 부합하는 저작들을 즐길 수 있습니다." 대담 332

주註: 학자들이 읽는 책은 묵직하고, 학자들은 자신들을 더욱 더 묵직하게(중요한 존재로) 느낀다. 그들은 원습(vasanas), 곧 그들 특유의 학적 원습을 축적한다. 그것은 그들이 성장함에 따라 부풀려지며, 그것을 가지고 어떤 때는 현자들마저 괴롭힌다. "그것이 순전히 시간 낭비임을 아는 진인들은 그런 사람들을 격려하지 않는다."라는 것은 의심할 바 없이 당신 자신도 그래 왔다는 뜻이다.

이것은 우리에게, 절대자를 향해 가는 실제적 길에서는 확립된 논리나 지루하게 내용이 많은 사이비 영적 서적들이 부질없다는 것을 가르쳐 준다. 묵직한 책들은 마음에 자국을 남기는데, 너무 많은 자국들은 실재를 보는 것과 충돌하고 그것을 흐릿하게 만들게 되어 있다. 더욱이 그런 책들의 과중한 '과학적' 접근법에 의해 편향되는 학자들은, 진리에 대한 최선의 그리고 더없이 예리한 접근법이면서도 소박한 가르침을 만났을 때

---

2) *T.* 이것은 『브라마경소經疏(Brahma-Sutra Bhashya)』의 약칭이며 샹까라의 저작이다.

그것을 제대로 평가할 수 없게 된다. 그들은 몸을 낮춰 그것을 한 번 살펴보지도 않는다. 그것은 너무 단순하고 너무 적은 단어로 표현되어 있고, 자신들이 고려할 만하기에는 너무 미미하게 분석적인 것이다. 그들은 그것을 뜨거운 과자처럼 놓아 버린다. 『드러난 진리(Truth Revealed)』는 **바가반** 자신이 지은 40개 연으로만 이루어진 작은 저작의 번역본으로서, **진리**와 그것에 이르는 길을 전적으로 다루고 있고, 가능한 가장 단순한 문체로 되어 있다. 이것은 **비이원론** 철학의 가르침 전체를 핵심만 추려서 담고 있다. 그런 학자들 중 일부는 이 저작에 코웃음을 치는데, 왜냐하면 여기에는 비판적 논변도 없고 과시적 인용문과 용어들도 없으며, 확실히 분량이 매우 적기 때문이다.

바가반은 학식의 유혹과 함정을 조심하라고 우리에게 경고한다. 당신은 묻는다. "그게 무슨 소용 있는가? 그것이 **진아 깨달음**을 가져다주는가?"라고. 확실히 그렇지 않고, 그럴 수도 **없다**. 이 경고는 현대인들에게 큰 호소력이 있는 철학적 저작들을 너무 과도하게 산출하는 이 시대에 특히 시의적절하다.

5. "신의 영광된 모습을 보려면 신안神眼(divya chakshuh)이 있어야 합니다. 우리는 백만 개 해의 광채와 같은 찬연함을 볼 수 있지 않습니까?"
바가반: "오, 알겠습니다. 그대는 백만 개 해의 광채를 보고 싶어 하는군요. 단 하나의 해의 광채는 볼 수 있습니까? 신적 시각(divine sight)이란 자기광명(self-luminosity), 곧 **진아**지를 뜻합니다. 그게 아니라면 누가 신안神眼을 하사하며, 누가 봅니까? 또, 사람들은 책에서 "청문·성찰·일념집중(일여내관)이 필요하다"는 것을 읽습니다. 그들은 자신이 유상삼매(savikalpa samadhi)와 무상삼매(nirvikalpa samadhi)를 통과한 뒤에야 깨

달음을 얻는다고 생각합니다. 그래서 이런 온갖 질문이 나옵니다. 왜 그런 미로에서 헤맵니까? 결국 그들이 무엇을 얻습니까? 추구의 수고로움이 그치는 것뿐입니다. 그들은 진아가 영원하고도 자명하다는 것을 발견합니다. 왜 바로 이 순간에 그런 안식을 얻지 않습니까?

배우지 못한 단순한 사람은 염송이나 숭배로 만족합니다. 진인은 물론 만족하고 있습니다. 문제는 책벌레들에게 있습니다. 그래요 그래, 그들도 나아지겠지요." 대담 336

주註: 첫 행은 책에서 **지고의 의식이** 작렬하는 빛으로, 혹은 백만 개의 해에 비유될 수 있는 시각적 광채로 묘사되는 것을 타파한다. 그것은 전적으로 오해를 유발하는 묘사이다. 왜냐하면 그것은 전혀 그런 것이 아니기 때문이다. 진아의 빛은, 우리가 그것을 가지고 진아 그 자체를 포함한 일체를 인식하는 순수한 지知이며, 어떤 물리적 광채와도 결코 비교될 수 없다. 신적 시각(divine visions)을 이야기한다고 해서 그것이 특별한 물리적 혹은 영적인 눈, 혹은 누군가가 우리에게 하사하는 '투시자'의 눈을 의미하지는 않는다. **바가반**에 따르면, "신적 시각은 자기광명을 의미한다." 곧 **진아지**, "지혜의 눈", **진지**를 의미한다. 왜냐하면 진아만이 신적이며, 달리 무엇도 신적이지 않기 때문이다. 그것을 찬란하다고 하는 것은, (그것을) 흐릿하게 가리는 생각과 감정이라는 구름에서 벗어난 삼매 속에서는 그것이 생생하게 체험되기 때문이다. 그것이 자기 스스로 빛나는 것은 그것이 자명하기 때문이다. 즉, 그것은 그 자신을 알고, 알려지기 위해 어떤 외부적 지知에도 의존하지 않으며, 그 자체가 순수한 지知이기 때문이다.

바가반이 책 지식을 **진아 깨달음**에 아무 쓸모가 없다고 배제하는 데는 특별한 근거가 있다. 우리는 모두 이 길의 단계들에 대한 세부사항을 책에서 배우고, 심지어는 **스승** 자신에게서 배우면서, 그것을 따르면 우리가 결국 오랜 탐구의 스트레스와 긴장에서 벗어나 휴식할 수 있을지 모른다는 기대를 갖는다. **바가반**은, 엄밀히 말해서 이 모든 것이 불필요하다고 말한다. 왜냐하면 우리가 추구하는 휴식은 목표 그 자체와 같이 바로 지금도 얻을 수 있기 때문이다. 만일 우리가 충분히 경각하고 있다면, 우리의 직관의 눈을 뜨기만 해도 그것을 지각할 수 있다. 왜냐하면 그것은 바로 우리의 자아, 곧 추구하는 자 그 자신이고, 그는 한시도 그것에서 분리되어 있지 않기 때문이다. 책들은 구도자가 스스로 자신을 지각할 수 없을 때에만 쓸모가 있을 것이다. 평생 책이라고는 읽어 보지 못해서 세련되지 못한 구도자들이, 그럼에도 불구하고 자신만의 수행 형태를 고수하는 것만으로 금세 목표에 도달한 사례들이 알려져 있다. 다른 한편, 무수히 책을 읽었으나 바로 그 때문에 영적으로 조금도 진보하지 못한 수많은 사람들이 있다.

책들 자체로 말하면, **바가반**은 책을 무차별적으로 비판하지 않는다. 왜냐하면 당신 자신도 몇 가지를 저술했고, 일부 유명한 저작들과 그 저작들의 위대한 저자들에 대해 최고의 존경심을 가지고 있기 때문이다. 뿐만 아니라 공부와 성찰은 지성을 예리하게 만들고 세련되게 하며, 그리하여 이 길에서 그것은 매우 필수적이다. 당신이 비판하는 것은 진리를 가르친다고 공언하면서 그 순수성을 내내 견지하지 않고, 때로 거짓된 비교·과장·쓸데없는 논변들로 사람들을 오도하는 그런 저작들이며, 당신의 그런 비판은 우리가 앞의 텍스트들에서 보았다. "책벌레들"의 책들, 즉 입씨름하고 머리를 아프게 하는 논변적 유형의 책들은 **지고한 탐구**라는 목적에 전혀 쓸모가 없다. 하지만 결국 **바가반**은 "책벌레들"에 대해서조차 기대를 버리지 않는다―"그래요, 그래. 그들도 나아지겠지요."

제9장 진아 혹은 실재

1. "마음의 습潛(vasanas)은 진아의 깨달음을 가로막고, 습潛을 극복하기 위해서는 우리가 진아를 깨달아야 합니다. 이것은 하나의 순환논법 아닙니까?"
스승님: "에고가 그런 난점들을 제기하여 장애물을 만들어낸 다음, 외관상의 역설을 하소연합니다. 누가 그런 질문들을 하는지 알아내십시오. 그러면 진아를 발견할 것입니다."

"진아는 항상 있고, 진아 없이는 아무것도 없습니다. 그것은 잠·꿈·생시의 세 가지 상태의 주시자인데, 그 상태들은 에고에 속합니다. 진아는 에고를 초월합니다. 그대는 잠 속에서도 존재하지 않았습니까? 그대가 잠의 경험을 무지각 상태로 묘사하는 것은 생시의 상태에서일 뿐입니다. 따라서 잠들어 있을 때의 의식은 깨어 있을 때의 의식과 동일합니다. 만일 이 생시의 의식이 무엇인지를 알면, 세 가지 상태 모두를 지켜보는 의식을 알게 될 것입니다. 잠 속에 있을 때의 그 의식을 추구하면 그런 의식을 발견할 수 있습니다." **대담 13**

주註: 질문자는 그에 앞선 **스승님**의 답변들(여기서는 언급되지 않지만)에서 의심할 바 없는 순환논법을 보는데, **바가반**은 그에게 그 순환논법을 보는 자, 즉 그 자신을 탐구하라고 함으로써 그 문제를 해소한다. 그는 왜 **진아**를, 즉 그 자신의 자아를 깨닫고 싶어 하는가? 그가 그것을 모르겠다고 호소하지만, 동시에 그는 질문자 자신으로서 그것을 온전히 자각하고 있기도 하기 때문이다. 그것은 하나의 역설 아닌가? 그가 아는, 혹은 안다고 상상하는 자아는 그가 추구하는 자아와 같은 자아이든가, 아니면 그는 단 하나가 아니라 두 자아일 것이다. 이 딜레마에서 그는 어떻게 벗어날 수 있는가?

누구나 그 자신이 지성으로서 실재함을 확신한다는 것은 "나는 안다", "나는 공부한다", "나는 냄새 맡는다", "나는 생각한다", "나는 판단한다" 등의 말로써 입증되지만, 다른 모든 몸들과 다른 한 몸으로서의 자신에게 '피터(Peter)' 같은 별개의 이름을 부여하는 순간, 혼란이 시작된다.

따라서 그 '순환논법'은 질문자가 자신의 정체성에 대해서 가진 그릇된 정신적 태도에 기인하며, **바가반**은 그것을 없애주기 위해 다른 설명들을 덧붙이는데, 그 내용은 다음과 같은 것이다.

진아는 순수한 **자각** 혹은 **지**知이다. 그리고 그것은 순수한 **지**知이기 때문에, 모든 경험 속에 그 경험을 아는 자로서 존재해야 한다. 그렇지 않으면 어떤 사물이나 상태를 어떻게 알겠는가? 이 '아는 자'를 우리는 **진아**라고 한다. 그래서 **진아**는 모든 사물과 모든 상태를 아는 자이다. 그것은 "에고에 속하는", 즉 모든 개인 혹은 에고—피터—가 경험하는 생시·꿈·깊은 잠의 상태에서 존재해야 한다. 따라서 에고는 곧 **진아** 그 자체이다. 그러나 **진아**는 순수한 **의식**이어서 단 하나이고 나뉠 수 없고, 에고는 피터나 존과 같은 이름들로, 그리고 형상으로—피터의 형상이나 존의 형상으로—알려지기 때문에, 우리는 **진아**가 에고를 초월한다고, 즉 이름과 형상이 없다고 말하는 것이다. 이처럼 이름과 형상들은 **진아**와 에고의 차이에 대한 환상의 원인이다. 왜냐하면 그것들이 하나의 **의식**을 다수로 보이게 하기 때문이다.

이제 수행자는 이 텍스트에서 **바가반**이 그렇게 하듯이 세 가지 상태 각각에서의 자신의 입장을 주장하고 그 상태들을 서로 관계 지움으로써, 자신은 이름이 없고 형상이 없고, 모든 이름과 형상들 속에서—모든 존재들 속에서—하나라는 지知에 도달한다. 예를 들어, 생시에 나는 피터로서의 나 자신의 자아와, 너무나 많은 것으로써 너무나 많은 것을 가늠하는 나의 몸 혹은 형상을 포함한, 내 주위에 있는 생시의 모든 사물들을 의식한다. 그런 다음 나는 꿈의 상태로 들어가는데, 거기서 나는 피터도 아니고 이 형상을 가지고 있지도 않으며, 다른 어떤 사람, 이를테면 X의 형상을 가진 X이다. 그런 다음 꿈 없는 상태로 넘어가는데, 거기서 나는 아무것도, 이름도 형상도, 피터도 X도 인식하지 못한다.

생시에 이 과정 전체를 재검토하면서, 나는 그것을 이렇게 요약하게 된다. 즉, 의식하는 '아는 자'인 나는, 생시에는 피터라는 이름과 형상을 취하고, 꿈 속에서는 X라는 이름과 형상을 취하지만, 깊은 잠 속에서는 이름과 형상 없이 나의 순수한 자아로서 남아 있다는 것이다. 따라서 피터와 X는 내가 아니다. 마찬가지로 생시의 거친 몸과 꿈속의 미세한 몸은 나에게 필수적인 것이 아니라, 내가 그 두 상태를 목격할 때 나에게 덧씌워진다. 이름과 형상이라는 제약들을 나 자신에게서 제거하면, 나는 모든 한계와 성질에서 벗어나 똑같은 존재로서 홀로 남는다. 이 홀로인 것을 독존獨存(kaivalya)이라고 한다. 그리고 생시에 그것을 체험하려면 우리가 수행(sadhana)을 해야 하며, 그 수행이 장애들을 제거하고 '나'가 순수하고 영원한 **진아**로서의 그 자신을 지각할 수 있게 해준다. 이 수행과, **실재**에 대한 이 지知가 베다의 주된 목적이다. 몸을 가진 자들에게 독존의 상태는 깊은 잠과 삼매三昧의 상태에서만 얻어지는데, 깊은 잠 속에서는 의식하지 못하는 가운데 얻어지고, 삼매에서는 의식하는 가운데 얻어진다.

2. "거짓된 '나'와 구별되는 진정한 '나'를 어떻게 알 수 있습니까?"
스승님이 답변하셨다. "자기 자신을 모르는 사람이 누가 있습니까? 누구나 알지만, 그런데도 진아를 모릅니다. 이상한 역설이지요." **대담 43**

주註: 바로 앞 주註에서 우리는 이 "이상한 역설"을 충분히 다루었고, "거짓된 '나'" 같은 것은 없지만 자신의 부가물(upadhis) 혹은 성질들, 자신의 이름과 형상들을 그 자신으로 오인하는 '나'에 대한 그릇된 관념들이 있을 뿐임을 보여주었다. '나'가 '보는 자'에서 '보이는 것', 즉 피터의 이름과 형상으로 이렇게 옮겨가는 것 때문에—바로 앞 주註의 관념을 이어가자면—그것이 그릇되고, 취약하고, 필멸의 존재가 되는 중대한 과오가 저질러진다. 그래서 실재하는, 불사不死인 '나'에 대한 탐색의 욕망이 일어난다.

3. "끊어짐 없는 '나, 나'는 무한한 대양인데, '나'라는 생각은 그 위의 한 물거품이고 개아(jiva), 곧 개인으로 불립니다. 그 물거품도 물입니다. 그것이 터지면 대양에 섞입니다. 그것이 물거품으로 남아 있을 때도 여전히 대양의 일부입니다." **대담 92**

주註: 바가반은 실제적인 예를 든다. '나, 나'는 순수한, 이름 없고 형상 없는 존재이며, 그것은 의식의 대양이다. 물거품['나'라는 생각]은 본질상 물—즉 의식—외에 아무것도 아니지만, 형상에서는—즉, 그 자신에 대한 이해에서는—별개의 한 개인성, 곧 무지한 필멸의 존재인 피터 혹은 라마스와미(Ramaswamy)인 에고, 즉 개아이다. 개아가 생시에 그 자신을 깊은 잠 속에서처럼 이름 없고 형상 없는 존재로 지각하지 못하는 한,

그 그릇된 소견이 지속된다. 그러나 그것을 지각하는 순간 그 거품이 터지고, 분리성의 거짓된 겉모습이 즉시 해소되며, 그 개아는 자신을 '나', 곧 '나' 의식의 대양으로 인식한다. 이는 개아가 **지고의 의식으로** 변모되어 일어난 것이 아니라, 자신이 개아라는, 곧 다른 거품들과 별개이고 **대양과도** 별개라는 관념이 교정되면서 일어난 것일 뿐이며, 실은 그것은 한시도 **의식의 대양이** 아니었던 적이 없었다.

4. "**진아는** 오직 하나입니다. 만약 그것이 제한되면 에고입니다. 제한되지 않으면 그것은 무한하며, **실재입니다.** 물거품들은 서로 다르고 무수하지만 바다는 오직 하나입니다. 마찬가지로, 에고들은 많은 반면 진아는 유일무이합니다. 그대는 에고가 아니라는 말을 들을 때, **실재를** 깨달으십시오. 왜 여전히 자신을 에고와 동일시합니까?" **대담 146**

주註: 이 텍스트의 시작 부분은 적절히 표현되지 않았다. "만약"은 대부분의 "만약"들이 그러하듯 문제가 있다. 그 (실제적) 의미는 이런 것이다. 즉, 진아는 늘 무제한적이고, 무제한적이기 때문에 그것은 나뉠 수 없는 하나의 전체일 수밖에 없다는 것이다. 지금 (현실에서) 일어나는 일은, 위에서도 말했듯이 개인은 무한한 **진아이지만** 자신이 제한되어 있다고 느낀다는 것이다. 이 제한되어 있다는 느낌 때문에 그는 자신이 별개의 개인성을 가졌다고 느낀다. 바꾸어 말해서, 에고는 자신이 제한되어 있다고 착각하는 **진아인데,** 그 제한되어 있다는 느낌이 사라질 때 에고는 사라진다. **바가반은** 마지막에 이 점을 분명히 하면서, 사실이 그렇지 않다고 거듭 보증해 주었음에도 질문자가 계속 자신을 제한된 에고라고 느끼는 것을 지적한다.

거품과 대양의 비유로 보자면, 그것은 바로 앞 주註에서 충분히 다루어졌다. 여기서 그에 대해 이야기해야 할 것이 하나 더 있다. 즉, 모든 비유와 마찬가지로, 여기서도 대양의 거품들은 지각력이 없는 물질적 거품들인 반면(다음의 주註를 보라), 개아들은 자신이 제한되어 있다고 하는 단순한 상상적 개념들일 뿐이라는 점에서, 비유가 적절치 않다는 결함이 있다는 것이다. 그래서 **바가반**은 "에고를 찾아보면, 그것은 사라질 것이다"라고 하면서, 그것이 하나의 환적 개념임을 우리에게 늘 상기시킨다.

5. "에고의 정체를 추적하여 그것을 소멸하십시오. 에고는 어떤 실체물이 아니기 때문에 자동적으로 사라지고, **실재**가 빛을 발할 것입니다. 이것이 직접적인 방법입니다." 대담 146

6. "『요가 바시슈타(Yoga Vasishta)』에서는 '실재하는 것은 우리에게 숨겨져 있고, 거짓인 것이 참인 양 드러나 있다'고 했습니다. 우리는 내내 **실재**를 경험하고 있는데도 그것을 모릅니다. 경이로운 일 아닙니까?"
대담 146

주註: 이것은 세계가 분명히 거짓이라고 선언한다는 점에서 매우 흥미롭다. 눈에 보이고, 생각되거나 상상되는 것은 뭐든 하나의 환幻—단지 겉모습일 뿐이다. 왜냐하면 **실재**는 결코 지각되거나 관념되지 않기 때문이다. 실재한다고 말해지는 개아들조차도 지각되지 않고, 실제로 서로를 '아는 자'로서, **의식**으로서 보지 않는다. 우리가 서로에게서 보는 것은 우리의 지각력 없는 대상적 부분들, 즉 (몸의) 높이와 넓이, 색깔, 냄새, 소리, 정신적 능력, 표현된 생각이나 행위 등 부가물들뿐이고, 결코 그것들을 담고 있는 마음 그 자체가 아니다. 바꾸어 말해서, 우리는 서로 바깥 껍질들을 보지, 그것들이 은폐하고 있고 모두에게 공통되는 진아를 결코 보지 않는다. 이것이 『요가 바시슈타』의 위 인용문의 의미이다. 즉, 우리가 지각하는 것은 (실제로는) 존재하지 않고, 존재하는 것(실재)은 늘 우리가 지각하지 못한다는 것이다.

예를 들자면, 폴 씨는 연극배우이다. 한 번은 그가 판사 역을 하고, 한 번은 연애가 역을 하며, 한 번은 강도 역을, 또 한 번은 큰 곰이나 침팬지 역을 한다. 그가 연기하는 이 모든 개체들은 실재하지 않는, 폴 씨가 분장한 캐릭터일 뿐이지만, 우리는 무대 위에서 그들만을 지각하고, 그들의 바탕인 폴 씨는 유일하게 실재하는 존재임에도 불구하고 우리가 지각하지 않는다. 마찬가지로, 실재는 무대 위의 폴 씨 같은 모든 현상들을 '보는 자'이자 '행하는 자'로서 항상 존재함에도, 우리는 존재하지 않는 것, 즉 침팬지·곰 등의 현상들만 지각한다. 세계가 존재하지 않는 것은 무대 위의 침팬지와 강도가 존재하지 않는 것과 같다. 이렇게 존재하지 않는 것을 보고 실제로 존재하는 것에 대해 눈이 먼 것은 세상의 모든 사람이 다 그러하고, 그것이 그들의 모든 불행의 원인이다. 우리의 학學은 그것을 마야라고 한다. 바가반은 그것을 부드럽게 표현하여, "경이로운 일 아닙니까?"라고 한다. (침팬지·곰 등만 보고) 우리 눈앞에 내내 서 있는 폴 씨를 못 보는 것은 실로 하나의 무의식적 집단 맹목, 집단 최면이지만, 우리는 아예 없는 그 곰과 강도가 실재한다고 단언한다.

7. "단 하나의 의식만 있지만, 우리는 몸-의식, 진아의식 같은 여러 가지 의식을 이야기합니다. 그런 것들은 같은 절대적 의식의 상대적인 상

태들일 뿐입니다. 의식 없이는 시간과 공간이 존재하지 않습니다. 그것들은 의식 안에서 나타납니다. 그것은 마치 영화에서 이런 것들이 그 위에 화면으로 투사되어 움직이는 스크린과 같습니다. 그 절대적 의식이 우리의 진정한 성품입니다. 단 하나의 의식만 존재한다는 것은 모든 사람의 경험이 증명합니다." 대담 199

주註: 의식은 "단 하나"이고 불변이다. 그것은 그럴 수밖에 없다. 그것을 우리가 아무리 굴려 봐도, 우리가 어떤 학파들과 심리학에서 만나는 의식들의 다양성이라는 관념은 의식의 성품과 기능에 대한 무지에 기초해 있어, 유지될 수 없는 것으로 드러나고 스스로 무너진다. 요가(명상요가, 곧 내면 탐구)에서가 아니면 그것을 인식할 수 없기에, 의식에 대한 이 모든 미혹된 생각이 있는 것이다. 의식, 곧 순수한 마음은 그것을 통해 우리가 만물을 지각하는 형상 없는 지성이다. 생각·관념·감각·지각은 의식 안의 표상들이지 의식 그 자체는 아니다. 그것들은 끊임없이 변천하는 반면, 그것들을 아는 의식은 고정되어 있다. 그렇지 않으면 의식이 그것들의 변화를 알지 못할 것이다. 의식은 항상적이다. 왜냐하면 그것을 나누거나, 곱하거나, 변화시킬 어떤 성질도 가지고 있지 않기 때문이다. 그래서 몸-의식이란, 의식에게 일어나는 다른 어떤 표상에 대한 자각과 마찬가지로, 단지 몸과 그것의 행동에 대한 자각을 의미할 뿐이다. 자각은 그 앞에 두는 모든 대상들을 반사하는 깨끗한 거울과 같다. 의식의 상태라고 하는 것들은, 그 자신의 상태 외에는 다른 어떤 상태도 갖지 않은 의식을 제한하지 않는다. 그 상태들은 의식 안의, 즉 그것을 주시하는 주체 안의 겉모습들에 불과하다. 바가반은 의식을 화면들이 투사되는 스크린에 비유한다. 변하는 것은 화면들이지 스크린이 아니다. 앞에서 말한 폴 씨의 연기와 무대 위에서의 그의 분장이 변하지, 늘 존재하면서 그 자신은 변함이 없이 무수한 역을 연기할 수 있는 폴 씨는 변치 않는다. 시간과 공간은 다른 생각과 관념들처럼 의식의 대상이고, 의식 밖에서는 그것들이 어떤 존재성도 없다.

8. "미친 사람은 그의 상습(*samskaras*)에 매달리는 반면, **진인**은 그렇지 않습니다. 이것이 양인 간의 유일한 차이입니다. 어떤 사람이 그의 상습의 행로를 달려가고 있을 때, 자신이 **진아**라는 가르침을 들으면 그 가르침이 그의 마음에 영향을 주어 상상력이 날뜁니다. 그의 체험들은 **진아**의 상태에 대한 그의 상상에 따른 것일 뿐입니다."

"어떤 사람이 그 가르침을 받아들일 만큼 성숙하여 그의 마음이 심장 속으로 가라앉으려고 할 때는, 그 가르침이 순식간에 작용하여 그가 **진아**를 올바르게 깨닫습니다. 그렇지 않은 사람들에게서는 늘 투쟁이 있습니다." 대담 275

주註: 이 텍스트의 맥락은 한 젊은이가 한때 자기 집에서 **바가반**의 사진을 바라보고 있을 때 그 사진이 움직이는 것을 보고 상당히 겁을 먹은 경우이다. 그 두려움은 그가 띠루반나말라이에 와서 **바가반**을 친견한 뒤에도 지속되었다. 그가 **스승님**의 친존에 있는 동안은 아무 두려움이 없었지만, 혼자 남은 순간에는 그 두려움이 다시 돌아왔다.

이것은 아쉬람을 찾아오거나, 심지어 당신을 이해하지 못하면서 멀리 있는 일부 사람들이 겪는 다양한 경험들 중의 하나인데, 그들이 그런 것을 경험하는 이유는 그들이 **바가반**의 실제 모습이나 실제로 대표하는 것(자기탐구 등의 가르침)보다 자신들의 상상에 더 의존하기 때문이다. **바가반**의 답변은 그들에게 상상의 장난을 조심하라는 것이다. 나는 언젠가, 처음에는 비극적으로 보였으나 유머러스하게 끝난 한 사례를 목격했다. 그 유머는 20년이 지난 아주 최근까지도 분명하게 느껴지지 않았다. 그러나 모든 사례들이 유머러스한 대단원을 갖는 것은 아니다. 어떤 사례들은 마음에 영구적으로 영향을 미친다는 점에서 실로 매우 비극적인데, 예를 들면 『대담』 314-5쪽에 기록된 젊은이의 치명적 사례1)가 그러하다. 다른 사례들은 희비극적인데, 그 피해자들에는 남자도 있고 여자도 있었다. 희극적(우스운) 사례들은 대체로 여자였다. 왜냐하면 그들의 상상력의 "날뜀"이 남자들의 경우보다 부드럽고, 사리(saris)와, 옷의 색상과, 그들의 가슴과 마음에 스며드는 **바가반의 정신**, 심지어 **바가반**이 그들에게 "보내는" **이스와라**(Ishwara)—**창조주 하느님**—와의 사소한 대화 같은 것들조차도 친숙한 틀 속에서 움직이기 때문이다. 그러나 남자들의 환각은 훨씬 더 심각하다. 최소한 한두 건의 경우에는 그들이 가정생활을 파괴했다. 그래서 환영과 초감각적 현상들을 보는 자에게는 부단히 조심할 것을 상기시켜 주는 것이다. **지고자**를 열망하려면, 강력한 상식과 확고히 실용적인 마음을 계발해야 한다.

   바가반은 우리에게 말하기를, 성숙한 사람은 **진아**에 대한 이야기를 들었을 때 **진아**에 대해 얼마간 분명한 관념을 형성하며, 그래서 자신의 수행이 취해야 할 방향을 알고, 상상력이 자신을 좌지우지하지 못하게 하면서 수행에 잘 매진할 만큼 충분히 안정되어 있다고 한다. 다른 사람들은 힘들게 많이 노력한 뒤에야 성숙된다. 그 가르침 자체를 이해하는 데도 많은 노력이 필요할 것이다. 이것은 자신을 구원하기 위한 그들의 분투이자 산고産苦이다.

---

1) T. 『대담』 314-5쪽은 원서 구판(11판, 2000)의 쪽수이며, 대담 334(한국어판 371쪽)에 나오는 낙끼라르(Nakkirar)의 사례를 말한다. 그는 명상 도중 한눈을 팔다가 위에서 내려온 악마(천마)에게 붙잡혀 갔다.

9. "스승은 자신의 힘 중 일부를 제자에게 전해줌으로써 제자가 **진아**를 깨닫게 할 수 있다고 하는데, 그게 사실입니까?

바가반: "예, 그러나 스승이 **진아** 깨달음을 일으켜 주지는 않고 단지 깨달음의 장애들을 제거해 줄 뿐입니다. 진아는 늘 깨달아져 있습니다. 그대가 **진아** 깨달음을 추구하는 한 스승이 필요합니다. 스승은 곧 **진아**입니다. 스승을 진정한 **자아**로 보고, 그대 자신을 개인적 자아로 보십시오. 이 이원성의 느낌이 사라지는 것이 무지無知의 제거입니다. 그대에게 이원성이 지속되는 한 스승이 필요합니다. 그대는 자신을 몸과 동일시하기 때문에, 스승도 어떤 몸이라고 생각합니다. 그대는 몸이 아니고 스승도 몸이 아닙니다. 그대는 **진아**이고 스승도 **진아**입니다. 이런 **지**知는 소위 **진아** 깨달음에 의해 얻어집니다." 대담 282

주註: 위 질문에 대해 직접적인 답변을 준 것은 아니라는 데 주목해야 할 것이다. 왜냐하면 **바가반**은 유명한 성자가 한 말, 또는 했다고 전해지는 말을 직접 반박하는 말씀은 좀처럼 하지 않기 때문이다. 그러나 답변 속에 그런 반박이 함축되어 있다. **바가반**은 어떤 사람이 **진아**를 깨닫도록 하기 위해 그에게 어떤 힘을 전수할 가능성을 인정하지 않는다. 사실 그런 어떤 힘도 전혀 필요하지 않다. **실재**를 인식하기 위해 필요한 것은 무엇을 보태는 것이 아니라 빼는 것—즉, 단 하나인 **의식**을 은폐하는 이원성의 느낌을 없애는 것이다. 이 **의식**은 구도자 자신의 **자아**이고, 그것은 늘 존재하고 있다. 그것은 인격을 가진 한 **스승**이 하사하거나 하사하지 않고 유보하는 힘의 범위 안에 있지 않다. 그것은 언제나 있고, 만약 제자가 그것을 지각하지 못한다면, 그것은 그가 자신의 몸을 그것으로 착각하기 때문이다. 그리고 자신을 '생각하는 자'로 지각하지 못하므로, 그는 **스승**도 '생각하는 자'(의식)로 보지 못하고 하나의 몸으로만 보며, 그리하여 이원성을 확립하게 된다. 즉, 자신을 스승과 다르다고 보게 된다. 스승이 할 수 있는 일은 제자가 이 거짓된 동일시를 바로잡도록 도와서, 그가 결국 자신의 참된 본질 안에서 그 자신을 하나의 살덩어리로서보다는 지성으로서 지각할 수 있게 하는 것이 전부이다.

그런 다음 질문자는 스승이 필요한지 그렇지 않은지의 질문으로 넘어가는데, 스승님은 이 거짓된 동일시와 이원성의 소견이 그 구도자를 지배하는 한 그 필요성이 있다고 확인해 준다. 구도자는 비이원성을 깨달을 때까지는—즉, 깨침 혹은 진지(jnana)를 얻을 때까지는—이원성 안에 있다고 여겨지기 때문이다.

10. "각자가 자신의 존재성을 어떻게 믿는지를 보십시오. 그가 자신의 존재를 보기 위해 거울을 들여다봅니까? 자신의 존재에 대한 자각이 있기 때문에 그것을 확신하게 됩니다. 그러나 그는 그것을 몸 따위와 혼동합니다. 왜 그래야 합니까? 잠 속에서 그가 자기 몸을 자각합니까? 아니지요, 하지만 그는 잠 속에서도 없어지지 않습니다. 따라서 그는 자신의 존재를 자각하기만 하면 되고, 그러면 그것이 그에게 분명해질 것입니다." 대담 363

주註: 이것은 굉장히 명료하다. 그것을 풀어서 말하면 이런 의미가 된다. 즉, 누구도 자신이 존재함을 알기 위해 거울을 들여다볼 필요가 없는데, 그 앎은 이미 그가 가지고 있기 때문이다. 우리는 우리의 존재성을 흔들릴 수 없는 확신으로 알고 있다. 따라서 우리의 존재에 대한 확신은 우리가 결코 잃어버릴 수 없는 우리 안의 한 요소이다. 다른 모든 것을 의심할 수 있을지언정, 이것 하나는 결코 의심할 수 없다. 깊은 잠 속에서조차도 우리는 존재한다. 왜냐하면 나중에 생시에는 그렇다고 인정하기 때문이다. 이것은 통찰한 앎이 아니고, 남에게서 들은 앎도 아니며, 추론한 앎도 아니다. 그것은 직접적이고 즉각적인 앎이다. 우리의 존재성에 대한 이 순수한 앎, 우리의 존재에 대한 이 자각을 고수하는 한, 우리에게 전혀 어떤 어려움도 있을 수 없고, 어떤 무지도 있을 수 없다. 그러나 문제는 우리가 그러지 않는다는 것이다. 이 몸을 보는 순간 우리는 즉시 달려가서 그것을 끌어안고, 그것을 '나'라고 부른다. 이것이 우리의 타락이다. 즉, 이것이 우리의 흐트러진 평안의 시초이다. 꿈 없는 잠 속이나 삼매三昧 속에서처럼 우리가 이 몸을 보지 않는 동안은 우리가 지극한 평안 속에 있다. 즉, 우리 자신의 상태, 우리 자신의 적나라한 존재(being) 속에 있다. 그러나 우리가 생시로 돌아와서 몸 속으로 다시 들어가자마자, 몸이 그 존재(being), 그 '나'가 된다. 우리는 존재에 대한 의식을 이 의식하지 못하는 몸에게 부여하며, 그러고 나면 우환이 우리에게 닥치는 것이다!

사람들이 해탈을 얻는다는 이야기를 할 때, **바가반**은 수행에 의해서 얻거나 보태는 것은 아무것도 없다고 그들을 바로잡아 준다는 것을 이제 알 수 있다. 그 말은, 그것이 얻음이 아니라 이전 상태로 돌아가는 것(returning to the status quo ante)—즉, 몸이 우리의 지각 범위 안에 들어오기 전에 지배하던 상태, 몸 없는 존재로 돌아가는 것임을 뜻한다.

11. "어떻게 하면 우리가 **진아**를 알 수 있습니까?"
스승님이 답변하셨다. "**진아**를 아는 것이 곧 **진아**가 되는 것입니다. 비록 **진아**가 대상화되지는 않는다 해도, 그대는 **진아**를 알고 있습니다. (그대는 진아를 모르겠다고 하는데) 그것은 그대가 상대적인 앎에 워낙 익숙해져 있어서 그대 자신을 그것과 동일시하기 때문입니다. 누가 **진아**를 알 수 있습니까? 몸이 그것을 알 수 있습니까?" 대담 363

주註: 이것은 앞 텍스트의 한 연속이다. 지고의 지知와 지고의 존재는 똑같은 하나이다. **찌뜨**(*Chit*)가 **사뜨**(*Sat*)이기도 한 것이다. 그 존재에 대한 **자각**은 우리 자신의 존재성에 대한 앎, 즉 **진아지**를 의미한다. 따라서 **자각**과 **존재**는 동시적이고 동일하다. 그래서 "나는 나 자신을 모른다"고 말하는 것은 논리적으로 잘못된 것이고, 용어상의 모순이다. "내가 있다"는 고백 안에서 **자기자각**(Self-awareness)이 시인된다. "그대는 상대적인 앎에 익숙해져 있다"는 말은, 생시에는 우리가 대상들 외에 아무것도 자각하지 못한다는 의미이다. 사실 어떤 대상도 전혀 존재하지 않지만, 생시는 대상들의 영역이다. 생시는 마음의 한 상태이고, 그 상태에서 감각기관들은 냄새·맛·소리·색상 등의 형태로 자신들의 힘을 우리의 의식에게 마음대로 현출할 수 있고, 우리는 그것들을 마음 속에 모아서 대상들로 해석한다. 그래서 우리는 그 상상적이고 종합적인 대상들에 대한 지각 속에서 존재를 상실한다. 그 '나'는 자신의 존재성을 자각하고는 있으나, 그 자신의 대상성에 의해 미혹되어, 이 자각을 지각력 없는 몸에 잘못 투사하여 그것을 지각력 있는 **자기**로 만들어 버린다(몸을 자기로 착각하게 된다). 이것이 진짜 '인간의 타락'이다.

12. "'내가 있다'를 느끼는 여섯 번째 감각기관이 있습니까?"
바가반: "그대는 자신의 존재를 부인합니까? 감각기관들로 말하면, 그것은 주기적으로 작용합니다. 그것들의 작용은 시작과 끝이 있습니다. 반면에 '나'는 지금은 물론이고 잠 속에서도 지속됩니다. 감각기관들의

그 활동이 의존하는 어떤 바탕이 있어야 합니다. 그것들은 어디서 나타나고 어디로 합일됩니까? 단 하나의 바탕이 있어야 합니다. 그것이 진아이고, 감각기관들은 이 진아에서 독립해 있지 않습니다. 진아는 그것들을 통해서 작용하는 힘입니다." 대담 363

주註: 질문자는 대다수 초심자들과 마찬가지로 자신의 '내가 있다'에 대해 약간 헷갈려 하고 있다. 그는 자신의 존재성을 완전히 자각하고 있지만, 그 '나'를 지목하여 "이것이 나다"라고 말하지 못한다. 그래서 어떤 여섯 번째 감각기관이 그렇게 할 수 있는지를 묻는다. 왜냐하면 오관도 몸도 진아를 인식할 수 없기 때문이다. "그대는 자신의 존재성을 부인합니까?"라는 바가반의 반문은, 열 번째 감각기관이 있다 해도 그렇게 할 수 없다는 의미를 내포한다. 왜냐하면 감각기관들은 지각력이 없어서 아무것도 인식할 수 없기 때문이다. 인식하는 자는 진아일 뿐이다. 예를 들어 냄새는 그것을 냄새 맡는 자에게만 하나의 냄새이고, 그가 없으면 그냥 아무것도 아니다. 뿐만 아니라 감각기관들은 생시에만 진아의 기능이다. 따라서 진아를 아는 어떤 감각기관을 상정하는 것은 (용기의) 내용물이 용기用器를 담는다고 상정하는 것과 같다.

따라서 진아는 그 자신을 알려고 시도해야 하며, 거기(자기자각)에서만 이원성이 발을 붙일 곳이 없다. 거기서만 '아는 자'와 '알려지는 것'이 동일하게 같은—그 둘 다의 바탕인—'내가 있다'이다.

13. "개인은 지각력이 있고, 의식과 별개로는 있을 수 없습니다. 진아는 순수한 의식입니다. 하지만 인간은 자신을, 지각력이 없고 '나는 몸이다'라고 말하지도 않는 몸과 동일시합니다. 다른 누군가가 그렇게 말

합니다. 무한한 진아는 그렇게 말하지 않습니다. 그렇다면 그렇게 말하는 것은 누구입니까? 순수한 의식과 지각력 없는 몸 사이에서 가짜 '나'가 일어나 자신을 몸에 한정되어 있다고 상상합니다. 그것을 찾아보십시오. 그러면 그것은 유령처럼 사라질 것입니다. 그 유령이 에고, 곧 개인성입니다."

"모든 경전은 이 유령을 제거할 목적으로 저술되었습니다. 현재의 상태는 환幻에 불과합니다. 우리의 목표는 그저 이 환幻을 제거하는 것 —즉, 환멸幻滅이어야 합니다." 대담 427

주註: 본 장의 처음 네 주註에서 우리는 에고와 진아의 관계와 에고의 허구적 성품에 대해 광범위하게 공부했다. 여기서는 바가반이 다른 각도에서 그 주제를 다룬다.

몸은 지각력이 없고, 따라서 자신을 자각하면서 "나는 이 몸이다"라고 말하지 못한다. 진아는 순수한 지각성이기는 해도 무한하기 때문에, 진아 또한 자신을 하나의 몸에 한정하여 "나는 이 몸이다"라고 말하지 않는다. 만일 순수한 지각성도 순수한 비지각성도 "나는 이 몸이다"라고 말할 수 없다면, 여기서 그 둘 다의 성품에 참여하면서 그렇게 말할 수 있는 제3의 원리가 있어야 한다. 그러나 지각력이 있으면서 지각력이 없는 원리란 존재하지 않는다. 그것은 자가당착이다. 그러므로 그런 원리는 상상적인 것—"가짜"인 것이다. 우리는 그것을 에고, 혹은 개인성이라고 부르는데, 그것은 철저히 망상의 취기醉氣 속에 있으면서 미쳐 날뛰는 지각성을 의미한다. 거기서 그것을 구해내기 위해 모든 경전들이 저술되었고, 모든 스승들이 몸을 받아 왔다.

요컨대, 에고는 자신을 지각력 없는 몸이라고 상상하는 지고아 그 자체이다. 가짜인 개체, 곧 에고라는 인간—즉, 실제 있는 그대로의 그가 아니라 인간이 그 자신이라고 상상하는 사람―이 있게 한 이 정신적 오류―상상 요소―에 강조점을 두어야 한다. 나는 이것이 에고에 대한 아주 명료한 묘사라고 생각하는데, 진아를 깨달을 때까지는 이 에고가 계속 문제를 야기한다.

14. "그대는 시바의 환영幻影을 이야기합니다. 환영은 늘 하나의 대상에 대한 것이고, 그것은 주체가 존재함을 의미합니다. 나타나는 것은 뭐든 사라질 수밖에 없습니다. 환영은 결코 영원할 수 없습니다. 그러나 시바는 영원합니다. 그는 의식입니다. 그는 진아입니다.

존재하는 것(TO BE)이 깨닫는 것입니다. 그래서 '나는 내가 있다는 것이다(I AM THAT I AM)'라고 했습니다. '내가 있다'가 시바입니다. 그가 없이는 아무것도 있을 수 없습니다. 따라서 '나는 누구인가?'를 탐구하십시오. 깊이 가라앉아 진아로서 안주하십시오. 그것이 존재함으로서의 시바입니다. 그의 환영을 보기를 기대하지 마십시오." 대담 450

주註: 이것은 시바 숭배 종파에서 힌두교를 받아들였고, 입문을 한 뒤로 간간이 지복스러운 시바의 환영을 보아 왔던 한 유럽인 여성에 대한 답변이다. 이제 그녀는 이 환영이 "영속적"이기를 원한다. 바가반은 그녀가 불가능한 것을 바란다고 답변한다. 즉, 환영은 그 성품상 겉모습에 지나지 않고, 실재 안에 아무런 토대가 없기 때문에 결코 영속적일 수 없다는 것이다. 실재만이 영속적이다. 따라서 시바의 영속적인 지복을 갖는다는 것은 시바 자신이 되는 것이다. 그리고 시바는 지고의 의식이기에, 모든 '보는 자', 모든 '듣는 자', 모든 '아는 자'의 자아 자체이며, 질문하는 그녀 자신이기도 하다. 그래서 시바가 된다는 것은, 모든 봄(sights)과 모든 생각이 떨어져 나간 저 **의식**으로서의 자기 자신이 되는 것, 즉 그저 **존재하는 것**(TO BE)을 의미할 뿐이다.

"**시바** 없이는 아무것도 있을 수 없다"는 것은 '보는 자' 없이는 어떤 봄도, 보이는 어떤 것도 있을 수 없다는 의미를 내포한다. 따라서 눈에 보이는 모든 것은 지각하는 의식에 의존할 수밖에 없다. 이처럼 **의식**은 존재하는 모든 것의 바탕이다. 즉, 그것은 모든 경험 안에 존재한다.

만일 **바가반**이 **시바**를 '존재함(BE-ing)'으로 이야기한다면, 이는 질문자의 질문에 대한 답변으로 그러는 것일 뿐이다. 다른 어떤 신으로 **시바**를 대체해도, 우리가 그것을 주체, 곧 '아는 자' 자신으로 이해하는 한, 답변의 취지가 달라지지 않을 것이다. 다음 텍스트에서 이것이 확인된다.

15. "의식하지 않는, 따라서 **시바**가 아닌 어떤 존재도 없습니다. 그는 **시바**일 뿐만 아니라 다른 모든 것이기도 합니다. 하지만 그는 순전한 무지 속에서, 자신이 다양한 형상들을 가진 우주를 본다고 생각합니다. 그러나 만일 그가 **진아**를 본다면, 자신이 우주와 분리되어 있다고 여기지 않을 것입니다. 그때는 **시바**가 우주로 보입니다. 그러나 (불행히도) '보는 자'가 그 배경을 보지 못합니다. 천만 보고 그 천을 이루는 무명실을 보지 못하거나, 영화에서 화면들은 보지만 스크린을 보지 못하거나, 혹은 자신이 읽는 글자들은 보지만 그 글자들이 써져 있는 종이를 보지 못하는 사람을 생각해 보십시오. **시바**는 우주 안의 형상들을 취하는 **존재**(Being)이자, 그것들을 보는 **의식**이기도 합니다. 다시 말해서, **시바**는 주체와 대상 둘 다의 저변을 이루는 배경—곧, 휴식하는 시바이자 활동하는 시바입니다. 그것을 무엇이라고 하든, 그것이 휴식하고 있든 활동하고 있든, 그것은 의식일 뿐입니다." **대담 450**

주註: 이제 시바가 다름 아닌 '보는 자'임이 분명하다. 절대적 의식이 "휴식"하기도 하고 "활동"하기도 한다는 이 텍스트의 마지막 부분은, 짜이따니야(Chaitanya-의식)가 활동적 감각기관들을 포함하지 않는다는 교조적 이론에 대한 훌륭한 답변이다. 만약 감각기관들을 포함하지 않는다면, 그것들이 어디서 일어나서 세계를 연출할 수 있겠는가? 그들은 감각기관들이 전혀 존재하지 않는다고, 모든 것은 마야라고 답한다. 그것은 마야가 감각기관들의 창조자라는 의미를 내포하는데, 그것은 말이 안 된다. 감각기관들은 기억, 공간 감각, 시간 감각 등과 같이 우리가 부인할 수 없는 것이다. 왜냐하면 그것들이 외적인 세계라는 겉모습의 원인인 반면, 마야는 이러한 겉모습, 곧 환幻에 붙여진 이름이기 때문이다. 그래서 마야는 감각기관들의 부모가 아니라 자식이다. 따라서 감각기관들은 짜이따니야, 즉 순수한 의식의 활동이지만, 되풀이하자면 외관상의 활동이어서, 존재하지 않는 세계를 하나의 꿈처럼 펼친다. 세계는 의식이 없는 것처럼 보여도 의식 안에 있는 활동이고, 의식 그 자체에 영향을 주지 않는 활동이다. 그리고 세계는 의식 안의 한 겉모습이므로, 의식 그 자체이다. 즉, 그것의 바탕인 의식과 같은 성품의 것이다. 순수한 의식 외에는 아무것도 존재하지 않으므로, 그것은 어떤 이질적 성품의 것일 수가 없다. 그래서 세계는 시바 그 자신이다. 그는 있음(BEING)이자 함(DOING)—곧 휴식이자 활동이다. 그런데 먼저 시바를 있음으로 깨닫기 전까지는, 그것을 그렇게 깨달을 수 없다. 왜냐하면 있음은 그의 성품 자체인 반면, 함은 그의 안에 있는 하나의 겉모습일 뿐이기 때문이다.

활동이 존재(있음) 안의 한 겉모습에 지나지 않는다는 것을 깨닫지 못하면, 형이상학을 배우는 이에게는 대상의 참된 성품이 늘 하나의 수수께끼로 남을 것이다. 지각과 그것을 보는 자, 불변의 진아와 늘 변하는 현상들, 그리고 바가반의 비유를 사용하면, 스크린과 그 위에서 움직이는 화면들 간의 관계를 제대로 이해하기 위해서는, 이것이 근본적으로 중요하다.

16. "절대자를 얻으려면 진보의 단계들이 있어야 합니다. 실재의 등급이 있습니까?"
바가반: "실재의 등급은 없습니다. 개아의 체험에는 등급이 있지요."
대담 132

주註: "실재의 등급"이라? 실재가 완전한 이유는 그것이 부분이 없고, 통합적이고, 불변이기 때문이다. 그렇지 않다면 그것은 스스로 모순될 것이다. 그래서 **실재**는 진화의 영향을 받지 않고, 완전에 도달하기 위해서 진화가 필요한 수많은 불완전한 존재들로 나뉠 수도 없다. 우리는 다른 곳에서, 개아가 곧 **실재** 자체이지만 미혹되어 있다는 것을 보았다. 개아들의 다수성이라는 겉모습은, 성질들을 창조하고 그래서 차별상을 창조하는 감각기관들의 전개로 인한 하나의 환幻이다. **바가반**은 등급이 있는 것은 **진아**가 아니라 개아들의 체험이라고 말한다. 그래서 야만인과 **진인**의 차이는 체험의 차이, 즉 정신적 소견의 차이이지, 바탕―존재―의 차이가 아니다.

17. "개아들이 다수로 존재합니다. 개아들은 확실히 많습니다."
바가반: "개아(*jiva*)를 개아라고 부르는 것은 그가 (다른 많은 개아들이 있는) 세계를 보기 때문입니다. 꿈을 꾸는 사람이 꿈속에서 많은 사람들을 보지만, 그들은 모두 실재하지 않습니다. 꿈을 꾸는 그 사람만 존재하

고, 그가 모든 것을 봅니다. 개인들과 세계도 그와 마찬가지입니다."
대담 571

주註: 이것은 명료해서 아무 언급도 할 필요가 없지만, 모든 사람들이 같은 대상들, 같은 색깔, 같은 소리, 같은 더위나 추위 등을 지각하는 공통의 세계에도 적용할 때는 언급이 필요하다. 비판자들은 만일 세계가 **베단타**에서 말하듯이 감각기관(의 소산)이라면, 개인적 감각기관들이 전적으로 개인적인 세계들을 보여줄 것이고, 그래서 인간들만큼이나 많은 세계들이 서로 아무 관계없이 있게 될 거라고 주장하지만, 우리의 경험은 그것이 그렇지 않음을 증명한다.2) **바가반**은 모든 감각기관, 모든 인간과 모든 세계는 그 개아의 꿈 혹은 생각들이고, 그 개아만이 꿈꾸는 자 혹은 생각하는 자로서 존재한다고 답변한다. 꿈속의 개아가 몸과 감각기관을 가진 다른 개아들을 보면서도 그것들 없이 진정한 존재성을 누리듯이, 생시 상태에서도 마찬가지다. 생시(*jagrat*)를 생시라고 부르는 것은 우리가 아는 꿈의 상태와 비교해서일 뿐이다. 왜냐하면 생시에는 감각기관들이 총출동하여 실재하는 하나의 외부적 세계라는 환幻을 강화하는 반면, 꿈의 상태는 생시 상태에서 넘어온 한갓 인상들을 가지고 존립할 뿐, 이때는 철수한 감각기관들로써 존립하는 것이 아니기 때문이다.

18. "만일 **진아**가 하나라면, 한 사람이 해탈할 때 다른 모든 사람도 해탈해야 합니다."

---

2) *T.* 우리의 경험상 세계는 모든 개아들이 공유하는 하나의 '공통된 세계'이다. 그러나 모든 개아들과 그들을 포함한 세계 자체가 한 개아의 '생시라는 꿈' 속에 나타난 것이다. 그래서 뒤에서 "모든 세계는 그 개아의 꿈 혹은 생각들"이라고 하였다. 그 개아가 생시의 꿈에서 깨어나 유일무이한 **진아**가 되면 '유아독존'의 실상을 확인하게 될 것이다.

바가반: "에고, 세계, 개인들은 모두 그 사람의 원습(*vasanas*)으로 인해 나타납니다. 원습이 소멸하면 그 사람의 환각도 소멸합니다. 사실은, 진아는 결코 속박되지 않고, 그래서 (진아에게는) 어떤 해탈도 있을 수 없습니다." 대담 571

주註: 이 마지막 텍스트에서 **바가반**은, 생시 상태에서 지각되는 개아들의 다수성은 꿈속의 개아들과 마찬가지로, 실제로는 존재하지 않는다고 선언한다. 여기서 당신은 그들이 그 개인아(personal *jiva*)의 원습이라고 덧붙인다. 해탈 때 원습이 사멸하면, 다른 개아들이 존재한다는 환각도 사멸한다. 그래서 그들의 **해탈**이라는 문제는 분명 일어나지 않을 것이다.

제10장 심장과 마음

1. "신체적 심장이 왼쪽에 있다는 것은 부정할 수 없습니다. 그러나 제가 이야기하는 심장은 신체적인 것이 아니고, (가슴) 오른쪽에만 있습니다. 그것은 제가 체험하는 것이고, 저는 어떤 전거도 요하지 않습니다. 그렇지만 그대는 말라얄람어로 된 아유르베다 책 한 권과 『시따 우파니샤드(Sita Upanishad)』에서 그것을 확인할 수 있을 겁니다." **대담 4**

주註: 이것은 **바가반** 자신의 체험에 대한 하나의 권위 있는 말씀인데, 실제적 측면에서는 그 체험이 명상자에게 아무 도움이 되지 않는다. 심장의 장소가 (가슴의) 오른쪽이든 왼쪽이든, 우리는 신경 쓸 필요가 없다 (아래 텍스트 **9**를 보라). 왜냐하면 우리가 그 안에 있을 때, 즉 삼매에 들어 있을 때는 가슴뿐만 아니라 몸과 전 우주가 사라지기 때문이다. 명상이 성숙하면, 육신 안에 **심장**에 상응하는 장소가 어디인지를 추구하여 어떤 특별한 노력을 하지 않아도, **심장**이 자동적으로 스스로 드러난다.

2. "**개아**(*jiva*)는 깊은 잠 속에서는 **심장** 안에, 생시 상태에는 두뇌 안에 머무른다고 합니다. 심장은 피를 밀어 보내는 근육질 공간이 아닙니다. 심장은 베다와 여러 경전에서 '나'라는 관념이 솟아나는 중심을 뜻합니

다. 그것이 그 살덩어리에서 솟아납니까? 그러지 않고, 우리의 내면 어
딘가에서, 우리 존재의 중심에서 솟아납니다. 그 '나'에게는 장소가 없
습니다. 일체가 진아입니다. 진아 외에는 아무것도 없습니다. 그래서 심
장은 '나'로서 관념되는 몸 전체이자 우주라고 할 수밖에 없습니다. 그
러나 수행자(abhyasi)를 돕기 위해 우리는 우주 안이나 몸 안의 일정 부
위를 가리키지 않을 수 없습니다. 그래서 이 심장을 진아의 자리로 지
목하는 것입니다. 그러나 실은 우리는 도처에 있고, 존재하는 모든 것
이 우리이며, 달리 아무것도 없습니다." 대담 29

주註: 따라서 심장에게는 전혀 어떤 장소도 없다. 그것의 다른 이름은
진아, '나', 존재(being), 순수한 마음 등이다. 그것이 심장으로 불리는 이
유는, 그것이 우주가 일어나는 근원이기 때문이다. 바로 앞 주註에서 우
리는, 삼매 속에서는 심장이 어떤 장소와도 완전히 독립하여 드러난다는
것을 보았다. 그러면 왜 바가반은 그것이 오른쪽 가슴에 있다고 하는가?
당신은 그것을 오른쪽 가슴의 살과 뼈 속에 있다고 하지 않고, 그 부위
의 수준에서 의식 안에 있다고 말할 뿐이다. 마치 우리가 공간 속의 어
떤 대상들(예컨대 모자·신발 등)을 우리 몸의 어떤 부위의 수준과 상응하게
있다고 하듯이 말이다. 그렇기는 하나, 이 의식은 몸과 직접적 관계가
있기 때문에, 몸의 미세한 대응물(미세신) 속에 몸과 접촉하는 하나의 점,
말하자면 거기서 몸을 끄고 켤 수 있는 하나의 배전반을 가지고 있어야
한다. 삼매 속에서 이 배전반은 오른쪽 가슴의 미세한 대응물 속에서 느
껴진다.

고도로 비판적인 마음의 소유자에게는 바가반의 말씀에 어떤 모순이
나타나 보인다. 바가반은 한편으로 심장이 도처에 있으면서 어디에도 있
지 않다고 하고, 또 한편으로는 그것이 오른쪽 가슴에 있는데, 거기서

(다음 텍스트에서처럼) 수슘나 나디(Sushumna nadi)가 일어나고, 잠 속에서는 거기로 개아(jiva)가 물러난다는 등으로 말한다. 이 외관상의 모순은 마음과 관련시켜야 하는 몸에 대한 지각, 곧 몸을 통해서 행위하고 지각하는 지성적 원리(의식) 때문이다. 그래서 마음을 이중적 측면에서 보여줄 수밖에 없는데, 그 하나는 몸에 편재하는, 그래서 몸의 형상에 가정적으로 제한되어 있는 마음이고, 또 하나는 무한하고 자유로운 마음(의식)이다. 다음 항목에서 이것이 더 나온다.

3. "아뜨마는 심장 그 자체입니다. 그것의 현현물(현상계)은 두뇌 안에 있습니다. 심장에서 두뇌로 올라가는 경로는 수슘나(sushumna)나 어떤 신경(nadi)을 통해서라고 볼 수 있겠지요. 우파니샤드에서는 '빠라에 합일된다(pare leena)'고 하는데, 그것은 수슘나 그런 신경들이 모두 **빠라** 안에, 즉 **아뜨마 나디**(Atma nadi) 안에 포함된다는 뜻입니다. 요기들은 그 흐름이 사하스라라(sahasrara)로 올라가면 거기서 끝난다고 말합니다. 진지를 얻으려면 그들이 심장으로 내려와야 합니다. **심장**(Hridaya)이 알파요 오메가입니다." 대담 57

주註: 심장에서 몸이 솟아난다. 에너지·생명·의식—몸과 우주의 유일한 원초적 원소들—은 첫 번째 나디(nadi), 곧 통로를 통해 **심장**에서 흘러나와 머리로 곧장 올라가고, 거기서 다양한 나디들을 통해 몸의 모든 부위로 내려간다. 우리는 나디들에게 이름을 부여할 필요가 없는데, 이는 이런저런 전거에서 제시되는 장소와 이름들 사이에서 갈등을 피하기 위해서이다. 이름과 형상들은 세계라는 환의 원인이고, 그래서 그것들은 형이상학 안에도 있다. 바가반은 생명과 의식이 **빠라나디**(Paranadi)

를 위시한 나디들을 통해서 몸의 가장 먼 지점들에까지 배분되는 이런 사실들을 지적하여, 학인이 **진지**(*jnana*)의 성취에서 이 나디가 하는 기능을 알게 하고 싶은 것일 뿐이다. 몸에서 나온 모든 나디는 사하스라라에서 끝나므로, **꾼달리니 요기**(Kundalini yogi), **하타 요기**(Hatha yogi), 그리고 **조식**調息(*Pranayama*)을 닦는 사실상 모든 요기들이 사하스라라를 자기 수행의 마지막 지점으로 여긴다. 반면에 **라자 요기**(Raja yogi)라고도 하는 **명상 요기**(*Dhyana* yogi), **탐구 요기**(*Vichara* yogi) 등은, 완전하고 절대적인 해탈을 위해서는 한 단계가 더 있다고 한다. 이 마지막 단계는 **암리따 나디**(*Amrita nadi*)라고도 하는 **빠라나디**를 통과한다. 왜냐하면 그것은 가장 순수한 **사뜨와**(*sattva*)여서 굉장히 지복스럽고, **심장**으로 곧장 이어지기 때문이다.

"그것의 현현물은 두뇌 안에 있다"는 것은 설명을 좀 요한다. 사람들이 마음에 대해 이야기할 때, 늘 그것이 두뇌 자체라고 상상한다는 것은 흔히 경험하는 일이다. 과학자들은 자신을 과신한 나머지 두뇌가 곧 '생각하는 자'라고 선언하여 사태를 악화시키는데, 당연히 그것은 틀린 것이다. 왜냐하면 두뇌는 몸의 여느 부분들과 같이 지각력이 없고 생각을 할 수 없는 것으로서 존재하기 때문이다. 만일 전체가 지각력이 없다면 부분들도 마찬가지다. 이런 오류는 개아個我의 활동들이 두뇌 조직을 통해서 발현되기 때문인데, 그 조직은 말하자면 두뇌의 전신電信 사무소로서 다양한 감각기관과 신경계통 등에서 받은 모든 신호를 두뇌로 전달하는 것이다. 그러나 개아의 집은 **심장**이고, 이것이 모든 창조적 충동의 우주적 창고이다. 개아는 잠 속에서와 '죽음'이라고 하는 것 속에서 몸에서 물러날 때, 그리고 최종적으로 해탈(*mukti*) 속에서 영원히 몸에서 물러날 때, 감각기관들과 함께 이 집으로 돌아간다.

4. "심장은 신체적인 것이 아닙니다. 그것은 영적인 **흐리다야**(*Hridaya*)인데, 그것은 흐리뜨(*hrit*)+아얌(*ayam*), 즉 '이것이 중심이다'라는 뜻입니다. 그것은 거기서 생각들이 일어나고, 그 위에 생각들이 존속하며, 거기로 생각들이 해소되는 곳입니다. 생각들이 마음의 내용물이고, 생각들이 우주를 형성합니다. 그래서 **심장**이 만물의 중심입니다. 우파니샤드에서는 그것이 **브라만**이라고 합니다. 브라만이 곧 **심장**입니다." 대담 97

주註: 이 텍스트는 **베다**(우파니샤드)의 정수이다. 생각들은 **심장**에서 일어나고, **심장** 안에서 유지되고, **심장** 속으로 해소된다. "생각들이 우주를 형성한다." 이것은 의미심장한 말씀이다. 그것은 우주의 바탕을 생각, 곧 한갓 마음의 증기에 불과한 것으로 만든다. 이것은 서양철학자들의 주관적 관념론(subjective idealism)마저 뛰어넘는다.[1]

"생각들이 마음의 (산물이자) 내용물이다"라는 것은, 여기서 마음이 인도의 형이상학에서 통상 잘못 번역되는 단지 마나스(*manas*)가 아니라, 생각들을 산출하고, 유지하고, 지각하는 **의식**, 곧 **심장** 혹은 **브라만**과 동의어가 된다는 점에서 중요한 의미가 있다. **바가반**은 종종 순수한 마음을 **브라만**과 동일시하는데, 이는 그럴 수밖에 없다. 마나스는 지성(intellect), 혹은 생각과 감각들의 한 다발, 혹은 어쩌면 사고의 과정들로 번역될 수 있을 것이다. 때로는 마음이 마나스의 의미로도 사용된다. 여하튼 간에 학인은 마음의 이런 이중적 의미를 기억하고 혼동을 피하는 것이 좋을 것이다.

"심장이 만물의 중심이다"라는 것은 그것이 주변은 아니라는 의미가

---

[1] *T*. 예컨대 조지 버클리의 주관적 관념론은 마음과 그 내용물만 존재하며, 세계는 마음의 내용물이라는 것이다. 이 마음은 베단타적 의미의 의식이 아니라, 인식하고 사유하는 마음(즉, 마나스를 포함한 내적기관)이다. 주관적 관념론과 베단타(혹은 유식철학)의 차이가 여기에 있다.

아니다. **바가반**은 이 텍스트에서 그것을 모든 생각들, 즉 우주를—중심, 주변은 물론이고 그 사이에 들어가는 모든 것을—담고 있는 그릇으로 만들고 있다.

5. "심장을 어떻게 깨닫느냐고요? 한 순간도 자기를 체험하고 있지 않은 사람은 아무도 없습니다. 그가 **진아**입니다. 진아가 곧 **심장**입니다. 그대가 누구냐고 물어보면, 그대는 가슴 오른쪽에 손을 대고 '접니다'라고 말하는데, 그러면서 자신도 모르게 **진아**를 가리킵니다. 진아가 이렇게 해서 알려집니다." 대담 97

주註: 여기서 우리는 몸 안이라기보다는 몸의 미세한 분위기 안의 심장이 있는 장소가 어디인지를 가리켜 주는 지침을 얻는다. 우리가 자신을 가리킬 때 왼손보다 오른손을 사용하는 것은 본능적이다. 왜 우리는 그 목적을 위해 손을 머리에 얹든가, 뺨에 대든가, 혹은 이를테면 척수에—아니면 마찬가지로 다리나 발에—대지 않고, 오른쪽 가슴만 가리키기는가? 가슴의 이 부위와 '나' 사이에 어떤 직접적 관계가 없다면, 우리는 자신의 정체성을 강조하고 싶을 때 곧바로, 그리고 당연하게 오른쪽 가슴을 가리키지 않을 것이다. 우리는 마음이나 생각하는 기능이 어디에 있다고 할 때는 머리를 가리키지만, '나'에 대해서는 가슴을 가리킨다. 그것은 심장이 두뇌보다 우월함을 명백히 인정하는 것 아닌가? **심장**은 '나', 곧 **존재**의 전체성인 반면, 두뇌는 내 생각들의 자리일 뿐이다.

우리 자신을 가리키기 위해 오로지 가슴만 가리킨다는 것은 또 한 가지 중요한 의미가 있다. 그것은 자동적으로 몸의 다른 부위들이 '나'가 되는 것을 배제하는데, 우리가 손톱·털·신체 분비물과 배설물 등을 우리의 '나'라고 하면 화를 낸다는 것이 그 증거이다. 사실 우리는 가슴의 갈비뼈와 살은 우리가 그것들을 가리킴에도 불구하고 '나'가 아니라는 것을 본능적으로 알고 있다. 우리는 전체로서의 몸을 '나'로 여기지만, 세부적으로는 그것을 부인한다. 이런 측면에서의 우리 마음의 이 이상한 행동은 워낙 두드러지게 명백하므로, 우리가 그것을 보지 못한다는 것은 잘못된 습관으로 인한 것일 뿐이다. 우리가 몸과 의식의 관계를 더 깊이 탐색해 보면, 이상한 점들이 더 많아진다. 그래서 이 길에서는 우리가 **자기탐구**(vichara)를 해야, 우리의 믿음과 태도가 우스우리만치 일관성이 없다는 것을 드러내어 그것을 바로잡고, 우리 자신의, 그리고 우리 주위 세계의 진리를 성취할 수 있다고 주장하는 것이다.

6. "우주적 마음은 에고에 의해 제한되지 않으므로 그 자신과 별개의 어떤 것도 가지고 있지 않고, 따라서 오직 자각할 뿐입니다. 이것이 성경에서 "나는 내가 있다는 것이다(I am that I AM)"라고 하는 말의 의미입니다." 대담 188

주註: 비이원론에서, 그리고 바가반은 **우주적 마음**을 브라만과 동일시한다. 왜냐하면 그것은 "오직 자각할 뿐"이기 때문이다. 이 마음은 서양 신비가들의 **우주적 마음**과 아무 관계없다는 것을 쉽게 관찰하게 될 것이다. 우주적 마음이 무엇이든 그것은 그 나름의 의미를 가지고 있지만, 비이원적 **브라만**의 의미와는 다르다. 성경의 **여호와**는 히브리어로 **야훼**(YHWH)로 쓰여 있는데, 그것은 동사 **하야**(HAYA)['있다']에서 나왔고, 항상 있다, '나는 내가 있다는 것이다', 혹은 있음(BEING)을 의미한다. 그것은 정확히 비이원론에서 말하는 **브라만** 혹은 **사뜨**(SAT)의 의미이다.

7. "마음은 지금 자신이 우주로 다양화되는 것을 봅니다. 다양성이 나타나지 않으면 마음은 그 자신의 본질, 즉 **심장** 안에 남아 있습니다. 심장이 유일한 **실재**입니다. 마음은 하나의 일시적 국면일 뿐입니다. 자신의 **진아**로 머무르는 것이 **심장** 속으로 들어가는 것입니다. 심장 속으로 들어간다는 것은 (마음의) 흐트러짐 없이 머무르는 것을 뜻합니다."
대담 252

주註: 마음이 우주로 화한다. 마음이 우주를, 곧 다양성을 지각할 때, 그 다양성은 마음의 순수한 표면에 인상을 남기고, 그래서 마음의 주의가 부단히 다양성에 집중되며, 그 자신을 향하지 않는다. 만일 다양성을 없애면 마음이 자신의 순수한 본질, 자신의 적나라한 순수성을 지각할 것이다. 그럴 때, 그것은 **심장** 속으로 들어갔다고 말해지는데, 실은 그것 (순수한 마음) 자체가 **심장**이다. 이것은 마음이 동요되지 않는 상태, 곧 휴식하는 삼매三昧의 상태이다.

생각들로 마음이 가려지는 것은 분명히 "하나의 일시적 국면"이다. 왜냐하면 생각들 그 자체가 일시적이고 매우 불안정하며, 그래서 수행에 의해 쓸려나갈 수 있기 때문이다. 마음 그 자체는 쓸려나갈 수 없다. 왜냐하면 쓸어내는 사람이 마음 그 자체일 것이기 때문이다. 만일 마음이 마음을 쓸어낸다면, 남아 있는 것은 여전히 마음일 것이다. 그래서 마음은 파괴될 수가 없다.

8. "평화로운 마음이 있는데 그것이 **지고자**입니다. 그 마음이 동요하게 되면 생각들에 시달립니다. 마음은 **진아**의 동적인 힘(*shakti*)입니다. 물질과 정신 간에는 아무 차이가 없습니다. 현대 과학은 모든 물질이 에

너지라는 것을 인정합니다. 에너지는 힘(shakti)입니다. 따라서 모든 것은 시바와 샥띠, 즉 진아와 마음 안에서 해소됩니다." 대담 268

주註: 이 텍스트는 진아와 마음의 동일성을 설명한 다음, 그것들이 시바와 샥띠라고 하면서 끝맺는다. 여기서 이원론자들은 그 둘이 각기 정신과 물질이라는 별개의 원리라는 그릇된 관념을 형성할지 모르나, 그것은 바가반의 의도와 거리가 멀다. 텍스트의 서두에서는 "평화로운 마음"이 지고자, 즉 진아 자체와 동일시된다. 그래서 진아와 평화로운 마음은 바꿔 쓸 수 있는 용어들이다. 그러나 어떤 이유로 마음이 "동요하게", 곧 활동하게 되면, 그것이 에너지를 현출한다. 그 안에 내재되어 있는 에너지가 지각·생각·감각들로 화하는데, 그것이 현상들, 즉 우주이다. 샥띠파派(Shaktas)는 이것을, 삼매 속에서 체험되는 "정적인" 평화로운 마음인 시바와 구별되는 "동적인" 샥띠의 창조로 해석한다. 이것이 정신과 물질에 대한 진리 전부이다. 그것들은 똑같은 하나의 의식이다. '아는 자'(곧 마음)는 그 자신 안에서 활동, 곧 보고, 냄새 맡고, 듣고, 생각하는 것 등의 감각을 계발하고, 마치 그것이 그의 밖에서 일어나는 것처럼 그 쇼를 즐기기 시작한다. 그런 다음 그는 세계와 그 창조주—신과 그의 샥띠—에 대해 헷갈려 한다. 그럴 때 이것이 바로 과학에서 "물리적" 우주의 구성요소인 원자들이라고 선언하는 에너지의 본질이다. 그래서 진아는 모든 우주적 에너지의 근원일 뿐만 아니라, 우주적 에너지 그 자체이다. 그럴 때 시바는 샥띠 그 자체이다.

9. "제가 심장에 대해서 명상하려면 가슴 오른쪽을 명상해야 합니까?"
바가반: "심장은 신체적인 것이 아닙니다. 명상은 오른쪽이나 왼쪽에

대해서 하면 안 됩니다. 명상은 **진아**에 대해서 해야 합니다. 누구나
'내가 있다'는 것을 압니다. 그것은 안도 아니고 밖도 아니고, 오른쪽도
아니고 왼쪽도 아닙니다. '내가 있다'—그뿐입니다." 대담 273

주註: 우리가 이미 논의한 것과는 별개로 이 텍스트에서 주목할 만한
점은, 명상은 오른쪽이든 왼쪽이든 신체적 가슴에 대해 해서는 안 된다
는 것이다. 왜냐하면 그것은 전혀 **심장**이 아니기 때문이다. 그 '나'는 무
無공간이며, 방향이나 좌우 어느 한쪽과의 연관에서 완전히 벗어나 있다.
그것은 단순히 '나의 존재' 혹은 '내가 있다'이고, 달리 아무것도 아니다.
이 순수한 존재의 느낌이 명상에서 우리의 방향이 되어야 하며, 만일 처
음에 그것을 붙들 수 없다면, 성공할 때까지 거듭거듭 다시 시도해야 한
다. 그것은 마치 한 번 알고 나면 잊히지 않는 언어처럼 우리 안에 언제
나 존재하기에, 그것에 대한 직관은 급속히 성장한다. 처음 얼마간 주저
한 뒤에는—이는 불가피하지만—그것을 따라잡게 될 것이다. 이것은
오래 전에 잊어버린 우리의 본질을 다시 한 번 인식하는 법에 대해 **스승
님**이 우리에게 베푸신 최선의 단서들 중 하나이다.

10. "세계가 어떻게 하나의 상상이나 생각일 수 있겠습니까? 생각은
마음의 한 기능입니다. 마음은 뇌 안에 있습니다. 뇌는 인간의 두개골
안에 있고, 인간은 우주의 극히 작은 일부일 뿐입니다. 그렇다면 어떻
게 우주가 뇌 세포들 안에 들어갈 수 있겠습니까?"
바가반: "마음을 그대가 묘사한 그런 종류의 실체로 여기는 한, 그 의
심이 지속되겠지요. 그러나 마음이 무엇입니까? 생각해 봅시다. 세계란
무엇입니까? 그것은 공간 안에 펼쳐진 대상들입니다. 누가 그것을 파

악합니까? 마음입니다. 공간을 파악하는 마음 자체가 공간 아닙니까? 그것을 지知의 허공으로 간주하면, 그 외관상의 모순을 조화시키는 데 아무 어려움이 없을 것입니다. 라자스와 따마스가 거친 대상 등으로 작용합니다. 그래서 전 우주는 심적인 것일 뿐입니다." 대담 451

주註: 위의 질문은 갈피를 못 잡는—질문을 구성할 때도 크게 헷갈려 하는—것으로 보이는 한 철학교사가 한 것이다. 그는 한편으로는 인간을 그의 몸과 동일시하여 "우주의 극히 작은 일부"라고, 즉 마음을 뇌와 동일시하고, 다른 한편으로는 마음이 뇌 안에 "있다"고 하여 그 둘을 서로 다른 것이라고 한다. 바가반은 그럴 경우 "의심이 지속될" 거라고, 즉 문제가 해결되지 않을 거라고 주장한다. 만일 뇌가 마음이라면, 무지에 끝이 없을 것이고, 논쟁에 끝이 없을 것이다. 예를 들어, '어떻게 지각력 없는 뇌가 생각하고, 창조하고, 이해하고, 냄새 맡고, 맛을 보는 등을 할 수 있겠는가?' '어떻게 셰익스피어·간디·라마나 마하르쉬가 썩어 없어질 살 조각들일 수 있는가?' '어떻게 비물질적인 생각들이 물질적인 뇌세포들에서 방출되며, 그것들 간의 관계는 무엇인가?' 등이 그것이다. 그러나 만약 이 질문에서 말하듯이 마음이 뇌 안에 있다면, 어떤 해법이 있을 가망성이 많이 있다. 그럴 때 그 해법은 본 장의 주註 3에서 이미 설명했듯이, 마음, 곧 개인적 의식이 뇌 안에 거주한다는 요가적 체험을 따르게 될 것이다. 그 개인은 뇌 조직이 아니라 지성적 존재, 곧 뇌 안에 존재하면서 그것을 도구로 사용하는 의식이다. 의식 그 자체가 순수한 허공(akasha)이고, 그 안에서 세계가 펼쳐진다. 마치 세계가 그 자체 허공인 공간 속에서 펼쳐지는 것처럼 보이듯이 말이다. 그래서 세계는 의식 혹은 마음에 지나지 않는다. 대상들이 부드럽거나 단단하게, 뜨겁거나 차갑게, 크거나 작게, 노랗거나 푸르게, 시거나 단 것처럼 보인다는 것은 같은 마음의 기능인 감각기관들 때문이다. 세계는 감각기관들이 그것들 자신에게서 발하는 것들 외에는 그 무엇으로도 이루어져 있지 않다. "그래서 전 우주는 심적인 것일 뿐"이다. 감각기관들이 우리의 지각에 가하는 대상들의 다양한 성질들은 **바가반**이 이야기하는 구나(*gunas*)이다. 그래서 현현된 우주 안에는 **의식** 위에 덧씌워진 성질들 외에 아무것도 존재하지 않는다.

제11장 참된 침묵과 거짓된 침묵

1. "홀로 있으면서 하는 묵언默은 억지 묵언입니다. 사람들 사이에서 말을 삼가는 것도 묵언에 해당합니다. 이때 그 사람은 자신의 말을 제어하기 때문입니다. 사람이 말을 하기 전에 '말하는 자'(마음)가 먼저 나와야 합니다. 만일 (마음이) 다른 데 몰두해 있으면 말은 억제됩니다. 마음이 내면으로 향해 있으면 그것이 다른 방식으로 활동 중이고, 말을 하고 싶어 하지 않습니다." 대담 60

주註: 수행에서 묵언(*mouna*)은 사람들이 성실하게 계발하는 하나의 덕이다. **바가반**은 묵언의 습관을 계발하려고 홀로 있는 곳으로 가는 것은 별 가치가 없다고 말한다. 그것은 말동무를 없애려는 하나의 억지 상태이기 때문이다. 오히려 사회 속에서 혀를 제어하는 것이 참된 묵언이며, 따라서 그것이 참된 자기제어이다.

말을 하려는 욕망은 마음 속에서 일어나지만, 마음이 대화의 주제 아닌 어떤 주제에 몰두하면, 말은 대폭 최소화된다. 그리고 공부인(*abhyasi*)의 마음이 보통 몰두하는 주제는 마음 그 자체의 성품, 즉 명상이므로, 그는 대화로 인해 거기서 끌려나오는 것을 내켜하지 않는다. 이것이 본래적인, 강요되지 않은 묵언이다.

바가반은 이렇게 말씀을 계속한다.

2. "하나의 규율적 수단으로서의 묵언(mouna)은, 말로 인한 마음의 활동을 줄이기 위한 것입니다. 만약 마음이 다른 방법으로 제어된다면 규율적 묵언은 불필요합니다. 묵언이 자연스럽게 되니까요." 대담 60

주註: 수행자들은 왜 묵언을 닦는가? 마음을 침묵하게 하기 위해서이다. 그러나 이것은 잘못 안 것이다. 왜냐하면 말이 생각을 유발하는 것이 아니라 생각이 말을 유발하기 때문이다. 대화는 분명히 생각을 촉발하고, 따라서 말하기를 촉발한다. 만약 마음이 제어되어 있지 않다면, 설사 대화할 상대가 없다 할지라도 마음은 스스로 말을 할 것이다. 특히 기억이 솟아올라서, 죽은 과거에 대한 생각들로 마음을 채울 것이다. 그럴 때 홀로 있는 마음은 사람들 사이에 있을 때보다 훨씬 못한 상태에 있게 될 것이다. 기억은 순수한 마음을 가진 친구들의 무리보다 더 위험한 동반자이다. 순수한 성품의(sattvic) 친구들도 때로는 별 상관없는 것들을 이야기하겠지만, 그것은 수행자에게 도움이 될지도 모른다. 만약 이미 죽어서 사라진 과거의 불행한 사건들이 되살아나면 그의 마음이 우울해질 수도 있는데, 그런 생각들이 연이어 일어날 때 친구들의 대화가 그것을 끊어주는 역할을 하기 때문이다. 그는 수행에서 성공하기 위해 마음을 유쾌하게 유지하려고 노력하고 있으니 말이다.

"만약 마음이 다른 방법으로 제어된다면", 즉 명상(dhyana)·자기탐구(vichara)·공부, 그리고 기억의 압박에 완강히 저항함으로써 제어된다면, 오랜 묵언의 맹세는 군더더기일 뿐만 아니라 명백히 해로운 것이 된다. 마음의 고요함이 음성의 고요함(말이 없는 것)에 반영되는데, 그것이 자연스러운 묵언이다.

3. "비디야라니야(Vidyaranya)[1])는 억지 묵언을 12년간 하면 절대적 묵언이 된다고—즉, 말을 할 수 없게 된다고 했습니다. 그것은 달리 무엇보다도 말 못하는 짐승의 상태와 비슷합니다. 그것은 묵언이 아니지요." 대담 60

주註: 여기서 교훈은, 만약 마음이 들떠서 활동하고 있다면 묵언의 맹세와 말의 억지 제어가 무가치하다는 것이다. 만약 마음이 활동하지 않는다면 무엇을 강제할 필요가 없고, 묵언은 습관적인 것이 된다.

"달리 무엇보다도 말 못하는 짐승처럼" 되는 억지 '묵언자'에 대한 조롱은 이유가 없지 않다. 왜냐하면 억지 묵언이 그 묵언자를 "말 못하는 짐승" 아닌 "달리 무엇"으로—즉, 신적인 성향을 가진 사람으로—만들기는커녕, 그를 부드럽게 만들기보다 감정 쌓인 사람으로 만들어 버린 사례들이 알려져 있기 때문이다. 자신에 대한 다년간의 폭력이 결국 남들에 대한 폭력으로 변모했다. 처음에는 마음이 겸손했으나 오만과 자기 잘난 태도를 얻게 되는데, 이는 참된 구도자의 성품에는 낯선 것이다. 그런 사람이 스스로 평가할 때 자신이 다년간의 묵언을 통해 대단한 고행자(tapasvin)가 되었다는 관념이 그런 자기 부풀림에 크게 기여했다. 모든 짐승들은 묵언자이지만 제어된 마음을 가졌거나 성스러운 고행자인 것과는 거리가 먼데, 그에게는 그런 생각이 떠오르지 않는 것이다.

4. "묵언은 부단한 말입니다. 무無활동은 부단한 활동입니다." 대담 60

---

[1] T. 남인도 스링게리(Sringeri) 사원의 제12대 샹까라짜리야(1296~1391). 방대한 베다 주석서와 『빤짜다시(Panchadasi)』 등 다수의 저작을 남겼다.

주註: 이것은 하나의 역설인가, 아니면 수수께끼인가? 우리가 주의 깊게 조사해 본다면, 그것은 그 어느 것도 아니다. 우리는 위에서 참된 묵언은 마음의 침묵이며, 그것은 자연적으로 음성의 침묵을 가져온다는 것을 인정했다. 그러나 이런 묵언은 말이 없음으로 해서, 어떤 말보다 더 강력한 그 나름의 어떤 의미와 웅변성을 갖는데, 다음 텍스트에서 잘 보여주게 될 시따(Sita)의 침묵이 그와 같은 것이다.

또 하나의 더 참된 관점에서 보자면, 마음의 침묵은 전혀 어떤 활동이 아니다. 고요한 마음은 온통 역동적인 순수한 존재, 즉 충만체(plenum)[2]이고, 우리가 앞서 나온 장들에서 살펴본 모든 현상들의 근원이며, 그래서 전지전능全知全能하다. 이 "무위적無爲的" 존재를 벗어나서 '행위하기, 생각하기, 말하기'로 가는 것은 실은 에너지의 낭비이고, 무지와 불행의 원인인 하나의 타락·쇠퇴이다. 따라서 고요한 마음의 "무활동"은 행위와 말의 세계의 사이비 활동보다 헤아릴 수 없이 더 강력하다. 그것은 "부단한 활동"인 것이다.

5. "숲 속에서 리쉬들의 부인들이 시따(Sita)에게, 그때 모여 있던 리쉬들 중의 누가 남편이냐고 물었을 때, 그녀는 부인들이 손으로 가리키는 사람마다 아니라고 부인했지만, 라마를 가리켰을 때는 그냥 말없이 고개만 숙였습니다. 그녀의 침묵은 더없이 웅변적이었지요. 베다들도 마찬가지로 '네띠, 네띠(Neti, Neti)'['이건 아니다, 이건 아니다']로 멋지게 설명한 다음 침묵합니다. 베다의 침묵이 진정한 상태입니다. 이것이 '침묵에 의한 가르침'의 의미입니다. '나'라는 생각의 근원에 도달하면 그 생각

---

[2] T. 순수한 공空은 텅 비어 있으면서도 순수한 존재 또는 의식으로 충만한 범주이기도 하다. '충만체'란 이와 같이 존재·의식으로 충만한 무한한 공간을 가리키는 말이다.

이 사라지고, 남는 것은 진아입니다." 대담 130

주註 : 그것은 시따의 아름다운 점 아닌가? 이것은 진아와 그것의 부정에 대한 더없이 적절한 비유인데, 이 부정은 더 깊이 연구해 볼 가치가 있다. 그것의 '네띠(Neti)' 부분을 고수해 보자. 우리는 무엇에 대해 네띠를 말하는가? 분명히, 우리가 지각하는 모든 것과 우리가 인식하는 모든 것에 대해서이다. 즉, 우리는 세계를 아예 거짓이고, 비지성적인 것으로 배격한다. 잔여물로서 남는 것은 배격자 혹은 지각자 그 자신이지만, 모든 지각은 떨어져 나갔고, 따라서 완전히 비활동적이다―즉, 침묵하고 있다. 이것이 바로 진아, 곧 지각됨이 없이 지각하고, 생각됨이 없이 생각하는 절대적 지성이다. 그래서 '네띠, 네띠'의 수행, 배척의 수행은 수행자를 그 자신에게로―모든 볼거리를 보는 자, 모든 소리를 듣는 자, 모든 냄새를 냄새 맡는 자에게로―도로 데려간다. 그는 먼저 주위를 둘러보고 하나하나 버리기 시작하여, 결국 버릴 것이 아무것도 남지 않게 된다. 이때 그 자신의 내면에서, 진아 그 자체에서 나오는 갑작스런 직관의 섬광이 그를 다시 그 자신에게 향하게 하고, 논리적 잔여물, 곧 내버려질 수 없는 순수한 '아는 자'로서의 그 자신의 진리를 그에게 드러낸다. "이것이 '침묵에 의한 가르침'의 의미"라고 바가반은 확언한다.

6. "침묵은 입을 닫는 것이 아닙니다. 그것은 말과 생각을 초월하는 상태입니다. 어떤 개념을 꽉 붙들고 그것을 되짚어 올라가십시오. 그런 집중에 의해서 침묵이 나옵니다. 수행이 자연스러워지면 그것이 침묵으로 끝날 것입니다. 마음 활동이 없는 명상이 침묵입니다." 대담 231

주註: 따라서 우리는 음성 묵언과 음성 묵언자에 대한 우리의 견해를 수정해야 한다. 되풀이하자면, 마음의 침묵이 참된 묵언이다. 그것은 그 자체로 하나의 상태—진정한 상태이다. 그 상태에 어떻게 도달하는가? 바로 앞 텍스트에서 '네띠'의 방법이 제시된다. 여기서 **바가반**은 또 하나의 방법, 즉 단 하나의 생각, 단 하나의 개념을 꽉 붙드는 법을 제시한다. 한 생각을 고수함으로써 우리는 다른 모든 생각에서도 묵언을 성취하게 될 것이다. 한 대상에서 다른 대상으로 부단히 뛰어다니면서 단 하나의 주제에 잠시도 머무르지 않는 것이 마음이 일상적으로 하는 일인데, 이 나비같이 팔랑대는 습관을 한 가지—그리고 오직 하나의—주제에 붙들어 맴으로써 어느 정도 제어할 수 있다면, 그것 자체가 하나의 대단한 성취이다. 그것은 결국 그 단 하나의 개념마저도 놓아버리는 데 이르게 될 것이고, 이때 절대적 묵언, 곧 삼매=昧의 궁극적 상태가 나타날 것이다.

한 생각을 되짚어 올라가라고 하는 **바가반**의 말씀은 어떤 의미인가? 당신의 말씀은, 그 생각이 일어난 마음에까지 되짚어 가라는 뜻이다. 왜냐하면 생각들은 생각하는 사람 그 자신에게서 외에는 어디에서도 나올 수 없기 때문이다. 예를 들어 '내 것'에 대한 생각은 나 자신의 **자아**에서만 나올 수 있다. 그래서 그 생각들을 그 근원에까지 되짚어 가면 **진아**가 발견될 수 있는 것이다.

7. "묵언의 맹세는 도움이 되지 않습니까?"

바가반: "맹세는 맹세일 뿐입니다. 그것이 명상에 어느 정도 도움은 될지 모릅니다. 그러나 입을 닫고 마음을 날뛰게 하는 것이 무슨 소용 있습니까? 마음이 명상에 몰두해 있다면 말을 할 필요가 어디 있습니

까? 명상만큼 좋은 것은 없습니다. 사람이 묵언의 맹세를 하고도 행위에 나선다면, 그 맹세가 무슨 소용 있습니까?" 대담 371

주註: 일을 하려면 생각하는 것이 필요하다. 그렇지 않으면 어떤 일도 전혀 할 수 없고, 성공적으로 하지 못하는 것은 말할 것도 없다. 그러나 침묵은 모든 생각이 일어나는 것을 막고 마음을 자유롭게 만드는 것을 목표로 한다. 따라서 묵언의 맹세를 하고 일을 계속하는 것은 자가당착보다 더 나쁘다. 그것은 자기기만이고, 우리가 함께 일하는 사람들에게 시련을 야기하는 것은 더 말할 것도 없다.

말을 떠난 참된 묵언은 명상을 통해서 마음을 죽이는 데 성공한 극소수의 사람들에게 자연스럽게, 자연발로적으로 다가온다. 그런 사람들 중 하나는 꿈바꼬남(Kumbakonam)의 유명한 마우나스와미(Mounaswami)였는데, 사람들은 그의 모습을 사진으로 보는 것만으로도 **침묵의 화신**인 이 위대한 고행자에 대해 경외감을 느꼈다. 그는 약 백 년 전에, 숨 한 번 헐떡이지 않고 눈꺼풀 한 번 달싹이지 않은 채 이승을 떠났다. 그는 살아 있는 동안에도 **무신해탈자**(*Videhamukta*)여서, 잠과 삼매, 배고픔과 배부름을 거의 구분하지 못했다. 결국 음식과 음료를 그의 입 속으로 부어주곤 했다. 반쯤 뜬 눈은 바깥의 사물들을 거의 인식하지 못했고, 몸은 몇 년 동안 실낱같은 호흡으로 유지되었다. 그의 경우는 자연적 묵언이었고, 그 자신은 진정한 **묵언자**였다. 스리 **바가반** 자신도 깨달음을 얻은 뒤 처음 몇 년간 거의 그 상태에 들어 있었다. 이따금 단기간씩 '집중수행'을 하는 동안 일시적으로 하는 묵언은 그런대로 이해할 만하다. 그것은 우리의 헌신을 방해하는 사람들을 막는 데 도움이 된다. 그러나 장기간의 전문적 묵언은 엄격히 배제되어야 한다. 특히 그것이 다른 사람들 사이에서 일을 하면서, 묵언의 맹세에 기초해 하는 것일 때는 그렇다.

우리는 "명상만큼 좋은 것은 없다"는 스승님의 말씀을 늘 기억하자. 수행의 실천에서는 명상이 우선순위가 되어야 하며, 그것은 최소한의 시간에 최대한의 결과를 산출한다.

제12장 은총

1. "생사윤회에서 돌아옴이 없는 곳인 그것을 성취하는 데는 신의 은총(Ishwara Prasad)이 필요합니까, 그 개아 자신의 노력이 필요합니까?"
바가반: "신의 은총은 깨달음에 필수적입니다. 그러나 이 은총은 자유를 위해 열심히 끊임없이 노력해 온, 참된 헌신자나 요기에게만 하사됩니다." **대담 29**

주註: 여기에 함축된 의미는 분명 노력이 무엇보다 중요하다는 것이다. 은총은 "열심히 끊임없이" 노력하는 사람에게만 하사된다. 그래서 은총은, 일해서 임금賃金을 버는 사람의 임금에 보태주지, 임금을 벌지 않는 사람에게는 주어지지 않는 공제기금처럼 보인다. 많이 벌수록 공제기금을 더 많이 받고, 적게 벌면 적게 받는다. 공짜로 얻는 것은 아무것도 없고, 영적인 선물은 더욱 아니다. 따라서 은총을 노력과 동등하게 볼 수는 없다. 그것은 더 이상 신의 은총이 아니라, 엄밀히 말해서 자신이 번 임금, 즉 노력 그 자체에 대한 보수일 것이기 때문이다. 또한 그것을 노력하지 않은 것, 공덕을 짓지 않고도 운 좋게 얻은 선물과 동등하게 볼 수도 없다. 그런 어떤 선물도 존재하지 않기 때문이다. 신은 무한한 자비심에서, 은총을 하나의 하사물, 곧 진정한 노력에 대한 일종의 보너스이자, 더 큰 노력을 위한 유인책으로 고안해 두었다.

"은총은 자유를 위해 열심히 끊임없이 노력해 온, 참된 헌신자나 요기에게만 하사된다." 이 보석 같은 관념이 우리 안에 새겨지게 하자. 그것은 존재하는 진리에 대한 최고의 권위자에게서 나온 말씀이니, 진지한 구도자들은 그것을 소중히 간직하고 끊임없이 그에 대해 명상해야 할 것이다. 따라서 신의 자비와 은총은 신의 변덕과 마음먹기에 달려 있다고 대담하게 선언하는 설교사들의 이야기를 듣는 사람들은, 그들의 함정에 빠지지 말아야 한다. 그들은 무지한 교리신봉자들(dogmatists)이기 때문이다. 그들은 신이 그들 자신의 자아처럼 변덕스럽거나 기도를 들어줄 만큼 마음이 약하다고 상상한다. 또한 애쓸 것이 없다고 설교하는 사람들의 말에도 귀를 기울이지 말아야 한다. 왜냐하면 그들의 말은, 수천 년 동안 세상 사람들에게 가장 귀중한 유산인 요가의 학學을 베풀어 온 스승인 리쉬들의 체험과 지혜에 의해 거짓임이 드러나기 때문이다.

바가반은 은총이 깨달음에 필수적이라고 말한다. 과연 그렇다. 공제기금은 나날이 축적되고 해를 거듭하면서 결국 상당한 거금이 되는데, 그것은 임금보다 훨씬 더 가치가 있다. 왜냐하면 그 사람의 여생 동안 편안하고 안락한 삶을 보장해 주기 때문이다. 구도자의 경우 그 은총은 다생의 열망과 의도적 고행에 대한 누적된 보상으로서, 지고한 스승으로 쏟아지고(지고한 스승을 만나게 되고), 결국 지知 그 자체로 쏟아진다. 다음 텍스트는 은총·스승·신을 똑같은 것으로 보게 한다.

2. "스승의 은총(Guru Anugraha)은 신의 은총의 결과 아닙니까?" 제자가 여쭈자 스승님이 답변하셨다. "그 둘을 왜 구분합니까? 스승은 곧 신 그 자신이고, 그와 다르지 않습니다." 대담 29

주註: 여기서 은총은 곧 스승이고, 그는 신 그 자신에 다름 아니다. 여기에 함축된 의미는, 우리가 스승을 만나고 얼마가 지난 뒤, 우리의 의식이 그것을 점차 지각할 수 있게 되기 전까지는, 은총을 온전히 인식할 수 없다는 것이다. 평생에 걸쳐 우리가 그것을 얼마간 느낄지는 모르지만, 스승의 친존과 인도, 그리고 수행의 실천에 의해 내적 변모가 일어나기 전까지는, 은총의 충만함이 그렇게 명백히 확인될 수는 없다.

3. "거리가 은총에 어떤 영향을 줍니까?"라고 미국인 방문객이 질문하자, 스리 바가반이 답변하셨다. "시간과 공간은 그대의 내면에 있습니다. 그대는 늘 그대가 추구하고 있는 진아입니다. 시간과 공간이 어떻게 그것에 영향을 줍니까?" 대담 127

주註: 전형적인 서양인인 그 방문객은 위의 질문에 이어, 라디오 방송에서는 청취자가 방송국에 가까이 있으면 더 분명하게 들리고, 멀리 있으면 희미하게 들린다는 비유를 든다. 그는 자신이 염두에 두는 은총을 송출하는 방송국이 어디에 있다고 여기는지—태평양인지, 대서양인지, 히말라야인지, 아니면 띠루반나말라이인지—밝히지 않는다. 만일 띠루반나말라이를, 즉 바가반을 의미하는 것이었다면, 그가 이 점에 대해 확신을 갖고 싶어 하는 것은 올바르다. 왜냐하면 진인 가까이에 부단히 머무르는 것은, 마음이 신속히 정화되어 명상과 집중 쪽으로 흐르는 경향을 보인다는 큰 차이를 가져오기 때문이다. 그렇게 가까이 있을 수 있는 기회가 곧 은총의 작용이다. 만일 바가반이 은총의 전수傳授에서 거리를 없애 버린다면, 그것은 진아가 시공을 넘어서 있다는 의미이다. 게다가 바가반은 발현업 때문에 멀리 떨어져 있어야 하는 그 방문객이 풀이 죽는 것을 좋아하지 않는다. 하지만 이 방문객이 염두에 두고 있는 은총은 확실하게 결정된 작용의 장場을 가진 것이다. 되풀이하지만, 늘 스승과 함께 있는 것은—이따금 스승 곁에 없을 때는 예외지만—확실히 높은 수준의 은총에 기인한다. 그것은 깨달음을 위한 성숙을 가속화하기 때문이다. 그것을 잘못 알면 안 된다. 우리는 베다와 모든 요기들, 바가반 자신의 저작 여러 곳, 예를 들어 다음 장의 텍스트 31 등과 같은 것을 증거로 가지고 있다. 우리가 『바가바땀(Bhagavatam)』(제11권, 7장 1-7)을 다시 읽어 보면, 스리 크리슈나가 이 세상을 떠나기 전에 당신의 상수제자인 웃다바(Uddava)와 작별할 때, 그에게 남긴 첫 번째 메시지들 중 하나는 늘 사뜨상가(Sat sanga)를 추구하라는 것이었다. 왜냐하면 진인들과의 친교만큼 당신을 기쁘게 하는 것이 없고, 그것만큼 빠른 결과를 산출하는 것이 없기 때문이라는 것이었다. 스승과의 친교가 최고의 사뜨상가이다.

4. "저에게 은총을 보여주십시오."
바가반: "은총은 늘 있지, 누가 주지 않습니다." 대담 133

5. "바가반의 제자분들 중에는 당신의 은총을 받아 별 어려움 없이 깨달은 분들이 있습니다. 저도 그런 은총을 받고 싶습니다."
바가반: "은총은 그대의 내면에 있습니다. 만약 그것이 외적인 것이라면 그것은 쓸모가 없습니다. 은총은 곧 진아입니다. 그대는 결코 그 작용의 바깥에 있지 않습니다. 만일 그대가 바가반을 기억한다면, 그것은 진아가 그렇게 하도록 부추기기 때문입니다. 그것이 은총 아닙니까? 이미 은총이 있지 않습니까? 그것이 자극이고, 그것이 반응이며, 그것이 은총입니다." 대담 251

주註: 두 번째 질문자는 여성인데, 아마도 어떤 중인도 토후국 왕가의 비妃여서, 아쉬람으로 물러나서 스승님과 함께 늘 있을 수 없는 사람일 것이다. 그녀는 바가반의 제자들 중 일부는 "별 어려움 없이" 당신의 은총을 받아 진아를 깨달았다고 생각하며, 그래서 자신도 비록 당신과는 멀리 떨어진 곳에 살고 있기는 하지만 별 어려움 없이 당신의 은총을 얻어야겠다고 한다. (이와 같이) 억측에 의존하는 것은 별로 근거가 없다. 우리가 보았듯이, 은총은 늘 풍부히 존재하지만 그것을 얻으려면 열심히 노력하는 것이 필요하다. 왜냐하면 그것은 "늘 있기" 때문이다. 단순히 그것을 요청하는 것만으로는 충분하지 않다. 왜냐하면 은총은 "주어지지 않기" 때문이다.

바가반은 은총이 외적인 것이 아니라고 주장한다. 왜냐하면 "만약 그것이 외적인 것이라면 그것은 쓸모가 없기" 때문이다. 만약 그것이 외적인 것이라면, 아무 공덕 없이도 그것을 살 수 있을 것이다. 은총은 내적인 것이고, 따라서 노력에서 나온 공덕으로 확보해야 한다. 노력할 수 없는 사람들은 그 부스러기, 혹은 적은 분량으로 만족할 수밖에 없다. 시간이 없고 수행에 유리한 환경이 아닌 것은 수행의 적이다. 그것은 발현업 때문일 수도 있지만, 바가반은 다른 곳에서 발현업은 노력이라는 망치질로 분쇄된다고 주장한다. 결국 진지한 마음의 구도자에게 최고로 필요한 것은 수행인 것이다. (다음 장의 텍스트 27을 보라.)

6. "저 혼자서는 집중하여 평안을 가질 수가 없습니다. 저는 저를 도와줄 어떤 힘을 찾고 있습니다."

스승님이 답변하셨다. "예, 그것을 은총이라고 하지요. 개인적으로 우리는 그것을 못하는데, 왜냐하면 마음이 약하기 때문입니다. 은총이 필요합니다. 사두 시봉侍奉(sadhu seva)[성자들에 대한 봉사]은 그것을 얻기 위한 것일 뿐입니다. 약한 사람이 강한 사람의 통제를 받듯이, 약한 마음은 강한 마음을 가진 성자의 친존에서 쉽게 제어됩니다. 그러나 새로 얻는 것은 아무것도 없습니다. '있는 것'은 은총뿐이고, 달리 아무것도 없습니다." **대담 287**

주註: 질문자는 큰 번뇌를 겪고 있는데, 그것을 자기 혼자서는 극복할 수 없다. 명상도 해 보고, 『기타』, 우파니샤드, 그리고 이 아쉬람의 모든 책을 읽어 보았지만, 여전히 마음이 요동한다. 그래서 그는 **바가반**의 도움이 필요하다. 어떤 약이 그런 마음을 치유할 수 있겠는가? 그런 사람을 가르칠 수는 없다. 그는 배움이 필요한 모든 것을 배웠기 때문이다. 어떤 수단으로도 그가 번뇌를 벗어나게 설득할 수 없다. 그 자신이 수없이 자신을 설득했을 거라고 볼 수 있기 때문이다. **바가반**은 그에게 남은 유일한 치유책은 성자들을 시봉侍奉하는 것이라고―그것은 **스승**들 곁에 오래 거주한다는 의미를 내포하지만―권하는데, 그것만이 심란한 마음 상태를 정상으로 돌려놓을 수 있다. 그래서 경전에서, 흐트러진 신경을 위무하고 무지無知를 없애려면 **사뜨상가**를 하라고 조언하는 것이다. 실로 다른 아무 방도가 없다. 설사 어떤 사람이 세계 일주를 하면서 그가 항해하는 바다나 그가 만나는 경이로운 풍광 속에 근심을 빠트려 버릴 수 있을 만큼 재력 있는 백만장자라 하더라도, 자신의 이전 환경 속으로 돌아오면, 마치 예전에 입던 옷을 입듯이 예전에 하던 근심을 다시 하게 될 것이다. 이것은 일시적 조언일 뿐이지만, 성자들과 친교하면 내적인 소견이 더 낮게 영구히 변모된다. 내면을 향하는 성향을 증장시킴으로써, 우리는 **진아**의 평안과 지복에 더 가까이 가게 된다. 명상과는 별개로, 성자 가까이 있는 것만으로도 사방에 행복을 나눠주게 된다.

7. "은총은 스승의 선물 아닙니까?"

바가반: "신·은총·스승은 같은 의미의 용어들입니다. 그것들은 영원하고 내재적입니다. 만일 스승이, 이미 존재하는 진아를 자신이 하사할 수 있다고 생각한다면, 그는 그 이름에 걸맞지 않습니다. 책에서는 손(hasta)·접촉(sparsa)·눈(chakshu)·마음(mano) 등에 의한 다양한 종류의 전수傳授(diksha), 곧 입문(initiations)이 있다고 합니다. 스승은 불·물·염송念誦·만트라(mantras) 등으로 어떤 의식을 하며, 그런 환상적인 행사들을 전수라고 부릅니다. 마치 제자(sishya)가 그런 과정을 다 거친 뒤에야 성숙하는 것처럼 말입니다.

지고의 스승인 다끄쉬나무르띠(Dakshinamurti)는 어떻게 했습니까? 그는 그냥 침묵하고 있었고, 제자들의 의문은 사라졌습니다. 그들은 개인성을 상실한 것입니다. 그것이 지知(jnana)이며, 보통 그 말에서 연상되는 온갖 장황한 말들이 아닙니다.

침묵이 효과 면에서 가장 강력합니다. 경전들이 아무리 방대하고 힘있는 내용이라 해도, 효과 면에서 훨씬 떨어집니다. 스승이 고요하면 모두에게 평안이 지배합니다. 그의 침묵은 모든 경전을 합친 것보다 더 방대하고 더 효과적입니다. 이런 질문들은 여기 그렇게 오래 있었고, 그렇게 많이 (가르침을) 들었고, 그렇게 열심히 노력했는데도 아무것도 얻지 못했다는 느낌 때문에 일어납니다. 내면에서 진행되는 작업은 잘 드러나지 않지만, 스승은 늘 그대 안에 있습니다." 대담 398

주註: 신·은총·스승은 단일성 속의 삼위일체로—잘못을 범하는 인간의 구원을 위한 신적인 자비의 샘으로—늘 기억될 수 있는 하나의 공식이다. 이처럼 스승은 곧 은총이고, 그래서 영원한 스승에게서 은총을 구한다는 것은 무의미하다. 우리는 외향적 소견으로, 스승의 몸이 스승 자신이고, 은총은 전해질 수 있는 것, 즉 어떤 외적인 대상에서 오는 것이라고 상상한다. 그러나 실은 은총은 구도자 자신의 내면에서 솟아난다. 바가반은 은총의 모든 외적 운반수단들은 물론이고, (귀에) 속삭여 주는 만트라, 불과 물을 통해 구두로 은총을 하사한다고 주장하는 사이비 스승들을 인정하지 않는다. 바가반은 "입문"이라고 일컬어지는 그런 쓸데없는 의식들을 "환상적"이라고 부르는데, 그 또한 매우 적절하다. 그런 의식들은 싸구려이며, 순수성과 영적 스태미나를 가진 사람은 그런 것을 즉각 배격한다. 은총을—혹은 같은 말이지만, 진아를—하사할 능력과 권위가 있다고 주장하는 사람들은 진아를 모른다. "그들은 스승이라는 이름에 걸맞지 않다"고 바가반은 말한다.

우리가 우리 자신의 체험과 이성에 견지에서 바가반의 이런 말씀들을 진지하게 생각해 보면, 그 말씀들이 전적으로 참되다는 것을 발견한다. 오랜 세월 헤아릴 수 없이 많은 사람들의 귀에 영성이 내장된 만트라들이 속삭여졌는데, 어쩌면 '입문자들'이 종종 돈을 내거나 예배를 하고 받은 입문에서 일시적으로 기분이 고양된다고 상상하는 경우를 논외로 한다면, 그 결과는 무無에 가깝다.1) 서양에도, 참여하는 수백만의 헌신자들에게 기적을 행한다고 생각되는 비슷한 의식들이 있다. 그 결과는 무엇인가? 근기根機(adhikara)[타고난 성숙도]가 중요할 뿐이고, 그것은 그런 의식과 "입문"에 참여하는 사람뿐만 아니라 참여하지 않는 사람들에게서도 나타난다.

바가반은 계속해서, 영적인 길에서는 모든 두꺼운 경전들과 학식보다도 침묵이 훨씬 더 도움이 된다고 말한다. 왜냐하면 진아는 모든 것의

---

1) *T.* 물론 뛰어난 근기의 수행자들은 예외이다. 마하라지 계열의 싯다라메쉬와르 마하라지, 니사르가닷따 마하라지, 란지트 마하라지, 라마깐트 마하라지 등은 모두 자신의 스승에게 만트라로 입문했고, 그것을 기초로 큰 깨달음을 얻었다.

말없는 주시자이고, 모두의 안에 있으며, 따라서 마음의 침묵을 통해서만 성취될 수 있기 때문이다. 그것이 되려면 우리가 그것처럼 침묵해야 한다.

그래서 **바가반**은 아쉬람에 오래 머무르는 사람들은 자신들이 조금이라도 (스승에게서 은총을 받지 못하고) 등한시된다고 생각해서는 안 된다고 주장한다. **진아**로서의 **은총**은 말없이, 알아차릴 수 없게 작업한다. 그들은 그 은총 안에 잠겨 있고, 매순간 그것의 빛나는 체험을 향해 꾸준히 나아가고 있다. 그 체험이야말로 모든 진정한 수행자들의 당면한 목표이다.

제13장 집중, 명상, 삼매三昧

1. "어떻게 해야 마음을 초월합니까?" 스승님이 답변하셨다. "마음은 성품상 가만히 있지를 못합니다. 이제부터 마음을 그 요동에서 해방시키십시오. 마음을 평안하게 하고, 산란散亂에서 벗어나게 하며, 마음이 내면을 바라보게 훈련시켜, 그것이 하나의 습관이 되게 하십시오. 외부 세계를 무시하고 마음의 평안을 방해하는 것들을 제거하면 그렇게 됩니다." 대담 26

주註: 앞 장들에서 우리는 마음을 초월하여 진아에 도달하는 몇 가지 방도들을 논의했다. 여기서 **바가반**은 우선 고요함을 권장한다. 왜냐하면 마음의 번뇌가 한창일 때는 우리가 **자기탐구**(vichara)를 해나갈 수 없기 때문이다. 이는 폭풍우 치는 바다에서 우리가 배를 운항할 수 없는 것과 마찬가지다.

우리는 고요함이 지배할 때까지 먼저 그 배를 어떤 피난처로 몰아가야 하고, 바다가 고요해졌을 때 노를 저으면 우리의 목적지에 무사히 당도할 수 있다.

사람들은 세계가 자신들에게 평안을 안겨주기에는 너무나 폭풍우로 요동친다고 하소연한다. **바가반**은 그들에게 세계를 무시하라고 말한다. 만약 세계가 마음을 요동시키는 원인이라면, 세계를 무시해야 그들의 마음이 점차 고요함을 얻을 것이기 때문이다. 그래도 마음이 가라앉지 않는다면, 그 폭풍우는 그들의 내면에 있지 바깥에 있지 않다는 것이 증명될 것이다. 그럴 때 그들은 내면을 바라보아야 할 것이다. 이것이 **자기탐구**이다.

이 **요가**(지知-요가, 곧 자기탐구)에서는 명상이 무엇보다 중요하므로, 본 장에는 폭넓게 가려 뽑은 명상에 대한 힌트들이 들어 있다. 인간들의 마음 작용이 서로 다른 것은 두말할 필요가 없기 때문에, 그들 모두에게 해당될 수 있는 요가적 규칙을 구성하기란 불가능하다. 제자들마다 각기 그의 특유한 상황에 따라 인도해 줄 **스승**이 필요하다. 일반 구도자들에게 그들의 길을 비춰 주고, 그들에게 그 길을 밟아가는 데 필요한 자신감을 심어주기 위해서는 기껏해야 힌트를 줄 수 있을 뿐이다. 적절한 분량의 그런 힌트들이 여기에 나와 있다.

첫 단계로서 **바가반**은 마음의 침묵을 권한다. 왜냐하면 일상생활의 정신없는 활동에서 나오자마자 바로 명상 속으로 뛰어들어, 그것이 성공하기를 기대하기란 불가능하기 때문이다. 공부·성찰·**사뜨상가**를 통해 세속적 원습(*vasanas*)을 수행의 원습으로 변모시키는 많은 준비를 해야 하며, 그러면 마음이 저절로 "내면을 바라보려" 할 것이다.

따라서 명상을 곧바로 시작하지 않고, 먼저 **바가반**의 가르침에 통달하여 명상이 목표를 성취하도록 그것을 이끄는 법을 배우는 것(공부)이 수행자들에게 이롭다. 그 시간은 허비되는 것이 아닐 것이다. 왜냐하면 깊은 공부는 세속적 원습을 없애줄 뿐 아니라, 그것 자체가 명상(*dhyana*)의 성공으로 나아가는 디딤돌인 집중(*dharana*)이기 때문이다.

바가반은 이 주제를 이렇게 발전시킨다.

2. "외부적 접촉―자신 아닌 대상들과의 접촉―이 마음을 요동시킵니다. 비非진아(not-Self)에 대한 흥미 상실[무욕]이 첫째 단계입니다. 그러면 내면 성찰과 집중의 습관이 생기고, 삼매로 끝납니다." **대담 26**

주註: 여기서 **바가반**은 마음의 들뜸과 세계의 관계를 조명한다. 당신은 마음 그 자체와 당신이 "마음 아닌" 것이라고 하는 외부의 대상들을―즉, 우리가 추구하고 있는 **진아**와, 우리가 버려야 하는 비非**진아**, 곧 감각대상들의 세계를―구분하는데, 감각대상들의 세계는 항상 들떠 있다. 당신은 우리에게 후자가 전자와―비非**진아**가 **진아**와―정면 대립한다는 것을 보게 한다. 만약 우리가 비非**진아**에 집착하면 **진아**에 도달하기를 바랄 수 없는 것이 당연하고, 그럴 때는 우리의 실패를 한탄하거나 그것을 신이나 스승의 탓으로 돌릴 명분이 없을 것이다. 세계에 집착하면, 적어도 그 집착하는 기간 동안은 **진아**가 여러분을 상실한다. **진아**에 집착하면 세계가 여러분을 상실하고, 더 정확히는 여러분이 세계를 상실한다. 만일 우리가 어둠을 고집스럽게 붙들면 빛을 보기를 바랄 수 없다. 어둠은 빛과 모순되기 때문이다. 만일 우리가 어둠을 버리면 빛을 충만하게 누리게 될 것이다. 이것은 평이한 상식이다.

그러나 이것은 어떤 사람이 집과 처자식, 기타 의무를 버리고 떠나는 것을 옹호하는 것으로 오해될지 모른다. 그보다 더 진실과 거리가 먼 것도 없다. 그런 유의 해석은 그 사람의 암담한 전망을 더 암담하게 만들면서 나락으로 이끈다. 우리는 **바가반**이 어떻게 도피주의를 만류하는지 보았는데, 도피주의는 진실로 말해서 무욕이 아니라 경직된 에고성이다. 합리적인 구도자들은 그런 실수를 하지 않는다. 즉, **진아**만이 실재하므로 모든 가족과 가정적 번거로움은 꿈일 뿐이며, 대수롭게 여길 필요가 없다고 주장하지 않는다. 그런 주장은, 자기네 **스승**의 **마야**의 가르침을 조롱하기 위해 자신들의 **리쉬**를 깊은 구덩이에 빠뜨렸다는 이야기에 나오는 어리석은 제자들의 주장과 비슷하다. 그 이야기에 따르면, 그들은 **스승**이 그 구덩이에서 자신을 꺼내달라고 간청할 것이고, 그리하여 **마야**를 (스스로) 배격하게 될 거라고 생각했다. 그들은 구덩이 꼭대기에서 조롱하듯이 불렀다. "스승님, 이제 저희에게 세계가 환幻이라고 말씀하실 수 있겠지요. 부디 당신께서 어디 계신지 기억해 주십시오." **리쉬**는 개의치 않고, 그 깊은 어둠 속에서 들릴락 말락 하게 대답했다. "세계는 환幻이지. 그러나 이 구덩이는 그렇지 않아." 그 말은, 비록 세계가 환幻이기는 하나, 구덩이 속의 괴로움은 꿈속의 괴로움처럼, 그것이 지속되는 동안은 실재한다는 의미이다. 그래서 세계가 비록 비非진아, 곧 환幻이기는 하나, 우리가 남들에게—이 경우 우리의 가족에게—가하는 괴로움은 진짜이고, 우리 자신의 미래의 괴로움의 원인이 된다. 왜냐하면 **진아**는 하나이기 때문이다. 스리 크리슈나, 곧 **진아**는 아르주나에게 남들에게 괴로움을 야기하는 미혹되고 오만한 사람들에 대해 이렇게 이야기한다. "이 못된 사람들은 남들과 그들 자신의 몸 안에 있는 나를 미워한다."(『바가바드 기타』, 16:18).

이 텍스트에서 **바가반**은 우리에게 "비非진아에 대한 흥미를 상실하라"고 하는데, 이것은 (일상적·가정적) 임무를 수행하는 가운데서의 무집착, 곧 가족과 소유물에 대한 집착적 정념에서 벗어나라는 의미이다. 가족에 대한 몰두를 포기하는 것과 가족 그 자체를 포기하는 것은 사뭇 별개이다. 이 정념을 포기하는 것은 소극적 도피주의와 다르고, 마음의 고요함을 가져온다. 이것이 무욕(*vairagya*)의 참된 의미이며, 그것은 탐구(*vichara*)의 분석을 통해서 성취될 수 있다. 왜냐하면 **바가반**이 말씀을 다음과 같이 계속하기 때문이다.

3. "외부 현상들의 찰나적 성품을 조사해 보면 무욕(vairagya)에 이릅니다. 그래서 탐구가 무엇보다 먼저 밟아야 할 단계이고, 그 탐구를 하면 부富·명성·안락·쾌락 등을 경멸하게 됩니다. '나'라는 생각이 더 분명해져서 그것을 살펴볼 수 있게 됩니다." 대담 27

주註: 이것은 무욕의 성취를 위한 분명한 방향이다. 이상 두 텍스트는 사실상 다음과 같은 결론을 내린다. 즉, "'나'는 '나' 아닌 것들로―부·명성·권력·가족관계·사회적 지위·개인적 이름과 칭호, 다양한 껍질들(koshas)[몸들] 등 일시적이고 '찰나적인' 것들로―너무나 꽉 차 있다"는 것이다. 탐구와 분별로써 이 모든 군더더기 짐들을 내다버리면, '나'만이 영원한 진아로서 남을 것이다. 이것이 참된 무욕이다. 따라서 포기는 그 매혹적 성질과 특유의 호소력으로 '나'의 참된 성품을 우리의 시야에서 가리는 이 짐, 이 쓸데없는 부수물들에 대해서 해야 한다. 탐구는 그 '나'의 짐을 내려놓고, 존재의 충만함과 그것의 영원한 자유에로 우리를 복귀시킨다. 설사 우리가 몸과 모든 인간관계를 보유하고 있다 해도 말이다. 그럴 때 우리는 그 말의 온전한 의미에서 우리 자신이 될 것이다. 그럴 때 우리는 장기적으로 ('나' 아닌 것들의) 그 플러스가 마이너스로 된다는 것―그 얻음은 실은 잃음이라는 것을 우리 자신에게 증명한 것이 될 것이다. 부富와 소유물은 우리가 그것에 대한 정념을 보유하는 한, 실은 덧셈이기보다 뺄셈이다. 이것이 몸과 세계의 삶이 가진 역설이다.

바가반은 이제 탐구 외의 다른 방법들로 방향을 돌린다.

4. "그러나 그 구도자가 기질상 탐구의 길(vichara marga)에 맞지 않는다면, 어떤 이상理想―어쩌면 신, 스승, 인류 일반, 윤리법칙, 심지어

미美의 관념—에 대한 헌신(bhakti)을 계발해야 합니다. 그 중의 하나가 그 개인을 사로잡으면, 다른 집착들은 약해지고 무욕이 계발됩니다. 그리하여 일념집중(ekagrata)이, 동시에 눈에 띄지 않게 증장됩니다.

 탐구와 헌신을 하지 않는다면, 호흡 제어(pranayama)를 해볼 수도 있습니다. 이것은 '요가의 길'로 알려져 있습니다. 호흡이 억제되면 마음은 자기가 좋아하는 것들—대상들—에게 달려들 수 없습니다. 그래서 호흡이 억제되는 동안은 마음이 휴식하게 됩니다. 면도칼을 가죽에 벼리면 예리해지듯이, 마음은 수행에 의해 향상되고 더 미세해집니다."
대담 27

주註: 따라서 탐구가 시작 단계의 유일한 수행법은 아니다. 탐구하는 법과 자신의 생각과 감정들을 분석하는 법을 모르는 사람들도 있다. 그들은 경험적인 '나'를 가지고 시작하고 끝난다. 그 뿌리를 어떻게 발견하고, '나'라는 생각을 어떻게 따라갈 것인가가 문제인데, 그들은 어떤 해법도 발견하지 못한다. 그런 사람들에게 탐구의 길은 아무 결실이 없고, 도움이 되기보다는 하나의 장애가 된다. **바가반**은 그들에게 박띠(bhakti), 즉 어떤 **이상**에 대한 헌신을 계발하라고 조언한다. 설사 그 **이상**이 인류에 대한 봉사나 그들이 열망하는 어떤 덕과 같이 구체적인 것이라 할지라도 말이다. 만일 헌신이 충분히 계발되면, 무욕과 집중이 당연히 따라온다. 만일 어떤 이상에 대한 헌신도 부족하다면, 그런 구도자는 염송(japa)이나 조식調息(pranayama)에 의지하여 마음의 들뜸을 억제해볼 수 있다. 이런 모든 행법은 상相(vritti), 곧 끊임없는 변상變相, 마음의 헤맴을 멈추어 마음이 그 자신에게 고정되게 하고, 결국에는 그 자신의 본래적 상태를 인식하게 하는 것을 분명한 목표로 한다. 마음이 산만한 것은 금가루가 모래·흙·재 등 온갖 더러운 것과 섞여 있는 것과 같다. 집중

(dharana)과 명상이 금가루를 다른 것들로부터 걸러내는 체이다. 그들은 의식이 전신으로 흐르는 통로인 나디들(nadis)를 휘저어 그것들을 그 근원, 곧 **심장**에까지 추적해 내려간다. 그럴 때 신경계통의 이완이 일어나는데, 이것은 의식이 나디들로부터 물러나서 **심장**으로 돌아가는 것을 의미한다. 의식의 그러한 물러남과 흐름은—명상자는 부단한 수행으로 그것을 갈수록 더 지각할 수 있게 되지만—의식을 몸에서 점차 이완시키고, 결국 삼매 속에서 그것들을 분리하게 되면 그 수행자는 순수한 의식만을 지각할 수 있게 된다. 이것이 **진아**, 곧 **절대자인 신**이다.

그래서 모든 형태의 수행과 모든 요가학파에서 집중이 권장된다. 그것이 헌신에 의해 유발되는데, 헌신이 따빠스(tapas)의 불길을 일으키고 그것을 유지한다. 헌신은 이처럼 일체를 포용하며, 그것은 요기가 **지**知와 탐구의 길에서 성취하는 완전한 순복에서 최고에 이른다. 어떤 수행자들은 마음을 제어하기 위해 조식을 하는 것이 더 쉽다고 느낀다. 만약 그들이 차크라(chakras)에 관여하지 않고 **심장**까지 가서 끝난다면, 그것은 깨달음의 한 효과적 방법이기도 하다.

5. "실제적 수행의 단계들은 어떤 것입니까?"

스승님: "그것은 그 구도자의 자질과 성품 나름입니다. 만일 그대가 신상 숭배를 한다면, 그것을 계속 하십시오. 그러다 보면 집중에 이를 것입니다. 일념이 되십시오. 그러면 모든 것이 바로 드러날 것입니다. 사람들은 **해탈**이 멀리 있고, 그것을 찾아내야 한다고 생각합니다. 잘못된 생각입니다. 그것은 자기 자신 안의 **진아**를 아는 것일 뿐입니다. 집중하십시오. 그러면 그것을 얻게 됩니다. 마음이 곧 생사윤회입니다. 계속 수행하십시오. 그러면 집중이 숨쉬기만큼이나 쉬워질 것입니다. 그

것이 그대가 성취하는 것 중 으뜸이 될 것입니다." 대담 31

　주註: 따라서 영적인 수행은 순전히 개인적인 것이고, 우리의 기질, 지적 능력, 사고방식, 특유의 환경 기타 정서적·영적 요인들에 달려 있다. 그러나 그런 요인들이 무엇이든, 앞에서 우리가 본 집중에 의지하는 것이 필수요건이며, 이를 위해서는 어떤 편리한 도구도 사용할 수 있다. 빠딴잘리(Patanjali)의 『요가수트라(*Yoga Sutras*)』와 우파니샤드에서는 그 방법들 중 일부를 묘사하지만 모든 방법을 남김없이 묘사하지는 않는다. 왜냐하면 그 방법은 구도자들 수만큼이나 많기 때문이다.

　바가반은 우리에게, **해탈**은 어떤 새로운 상태가 자격을 얻는 것이 아니라 이미 지금 여기 있는 우리 자신에 대해 가장 올바른 관점을 얻는 것이라고 말한다. 우리는 자신의 정체성에 대해 그릇된 견해를 가지고 있다. 마치 속담에서, 한 백만장자가 자신을 비참한 가난뱅이라고 고집스럽게 상상하여, 마치 참으로 그런 것처럼 행동하다가 자신의 비참한 상태가 계속되게 했다는 것처럼 말이다. 우리는 불멸이지만 자신을 필멸의 존재로 상상하고, 그런 믿음에 따라서 행동한다. 우리는 만물을 아는 자, 생각하는 자, 느끼는 자, 관념하는 자, 창조하는 자인 **지고의 지성, 순수한 지**知일 뿐이며, 한갓 화학적 화합물, 곧 미학적 점검을 거의 견뎌내지 못하는 살·피·뼈·담즙과 점액이 아니다. "몸이 나다"라는 믿음과 몸의 내부 장기들이 노출될 때 우리가 느끼는 역겨움 사이에는, 우리가 포착하지 못하는 현저한 어긋남이 있다. 우리는 우리 자신을 더없이 사랑하는데, 만약 몸이 우리라면 어떻게 그런 것이 드러나는 것을 참아내지 못하는가? 이 명백한 불일치를 발견하기 위해서, 우리가 고도로 계발된 분석적 능력을 갖출 필요는 거의 없다. 일단 수행을 통해 우리 안의 지성적인 면을 비지성적인 몸에서 분리해 내면, 우리는 바로 그 순간 해탈한다. 그래서 해탈은 달라고만 하면 있는 것이고, 만약 우리가 결심하고 단호한 결의로 행동한다면 완전히 우리 뜻대로 할 수 있는 것이다. 따라서 자아'실재'화(Self-"real"-isation)[1]는, 그동안 우리가 실재하지 않고 필멸이라고 여겨 왔던 "실재하는" 그것—우리의 자아들—을 발견하는 것을 의미할 뿐이다. "그것은 자기 자신 안의 진아를 아는 것일 뿐이다."

6. "만일 그대의 생각들이 가는 대로 따라가면 그 생각들에 휩쓸릴 것이고, 끝없는 미로 속에 있는 자신을 발견하게 될 것입니다. 그러나 생각들의 근원을 추적해 올라가면 생각들이 사라지고 진아만이 남을 것입니다. 사실 진아에는 안도 없고 밖도 없습니다. 그런 것들은 에고의 투사물입니다. 진아는 순수하고 절대적입니다." 대담 13

주註: 생각에는 감각, 좋아하는 관념들, 마음의 모든 습習—'나'와 '내 것'이라는 느낌 등—이 포함된다. 만일 우리가 생각 없이 이런 습관과 본능들의 충동질에 넘어가면, 어떤 "끝없는 미로" 속에 삼켜지고, 문자 그대로 얽혀들 것이며, 그렇게 되면 에고가 무지無知 속에 확고히 고정되어 그 무지의 결과를 겪게 되는 경향이 있다. "살빼기"가 필요해진다. 원습(vasanas)을 제거하라. 탐구하여 그것을 그 근원까지 추적해 내려가라. 그러면 진아에 도달하게 되어 있다. 결코 딴 길로 헤매지 않을 것이다. 왜냐하면 한 그루 나무의 모든 가지들이 땅에 뿌리를 두고 있듯이, 모든 생각은 진아에 뿌리를 두고 있기 때문이다.

---

1) T. 진아 깨달음의 Self-realisation을 자아-'실재화'로 분석했다. 몸과 동일시되어 언젠가 죽게 되어 있다고(必滅) 믿어지던 자아가 진아로서 실재함을 확인하는 것이 깨달음이다.

7. "만약 그 기원이 사뜨(sat)라면, 왜 그것을 느끼지 못합니까?"

바가반: "덩어리로 된 소금은 눈에 보이지만 녹인 용액 속에서는 보이지 않습니다. 하지만 맛을 보면 소금이 있다는 것을 인식합니다. 마찬가지로, **사뜨**도 지성이 인식하지는 못하지만 그래도 다른 방법으로는 깨달을 수 있습니다. 어떻게 말입니까? 강도들에 의해 눈이 가려진 채 밀림 속에 버려진 사람이 길을 물어 집으로 돌아가듯이, 무지에 의해 눈이 가려진 무지인도 **진인**에게 길을 물어서 자신의 근원으로 돌아갑니다." 대담 108

주註: "덩어리로 된" **사뜨**가 곧 **브라만**이고, 홀로이며 순수한 **진아**다. 삼매 속에서 그것은 집중된 의식으로서 체험된다. 일단 감각기관들이 다시 나오면, 그 집중된 의식("덩어리로 된")이 전신으로 퍼져 나와 하나의 "용액"이 되고, 그래서 지각 불가능해진다. 하지만 **진인**은 "그 맛"을 보고 그것을 안다. 이것은 즐거운 비유이다. 우리가 지금 원하는 것은 그것을 덩어리 상태로 "맛보는" 것이다. 그러면 우리가 그것을 지금 그것이 "용액" 상태로—구분할 수 없는 상태로—퍼져 있는 몸과 구분할 수 있을 것이다. **바가반**은 우리에게, 두 가지 상태 모두에서 그것을 맛본 사람(진인)에게 물으라고 조언한다. 마치 안대로 눈이 가려진 사람이 눈을 뜨고 있는 사람들의 도움으로 집으로 돌아가는 길을 발견하듯이 말이다. 강도들[감각기관들]이 세계라는 환幻으로 우리의 눈을 가리고 우리에게서 **진아**에 대한 지知를 훔쳐갔다. 이제 우리는 **진아**를 발견한 **스승**님께 의지해야 한다. 그래야 우리도 그 잔인한 강도행위가 일어나기 전에 그랬던 것처럼, 그것을 다시 보고 "맛볼" 수 있을 것이다.

8. "부디 제가 진아를 깨닫도록 도와주십시오. 책을 읽는 것은 소용이 없습니다." 바가반이 답변했다. "정말 그렇습니다. 진아가 책에서 발견된다면 이미 오래 전에 진아를 깨달았겠지요. 우리가 책에서 진아를 찾는다는 것은 놀라운 일 아닙니까? 책에서 그것을 찾을 수 있습니까? 물론 책을 읽고서 그런 질문을 하게 되었지만 말입니다." 대담 117

주註: 책에서 진아를 발견하는 것에 대해 바가반이 지적하는 것은 물론 옳다. 자기 자신을 잃어버린 다음 책에서 자기를 찾는 것은, 속담에서 말하는 공주가 내내 목에 목걸이를 두르고 있다가 자기 몸 밖의 도처에서 목걸이를 찾는다고 하는 경우와 비슷하다. 거울을 한 번만 들여다보면 충분했을 것이다. 진아의 거울이 '나', 곧 우리 자신의 존재이다. 어떻게 책들이 진아의 거울 노릇을 할 수 있겠는가? 건전한 책들은 탐색을 유도하고, 방도와 수단을 제안할 뿐이다. 그렇다 하더라도 우리는 우리 자신의 마음속에 있는 제안들에 따라서 행위해야 하는데, 우리는 그렇게 하지 않을 때가 많다. 왜인가? 알다시피 우리는 시간이 없다.

9. "스루띠(Srutis-베다)에서는 진아를 엄지손가락만 하다, 털끝만 하다, 미세한 것보다 더 미세하다 등으로 이야기합니다. 그것은 사실적 근거가 없습니다. 그것은 존재(Being)일 뿐입니다. 사람들은 그것을 작렬하는 빛 등으로 보고 싶어 합니다. 어떻게 그럴 수 있습니까? 그것은 빛도 아니고 어둠도 아닙니다. 그것은 있는 그대로일 뿐입니다. 그것은 정의될 수 없습니다. 그것에 대한 최선의 정의는 '나는 내가 있다는 것이다'입니다." 대담 122

주註: 이것으로 이야기는 끝난다. 즉, 우리는 여기저기서 발견되는 진아에 대한 묘사를 문자적으로 받아들이면 안 된다는 것이다. 만약 문자적으로 받아들이면, 형상 없는 것에 형상을, 이름 없는 것에 이름을, 속성 없는 것에 속성을 부여하게 된다. 진아에 대한 모든 대상적 묘사와 비교들은 무의미하고, 너무 멀지 않은 지점에서 멈춰야 한다. **바가반**은 **베다**를 경시하지 않는다. 왜냐하면 당신 자신이 **베다**를 자주 인용하기 때문이다. 당신이 비난하는 것은 그런 묘사들에 일관성과 응집력이 없어서, 그것이 덜 진지한 학인學人과 편견 있는 신학자(경전을 교조적으로 해석하는 학자)들을 거의 언제나 당혹하게 하고 헷갈리게 한다는 것인데, 거기서 그들은 역선전(그릇된 지식의 전파)을 위한 광대한 장場을 발견한다. 초심자는 진아에 대한 이런 묘사들을 보여주는, 앞뒤가 맞지 않고 과장된 것들의 미로 속에서 정말로 길을 잃었다고 느낀다. 진인은 (그런 묘사들이 많은) 우파니샤드에 대응하는 법을 안다. 베테랑 구도자도 마찬가지로 자신의 직관적 성숙성에 따라 거기서 핵심의 많은 부분을 가져온다. 나머지 사람들은 그것을 문자적으로 받아들여 그들의 상상력이 마구 날뛰게 하거나 아니면 그 문자를 집요하게 고수하지만, 그 취지는 어디론가 빠져나가 버린다.

바가반은 우리가 모든 비유와 신체감각적 묘사가 비워진 **진아**에 대한 어떤 관념을 갖기를 몹시 바라신다. **진아**는 순수한 **존재**(Being-있음)이다. "있다(to be)"는 것은 그 정의 자체로 '존재하는 것'을 의미하고, 그것은 부존재를 부인한다. 따라서 **존재**는 영원한 존재성(existence)을 의미하며, 그것은 하나의 파괴 불가능한 바탕일 뿐이라고 말할 수 있다. 그러나 모든 대상적 사물들은 파괴될 수 있고 지각력이 없다. 그러므로 영원한 존재성은 순수한 지각성인 '있음(be-ing)'일 뿐이라고 말해질 수 있다. 이것을 우리는 **무한한 진아** 혹은 지고의 의식이라고 부르는데, 이것은 모든 대상성을 초월한다. 그러니 그것에 어떤 묘사나 비유가 들어맞을 수 있겠는가? **바가반**은 그럴 수 있는 단 하나의 정의를 발견하는데, 그것은 "나는 내가 있다는 것이다", 즉 "정의할 수 없는 **존재**"이다.

10. "단순히 제자가 되고, 입문을 하고, 순복(surrender)의 의식을 거행하는 것 등에 만족해서는 안 됩니다. 그런 것은 외적인 현상입니다. 모든 현상들 저변의 **진리**를 결코 잊지 마십시오." 대담 133

주註: 이것은 앞 장—은총에 관한 장—의 마지막 주註와 나란히 놓고 읽어야 하는데, 거기서도 의식儀式과 입문入門들을 언급한다. 그러한 행사들을 중요시하는 사람들은 얼마든지 그것을 계속해도 되지만, "입문"이 영적인 진보에 필수불가결하지는 않다는 것을 알아야 한다. 직접적인 탐구와 요가(명상) 수행의 명상을 하기 전에는 그것으로 아무것도 이루지 못한다. 의식儀式들은 현상이고, 따라서 그런 현상에 가치를 두는 사람들에게는 마법적 가치가 있다. 구도자는 그런 것 없이도 모든 현상들 저변에 있는, 그리고 그 자신의 **심장** 속 외에는 어디서도 발견될 수 없는 영원한 **진리**(진아)에 집중하는 법을 배워야 한다. 의식儀式과 만트라를 통해 숭배하는 사람은 환幻 속에, 그리고 그 만트라들을 관장한다고 생각되는 천신들(devas)의 영향력 아래 남아 있다. 스리 크리슈나는 『기타』에서, 천신들을 숭배하는 사람은 천신들에게로 가지만, 그의 헌신자들은 직접 그에게로, 곧 **지고의 아뜨만**에게로 간다고 말한다.

만일 입문의 만트라들이 해탈을 안겨줄 수 있다면, 우리의 "말 못하는 형제들"(동물들)도 **해탈**을 얻을 수 있을 것이다. 물론 삶의 어떤 국면들, 예를 들면 출생·결혼·사망·출가 등에서는 그 행사에 신성한 분위기를 조성하고 관계자들에게 좋은 인상을 주기 위해 조금 의식을 거행하는 데 대해서 반대할 것은 없지만, 그 이상으로 거기에 뭔가가 있다고 믿는 것은 환幻의 세계로 들어가는 것이다. 그러나 영적인 수행에서 염송(japa)으로 사용되는 만트라들은 전적으로 다르다. 그것은 정식 수행이고, 많은 수행자들이 그것으로 큰 도움을 받았다. 그런 만트라들은 어떤 천신과도 아무 관련이 없고, 궁극적으로 진아로 이끈다.

11. "명상과 산란散亂(distraction)의 차이는 무엇입니까?"
바가반: "생각들이 있을 때는 산란입니다. 아무 생각이 없을 때는 명상입니다. 그러나 명상은 진정한 평안의 상태와 구별되는 하나의 수행일 뿐입니다." **대담 68**

주註: 마지막 문장은, 명상 속에서는 마음이 생각에서 벗어날 것이 기대되기는 하나, 그것은 **평안**의 상태인 **깨달음** 그 자체가 아니라, 여전히 **깨달음**을 위한 수행의 단계라는 것을 의미한다. 명상은 생각에서 벗어남을 얻으려는 시도를 의미하고, 산란散亂은 그 벗어남을 얻을 능력이 없는 것이다. 따라서 생각은 어떤 성격과 성질의 것이든 산란이고 무지無知이며, 괴로움의 원인이다. 그러나 진보된 명상에서는 어떤 평안도 없을 거라고 상상하는 것은 잘못이다. 왜냐하면 마음에 대한 생각들의 압박이 느슨해지는 데 따라 그에 비례하여 번뇌가 줄어들고, 그것이 평안·안식·마음 편함·안락함으로 체험되는데, 그것은 뒤따라 나올 **진아**의 절대적 평안의 맛보기이기 때문이다.

12. "누구에게 그 공백 상태가 있습니까? 알아내십시오. 그대는 한시도 그대 자신이 없다고 말할 수 없습니다. 진아는 늘 있고, 모든 상태에서 지속됩니다." 대담 13

주註: 이것은 명상 중에 공백 상태를 보거나 아니면 잠이 드는 질문자에 대한 답변이다. 그것은 생각들이 멈출 때 그 바탕, 곧 **진아**가 지각되지 않는다고 하는, 초심자들이 늘 하는 하소연이다. 그 사람은 아직 수행이 확고히 자리 잡지 않아서, 생각의 바탕을 통찰할 만큼 충분히 민감하지 않은 것이다. 공백 상태를 **추구한다**는 것은 공백 상태를 생각하는 것이고, 그것은 다시 하나의 생각이다. 그래서 자유로운 마음이 아직 성취되지 못했다. 그럴 때 그는 능동적인 생각을 가지고 있는 것이 아니라 수동적인 생각을 가지고 있는 것인데, 그것도 여전히 하나의 생각이다. 내가 그것을 수동적인 생각이라고 부르는 것은, 그것이 잘 정의된 개념이나 신체 감각적 지각—소리, 냄새 혹은 맛의 지각—에 대한 생각은 아니지만, 그럼에도 불구하고 명상자가 잘 알고 있는 생각이기 때문이다. 그렇지 않으면 그가 그것에 대해 이야기하지 않을 테니까 말이다. 이럴 때는 경각심을 약간 높여야 할 때이고, 그러면 성공적인 결과가 나올 수 있다. 그것은 이런 것이다. 즉, 공백 상태에 대한 지각이 그때는 명백하지만, 마치 배경 속에 있는 듯이—실은 바로 그 중심에 있지만—혹은 그 체험의 전부인 것처럼, 그 공백 상태를 보는 자가 엄연히 있다. 만일 그 순간에 이것을 기억하고, 주의가 공백 상태에서 이 '보는 자'—자기 자신—에게로, 보는 자의 몸이 아니라 공백 상태를 보는 의식에게로 전환되면, 그 사람은 **그것**을 지각하거나, 아니면 최소한 **그것**의 성품을 이해하기 시작할 공산이 크다. 이것을 부단히 되풀이하면 그에 대한 직접적인 지각이 따라오게 되어 있다. 이것이 **진아지**(Self-Knowledge)이다.

13. "(명상에서는) 마음이 안으로 향해져서 추구를 활발히 이어가야 합니다. 눈을 감고 할 때는 더러 잠재된 생각들이 거세게 쏟아져 나오기도 합니다. 눈을 뜨고 할 때는 마음을 안으로 돌리기가 어려울 수도 있습니다. 그렇게 하려면 마음의 힘이 필요합니다. 마음은 대상들을 받아들일 때 오염됩니다. 그렇지 않으면 그것은 순수합니다." 대담 61

주註: 명상 중에는 눈을 떠야 하는가, 감아야 하는가? 이 텍스트가 그 해답을 주는데, 그것은 "어느 쪽도 된다"는 것이다. 일반적으로는 다른 감각기관들의 경험보다 훨씬 더 많은 번뇌를 안겨주는 시각적 경험들을 막기 위해서 눈을 감는다. 기억해야 할 중요한 점은, 마음이 명상에 계속 전념하고 있어야지, 그것이 나태해지거나 제어 없이 제멋대로 헤매게 해서는 결코 안 된다는 것이다. 하지만 마음은 헤매기 마련이고 헤매게 되어 있는데, 명상자는 그것을 걱정해서는 안 된다. 그 헤맴을 자각하고 그것을 즉시 다시 제어할 만큼 충분히 경각하고 있으면서, 마음이 자신의 통제를 벗어날 여지가 없게 하기만 하면 된다. 마음이 통제를 벗어나는 일은 명상자가 지금 자신이 관심이 있거나 아니면 한때 관심이 있었던 어떤 주제에 몰두하여, 그 자신과 자신이 지금 하고 있는 일을 완전히 잊어버릴 때 일어난다. 그 주제에 대한 기억이 문제이다. 그것을 주의 깊게 지켜보면서 확고히 제어해야 한다.

14. "스푸라나(sphurana)는 공포·흥분 등과 같은 몇 가지 경우에도 느껴집니다. 그것은 늘 도처에 있지만, 특정한 중심에서 특정한 경우에 느껴집니다. 그것은 또한 선행 원인들과 관련이 있는 것으로 여겨지고, 몸과 혼동됩니다. 반면에 그것은 오롯이 홀로이고 순수합니다. 그것은

곧 진아입니다. 만일 마음이 스푸라나에 고정되어, 우리가 그것을 지속적으로, 자동적으로 감지한다면, 그것이 깨달음입니다." 대담 62

주註: 이것은 스푸라나 그 자체에 대한 감각과 같은 매혹적인 주제이다. 질문자는 그에 대한 체험을 가지고 있기에 그에 대한 설명을 청하고 있음이 분명하다. 그것을 의심쩍은 눈으로 보는 사람들이 있는데, 물론 그들은 잘못 생각한 것이다. 스푸라나는 (여기서가 아니라 괄호 안에서) "묘사할 수는 없으나 심장중심에서 뚜렷이 느낄 수 있는 일종의 감각"으로 정의되며,2) 바가반은 그것이 "특정한 경우에 느껴지고", "도처에" 있다고 말한다. 명상 중에 처음 그것을 감지하는 사람들은 그에 전율을 느끼게 되고, 만일 그에 대해 우연히 읽어 본 것이 있거나 아니면 그에 대해 아무것도 모른다면, 그것이 모두 무엇을 의미하는지 궁금해진다. 바가반은 입장을 분명히 한다. 그것이 있는 위치가 "도처"라는 것과 "심장중심"이라는 것에는 외관상 차이점이 있지만, 이 텍스트에서 언급하는 예측 불가능한 심리적 사태들(공포·흥분 등)과는 별개로, 그것은 그 순간 진아에 확고히 머무르거나 진아에 근접해 있는 정도에 따른 것이다. 처음에 심장이 아직 자신을 드러내지 않았을 때는 그것이 늘 그렇듯이 "도처"에서, 특히 몸의 오른쪽에서 느껴진다. 그러나 부단히 수행하면 그것의 분산이 점차 줄어들어 심장 안에 스스로 고정된다. 아니, 그것이 심장 그 자체가 된다. 의식이 "도처에" 분산되어 있는 것이 곧 본장의 텍스트 7에서 말한 "녹인 용액 속에서의" 의식이다. 스푸라나를 처음 감지하는 것과 심장, 곧 본래적 진아—"덩어리로 된" 의식—를 발견하는 것 사이에 짧은 시간 간격밖에 없고, 그래서 그것을 느끼기 시작할 만큼 운이

---

2) T. 여기서 "괄호 안에서"란, 본 답변을 끌어낸 질문에 포함된 '스푸라나'라는 단어에 대해 괄호 안에서 개념을 설명해둔 것을 말한다. 『라마나 마하르쉬와의 대담』, 97쪽 참조.

좋은 사람들은 **지고한 체험**이 임박한 것에 대해 마음을 놓아도 된다. 그 때부터는 그것이 계속 느껴진다. 그럴 때 그것이 해탈 그 자체라고 **바가반**은 말하는데, 다음 텍스트에서 당신은 그것을 확인해 준다.

15. "또 스푸라나는 깨달음의 맛보기입니다. 그것은 순수합니다." 대담 62

주註: 이것은 탐구의 길을 따르는 사람들에게, 지고의 의식이 상당 시간 미리 그들을 환영하는 선발대를 보낸다는 것을 알도록 고무하는 것이다. 이 선발대는 결국 **주인 자신**, 곧 그 집의 **지고한 주인**, 아니 동시에 주인이자 **손님**이자 집이 일체를 이룬 것임(텍스트 32)이 드러난다.

16. "저는 형상 명상(murti dhyana)에 믿음을 가지고 있습니다. 이것은 제가 진지를 얻는 데 도움이 되지 않겠습니까?"
바가반: "분명히 도움이 되겠지요. 우빠사나(upasana-형상 명상)는 마음의 집중을 돕습니다. 그러면 마음은 다른 생각에서 벗어나 그 명상하는 형상으로 가득 찹니다. 마음은 그것이 되고, 그래서 아주 순수해집니다. 그럴 때 그 숭배자가 누구인지 생각해 보십시오. 답은 '나', 즉 진아입니다. 그래서 궁극적으로 **진아**를 얻게 됩니다." 대담 63

주註: 마음이 통제를 잘 따르는 동안은 그렇게 하는 수단이 중요하지 않다. 일단 마음의 산란이 제어되면 형상에 대한 숭배(upasana)가 자동적으로 **자기탐구**(vichara), 즉 그 숭배자 자신의 정체성에 대한 탐구로 변모할 것이다. 이것은 불가피한데, 이는 그 숭배하는 형상이 아무리 소중하다 해도, 그것이 자기 자신의 **진아**보다 소중할 수는 없고, 둘째로는 그것은 변할 수 있는 반면, 주체인 숭배자 자신은 모든 변화와 모든 대상들의 주시자로서 불변이라는 이유 때문이다. 불변자이자 의식하는 절대적 존재성으로서의 자기 자신에 대한 **지**知가 일어날 때까지는 결코 완전한 만족을 얻을 수 없고, 그래서 당연한 필요에 의해 **자기탐구**를 하지 않을 수 없게 될 것이다.

숭배 받는 그 형상이 순수하니(*sattvic*)—이상적으로 순수하니—숭배하는 자의 마음에도 비슷한 순수성을 유도할 수 있는 것은 당연하다.

17. "개아個我가 있다는 데는 모두가 동의합니다. 먼저 개아를 알아냅시다. 그러면 그것이 **지고자** 안에 합일되는지, 그것의 일부인지, 아니면 그것과 다른 것으로 남아 있는지 알아낼 시간이 있을 것입니다. 결론을 미리 가로막지 맙시다. 열린 마음을 견지하고, 내면으로 뛰어들어 **진아**를 알아내십시오. 진리 자체가 그대에게 밝아올 것입니다. 최종 결론이 단일성인지, 아니면 절대적 혹은 제한적 이원성인지를 왜 미리 판정해야 합니까?" 대담 63

주註: 이 맥락은 **일원론**(비이원론)과 **이원론**의 관계—즉, 그것들이 서로 교환되는지, 이원성에서 시작하여 단일성으로 끝나야 하는지 등이다. 바가반은 그 모든 것은 미리 알 필요가 없다고 주장한다. 이원론이든, 일원론이든, 한정일원론이든, 모든 학파는 그들의 교의의 기초가 개아라는 데 동의하고, 모두 개아의 존재를 인정한다. '개아를 부인할 수 없으니, 우리가 그것을 가지고 시작해야 하나?'라는 것이, 우리의 일원론 학파가

구도자 자신의 자아의 본질에 대해 탐구할 때 하는 일이다. 그 나머지는 저절로 전개될 것이고, 결국 끝에 이르면 세 가지 학파들 중 어느 것이 옳은지 우리 스스로 판단할 위치에 있게 될 것이다. 현 단계에서 그 문제는 결론을 유보해 두어야 한다. 왜냐하면 해결될 수 없기 때문이다.

18. "행위(*karma*) 없이 끊임없이 명상하면 어떻습니까?" 스승님이 답변하셨다. "한번 해보십시오. 그대가 그렇게 하도록 원습이 내버려두지 않겠지요. 명상은 스승의 **은총**에 의해 원습이 점차 약화되면서 단계적으로만 다가옵니다." **대담 80**

주註: 원습(*vasanas*)이라는 것은 마음의 습쩝으로서, 바다의 끊임없는 파도처럼 생각들로 끊임없이 솟아오른다. 기억은 원습의 저장고이고, 그래서 고요한 마음에게 최악의 적이다.

행위라고 할 때 우리는 그것을 육체적 일로만 이해하면 안 되고 생각하는 것도 행위로 보아야 한다. 행위는 생각하는 데서만 나온다. 그것은 현상계 안에서 생각의 현현, 곧 생각의 명령을 실행하는 것이다. 그래서 결국 일이란 원습에 지나지 않음이 드러난다. 원습의 제어는 **스승의 친존**의 도움을 받는 부단한 수행을 통해서 서서히 성취되며, 그 과정에서 마음의 때를 씻어내고 마음의 힘을 키운다. 결의에 찬 노력이 수반된다면, **구루상가**(*Guru sanga*-스승과의 친교)가 모든 축복 중에서 최고이다.

기억의 장난을 연구하는 것은 아주 도움이 되는 수행이며, 그 결과 우리는 기억이 수행의 전 과정에 교묘히 압박을 가하는 것에 대해 자신을 잘 지키게 된다. **자기탐구**와 직접 관계있는 것을 제외하면, 회고는 언제나 이 수행에서 하나의 결함이다. 왜냐하면 덜 성숙된 시절의 경험들 속에는 통상 사람을 고양시키는 것이 전혀 없기 때문이다. 회상은 종종 슬픈 기억, 회한과 정념을 불러일으키는데, 위를 바라보며 결코 희미해지지 않은 빛을 향하는 마음 속에서는 그런 것을 소생시키기보다 망각 속으로 던져버려야 한다.

19. "열렬한 구도자에게 이래라 저래라 지시하는 사람은 참된 **스승**이 아닙니다. 구도자는 자신의 활동들로 이미 고통받고 있고, 평안과 안식을 원합니다. 자신의 활동이 그치기를 바랍니다. 그렇게 해주기는커녕 그의 다른 활동들에 덧붙여, 혹은 그것을 대신하여 무엇을 하라는 말을 듣습니다." 대담 601

20. "활동은 창조입니다. 활동은 자신의 본래적 행복을 파괴하는 것입니다. 만일 활동을 옹호한다면 그런 조언자는 **스승**이 아니라 살인자입니다. **창조주**[브라마]나 **죽음의 신**[야마]이 그런 **스승**을 가장하고 온 것이라고 말할 수 있을지도 모릅니다. 그런 이는 구도자를 해탈시킬 수 없고, 그의 족쇄를 강화합니다." 대담 601

주註: **바가반**은 구도자가 일을 하는 것을 아주 확고히 비판한다는 것은 누구도 부인할 수 없는데, 그것은 명상하는 일부 제자들로부터 그들이 (아쉬람 당국으로부터) **스승**인 당신에 대한 봉사로 일을 해달라는 요청을 받았다는 이야기를 당신이 듣기 때문이다. **바가반**은 명상을 가장 고상한 일로서 최고의 수준에 놓는다. 당신은 마음의 고요함이 필요한 "열렬한" 수행자들에게, **스승**에 대한 봉사라는 이름의 외부적 일로 부담을 주지 못하게 한다. 일은 세속적이고, 만약 그것을 잘 하려면 일정량의 주의가 필요한데, 그것은 구도자의 마음을 수행 방향과는 반대되는 방향으로 데려갈 수 있을 뿐이다. 아쉬람들은 의심할 바 없이 무급 일꾼인 헌신자들에 의해 운영되지만, 이런 사람들은 명상을 하지 않거나 덜 "열심히 하는" 거주자들 중에서 선발되어야 한다. 그런 어떤 기관들은 일을 하지 않는 사람은 그들의 경내에 들이지 않기까지 한다. 그들이 주장하기를, 그들이 특유하게 내세우는 **진리**를 홍보하기 위해서는 모두가 일을 해야 하기 때문이라는 것이다. **바가반**에게, "그런 조언자는 스승이 아니라 살인자"이다. 우리에게는 『바가바따 뿌라나(*Bhagavata Purana*)』에서 장장 4개 장[제11권, 10~13장]에 걸쳐 헌신자의 행위(활동)를 비난하는 비야사데바(Vyasadeva-『바가바따 뿌라나』의 저자)의 목소리가 들리는 듯하다. 샹까라는 그의 「진아각지송(*Atma Bodha*)」, 제3연에서 "행위는 무지無知를 소멸할 수 없으니, 그것은 무지에 적대적이지 않기 때문이다. 빛이 어둠을 소멸하듯, 지知만이 그것을 소멸할 수 있다."고 덧붙인다.

세간적 행위에 대해서, **바가반**은 그것이 행복을 소멸한다고 힘주어 말한다. 왜냐하면 그것은 무지에 의해 창조되고, 유지되고, 영속화되기 때문이다. 그것은 욕망에 의해 야기되고 속박으로 끝나며, 본질상 불행이다. **바가반**은 행위를 설하는 사람을 **야마**(Yama)—**죽음의 신**—의 화신으로 특징지우는데, 이것은 행위를 홍보하는 사람들에 대해 당신이 사용할 수 있는 가장 강력한 표현이다.

21. "'나는 누구인가?'가 최선의 염송입니다. 어떤 것이 **자기**보다 더 구체적일 수 있습니까? 그것은 각자가 매 순간 체험하는 것입니다. 왜 **자기**를 빼고, 바깥의 것을 붙잡으려고 애써야 합니까? 각자 저 너머 미지의 것을 찾지 말고, 알려진 **자기**를 알아내라고 하십시오." **대담 81**

주註: 이것은 한 미국인 방문객에 요구에 대한 답변인데, 그는 생각이 그치면 진아만 남는다는 말만 듣기보다 자신이 "빛"이라고 부르는 것을 추구할 때 붙들 수 있는 염송(japa)·명상 등에 대한 구체적 관념을 설명해 달라고 했다. 방문객은 **자기탐구**(self-enquiry)에 내포된 의미를 이해하지 못한 것처럼 보인다. 처음에는 그가 **자기** 혹은 '나'를 자신이 추구하고 있는 **빛**, 곧 **실재**를 자신과 동일시하지 않는다. **바가반**은 그에게 "나는 누구인가?"의 탐구가 최선의 염송이라고 말한다.3) 왜냐하면 수행 전체가 그것을 아는 것 외에 아무것도 아니며, 일단 그것을 알면 우리의 작업이 끝나기 때문이다. 그 방문객은 '나'가 이 방대한 우주 안에 존재하는 유일한 지성이며, 다른 모든 것은 완전히 죽어 있고(지각력이 없고) 그 자신의 빛으로 그 자신이 알려지게 할 능력이 없다는 사실을 아직 터득하지 못했다. '나'의 빛만이 그것을 드러낼 수 있다. 어떤 대상이나 세계도, 그것을 '아는 자'일 뿐 아니라 그것을 담고 있는 그릇이기도 한 이 '나'(그 대상이나 세계는 '나'의 한 생각이다)와 별개로는 그 자체 존재할 수 없다. '나'는 우리의 모든 경험 일체의 안에 내재해 있는 유일한 요소이다. 우리는 그것을 우리 자신의 **진아**로서 가장 많이 알고 있는데, 우리가 그것을 다른 모든 것들을 지각하듯이 지각하지는 못하기 때문에, 이제 우리가 이런 모든 수행법에서, **스승**의 인도를 통해 그것을 **절대적으로** 알고자 하고 있는 것이다. 그것은 순수한 **정신** 혹은 순수한 **지**知이기 때문이다. 다른 어떤 염송이 그것—우리의 '나'—보다 더 유용하고 더 구체적일 수 있겠는가?라고, **바가반**은 묻는다.

다음 몇 가지 텍스트는 **바가반**이 "나는 누구인가?"라는 탐구를 어떤 의미로 이야기하는지를 더 조명해 줄 것이다.

---

3) T. 자기탐구는 진아를 발견하는 최상의 수행법인데, 이것은 "나는 누구인가?"라는 의문과 함께 간다. 따라서 "나는 누구인가?"는 마음을 이 탐구에 몰두시키는 '최선의 염송'이 된다.

22. "어떻게 해야 제가 '나'를 깨달을지 부디 말씀해 주십시오. '나는 누구인가?'의 염송을 해야 합니까?"
바가반: "그런 식의 염송을 하라는 것이 아닙니다."
방문객: "'나는 누구인가?' 하고 생각해야 합니까?"
바가반: "그 '나'라는 생각을 붙들고 그 뿌리(*moola*)[근원]를 찾으십시오."
대담 486

23. "'나는 누구인가?' 하는 탐구는 '나'의 근원을 찾는 것을 의미합니다. 그것을 찾으면 그대가 추구하는 것이 이루어집니다." 대담 67

주註: 위의 두 텍스트는 **바가반**이 사용하는 "나는 누구인가?"의 탐구법에 대해 공부인(*abhyasi*)의 마음에 어떤 의문도 남기지 않을 것이다. 그것은 슬로건도 아니고 만트라도 아니며, 우리 자신의 성품에 대한 강렬한 탐구이다. 그래서 이 방법을 **자기탐구**(*vichara*)라고 하는 것이다. 당신이 이따금 그에 대해 위 텍스트 21에서처럼 염송(*japa*)이라는 별칭을 사용하기는 하지만, 그 말은 그것을 기계적으로 염한다는 뜻이 아니라 '나'의 진정한 성품을 실제로 탐구한다는 뜻이다. 당신은 다음 텍스트에서 이것을 더 발전시킨다.

24. "하나인 무한하고 끊어짐 없는 전체가 그 자신을 '나'로 자각하게 됩니다. '나'가 그것의 원래 이름입니다. 다른 모든 이름, 예컨대 옴 (OM) 등은 나중에 생겨난 것입니다. 해탈은 **진아**를 자각하고 있는 것을 의미할 뿐입니다. 큰 말씀(*Mahavakya*) "나는 **브라만이다**"가 그 전거典據입니다. '나'가 늘 체험되기는 하지만, 우리의 주의가 거기에 쏠려야 합

니다. 그럴 때에만 지知가 밝아옵니다. 그래서 우파니샤드와 진인들의 가르침이 필요한 것입니다." 대담 92

주註: 여기서 바가반은 우리를 '나'의 기원, 곧 "끊어짐 없는 전체"의 최초의 자기자각 그 자체로 데려간다. 그것("나")은 진아가 그 자신에게 부여한 이름이고, 절대자에 대한 다른 모든 이름에 앞선다. 직접 체험으로 그것을 그와 같이 깨달을 때, 해탈을 성취했다고 하는 것이다. 『요가 바시슈타』에서는 절대자에 의한 이 최초의 자기자각을, 마치 고요한 바다 자체 안에서 최초의 파도가 움직이듯 브라만 안에서 최초로 생각이 움직인 것이라고 부른다.

자기자각을 하는 데는 대상적인 것과 주관적인 것의 두 가지 방식이 있다. 만일 내가 어느 한쪽에 있으면 다른 쪽에는 다른 사람들과 세계가 있고 ― 나는 당신들과 대립한다 ― 그럴 때 '나'는 대상적인 몸이다. 즉, 다수성으로 이루어진 세계의 일부이다. 하지만 내가 나 자신을 순수한 자각으로 자각할 때, 그것은 주관적인 자기자각이고, 이때는 세계가 전혀 존재하지 않는다. 전자의 '나'는 대상적이기에 하나의 생각 ― '나'라는 생각 ― 에 불과하다. 그것이 스승이나 경전의 도움을 통해서 다른 모든 생각들과 마찬가지로 소멸되어야, 그 '나'가 하나의 생각이기를 그치고 그 생각을 자각하는 자로서의 그 자신을 향할 수 있다. 이것이 "우리의 주의가 거기로 쏠려야 한다"는 것의 의미이다. 바꾸어 말해서, 그 '나'가 하나의 생각이기를 그칠 것이고, "내가 있다"는 의식, 즉 이 텍스트에서 언급하는 그 큰 말씀("나는 브라만이다")으로만 남을 것이다. 이것은 해탈 그 자체이다.

우리는 위의 텍스트에서 "그것의 원래 이름"과 "나중에 생겨난 것"을, '나'에게 어떤 시작이 있고 끝을 향한 어떤 진행이 있다고 이해해서는 안

된다. 그런 해석은 **비이원론**의 절대주의에 배치되고, 우리가 이제까지 공부한 모든 것에 배치된다. 그것은 우리가 개아個我와 우주라고 부르는 이 꿈의 기원―곧 '나'라는 생각의 기원, 그 '나'가 자신을 다수성들로 이루어진 세계의 일부로 상상하는 것의 기원을 지칭할 뿐이다.

25. "아는 자가 있는 한에서만 온갖 앎―직접지, 추론지推論知, 지적인 지知 등―이 있을 수 있습니다. 아는 자가 사라지면 그것들은 모두 동시에 사라질 것입니다. 그것들의 타당성은 그 사람과 함께 성립하고 무너집니다." 대담 93

주註: '아는 자'가 그의 앎보다 먼저이다. 다양한 종류의 지知는 세계의 다수성에 지나지 않는다. 그래서 세계는 나중에 오고, '아는 자'에게 의존하며, 그 사람과 함께 "성립하고 무너진다." '보는 자' 없이는 보이는 어떤 것도 있을 수 없다. 왜냐하면 '보이는 것'은 '보는 자' 안의 생각에 불과한데, '보는 자'는 전혀 생각이 아니기 때문이다. 만약 그가 하나의 생각이라면, 그는 자신의 생각들과 함께 사라질 것이고, 그 이야기를 들려줄 그 누구도, 어제를 이야기하거나 작년의 사건들을 이야기할 그 누구도 남지 않을 것이다. 우리의 삶은 주로 기억과, 기억된 사람들, 장면들, 사건들로 구성되는데, 그것은 우리가 가변적인 세계 안에 고정되어 있음을 증명한다. 우리는 말하자면 고정된 전망대이고, 만물은 우리가 태어나서 죽을 때까지 우리를 지나간다. 그것들은 오고가지만, 우리, 곧 '나'는 항상 남아 있다. 설사 몸이 수술로 절단되어 손, 다리 혹은 폐가 줄어들어도, '나'는 줄어듦 없이 똑같은 것으로 남는다.

26. "(실재에 대한) 체험은 일시적인 것도 있고 영구적인 것도 있습니다. 첫 체험은 일시적인데, 집중에 의해 영구적으로 될 수 있습니다. 전자에서는 속박이 완전히 소멸되지 않습니다. 그것은 남아 있다가 때가 되면 나타납니다. 그러나 후자에서는 그것이 발본적으로 소멸되어 다시는 나타나지 않습니다." **대담 95**

주註: 이것은 진아의 체험을 가져 본 사람들에게 상당히 중요한 것이다. 처음에는 일시적 체험과 영구적 체험을 구분한다. 둘째로 만일 그들이 수행을 중단하면, 그들에게 속박이 떨칠 수 없이 남아 있을 것이고, 환생을 야기할 것이라고 경고한다. 만일 우리가 주의 깊게 그것을 강화하여 본연상태(sahaja)로 만들지 않으면, 속박이 "때가 되면 나타난다."

27. "구도자들은 두 부류로 나누어지는데, 기旣수행자(kritopasaka)와 미未수행자(akritopasaka)가 그것입니다. 전자는 꾸준한 헌신으로 자신의 원습을 이미 극복했고, 그래서 마음이 순수해져 있습니다. 모종의 체험도 해보았지만, 그것을 완전히 이해하지는 못합니다. 유능한 스승의 가르침을 듣자마자 영구적인 체험이 일어납니다. 후자의 부류인 구도자들은 이 목적을 이루려면 대단한 노력이 필요합니다." **대담 95**

주註: 나는 "그것을 완전히 이해하지는 못합니다"에 밑줄을 그어 두었는데, 이는 진아에 대한 깨달음을 확인할 때 본연상태(sahaja)가 굉장히 중요하다는 데 주목하게 하기 위해서이다. 존재 안에서의 완벽한 확고함과, 그리하여 그것을 (남들에게) 가르칠 능력은 본연상태에서만 성취된다. 따라서 설사 삼매 속에서 매일 진아를 체험하고 있다 하더라도, 그 이전에는 그에 대한 어떤 지식도 부분적일 수밖에 없다. 수행과 스승의 친존이 본연상태를 얻기 위한 기旣수행자의 성숙을 가속화한다.

기타 등급의 구도자들, 즉 미未수행자 혹은 미성숙한 숭배자들은 피곤한 오르막길을 천천히 나아가야 한다. 그들은 밀고, 끌고, 들어 올려야 기旣수행자의 단계에 이르며, 그런 다음 대해탈로 나아간다.

28. "우주의식(Cosmic Consciousness)의 섬광을 체험했다고 이야기하는 서양인들의 깨달음은 어떤 성질의 것입니까?"
스승님이 답변하셨다. "그것은 하나의 섬광처럼 왔다가 순식간에 사라졌습니다. 시작이 있는 것은 끝도 있을 수밖에 없습니다. 항상 존재하는 의식을 깨달았을 때만 그것이 영구적일 것입니다. 의식은 실로 늘 우리와 함께합니다. 누구나 그 자신을 '내가 있다'로서 압니다. 누구도 그 자신의 존재는 부정할 수 없습니다." 대담 96

주註: 이 질문에 대한 답변은 질문 그 자체에서 다 나온다. 한 순간 이상 지속되지 않는 실재는 아무것도 아닌 것과 다름없다. 앞의 주註들에서 우리는, 무상삼매에서 순수한 의식을 매일 체험하는 것은 한 순간보다 훨씬 오래 지속되지만, 그것조차도 완전한 만족과, 실재를 속속들이 아는 완전한 이해를 안겨줄 수 없고, 다년간 부단한―의식적이고 의도적인―수행으로 그것을 완성할 필요가 있다는 것을 보았다. 그렇다면 그런 섬광들에 어떤 가치가 부여될 수 있겠는가? 더욱이 그런 것들이 진짜배기인지 아니면 마음의 아주 미세한 장난에 불과한 것인지 누가 알겠는가?

"우주의식" 자체로 말하면, 서양인들이 말하는 의미에서의 그런 의식이 대체 있기는 한가? 바가반은 이 용어를 브라만, 진아 혹은 짜이따니야 (Chaitanya)[순수한 의식]에 대해서 사용하지만, 서양의 '오컬트주의자'에게는 그것이 아예 다른 풍미를 갖는다. 우리가 견지하는 절대자의 교의에서는 그 안에 개인도 우주도 존재하지 않는 반면, 서양의 종교적 신비가와 투시자들은 이원론자들이며, 그들은 우주와 개인에게서 큰 신비를 발견하고, **우주의식**에서는 훨씬 더 큰 신비를 발견한다. 따라서 **우주의식**을 배우는 사람들은 그것의 비이원론적 의미와 서구적 의미를 구분해야 한다. 아마도 질문자는 마음속에 이런 구분이 있었기에 "서양인들의 깨달음은 어떤 성질인지"를 물었을 것이다. 그렇지 않다면, 한 의식의 깨달음은 어떤 구분도 없이 모든 사람에게 똑같은 것이다.

29. "삼매(samadhi)는 생각과 말을 초월하며, 묘사할 수 없습니다. 깊은 잠의 상태는 묘사할 수 없는데, 삼매는 더욱 그렇습니다. 그대는 깊은 잠 속에서 그대가 의식이 없다는 것을 알지만, 의식과 무의식은 마음의 양상일 뿐입니다. 삼매는 그것들을 초월합니다. 그대가 삼매에 들어 있을 때만 삼매를 압니다." **대담 110**

주註: 이것은 삼매를 묘사해 달라는 한 미국인 여성의 요청에 대한 답변이다. 생각조차 해볼 수 없는 것은 누구도 묘사할 수 없다는 것이 당연하다. 또 묘사는 신체감각적 경험—지각, 느낌 혹은 관념—의 견지에서 할 수 있다. 그러나 삼매는 하나의 관념이 아니고, 시간과 공간 속에서 형태·색깔·소리·냄새 등의 견지에서 인식될 수 있는 어떤 사물도 아니다. 그것은 질문자가 거의 감을 잡을 수 없는 순수한 마음 그 자체여서, 그것에 대한 묘사는 불가능해진다. 더욱이 "그대가 삼매에 들어 있을 때만 삼매를 안다." 즉, 모든 생각이 사라지고 우리가 순수한 마음 혹은 의식 외에는 아무것도 자각하지 못할 때에만 삼매를 알고, 우리가 거기서 나왔을 때—예컨대 그 질문을 할 때—에는 그것을 알지 못한다. 그래서 그것을 묘사한다는 것은 이중으로 어려운 일이 된다.

"그대는 깊은 잠 속에서 그대가 의식이 없다는 것을 안다"는 것은, 이 무의식에 대한 지知, 혹은 그 무의식 자체가 실제로 그 상태를 지배한다는 것이 아니라, 그것은 생시 상태에 있는 사람에게만 그렇게 보인다는 뜻이다. 깊은 잠(sushupti)의 무의식은 깊은 잠 자체 안의 무의식이 아니다. 생시의 인간은 그 자신의 상태에 기초해 사물을 판단하는데, 그것은 감각기관들이 작용하는 상태이고, 따라서 대상성(objectivity)의 상태이다. 대상성이 없을 때는 그 상태가 그에게 공백의 무의식 상태로 보인다. 의식과 무의식은 그에게 각기 대상들에 대한 지각과 무지각 외의 어떤 의미도 갖지 않는다. 그래서 이 텍스트에서 그것들을 "마음의 양상일 뿐"이라고 이야기하는 것이다. 무지각의 상태, 즉 이 경우 깊은 잠 그 자체의 상태 안에서 볼 때는, 의식이 그 사람 자신으로서 항상 존재하며, 그는 한시도 부존재하지 않는다. 따라서 깊은 잠의 상태는 무의식의 상태가 아니라 대상적 지각들이 사라진 의식의 상태이다. 바꾸어 말해서, 깊은 잠은 생시에 그의 평안을 방해하는 몸과 감각기관들의 침해에서 벗어난, 그 사람 자신의 상태이다. 그것은 삼매의 상태와 같지만, 차이가 있다면 삼매의 상태에서는 그가 자신을 이 순수한 의식으로서 자각한다는 것이다. 내적기관(antahkarana), 곧 인식 기능을 포함한 정신적 기능들의 총합은 깊은 잠 속에서 이 순수한 의식 속으로 합일되는 반면, 삼매 속에서는 그것들이 존재하지만 침묵하면서 작용하지 않는 것이다.

30. "심장은 형상이 없습니다. 우리는 그것이 하나의 형태를 가지고 있다고 상상하면서 그에 대해 명상해야 합니까?"
바가반: "아닙니다. '나는 누구인가?' 하는 탐구가 필요할 뿐입니다. 핵심은 '나'에 대한 탐구이지, **심장중심**(Heart-centre)에 대한 탐구가 아닙니다. 안이나 밖 같은 것은 없습니다. 둘 다 같은 것을 의미하거나, 아무것도 의미하지 않습니다.

물론 **심장중심**에 대한 명상 수행도 있습니다. 그러나 그것은 하나의 수행일 뿐 탐구가 아닙니다. **심장**에 대해 명상하는 사람만이 마음이 활동을 그치고 고요해졌을 때 자각하고 있을 수 있습니다." 대담 131

주註: 이 텍스트의 후반부에서는 **바가반**이 마치 **심장중심**에 대해 명상하지 말라는 전반부에서의 말씀을 철회하는 것처럼 보인다. 실은 그렇지 않다. 두 말씀 다 그 나름의 맥락에서 옳다. 처음의 경우에는 질문이 형상 없는 **심장**에 어떤 형상을 부여하기 위해 상상력을 사용하는 것을 상정하는데, 그것은 말이 안 된다. 어쨌든 **심장**은 **진아** 외에 아무것도 아니며, **진아**는 '나'라는 원리에 의해 우리의 이해 속에서 표현된다. 따라서 그것—이미지 없는 것—에 대한 어떤 인위적 이미지를 창조하여 그것을 명상하기보다, 이 원리를 붙잡고 그것을 탐구하는 것이 더 논리적이고 더 간단하지 않겠는가? 이것은 여기서 제기된 형태의 질문을 완전히 해결한다(제10장의 텍스트 9와 본장의 텍스트 23을 보라).

이제 우리는 이 질문의 적극적 측면, 곧 **심장**에 대한 명상이 가능한지 여부를 살펴보자. **바가반**은 그것이 가능하지만, '나'가 주체일 때 하는 것과 같은 탐구의 형태는 아니라고 선언한다. **심장**에 대한 명상은 명상자가 **심장**을 순수한 **의식**이라 여기고, 최소한 순수한 **의식**이 무엇인가에 대한 직관적 지知를 가지고 있는 한에서의 특수한 명상이어야 한다. 이런 직관적 지知가 있고, 최대의 경각심을 가지고 하는 것이어서, 생각들이 그치는 순간 마음이 그 자신을 자신의 집에—심장 그 자체 안에—있는 것으로 지각하는 그런 명상만이 성공한다. 이것은 확실히 '나'의 근원을 탐구하는 것보다 더 어렵다. 왜냐하면 '나'의 근원 탐구는 그 근원 자체에 대한 직접 공략, 더 정확히는 직접 접촉이기 때문이다. 의심할 바 없이 그것이 가장 빠른 방법인데, 그것은 최고의 경각심과 가장 집중된 주의력—더 큰 근기(adhikara)를 의미하지만—을 요한다.

31. "진지(Jnana)가 한 번 드러났다 해도 그것이 안정되려면 시간이 걸립니다. 진아는 확실히 누구나 직접 체험하는 것이지만, 그대가 상상하는 그런 것이 아닙니다. 그것은 단지 있는 그대로입니다. 이 체험이 삼매입니다. 원습(vasanas)의 변동 때문에 진지가 안정되는 데는 시간이 걸립니다. 불안정한 지知는 환생을 막기에 충분치 않습니다. 원습과 함께하는 한 진지는 흔들림 없이 머무를 수 없습니다. 큰 스승 가까이에서는 원습이 활동을 그칠 것이고, 마음이 고요해져서 삼매가 일어난다는 것은 맞습니다. 그렇게 해서 제자는 스승의 친존에서 참된 지知와 올바른 체험을 얻습니다. 그 안에 흔들림 없이 머무르려면 더 노력할 필요가 있습니다. 그러면 그것이 자신의 참된 존재라는 것을 알게 되고, 그리하여 생존 중에도 해탈하는 것입니다." 대담 141

주註: 이것은 본 장의 텍스트 26을 확인해 준다. 진아를 체험했는데, 왜 자신들은 바가반의 지고한 지知와 지혜를 가지고 있지 못한지 궁금해 하는 사람들은 여기서 답변을 얻는다. 바가반은 그들에게 수행을 계속하여 진지(jnana)에서 확고함을 얻고, 그리하여 절대적 완전함을 얻으라고 말한다.

"원습의 변동 때문에 진지가 안정되는 데는 시간이 걸린다. 불안정한 지知는 환생을 막기에 충분치 않다. 원습과 함께하는 한 진지는 흔들림 없이 머무를 수 없다." 생시 상태에서는 진인에게조차도 감각기관들이 늘 활동하고 있는데, 만일 그 진지가 아직 어린 나이의 것(충분히 성숙되지 않은 것)이라면, 지각의 습習은 물론이고 다른 특이한 마음의 습習들도 계속 진아에 대한 명료한 견見을 방해한다. 진아 안에서 태어나는 것은 이 생시의 세계 안에서 태어나는 것과 비슷하다. 생시의 세계는 신생아에게 처음에는 일관성이 없고 뭐가 뭔지 알 수 없어 보이지만, 나날의 경험 속에서 아이는 점차 의미와 일관성을 인식한다. 유아기가 지나야 유년기가 되고, 그런 다음 사춘기가 되며, 결국 완전한 성인기가 된다. 진아 안에서 태어나는 것도 마찬가지지만, 만약 그 수행자가 끝까지 스승과 함께 있으면 이 과정이 빨라진다. 이것은 또한 스승 곁에 단기간 머무르는 것으로도 완전한 진지를 얻는 데 충분하다고 믿는 사람들에 대한 완전한 답변이다. 바로 앞 장의 주註 3에서, 해탈을 성취할 때까지는 (스승 곁에) 오래 머무를 필요가 있다는 것을 이미 강조한 바 있다.

"진아는 그대가 상상하는 그런 것이 아니다. 그것은 단지 있는 그대로이다." 진아에 대한 이런 상상은 모두에게 공통된다. 우리는 우리 자신이 높이·넓이·색깔·냄새를—요컨대 하나의 몸을—가지고 있다고 상상하지만, 사실 우리는 "내가 있다", 즉 그 냄새, 그 색깔, 그 형태를 아는 자—사실상 앎의 원리—일 뿐이다. 이 원리로서의 우리 자신을 직접 체험으로 아는 것이 삼매(samadhi)이다. 오랜 수행이 성숙하면 진아에 대한 하나의 직관적 근사치로 성숙하지만, 그렇지 않으면 진아는 수행자들에게조차도 하나의 상상적 개념으로 남는다.

32. "심장과 스푸라나는 진아와 같습니다. 스푸라나를 어떻게 묘사할 수 있습니까? 그것은 (빛, 움직임 등) 그 모두를 포함합니다. 그것이 곧 진아입니다. 그대의 주의를 그것에 고정하고, 그것의 궁극적 성격에 대한 관념을 놓아 버리지 마십시오." 대담 160

주註: 이것은 스푸라나가 진아, 곧 심장과 동일하다는 바가반의 입장을 한 번 더 확인해 주는 것이다. "그것의 궁극적 성격에 대한 관념을 놓아 버리지 말라"는 것은 순수한 의식에 대한 집중을 조언하는 것으로 보이며, 이것은 심장에 대해 명상하는 자가 늘 염두에 두고 있어야 하는 것이다. 바가반은 이에 대해 위의 텍스트 30에서 언급한 바 있다.

33. "본래의 그대가 되십시오(Be what you are). 아무것도 내려오거나 현신하지 않습니다. 필요한 것은 에고를 잃어버리는 것뿐입니다. 있는 것이 늘 있습니다. 바로 지금도 그대가 그것입니다. 그대는 그것과 별개가 아닙니다. 그 공백 상태는 그대에게 보입니다. 그대는 항상 있습니다. 그대는 무엇을 기다립니까? 보려는 기대와 무엇을 얻겠다는 욕망은 모두 에고의 작용입니다. 그대는 에고의 덫에 걸렸고, 에고가 이런 모든 이야기를 합니다. 더도 말고 그대 자신이 되십시오!" 대담 183

주註: 이것은 그 맥락을 알지 못하면 온전히 이해될 수 없다. 질문자는 한 아쉬람의 구루에게, 그 구루의 가르침에서 요구하는 대로 자신의 마음을 공백 상태로 유지하면서 신이 "참된 존재의 모습으로 그 자신을 보여주기"를 기다렸으나, 아직 아무것도 체험하지 못했다고 하면서 질문했고, 그 구루에게서 얻은 답변은 "그런 자세는 올바르다. 힘이 위에서 내려올 것이다. 그것은 직접적인 체험이다"라는 것이었다. 이제 그는 이 점에 대해 **바가반**의 의견을 듣고 싶어 한다. 위 텍스트가 **바가반**의 답변이다.

우리가 잘 알다시피 **바가반**은 신이나 어떤 힘의 하강 같은 그런 어떤 것도 배격한다. 만일 그대가 **실재**를 추구한다면, 여기서 그것을 추구하라. 왜냐하면 그것은 늘 상주하기 때문이다. 그것은 지금 여기에, 온전히 현현해 있다. 그렇지 않다면 그것은 실재할 수 없다. 올라가고 내려오는 실재, 있었다 없었다 하는 실재는 하나의 꿈이다. 실재성의 시험은 불변성이며, 그것은 영원한 존재(existence), 영원한 현존(presence)을 의미한다. 그렇다면, 신이 여기에 없기에 그에게 내려와 달라는 호소를 할 것인가? 만일 그렇다면 신이 우리의 호소를 어떻게 알겠는가? 둘째로, 그런 호소는 우리의 무지와 우리가 하는 순복의 공허함을 드러내지 않는가? 신의 능력으로 말하면, 그것이 그와 다른가? 그런 관념들은 상상력의 창조물이며, 에고의 자기 드높임이라고 **바가반**은 단언한다. 에고를 죽이면 그런 모든 상상이 그칠 것이고, **실재**가 드러나 있을 것이다.

34. "자기 자신을 내맡기면 그걸로 충분합니다. 순복(surrender)이란 자기 존재의 근원에 자기 자신을 내맡기는 것입니다. 그런 근원이 그대 바깥의 어떤 신이라고 상상하여 자신을 미혹시키지 마십시오. 그대의 근원은 그대 자신 안에 있습니다. 거기에 그대 자신을 내주십시오. 그것은 그대가 그 근원을 찾아서 그 안에 합일되어야 한다는 뜻입니다. 그대는 자신이 그것의 바깥에 있다고 상상하기 때문에, '그 근원이 어디에 있느냐?'고 묻습니다." **대담 208**

주註: 이것은 순복을 정의하는 좋은 방식이고, 많은 사람들에게는 새로운 방식이다. 우리는 자신의 순복을 어떤 외부의 신에게 한다고 상상하는데, 여기서는 그것이 다름 아닌 '자기 존재의 근원'에게 하는 것이라는 말씀을 듣는다. **바가반**은 "자신을 미혹시키지 말라"는 확고한 말씀으로 어떤 외부의 신이라는 망상을 정통으로 때려 버린다. 당신이 이보다 더 확고할 수가 없다.

거의 모든 종교들의 숭배 저변에는 외부의 어떤 **창조주**라는 개념이 깔려 있는데, 그것이 숭배자들에게 그릇된 외부적 신을 믿는 습관이 생기도록 만든다. 그래서 **지知**의 길의 구도자들은 **자기탐구**의 수행을 통해서 시선을 안으로 돌려 **진아** 쪽을 향함으로써, 이러한 견고한 도그마를 근절할 필요성에 자신들이 직면해 있다고 느낀다. **진아** 외에는 실재하는 그 무엇도 없기에, 외적인 것을 내적인 것에 내맡기는 것이야말로 참된 순복이다. 이것이 바로 우리의 존재의 근원에 합일하는 것이다.

또 "사물들의 근원이 어디에 있는가?"라는 물음에 대한 답변은 하나의 논리적 필연성에 의해 자기 자신에게도 이른다. 우리가 그 물음의 시발자이기에, 그저 탐구만 해도 우리 자신의 근원으로 되밀려가게 된다. 그것을 추구하다가 그것 속으로 합일되는 것으로 끝나는 것이다.

35. "예, 마음 제어와 내관(contemplation)은 상호의존적입니다. 그것들은 나란히 가야 합니다. 수행(*abhyasa*-내관)과 무욕(*vairagya*-마음 제어)은 원하던 결과를 점진적으로 산출합니다. 무욕은 마음이 바깥으로 나가는 것을 억제하고, 수행(내관)은 마음이 계속 내면을 향하게 합니다. 이 두 과정이 내면에서 부단히 계속됩니다. 때가 되면 내관이 성공할 것입니다." **대담 220**

주註: 명상자를 부단히 괴롭히는 생각들의 간섭 없이 명상하려는 노력이 제어인 반면, 내관은 본원적 명상, 즉 (내면 탐구를 통해) 바깥에서 들어오는 생각들에서 벗어나는 것이다. 두 과정 모두 자연스럽게 함께 가야 한다.4) 그러나 마음을 제어하는 능력은 갑자기 오거나, 첫날 혹은 첫 달에 오지 않는다. 부단한 수행이 필요하고, 이런 수행은 우리가 세간의 것들에 대한 무욕을 충분히 계발한 뒤가 아니면 할 수 없다.

그것은 모두 분별(viveka)—곧 실재하는 행복과 거짓된 행복, 실제로 유용한 것과 허구적으로 유용한 것을 분간하는 데서 시작된다. 이것이 허구적으로 유용한 것들의 포기와 실제로 유용한 것들에 대한 열망으로 나아간다. 그런 다음 후자를 성취할 수단을 찾는 것이 시작되고, 그 다음에 그 수단의 실천이 온다. 이것이 수행(sadhaka)이며, 이는 바로 해탈 그 자체 안에서 그 내관의 완전한 성공으로 끝난다.

36. "은총은 늘 있습니다. 그러나 수행이 필요합니다." 대담 220

주註: 은총에 관한 장에서, 은총은 소득이 늘어남에 따라 늘어나는 공제기금에 비유되었다. 그것은 공짜 선물이 아니다. 노력해서 벌지 않고 은총을 바라는 것은 어리석은 기대이다. 더욱이 은총을 하사할 자가 아무도 없다. 신도, 스승도, 누구도 아니다. 은총이 그 자신을 하사한다. 그것은 항상 그득 차 있어서, 거기에 접근하는, 그리고 그것이 흐르는 데 방해물이 없는 모든 강과 운하들로 흘러들 준비가 되어 있는 바다와 같다. 노력이 그 방해물들을 제거하며, 그것을 없애려고 기도를 할 필요는

---

4) T. 여기서 '제어'와 '내관'이 함께 가야 한다는 것은, 선불교에서 '정'과 '혜'를 동시에 닦는 것(定慧雙修) 혹은 '묵연함'과 '비춤'을 동시에 닦는 것(黙照同時)과 같다.˚

없다. 만일 이를테면 운하의 수문이 닫혀 있다면, 어떤 기도를 한다고 물이 운하로 흘러들 수 있겠는가? **은총**을 달라는 기도는 거기에 진정한 헌신이 들어 있는 한에서는 도움이 된다. 그것이 증장되어 일정한 지속적 흐름이 될 정도까지 되면, 그것은 **바가반**이 이야기하는 수행이 되고, 그것이 수문을 열어젖혀서 **은총**의 흐름이 풍성하게 쏟아지게 한다.

37. "명상하고 있을 때도 왜 마음이 **심장** 속으로 가라앉지 않습니까?" 스승님이 답변하셨다. "물에 뜨는 물체는 그것을 가라앉힐 무슨 수단을 쓰지 않으면 쉽게 가라앉지 않습니다. 호흡 제어가 마음을 고요하게 합니다. 마음이 깨어 있어야 하고, 마음이 평안할 때도 쉴 새 없이 명상을 해나가야 합니다. 그러면 그것이 **심장** 속으로 가라앉습니다. 현자들과의 친교도 마음을 **심장** 속으로 가라앉게 해줄 것입니다.

그런 친교는 정신적이기도 하고 신체적이기도 합니다. 외적인 스승은 마음을 내면으로 밀어 넣습니다. 같은 스승이 또한 그 구도자의 심장 속에도 있고, 그래서 구도자의 안으로 향하는 마음을 **심장** 속으로 끌어당깁니다." **대담 223**

주註: 우리는 스승과 신체적으로 함께하면서 **사뜨상가**를 갖는 것의 지고한 가치에 대해 여러 번 논의했다. 여기서 우리는, 정신적·신체적으로 갖는 **사뜨상가**에 관한 **바가반**의 또 다른 명료하고 정확한 말씀을 만난다. 스승 가까이 있는 것은 빠른 진보에 필수적이며, 그것을 많이 할수록 더 좋다. **사뜨상가**를 회피하면서 그럴 듯한 사정을 들어 하소연하는 사람은, 자신의 세속적 목적상 그러기 어렵다는 것만으로 이제 그렇게 쉽게 빠져나갈 수 없다. 되풀이하지만, 스승의 신체적 친존은 이 수행에서 최대의 도움이 된다.

"명상 중에 왜 마음이 심장 속으로 가라앉지 않습니까?" 그것은 마음을 "가라앉힐" 만큼 집중이 충분히 무겁지 않았기 때문이다. 우리 모두가 알듯이, 마음은 성품상 가만히 있지 못하며, 부단한 수행으로 조용해지게 해야 한다. 만약 탐구와 명상을 통해서 마음 자체에 의한 직접 공략이 이루어질 수 없다면, **바가반**은 그 방법들 중 하나로 호흡 제어를 제시한다. 만약 그대가 사격술에 통달하지 못했다면, 그대가 쏘는 탄환들은 분명히 빗나갈 것이고, 표적을 결코 맞히지 못할 것이다. 그러나 거듭 시도하다 보면 표적을 맞히게 될 것이다.

38. "마음이 지금 심장 속으로 가라앉지 않는 것은 잠재적인 습習이 장애물로 가로막기 때문입니다. 그것이 호흡 제어나 진인과의 친교에 의해 제거됩니다. 사실 마음은 늘 심장 안에 있습니다. 그러나 잠재적인 습習 때문에 그것이 가만히 있지 못하고 돌아다닙니다. 그 습이 무력화되면 마음이 쉬어지고 평안해질 것입니다.

호흡 제어에 의해서는 마음이 일시적으로만 고요해질 것입니다. 왜냐하면 습習이 아직 남아 있기 때문입니다. 마음이 진아로 변모되면 그것이 더 이상 문제를 야기하지 않을 것입니다. 명상을 하면 그렇게 됩니다." **대담 223**

주註: 이것은 앞의 텍스트를 발전시키면서, 조식(*pranayama*)[호흡 제어]은 원습을 소멸하지 못한다는 점에서 명상이 조식보다 낫다고 선언하는 것인데, 이는 매우 정당하다. 마음을 닦는 수행만이 탐구와 명상을 통해 원습을 소멸할 수 있고, 그러면 마음이 진아로서의 자신의 원초적 순수함을 회복한다. 어째서? 마음 그 자체가 **진아**이기 때문이다. "그것은 늘 **심장** 속에 있다." 아니 **심장** 그 자체이지만, 생각들 곧 잠재적 습들이 마음을 압도할 때는 마음이 그 자체의 실재를 떠나서 말하자면 표면으로 떠오르게 된다. 그래서 마음이 헤매어 무지(*ajnana*)로 가고, "둥둥 뜬다." 조식이 하는 일은 호흡을 일시적으로 정지시켜 마음의 들뜸을 가라앉히는 것뿐이고, 탐구(*vichara*)처럼 마음의 진정한 성품에 대한 진리를 가르쳐 주지는 않는다. 성찰(탐구)은 한편으로 마음과 세계의 관계를 드러내주고, 다른 한편으로는 **실재**, 즉 그 자체와의 관계를 드러내준다. 그것은 마음에게, 그것이 자신의 참된 **자아**를 보지 못하게 가로막는 장애가 어디에 있는지, 그것을 어떻게 제거할 수 있는지를 보여준다. 그리고 명상은 모든 생각과 모든 원습을 정지시킴으로써 그 장애물을 실제로 제거한다. 탐구와 명상은 비이원적 수행의 뒷면과 앞면인 반면, 조식은 하나의 단순한 기계적 장치―이 경우에는 하나의 목발에 불과하다. 왜냐하면 **바가반**이 조식을 이야기할 때, 그것은 늘 조식이 명상과 결합된다는 이해 위에서이다. 조식이 마음의 파도들을 일시적으로 가라앉히고 나면 명상이 뒤따라야 한다는 것이다. 마음이 **진아**로 변모하는 것은 명상을 통해서만, 혹은 올바른 염송을 통해서 이루어지며, 올바른 염송은 명상이나 다름없다는 것을 기억하자.

39. "마음이란 이름의 어떤 개체도 없습니다. 생각이 일어나기 때문에 우리는 그 생각들의 시발점인 어떤 것을 추측합니다. 그것을 우리는 마음이라고 부릅니다. 그것이 무엇인지를 우리가 탐색해 보면, 그런 것은 아예 없습니다. 붓디(*buddhi*), 곧 지성은 사고하거나 분별하는 기능입니다. 그러나 이런 것들은 이름에 불과합니다. 에고든 마음이든 지성

이든, 다 같습니다. 누구의 마음입니까? 누구의 지성입니까? 에고의 것입니다. 에고가 실재합니까? 아닙니다. 우리는 에고를 (다른 기능들과) 혼동하여 그것을 지성이나 마음이라고 부릅니다." 대담 238

주註: 철학자, 형이상학자, 신학자들은 **바가반**의 이런 말씀에 눈이 휘둥그레질 것이다. 절대적으로 무無를 의미하는 단어들에 대해 그들이 어떻게 입씨름할 수 있겠는가! 붓디(*buddhi*)·마나스(*manas*-좁은 의미의 마음)·에고(*ahankar*)·찌따(*chitta*) 등은 그들에게, 잘 정의된 경계선 등을 가진 물샐 틈 없는 정신적 구획물로 보인다. 그러나 실은 그것들은 분석적인 마음의 창조물일 뿐이다. 그들은 구획물들을 창조한 다음 그것들에 의해 혼동되고 헷갈려한다. 이런 모든 것들은 마음(넓은 의미의 마음, 곧 의식) 혹은 **진아**의 서로 다른 기능일 뿐이고, 진아의 밖에서는 전혀 어떤 존재성도 없다. 진리에 대한 우리의 탐색에서는 그런 것들을 전적으로 무시해야 한다. 우리의 목표는 순수한 마음 그 자체이지, 그것의 기능들이 아니다. 곧 현상들로서, 지각으로서, 감각으로서, 관념들로서, 상상으로서의 그것의 현현물이 아니다. 그런 모든 것은 우리의 탐색과 관련이 없고, 그래서 우리는 그것들을 방출하는, 혹은 말하자면 분비하는 순수한 마음에 도달하기 위해 그것들을 내버려야 한다. 우리의 주의가 그런 것들에 고정되어 있는 한, 우리는 결코 그것들의 바탕인 **실재**에 도달할 수 없다. 그것들은 그림자에 지나지 않고, 그래서 **바가반**이 말하듯이 "이름에 불과하다." "우리가 탐색해 보면" 그것들은 모두 사라진다. 그것이 아이러니컬한 점은, 물리학에서 심리학에 이르기까지 인간이 알고 있는 모든 학문, 심지어 철학 자체까지도 이런 실재하지 않는 정신적 과정들만 다룰 뿐, 마음 그 자체는 결코 다루지 않는다는 것이다.

40. "진아를 깨달으려면 노력이 필요합니다. 우물을 파서 물을 얻듯이, 탐구에 의해 진아를 깨닫습니다." 대담 240

주註: 우리가 이미 보았듯이, 노력은 절대적으로 필수불가결하다. '애씀 없음'을 설하는 현대의 예언자들을 나름대로 존중하지만 말이다. 노력을 하는 것은, 순전한 **지복**이자 영원한 상태인 애씀 없는 상태에 도달하기 위해서이다.

41. "해의 길(ravi marga)은 지知(jnana-지知의 길)입니다. 달의 길은 요가입니다. 그들(요기들)은 몸 안의 72,000개 영맥을 정화하고 나면 수슘나(sushumna)로 들어가고, 마음이 사하스라라(sahasrara)로 올라가며, 그곳에서는 감로甘露가 뚝뚝 떨어진다고 생각합니다. 그런 것들은 마음의 개념입니다. 인간은 이미 세계의 개념들에 압도되어 있는데, 이제 다른 개념들이 이 요가라는 형태로 덧붙여집니다. 이 모든 것의 목적은 인간에게서 개념들을 제거하여 그가 순수한 **진아**, 즉 생각이 소멸된 **절대적 의식** 안에 내재하게 하는 것이지요! 왜 거기로 직행하지 않습니까? 이미 존재하는 장애에 왜 새로운 장애들을 덧붙입니까?" 대담 252

주註: "해의 길"은 탐구와 명상이며, 그것이 모든 개념과 모든 생각을 없애주면 순수한 **의식**을 지각할 수 있다. "달의 길"은 간접적인 길이며, **심장**에 이르는 것이 아니라 두뇌에 이른다. 후자의 길은, 조식의 수행을 통해 호흡이 궁극적으로 모여드는 수슘나(sushumna)를 통과하고 거기서 사하스라라(sahasrara)로 가면, 거기에 지복 혹은 감로가 저장되어 있다고 한다. 바가반은 '달의 길'은 단지 추측, 곧 "개념들"에 기초해 있다고 공언한다. 이 개념들이 온갖 방식으로 확대되고 다양화되자 그것이 특히 하타 요기들과 꾼달리니 요기들에 의해 어렵고 신비롭게 보이게 되었다. "투시자들"은 더 나아가 차크라에 관한—그 형태, 색깔, 움직임, 그리고 그것들이 부여하는 특별한 싯디들에 관한—특별한 책들을 쓰기도 한다. 하지만 그런 모든 것은, 형태도 색깔도 없고 확실히 신비할 것도 없는 **실재**에 대한 탐구에서는 아무 소용이 없다. 싯디를 추구하는 사람들을 제외하면, 이 모든 **요가** 체계들의 공언된 목표는 **실재**이다. **바가반**은 묻는다. 그렇다면 왜 이런 모든 우회로들이 있는가? 우리가 이미 걸머지고 있는, 그리고 요기들 자신이 벗어나야 하는 무수한 관념에 왜 새로운 관념들을 덧붙이는가? 왜 "해의 길"로 직행하여 많은 시간과 수고를 덜지 않는가?라고.

42. "합일무상삼매(*kevala nirvikalpa*)는 박심지薄心地(*tanumanasi*) 단계에서도 일어납니다. 진인의 세 부류, 즉 아둔한 진인, 범용한 진인, 뛰어난 진인은 그들의 발현업(*prarabdha*)으로 인한 것이며, 그것이 강한가, 중간 정도인가, 약한가에 따른 것입니다. 그들의 삼매나 그들의 진지에는 아무 차이가 없습니다. 일곱 번째이자 가장 높은 단계는 초월지超越地(*turiyaga*) 단계인데, 그것은 언어를 넘어서 있습니다.5)

이런 점들을 논의할 필요는 없습니다. 생전해탈(*jivanmukti*)과 무신해탈(*videhamukti*)은 전거典據들마다 다르게 묘사합니다. 무신해탈은 여전히 몸을 가지고 있는 진인들에게서도 일어난다고 합니다." **대담 256**

---

5) *T.* '지知의 7단계'에서 '박심지'는 셋째 단계, '초월지'는 일곱 번째 단계이다(『라마나 마하르쉬 저작전집』, 113쪽 참조).

주註: 이 텍스트는 영적 여정旅程의 끝에 아주 가까이 가 있는 사람들에게 특별히 흥미가 있다. 이것은 그들이 발걸음을 빨리하여 무상삼매를 맛볼 수 있게 격려해 주는데, 바가반은 모든 상相(vrittis)과 원습이 완전히 소멸되기 전인 박심지薄心地 단계에서도 우리가 무상삼매를 체험할 수 있다고 말한다. 그 맛을 보고 나면 그들의 믿음이 강화될 것이고, 그들의 빛나는 운명이 곧 성취될 것이다.

진인들의 이러한 세 가지 구분을 너무 진지하게 받아들여서는 안 된다. 왜냐하면 진인들 자신에게는 그것이 아무 의미가 없기 때문이다. 첫 번째 등급이든, 두 번째, 세 번째 등급이든, 진인은 생사윤회에서 해탈을 성취했고, 자신과 자신의 성취가 남들에게 어떻게 보이든 추호도 신경 쓰지 않는다. 세 번째 등급인 진인의 발현업(prarabdha)은 그에게, 즉 그의 세간적 환경에게 여전히 "강하"고, 심지어는 그가 진인으로 인식되지 않게 할지도 모른다. 그 자신이 보기에는 그것이 "강하지" 않지만, 남들이 그를 대하는 면에서는 "강하게" 보이는 것이다. 최고 등급인 초월지(Turiyaga)로 여겨지는 우리의 스승 스리 라마나 마하르쉬님과 함께 살았던 사람들은 당신보다 하위인 어떤 사람에게서도 특별한 인상을 받지 못했다. 그들은 당신만을 진인이라 부르며, 다른 사람에게 진지(jnana)가 있다는 (남들의) 어떤 주장도 무시할 것이다. 그런 사람들(남들)은 자신들의 스승이 성취한 경지가 고매하다고 하면서 자신들의 중요성을 워낙 선전하여, 위에서 말한 진인들의 세 등급을 간과한다. 그렇다고 해서 그런 진인들이 존재하지 않는 것은 아니다. 사실 그런 진인들도 존재하고, 남들이 자신을 어떻게 생각하든 상관하지 않고 자신들의 정상적 삶을 살아간다. 어떤 이들은 많은 추종자를 거느릴 수도 있고, 어떤 이들은 추종자가 전혀 없을 수도 있다. 몇몇 사람은 제자들을 받는 불편함을 겪는 것보다 자신의 개인적 자유를 누리면서 이름 없이 묻혀 지내는 것을 선호하여, **진인**으로 인식되는 것조차 싫어할 수 있다. 그러나 앞에서 이미 말했듯이, 그런 인식은 그 **진인**의 외적인 환경에만 영향을 주는 개인적 발현업에 달려 있지, 모든 **진인**에게 동일하고 그들의 모든 등급과 구분에서 동일한 '내적 요소(진지)'에 달려 있는 것이 아니다.

오히려 고도로 직관적인 지성을 계발한 사람들과, **진인**은 아니지만 위대한 스승으로 빛나면서 그들의 지적 혹은 심미적 능력과 같은 이런저런 특징에 끌린 엄청난 추종자들을 거느린 사람들이 있을 수 있다. 그래서 인기와 상당한 평판은 **진인**과 그의 영적인 위대함을 평가하는 기준이 전혀 되지 못한다. 그런 모든 세간적 겉모습은 발현업으로 인한 것이다.

생전해탈(*Jivanmukti*)과 **무신해탈**(*Videhamukti*)로 말하자면, 이것은 보통 살아 있는 **진인**과 육신을 버린 **진인**의 상태를 가리키는 용어이다. 무신無身(*Videha*)은 몸이 없다는 의미이고, 그래서 **무신해탈**은 몸이 없는 해탈자의 상태를 뜻한다. 그러나 같은 용어가 **생전해탈자**에게도 해당된다. 왜냐하면 그 자신이 보기에 그는, 하나의 몸 안에 있기는 해도 몸이 없는 순수한 **브라만**, 곧 **순수한 의식**이기 때문이다. 그래서 **바가반**은 당신 자신의 수준에서는 실제로 존재하지 않는 그런 구분에 대해 이야기하는 것을 피하는 것이다(텍스트 56을 보라).

43. "생각들이 마음을 지나가고 그것을 없애기 위한 노력을 할 때는 그 노력을 명상이라고 합니다. 명상은 생각들이 들어오지 못하게 하는 한에서 소극적인 효과가 있을 뿐입니다." **대담 294**

주註: 생각들을 막는 것이 명상의 소극적 기능 중 하나이다. 텍스트 35에서는 제어와 내관을 마치 그것들이 별개의 과정인 양 이야기한다.

그것들이 서로 별개가 아닌 것은 음식을 씹는 것이 먹는 것과 별개가 아닌 것과 같다. 제어·집중·내관·명상은 똑같은 과정의 일부이며, 그 과정을 명상이라는 일반명으로 지칭하는데, 그것은 결국 하나의 소극적 과정임이 드러난다. 수행의 적극적 측면은 그것의 목표, 즉 진아 안에 고정되는 상태인 **진아안주**(*Atmanishtha*)이다. 이것은 이를 위해 모든 준비를 하는 소극적 측면 없이는 성취될 수 없다. 생각과 감정들이 쓸려나가지 않으면, 그것들이 일어나는 자리이자 그것들 저변에 있는 안정된 의식을 지각할 수 없다. 사실 탐구 속에도 적극적인 것은 아무것도 없다. 왜냐하면 그것은 획득의 과정이 아니라 제거의 과정이기 때문이다. 에고와 모든 부가물(*upadhis*)이 청산되어야 실재가 그 밑에서 자신을 드러낸다. 두꺼운 구름이 덮고 있으면 항상 빛나는 해가 보이지 않듯이, 그런 부가물과 덧씌움들로 인해 순수한 의식이 지각되지 않고 숨겨져 있다.

44. "명상은 한 생각을 고수하는 것입니다. 그 단 한 생각이 다른 생각들을 물리쳐 줍니다. 마음이 딴 데로 흐르는 것은 그것이 약하다는 징표입니다. 부단히 명상하면 그것이 힘을 얻습니다. 즉, 생각이 잘 달아난다는 약점이, 생각을 벗어난 지속적 배경에 자리를 내줍니다. 생각이 없는 이 무변제無邊際가 **진아**입니다. 순수한 상태의 마음이 **진아**입니다." **대담 293**

주註: 앞의 텍스트는 명상을 생각들을 제거하는 노력으로 규정하고, 이 텍스트는 한 생각을 고수하는 것으로 규정한다. 잘 살펴보면 두 가지 규정 모두 같은 것임이 드러난다. 모든 생각을 멈추기 위해 한 생각을 선택하여 그것으로 마음을 붙들어 매야 한다. 그러면 자동적으로 다른 모든 생각들이 배제된다. 왜냐하면 생시(*jagrat*)에는 생각에서 절대적으로 벗어난 마음 같은 것은 없기 때문이다. (명상의) 목표는 마음을 약화시키는 분산 요인들(distractions)을 제어하는 것이다. 수행이 분산 요인들―마음의 파도들―을 줄여주고, 그럼으로써 마음을 강화하며, 결국 절대적인 마음의 안정성이 얻어지는데, 이것은 진아에 다름 아니다. 안정된―파도 없는―마음은 곧 순수한 마음이고, 순수한 의식이기 때문이다. 바가반이 종종 우리에게 말씀하시지만, 이것은 간단하여 이해하기가 쉽고 닦기도 쉽다.

45. "황홀경(*trance*)은 본래적 상태입니다. (그 상태에서) 활동도 있고 현상계도 있지만, 그것이 황홀경에 영향을 주지는 않습니다. 그것들이 진아와 별개가 아니라는 것을 깨달으면, 진아를 깨달은 것입니다. 그것은 마음을 가지고 깨달아야 합니다. 순수한 마음, 즉 생각에서 벗어난 마음이 진아입니다. 순수한 마음은 불순수한 마음을 넘어서 있습니다."
대담 317

주註: 바가반이 (실제로) 사용하는 단어는 삼매이지 '황홀경'이 아니다. 삼매(*samadhi*)의 전통적인 번역어가 황홀경이어서 이 "일기"(『대담』)의 기록자가 그것을 채용한 것이다. 물론 이 번역어는 부적절할 뿐만 아니라 결함이 있다. 만일 우리가 영어로라도 '삼매'를 유지한다면 독자들이 그 관념을 이해하는 데 어려움이 덜할 것이다.

이 텍스트에서 바가반은 삼매라는 용어 주변을 맴도는 오해들을 많이 제거하고 그것을 만물의 본래적 상태라는 그 본래적 의미로 회복시킨다. 황홀경은 이런 관념을 전달하기는커녕 그것을 어두운 구름장과 더 어두운 연상물들(연상되는 개념이나 이미지들)로 감싸 버린다. 이제 핵심 단어들에 대한 결함 있는 번역어들이 얼마나 위험한지 알 수 있을 것이다.

바가반의 상태와 같은 진인의 영구적 상태인 **본연삼매**(Sahaja samadhi)에서는, 합일무상삼매(kevala nirvikalpa)에서처럼 세계가 사라지지 않고, 모두 그대로 있다. 형상과 색깔·냄새·맛·소리가 있고, 고체와 액체들, 봄·여름·가을이 있고, 영화관과 음악당들이 있으며, 즐거움과 뛰놂, 모든 비극과 희극들이 똑같이 전적으로 생생하게 있다. 그러나 이런 것들이 더 이상 어떤 외적인 무한한 공간 속의 고립된 혹은 연결된 섬들로서 존재하지 않고, 더 이상 신의 창조물로 존재하지 않으며, 더 이상 한때 우리의 어린 상상력을 매혹하고 우리의 어린 가슴들을 지배하던 무지갯빛 아름다움으로 존재하지 않는다. 그것들은 이제 한갓 생각과 감각, 한갓 생시라는 꿈의 다발들이고, 그 안에서는 꿈꾸는 자인 그 사람만이 실재한다. 그것들은 더 이상 그 자신의 **실재**에 대한 지각을 덮어 가리지 않는다. 다른 의미에서는 그것들도 실재하는데, 왜냐하면 지각하는 자인 그가 실재하기 때문이다. 그것들은 "꿈들이 만들어지는 소재"이며, 꿈들은 그 꿈들의 영혼이자 바탕인 '꿈꾸는 자'에게서만 일어난다. 바탕이 실재하므로, 그것들도 실재할 수밖에 없다.

여기서 다시 **바가반**은 순수한 마음을 **진아**와 동일시한다. 따라서 마음은 마나스(manas)가 아니다. 이것은(manas를 mind로 옮긴 것은) 예전 학자들에 의한 또 하나의 잘못된 번역이다. 그들의 눈에는 그것이 전통적이고 신성한 것이 되었지만, 우리는 그것을 배격한다. 마음은 마음이다. 그것이 생각들로 덮여 있으면 그것을 마나스, 곧 불순수한 마음이라고 한다. 생각들이 저지되면 그것은 순수한 마음, 곧 **진아**인 것이다.

46. "성경에서 "고요히 있으라, 그리고 내가 신임을 알라"고 합니다. 고요함이 신으로서의 진아를 깨닫는 데 필요한 유일한 필수조건입니다. 베단타 전체가 "나는 내가 있다는 것이다(I AM THAT I AM)"와 "고요히 있으라. 그리고 내가 신임을 알라(BE STILL AND KNOW THAT I AM GOD)"는 두 성경 구절에 다 들어 있습니다." 대담 338

주註: 질문자는 "나는 **지고의 존재**다"라는 긍정이 "나는 누구인가?"라는 탐구보다 더 도움이 될 거라고 생각하는 한 미국인 여성이다. 그녀의 견해로는, 전자는 긍정적 접근법인 반면 후자는 부정적 혹은 중립적 접근법이다. 그녀는 탐구의 핵심을 완전히 놓친 것이 명백하다. 이 탐구는 하나의 탐색이지 자기최면이 아니고, "긍정적" 자기암시 위에서 번영하는 쿠에주의(Couéism)6)도 아니다. **바가반**은 그녀가 먼저 긍정을 하기 전에 그 긍정하는 사람이 누구인지를 알아내야 한다고 답변했는데, 그것은 그녀에게 경험적 '나', 곧 그녀가 자기 자신이라고 생각하는, 그리고 일견 그 안에 "지고의" 그 무엇도 없어 보이는 '나'의 성품을 탐구하지 않을 수 없게 할 것이었다.

여하튼 그녀가 말하는 **존재**에 도달하려면 마음이 고요해져야 한다. 그래서 **바가반**은 당신의 뜻을 그녀에게 설명하기 위해, 구약성경에 나오는 구절을 두 번 인용한다. 첫 번째 인용문 "나는 내가 있다는 것이다"는 **존재**—그녀가 **지고의 존재**라고 하는 것—로서의 **실재**의 성품을 전달한다. 두 번째인 "고요하라, 그리고 내가 **신임을 알라**"는 **그것**을 성취하는 방법이다. **바가반**은 이 두 가지 언명이 **베단타**의 핵심이자 정수—곧 그것의 **목표**이자 길을 표현한다고 말한다.

---

6) *T.* 프랑스 심리학자인 에밀 쿠에(Émile Coué, 1857~1926)의 방식. 그는 낙관적인 자기암시에 의한 정신치료법을 개발했다.

47. "어떤 종류의 자아성(selfhood)을 능동적으로 의식하지는 않는데, 마음 속에는 깊은 고요함이 있습니다. 그럴 때 그 마음은 진아 속으로 뛰어들 준비가 된 것입니까? 아니면 이런 상태는 불건강한, 일종의 자기최면입니까?"

바가반: "마음속의 고요함과 함께 의식이 있습니다. 이것이 정확히 그대가 목표해야 할 상태입니다. 이 점에 대해 의문이 있다는 것은, 그 상태가 안정되어 있지 않고 우발적이라는 것을 보여줍니다.

 의식을 방해함이 없이 깊은 고요함이 지배한다면, 뛰어들 필요가 어디 있습니까?" 대담 348

주註: 질문자의 체험은 그것이 진아에 대한 큰 체험의 전조인 한에서 흥미로운 것이다. 그럴 때 그는 마음의 파도들 바로 밑에 있고, 자신이 그 바탕으로 나아가고 있다고 느낀다. 그럴 때 그는 자신이 "뛰어들어"야 하는지를 묻고, **바가반**은 그럴 필요가 없다고 답한다. 왜냐하면 그 고요함을 자각하는 **의식**이 **실재** 그 자체이기 때문이라는 것이다. 이것은 질문자가 그 **의식**을 자각하기만 하면 된다는 것을 의미한다.

 우리는 **의식**이 언제나 지배한다는 것을 자주 살펴보았는데, 왜냐하면 그것을 통해서 우리가 사물을 의식하기 때문이다. 의식을 그 자체로 포착하기 위해서 우리가 해야 할 일은 사물들을 놓아버리는 것뿐이다. 우리의 친구인 질문자는 그렇게 한 것으로 보이는데, 그것은 내적인 평안의 느낌이 증명해 준다. 그러지 않고는 생각들, 곧 마음의 사물들이 그런 평안을 용납하지 않았을 테니 말이다. 이제 그가 해야 할 일은 이미 존재하는 그 고요함을 느끼고 알아차리는 그 **의식**을 자각하려고 노력하는 것뿐이며, 그것을 인식하기 위해 뛰어들 필요는 없다. 그 지고의 순간에, 말하자면 조금의 영리함, 조금 더 경각심을 유지하는 것으로도 성공할 것이 확실하다.

48. "응유를 휘저으면 버터가 추출되고, 마찰에 의해서 불이 일어나듯이, 끊임없이 흘러내리는 기름 줄기처럼 부단하며, 한눈팔지 않고 깨어 있는 진아안주에 의해 본래적이고 불변인 무상삼매가 생겨나고, 이것은 자연발생적으로 브라만에 대한 직접지각을 낳는데, 이는 지知이자 체험이며, 시공을 초월한다. 이것이 진아 깨달음이며, 망상으로, 무지로, 곧 삿되고 오래된 마음의 습習으로 이루어진 심장매듭(Hridaya-granthi)이 끊어진다. 이리하여 모든 의심이 불식되고 업業의 속박이 단절된다."
대담 349

주註: 응유를 휘젓고 마찰을 한다는 것은 부단한 탐구의 휘저음을 가리킨다. "한눈팔지 않고 깨어 있는 진아안주"는 끊임없이 흘러내리는 기름 줄기 같은 명상적 흐름을 꽉 붙드는 것이다. 이것이 '깨어 있는' 것은 한눈팔기는 물론이고 잠도 막아낼 만큼 충분히 경각하고 있기 때문이다. 이 마지막 경향(잠)은 지난 일을 회상하는 것(과거에 대한 망상의 습)만큼이나 애를 먹인다. 여기서 성공하면 무상삼매(nirvikalpa)에 이르는데, 거기서는 개아個我의 심장 속에 박혀 있는 무지의 매듭이 끊어지면서, 보통은 이 "심장매듭"에 의해 방해 받는 진아 깨달음의 문을 활짝 열어젖힌다.

삼매(samadhi) 속에서는 생각들이 마치 눌러서 꺼 버린 촛불처럼 멈춘다고 상상해서는 안 된다. 그것은 전혀 가능하지 않기 때문이다. 극히 희박한 생각들이 언제나 계속 맴돌고, 동시에 그런 생각들에 대해 경각심을 계속 견지하게 된다. 하지만 지고한 평안이 지배하고, 진아가 분명하게 체험된다. 생각들이 가장 미세한 형태로 존재하는 것은 감각기관들이 침묵하는 상태로 존재하기 때문이다. 감각기관들―엄밀히 말해서 내적기관(antahkarana)[사고의 모든 과정들]―은 잠과 **무신해탈**(videhamukti) 속에서만 **진아**에 합일되고, 삼매 속에서는 합일되지 않는다. 그렇지 않으면 삼매란 잠에 지나지 않을 것이고, 거기서 생시 상태로 아무것도 가져올 수 없을 것이며, **진아**는 영원히 알려지지 않은 상태로 남을 것이다. 내적기관이 침묵하고는 있으나―혹은 침묵하고 있어서―삼매 속에 현존하고 있기 때문에 **진아**가 인식되고, 모든 **베다**(Srutis)와 경전(Smritis), 그리고 **진아**에 대해 알려진 모든 것이 우리에게 있는 것이다. 리쉬들의 **진지**와 **해탈**은 이 (내적기관의) 현존 덕이다. 깊은 잠 속에서는 **진아**에 대한 어떤 인식도 없는데, 이는 인식 기능이 존재하지 않고, 다른 모든 기능과 마찬가지로 **진아** 속에 합일되어 있기 때문이다.

49. "경전에서는 우리가 **진아** 깨달음을 얻으려면 한 스승을 12년간 모셔야 한다고 말합니다. 스승이 무엇을 할 수 있습니까? 그가 제자에게 그 깨달음을 건네줍니까? **진아**는 늘 깨달아져 있지 않습니까? 몸을 자기와 혼동하는 것은 무지無知 때문입니다. 무지가 쓸려 나가면 그 혼동은 끝이 나고 참된 **지**知가 펼쳐질 것입니다. 깨달은 **진인**들과 접촉을 유지함으로써 우리는 점차 무지를 상실하고, 결국 그것이 완전히 사라집니다. 영원한 **진아**가 그렇게 해서 드러납니다.

사람들은 그것을 올바르게 이해하지 못한 채, 스승이 제자에게 "**땃 뜨왐 아시**(TATVAMASI-그대가 그것이다)" 같은 것을 가르치면 제자가 "나는 브라만이다"를 깨닫는다고 생각합니다. 그들은 무지한 가운데, 브라만을 다른 어떤 것보다 더 거대하고 강력한 어떤 것이라고 상상합니다. 인간은 한정된 '나'를 가지고도 너무 우쭐대고 거칩니다. 만일 그 '나'가 엄청나게 자라나면 어떻게 되겠습니까? 그는 분명히 그에 비례하여 더 무지하고 더 어리석어지겠지요! 이 거짓 '나'가 죽어야 합니다. 그것이 절멸되는 것이 스승에 대한 봉사의 열매입니다. 깨달음은 영원하며, 스승이 하사하지 않습니다. 스승은 무지의 제거만 도와줍니다. (스승이 하는 일은) 그게 전부입니다." 대담 350

주註: 바가반은 정통 신앙과 사람들이 경전을 해석하는 방식에 대한 당신의 태도에서 확실히 솔직하다. 우리가 『마하바라타』나 다른 데서 읽어 보았듯이, 고대에는 정확성이 부족해도 눈감아 주었고, 기간들의 계산도 매우 느슨했다. 특히 연도가 우리의 연도와 같지 않았고, 숫자들도 오늘날 같은 명칭을 가진 숫자와 같은 가치를 가지고 있지 않았다. 그래서 어떤 리쉬가 명상이나 삼매에 천 년 혹은 백만 년 동안 들어 있었다는 것을 우리가 읽을 때, 그 숫자나 연도를 사전적 의미로 여긴다면 매우 어리석은 것이 될 것이다. 뿐만 아니라, 과장법은 그 경전들의 시적 표현에 들어가는 소금과 같았다. 예들 들어, 그런 경전에서 어떤 사람이 자신의 아이가 가지고 놀게 해를 끌어내리는 것이 **지고아 빠라마뜨만**에 도달하는 것보다 더 쉽다고 말할 때, 우리는 그것을 받아들이는 법을 알아야 한다. 무수한 구도자들이 지금까지 **해탈**의 관문을 통과했지만, 해로 공놀이를 하려고 해를 끌어내리는 데 성공한 사람은 아무도 없다. 우리가 경전에서 읽는 모든 내용을 문자 그대로 받아들여서는 안 된다. 거기에는 우연이든 의도적이든 순금과 찌꺼기가 섞여 있으므로, 마음이 강한 사람들은 가치 있는 금을 집고, 찌꺼기는 그것을 필요로 하는 약한 사람들이 갖게 남겨주면 된다.

그런데 **해탈**을 얻기 위한 대가로 12년간 **스승**에게 봉사해야 한다는 것은 명백히 말도 안 된다. 왜냐하면 모든 봉사자가 순수성의 정도에서 같지는 않고, 준비 상태도 같지 않으며, 순복 태도도 같지 않고, 영적인 소양도 같지 않기 때문이다. 어떻게 모두가 12년이 딱 되었을 때 똑같은 시간에 결승점을 통과할 수 있겠는가? 둘째로, **해탈**이 **스승**이 손 안에 지니고 있다가 하사하거나 유보하는 어떤 물건인가? **진아**는 우리 자신인데, 우리가 지금 존재하는 것이 외적인 **스승**의 선물이어서 우리가 지금 이런 존재이고 지금 여기에 있는가? 만약 그렇지 않다면, 어떻게 **스승**이 제자들에게 **실재**를 베푸는 자라고 우리가 가정할 권리가 있는가? **스승**이 할 수 있는 것은 제자들이 그것을 지각하도록 돕는 것이 전부다. 우리가 그 **실재**이지만, 우리에게 덧씌워진 부가물들로 인해 진실로 있는 그대로인 우리 자신을 지각하지 못하는 것이다. 스승은 우리에게 도움의 손길을 베풀며, 스승이 할 수 있는 것은 그것이 전부이다.

만일 12년간의 봉사에 어떤 의미가 있다면, 그것은 **스승**과 함께하는 것이 그만큼 일편단심이어야 한다는 관념을 전달하는 것이다.

또 **진아**를 깨달았다는 온갖 사이비 스승들이 다양하게 묘사하는 엄청난 **브라만**이라는 관념 때문에, 베테랑 수행자들조차도 그들 자신에게서나 그것을 실제로 깨달은 사람들에게서 **브라만**을 인식하지 못하게 된다. 행위와 성질들로 충만해 있고 무한한 능력을 가진 어떤 인격적 **창조주**에 대해 다양한 경전에서 읽은 것을 문자 그대로 받아들이는 사람들은 더욱 그렇다. 만약 어느 날 자신들이 저 **전능한 신**이 될 거라는 관념이 그들의 작은 머리 속에 들어가게 된다면, 그들은 자신이 지은 죄들에 대해 헤아릴 수 없는 문제를 안게 될 것이다. **바가반**의 이 즐거운 긴 법문이 적시의 훌륭한 경고가 될 것이다. 당신은 이렇게 경고한다. "인간은 한정된 '나'를 가지고도 너무 우쭐대고 거칠다. 만일 그 '나'가 엄청나게 자라나면 어떻게 되겠는가? 이 거짓 '나'가 죽어야 한다."

50. "어떻게 명상하느냐고요? 그대가 가장 좋아하는 신이나 만트라에 집중하십시오. 단 하나의 생각이 지배하면 다른 모든 생각들은 배제되고 결국 뿌리 뽑힙니다. 명상은 하나의 싸움입니다. 그대가 명상을 시작하자마자 다른 생각들이 합세하여, 그대가 붙들려고 하는 그 단 하나의 생각을 침몰시키려 합니다. 좋은 생각은 수행을 통해 점차 힘을 얻을 것이고, 다른 생각들을 패주시킬 것입니다. 이것은 명상에서 부단히 벌어지는 일대 싸움입니다.

사람은 불행을 없애고 싶어 하는데, 그러자면 마음의 평안이 필요합니다. 마음의 평안은 온갖 생각으로 인한 번뇌가 없다는 것을 뜻하며, 명상에 의해서 생겨납니다." 대담 371

주註: 우리는 궁극적으로 평안을 얻겠다는 목표로 명상한다. 왜냐하면 마음은 이런저런 주제, 이런저런 문제에 대한 생각의 소용돌이를 만들고, 그 주위를 끊임없이 맴도는 성향을 가지고 있기 때문이다. 그래서 우리는 어떤 때는 분명하게 드러나고 어떤 때는 가라앉는 부단한 걱정의 소용돌이 속에서 살고 있고, 명상이나 마음 제어를 할 때가 아니고서는 거기서 벗어날 길을 찾지 못한다.

바가반이 우리에게 붙들고 명상하라고 권하는 단 하나의 생각은, 마음을 가라앉히는 감화력의 역할도 하고, 걱정을 야기하는 생각들을 포함한 다른 모든 생각을 배제하면서 마음을 묶어두는 닻의 역할도 한다. 이 생각은 신·만트라·스승들, 혹은 어떤 고매한 이상理想에서, 심지어 덕목德目들 중에서 명상자가 특별히 선호하는 것을 마음대로 골라도 된다.

처음에는 명상자가 마음을 어지럽히던 표면의 파도들에서 어느 정도 벗어나는 데 성공하자마자, 자기 마음 속에서 새로운 생각들이 떼 지어 일어나는 데 깜짝 놀랄 것이다. 그것은 그가 살아오면서 경험한 것들에 대한 기억들이다. 그 생각들은 아주 어릴 때부터 무의식의 틀 안에 저장되어 갇혀 있다가 마음이 엷어진 순간을 특별히 골라서 빠져나와, 뚜렷이 부각되면서 명상자의 주의를 빼앗는다. 그래서 명상자는 명상의 매 순간 그런 생각들이 침투하지 못하게 고도의 경각심을 견지해야 한다. 꾸준한 수행을 통해 이 "일대 싸움"에서 결국 승리하게 된다.

51. "명상이 잘 자리 잡히면, 그것을 놓아버릴 수가 없습니다. 명상이 자동적으로 계속될 것이고, 심지어 그대가 일을 하거나, 놀거나, 즐기고 있을 때도 그럴 것입니다. 잠 속에서도 그것이 계속됩니다. 명상은 그것이 우리에게 자연스러워질 만큼 아주 깊이 뿌리를 내려야 합니다."
대담 371

주註: 명상이 마음을 확고히 장악하게 되면 어떤 명상적 흐름을 확립하는데, 그것은 마치 자성을 가진 바늘이 자북磁北을 끊임없이 가리키듯이, 우리가 다른 일들에 몰두하고 있든 그렇지 않든 관계없이, 끊임없이 **심장**을 향한다.

그것이 "잠 속에서도 계속된다"는 것은 잠 속에서 의도적으로, 그리고 온전히 자각하면서 우리가 명상을 닦는다는 의미는 아니고, 마치 생시 경험의 인상들이 우리가 그것을 자각하든 않든 꿈의 상태로 이월되는 것과 같은 방식으로 명상적 흐름이 인상들로서 계속 이어진다는 것이다. 삼매 속에서 **진아**를 처음 체험한 뒤에, 그리고 그 체험에서 확고함을 성취하기 전에도, 꿈속에서 그 삼매의 상태를 붙잡으려고 기계적으로 노력하고, 때로는 붙잡기도 한다는 것을 일부 명상자들은 체험한 바 있다. 그러나 생시에 상당한 정도로 확고함이 성취되고 나면, 그런 꿈들은 극히 드문 경우를 제외하면 더 이상 다시 나타나지 않는다. 왜냐하면 그때는 우리가 생시·꿈·꿈 없는 잠 속에서 지배하는 **실재** 안에 거의 영구적으로 자리를 잡고 있기 때문이다.

52. "외적인 무상삼매와 내적인 무상삼매의 차이는 이것입니다. 전자는 세계를 주시하면서도 내면에서 그에 반응함이 없이 **실재**를 꽉 붙들고 있습니다. 파도 없는 바다 같은 고요함이 있습니다. 내적인 무상삼매는 몸-의식(body-consciousness)의 상실과 관계됩니다." 대담 406

주註: 삼매 속에서는 **진아**가 온통 순수하게 목격되며, 깊은 평안이 있다. 우리가 주註 48에서 이미 공부했듯이, 한낮에 둥근 태양 주위에 걸린 실낱같이 투명한 구름처럼 더없이 희박한 생각들로서의 세계가 계속 걸려 있지만, **진아**에 대한 지각이 희미해지지는 않는다.

"파도 없는 바다 같은 고요함"은 사실적이면서 생생하다. 이 고요한 광대함은 우리에게 친숙한 경험적 공간이지만, 그것은 실은 그 속에서 만물이 살아가고, 움직이고, 그들의 존재성을 갖는 **심장의 허공**이다.

내적인 무상삼매, 곧 **합일무상삼매**(*Kevala*)는 몸에 대한 생각을 포함한 모든 생각들을 쓸어낸다. 이것은 잠 속에서처럼 의식이 상실된다는 의미가 아니다. 그것은 더 이상 삼매가 아니라 깊은 잠일 것이기 때문이다. 삼매는 생시에 있어야 한다. 이 관념을 단단히 붙들고, 결코 그것을 잊지 말자. 우리가 무상삼매에 대해 책에서—특히 현대의 저자들이 쓴 책들에서—읽는 다양한 설명들은 주로 상상에 기초한 것이다. 꾼달리니 요가의 어떤 추종자들은 절대지식絕對止息(*kevala kumbhaka*)에 마음을 빼앗겨 깊은 잠과 비슷한 상태인 라야(*laya*-心潛)의 함정에 빠지는데, 그들은 진아를 자각하지도 못하면서—그 자각이 삼매의 기본 요건이다—그것을 무상삼매로 착각한다(부록을 보라).

따라서 바가반이 "몸-의식의 상실"이라고 할 때 그것은 기절 상태나 라야가 아니라, 외적인 무상삼매에서 희미하게 지배하는 몸-관념 혹은 몸-생각의 상실이라는 의미이다. 잠 속에서처럼 몸과 세계의식을 완전히 상실하는 것은 어떤 삼매에서도 결코 일어나지 않으며, 여하튼 명상 요가(dhyana yoga)7)의 삼매에서는 일어나지 않는다. 왜냐하면 그런 일이 일어날 때는 진아가 더 이상 인식되지 않을 텐데, 진아를 인식하는 것이 참된 삼매의 필수조건이기 때문이다. 다시 강조하고 싶지만, 삼매는 생시 상태에서 진아 안에 머무르는 것이다. 즉, 감각기관들이 모두 나타나 있지만 침묵하고 있는—더 정확히는 명상에 의해 침묵 당해진—때이며, 깊은 잠 속에서 그렇게 되듯이 감각기관들이 진아에 합일되고 세계가 완전히 소멸하는 때가 결코 아니다. 우리는 또한 실재를 성취하려고 추구하고 노력하는 것은 생시의 마음이라는 것, 따라서 그것을 충족시키는 것도 생시에 해야 한다는 것을 잊어서는 안 된다.

53. "그대는 마음이 코르크처럼 가라앉지 않는다고 말합니다. 마음이 활동하고 있다고 해서 무슨 상관 있습니까? 그것은 진아라는 바탕 위에서만 그렇습니다. 마음이 활동하고 있는 동안에도 진아를 붙드십시오." 대담 406

---

7) T. 저자는 '명상 요가'의 개념을 설명하지 않고 있으나, 이것은 자기탐구, 곧 자기자각의 수행을 뜻하며, 이를 지知-요가, 진아 요가 또는 마하 요가라고도 한다. 『바가바드 기타』 제6장은 '명상 요가'의 장인데, '8지 요가'의 기본적 요소들을 설명하는 것 외에도 자기탐구적 요소도 설하고 있다. 예컨대 "…마음을 진아에만 고정하고, 달리 아무것도 생각하지 말라(Atma-samstham manah krtva na kincid api cintayet)"(6.25)고 설한다.

주註: 이것은 다소 설명을 요한다. 왜냐하면 그것이 새로운 학인學人들을 오도誤導할 수도 있기 때문이다. 우리는 (마음의) 바탕이 마음의 활동들로 덮여 있는 한 그것을 목격할 수 없다는 말을 되풀이해서 들어왔는데, 이 텍스트에서 바가반은 그와 정반대로 말한다. 즉, 그 활동들이 있든 없든 상관이 없을 거라는 것이다. 여기서 이 텍스트는, 진아를 체험했지만 아직 그것을 본연상태(sahaja)로 만들지 못한 사람에게 이야기한다. 그런 사람에게는 마음의 활동이 더 이상 진아를 가로막지 않는다. 그는 이미 그 활동들(생각들)을 진아 위의 덧씌움으로 체험했고, 그래서 마치 캔버스 위에 그려져 있는 그림들을 즐기면서 그 캔버스를 기억하듯이, 그 활동들을 주시하는 동시에 늘 진아를 붙들고 있기만 하면 되기 때문이다. 이 수행이 완성될 때 그것을 본연삼매(sahaja samadhi)라고 하며, 그 수행자는 완전한 진인 혹은 생전해탈자라고 불린다.

54. "상지相知(vritti jnana)만이 '무지'를 소멸할 수 있습니다.[8] 절대적인 지知는 무지를 소멸하지 않습니다." 대담 629

주註: 합일무상삼매 속에서 진아 안에 있기만 하는 것으로는 무지를 몰아내지 못한다. 그것이 본연삼매가 된다면 생사에서의 해탈을 안겨주지만 말이다. 그것(명상 요가)은 논쟁적 명상(argumentative meditation)[9] 혹은 자기탐구(Vichara)라고 불리는 것 속에서 진아와 세계를 결부시키면서 그

---

[8] T. '상지相知'는 상相(vritti), 곧 '대상에 대한 인식'이 있는 지知이며, 상相에는 감각기관의 대상에 대한 상相(대상상)과, 자기에 대한 상相(자아상)이 있다. 자기탐구의 과정에서 대상상은 점차 자아상으로 대체되며, '몸과의 동일시' 같은 그릇된 자아상이 소멸하고 참된 자아상이 드러나는 것이 상지의 깨달음이다. 즉, 무지가 소멸되었음을 분명하게 아는 것이다.
[9] T. 이것은 전통적인 지知의 길에서 말하는 '네띠-네띠(neti-neti)'의 부정否定(그릇된 지知의 부인)과 그에 따른 지속적 내적 탐색으로 이루어지는 명상을 뜻한다고 본다.

것들의 성품을 탐구하는 것이고, 그 결과 무지를 소멸하는 지知를 얻게 된다. 절대적인 지知, 곧 개아個我가 뚜리야띠따(Turiyatita) 속에서 절대적 의식에 완전히 합일되는 것은, 무지를 소멸하기 위해 명상 중에 무엇을 터득하는 어떤 마음의 상相(vritti)도 없는 것이다. 그 순간에는 "나는 이것이다"라는 자각조차 없다. 바가반은 이를 스와루빠 지知(Swarupa Jnana) [가장 순수한 상태의 자신의 진아에 대한 지知]라고 부르며, 이것은 상지를 통해서도 얻어질 수 있다.10)

모든 요기들이 바가반처럼 자기탐구를 통해서 진지眞知를 성취한다고 여겨서는 안 되지만, 그들도 최고 등급의 생전해탈자가 되는 데서 배제되지 않는다.

55. "깊은 잠은 순수한 존재의 체험 외에 아무것도 아닙니다." 대담 617

주註: 여기서 '체험'이라는 단어는 잠자는 사람이 꿈 없는 잠 속에서 자신의 존재를 자각하는 듯한 인상을 줄지 모른다. 사실은 자각하지 못한다. 왜냐하면 그때는 모든 인식 기능이 그의 안으로 철수해 있기 때문이다. 꿈 없는 잠과 무신해탈에서는 공히 존재에 대한 어떤 인식도 가능하지 않다. 그것이 바로 『바가바따(Bhagavata)』에서, 진아가 하나의 몸을 취하여 개아가 되는 이유로 드는 것이다. 그래야 내적기관(antahkarana)— 마나스·붓디·에고·찌따—이 나타나면서, 개아가 몸을 통해 그 자신을 성품상 있는 그대로, 곧 순수한 의식(chit)으로 지각하고, 이 깨달음의 지

---

10) T. 상지와 스와루빠 지知에 대해서는 또한 『마하르쉬의 복된 가르침』, 173-4쪽 참조.

복을 즐길 수 있다는 것이다.

56. "개인에게는 다섯 가지 상태가 있습니다. 그것은 자그라뜨(*Jagrata*-생시), 스와쁘나(*Swapna*-꿈), 수슙띠(*Sushupti*-잠), **뚜리야**(*Turiya*) 그리고 **뚜리야띠따**(*Turiyatita*)입니다····. 만약 생시의 상태에서 심장을 포기하지 않으면, 마음 활동이 고요해져서 **브라만**만을 내관하게 되는데, 그 상태를 **뚜리야**라고 합니다. 또 그 개인이 **지고자**에 합일될 때, 그 상태를 **뚜리야띠따**라고 합니다····. 안목이 또렷한 요기는 **뚜리야** 안에만 거주하고, 최고 수준의 요기는 **뚜리야띠따** 안에만 거주하고 있습니다." 대담 617

주註: 많은 우파니샤드는—예컨대 처음 네 가지 상태만 다루는 『만두꺄(*Mandukya*)』 우파니샤드처럼—뚜리야띠따를 이야기하지 않지만, 체험이나 몇 가지 작은 우파니샤드는 **뚜리야**[네 번째 상태]보다 더 깊은 상태로서의 그것의 존재를 증명한다. 하지만 **뚜리야**만으로도 **본연상태**와, 모든 요기들이 얻고자 목표하는 **해탈**을 확보하기에 충분하다. 뚜리야에 오래 안주하다 보면 뚜리야띠따의 체험에서 정점에 이르는데, 그것은 그 개인이 **지고의 존재**[브라만]에 완전히 합일되는 것이다. 여기서 **생전해탈자**는 실제로 **무신해탈자**(*videhamukta*)이다. 즉, 그는 살아 있는 동안에도 그가 나중에 몸을 벗고 나서 있게 될 바로 그 상태에 거주하며, 그것을 자각한다. 이것이 최고의 경지이며, 어떤 개아도 성취할 수 있는 것이다.

제14장 진인 혹은 생전해탈자

1. "어린아이와 진인은 어느 면에서 비슷합니다. 사물에 대한 아이의 관심은 사물에서 끝납니다. 그것들은 아이의 마음에 어떤 인상도 남기지 않습니다. 진인의 경우도 마찬가지입니다." **대담 9**

주註: 욕망이 우리의 모든 문제의 원인이다. 우리는 이 장엄한 다양성의 세계를 둘러보면서 우리에게 가장 좋은 인상을 주는 것들을 욕망하며, 그래서 그것을 얻기 위해 최선을 다한다. 그 원하는 대상을 얻을 때까지 그것을 위해서 많은 것을 희생하고, 헤아릴 수 없는 불편함을 감내한다. 하지만 우리의 문제는 그것을 얻는 것으로 끝나지 않는다. 새로운 목표와 대상들이 우리 앞에서 일어나 우리에게 새로운 욕망과 소위 새로운 니즈(needs)를 일으키도록 유혹한다. 우리는 그것을 위해 다시 노력하고 다시 고통을 감내해야 한다. 이와 같이 끝없이 계속된다. 그래서 우리는 쉴 틈도 없이, 만족도 없이, 세상에 손발이 매여 있다. 그러나 무욕을 계발하고 성취한 진인은 주위의 세상에 조금도 관심이 없고, 그래서 그의 지각은 그의 마음에 어떤 인상도 남기지 않는다. 설사 그가 어떤 대상에 대해 관심을 표한다 하더라도, 그것은 호기심에서 그러는 것일 뿐이다. 그것은 다분히 아이가 자기 환경 속에서 갖는 호기심과 같다. 아이의 그런 관심은 아이가 그것에 등을 돌리는 순간 사라진다.

2. "진인의 바라봄은 정화하는 효과가 있지요. 정화를 시각적으로 그려볼 수는 없습니다. 석탄 한 덩이는 불을 붙이는 데 오랜 시간이 걸리고, 숯 한 개는 걸리는 시간이 짧고, 화약 한 덩어리는 순간적으로 점화되듯이, 마하트마들과 접촉하는 사람들의 등급도 그와 같습니다."
대담 155

주註: 이것은, 아쉬람에 석 달째 머무르고 있었지만 그렇게 해서 자신에게 어떤 영적인 이익이 있었는지 아직 느껴 보지 못한 한 영국인 제자—가장 이른 시기의 제자 중 한 사람—의 질문에 대한 답변이다. 그 제자의 '등급'을 그 질문이나 이 답변에서 추론해볼 필요는 없다. 왜냐하면 바가반은 우리에게, 정화의 과정과 정도는 쉽게 평가될 수 없다고 확인해 주기 때문이다. 그것은 관계되는 그 제자나 다른 누구도 직접 알지 못하는 가운데 그 나름의 조용한 방식으로 진행된다. 이것은 이 아쉬람의 거의 모든 사람이 경험해 온 것이다. 심지어 지고한 체험을 하기 직전인 사람도 그 체험이 임박했음을 거의 자각하지 못할 가능성이 있다. 따라서 이 제자의 표층 의식이 의식의 깊은 곳에서 일어나는 일을 자각하지 못했다고 해서 그다지 놀라울 것도 없다. 스승님의 친존(presence)에서는 제자가 가져온 불순수성(impurity)의 정도에 관계없이 정화淨化가 끊임없이 진행된다. 이 제자와 저 제자 간에 진지(jnana)를 성취하는 데 걸리는 시간의 차이는, 당연히 그들 각자가 가지고 오는 불순수성의 정도 차이에서 나온다.

3. "마하르쉬님의 가르침은 샹까라(Shankara)의 가르침과 같습니까?" 스승님이 당신 자신에 대해서 답변하신다. "마하르쉬의 가르침은 그 자신

의 체험과 깨달음의 한 표현일 뿐입니다. 남들은 그것이 스리 샹까라의 가르침과 부합한다고 느끼지요. 깨달은 사람은 그 자신의 언어를 사용합니다." 대담 189

주註: 이것은 하나의 자전적自傳的 답변인데, 대다수 진인들에게도 해당될 수 있을지 모른다. 바가반의 깨달음에서 특이한 점은 그 깨달음이 찾아왔을 때 당신이 아직 청소년이었고, 독서를 통해서든 사람의 인도를 통해서든 철학적 혹은 형이상학적 요소와 어떤 접촉도 해본 적이 없었다는 독특한 사실에 있다. 당신은 대학입시를 위한 공부에 몰두하고 있었는데, 깨달음이 당신에게 충격을 주어 공부에서 완전히 손을 떼게 했다. 그 결과는, 나중에 당신이 보통의 언어로 당신의 체험들을 다시 들려줄 때, 청중들 중 학식 있는 이들이 그 체험은 샹까라의 철학과 동일하다는 것을 발견했다는 것이다.

4. "진아를 깨달은 존재는 세상을 이롭게 하지 않을 수가 없습니다. 그의 존재 자체가 최고의 선善입니다." 대담 210

주註: 진인을 쓸모없는 고행자라고 비난하는 사람들이 만약 이것을 읽을 만큼 복이 있다면, 이 말씀에 만족할 것이다. 바가반의 입에서 흘러나오는 지혜와, 당신의 삶과 언행의 순수함은 인류가 본받거나 열망할 만한 빛나는 이상理想이며, 사회주의·공산주의와 박애행博愛行을 아무리 많이 설교한다 해도 그에 미칠 수 없다. 그런 모든 설교가 더 많은 적대, 더 많은 분열, 더 많은 질투와, 그로 인해 세간에 더 많은 증오를 가져온 것 외에 무엇을 창조했는가? 만일 이런 설교자들이 실제로 좋은 뜻을 가지고 있고 진지하다면, 그들 자신이 참된 고행자로 변모하고 성자가 되어서 그들의 예전 설교와, 그들이 성스러움과 순수함을 가지고 존재하는 것만으로도 그들이 할 수 있는 선행 간의 차이를 보아야 할 것이다. 만약 그럴 수 없다면, 세상 사람들 앞에 나서서 남들에게 선을 행한다고 자랑하기 전에 자신의 일에 신경 쓰면서 그들 자신에게 평안과 이익을 가져오게 하려고 노력해야 한다. 아래의 텍스트 7을 보라.

5. 마니까바짜가르(Manickavasagar)처럼 몸을 뒤에 남기지 않고 세상을 떠나는 **진인들**에 대해 이야기하면서, **바가반**이 말씀하셨다. "거친 몸은 미세한 물질—곧 마음의 구체적인 형상일 뿐입니다. 마음이 녹아서 빛으로 타오를 때, 그 과정에서 몸이 소진됩니다. 난다나르(Nandanar)도 몸이 찬란한 빛 속에서 사라진 분이지요."

한 영국인 제자가, 성경에 나오는 엘리야(Elijah)의 경우에도 그의 몸이 같은 방식으로 사라졌다고 하면서, **그리스도의** 몸도 그랬는지 알고 싶어 했다. 스승님이 답변하셨다. "아니지요. 그리스도의 몸은 처음 무덤에 안치했을 때 하나의 시신으로 남아 있었던 반면, (앞에서 말한) 저분들은 시신을 뒤에 남기지 않았지요." **대담 215**

주註: 이 텍스트는 **바가반**의 일반적인 비이원론적 가르침의 견지에서 공부해야 한다.

"마음이 녹아서 빛으로 타오를 때 그 과정에서 몸이 소진된다"는 것은 **싯다 진인**(*Siddha Jnani*)의 **대삼매**大三昧(*Mahasamashi*)—소위 말하는 죽음—때 그의 몸이 사라지는 이유이다. 이것은 한편으로 마음이 가진 몸과의 관계, 다른 한편으로는 인용된 문장에서 말하는 빛과의 관계를 우리가 이해하는 데 도움을 준다. 그러나 우리는 먼저, 몸의 해체는 그들의 발현업상 그렇게 할 자격이 있는, 싯다로 알려진 일부 진인들—모든 진인들이 아니라—이 '열쇠'를 가지고 있는 어떤 과정을 통해서만 일어난다고 말해야 한다. 일부 싯다들이 보여주는 그런 '기적적인' 모습들의 이점은 그것이 보통 사람들에게 엄청난 심리적 영향을 주어 그들의 신심을 증장한다는 것이다. 그러나 대다수 진인들은 그런 것을 승인하지 않는데, 왜냐하면 그것이 사람들의 헌신을 증장하기는 하나 맹신, 미신, 마법과 마술을 부추기는 경향이 있기 때문이다. 그들은 진리, 온전한 진리를 가르치고, 진리 외에는 아무것도 가르치지 않음으로써 사람들이 그런 데 빠지지 않게 하려고 노력한다.

6. 진인에게는 '나는 몸이다'라는 관념이 없습니까? 예컨대 스리 바가반께서는 벌레에게 물려도 아무 감각이 없습니까?

바가반: "그 감각이 있고 '나는 몸이다'라는 관념도 있습니다. 후자는 진인과 무지인에게 공통되지만 이런 차이가 있습니다. 즉, 무지인은 '몸만이 나 자신이다'라고 생각하는 반면, 진인은 '이 모든 것이 진아다' 혹은 '이 모든 것이 브라만이다'라는 것을 압니다. 설사 고통이 있다 해도 내버려둡니다. 그것도 진아의 일부입니다. 진아는 완전합니다.

이제 진인의 행위에 관해서 보자면, 그것은 명목상의 것일 뿐입니다. 왜냐하면 그것은 (상습을 낳는) 효력이 없기 때문입니다. 일반적으로 행위들은 개인 안에 상습業習(samskaras)으로서 내장됩니다. 그것은 무지인의 경우와 같이 마음이 비옥한 한에서만 그럴 수 있습니다. 사람들은 진인에게도 마음이 있을 거라고 추측하지만, 그는 이미 마음을 초월해 있습니다. 외관상 활동이 있기 때문에 진인의 경우에도 마음이 있을 것으로 추론해야겠으나, 그 마음은 무지인의 마음처럼 비옥하지 않습니다. 그래서 진인의 마음은 브라만이라고 하는 것입니다. 브라만은 확실히 진인의 마음과 다르지 않습니다. 그 토양에서는 원습이 열매를 맺을 수 없습니다. 그의 마음은 척박하고, 원습 등에서 벗어나 있습니다.

그러나 진인의 경우에도 발현업이 있다고 해주기 때문에, 원습도 존재하는 것으로 가정할 수밖에 없습니다. 그러나 그것은 향유享有를 위한 원습일 뿐이어서, 미래업未來業을 위한 씨앗이 될 인상들을 남기지 않습니다." 대담 383

주註: 이 텍스트에서 우리는 진인이 고통 받을 때, 활동할 때, 예전 업業을 해소하고 새로운 업을 만들 때 등의 경우에 그의 상태를 온전히 볼 수 있다. 그것은 결국 이런 것이다. 즉, 고통과 쾌락에 대한, 그리고 세계에 대한 그의 지각들은, 우리가 앞 장의 주註 45에서 보았듯이, 무지인(ajnani)의 그것과 똑같다. 그는 다른 몸들과 자신의 몸을 그들이 그것을 보는 것과 똑같이 보지만, 남들과 달리 그런 것들에 대한 진리를 알고 있다. 난생 처음 영화를 보러 간 농부는 사나운 불길이 스크린 위에서 타오르는 것을 보고 그 불을 진짜라고 여겨 비명을 지르기 시작하고 극장을 뛰쳐나오려고 하는 반면, 남들은 신경 쓰지 않고 의자에 앉아 있다. 이것이 정확히 지각 면에서 진인과 무지인의 차이이다. 공히 같은 광경을 보지만, 그에 대한 그들의 지知는 판이하게 다른 것이다.

진인의 행위들로 말하면, 그것은 무지인들의 행위와 대등하게 생산적이지만—훨씬 더 생산적일 때도 많다—(이 텍스트에서 "효력이 없다"는 단어는 행위를 수식하는 것으로 오해될 가능성이 있지만, 그것은 상습常習의 산출을 수식한다), 그 행위들은 원습이 없다. 마치 원습이 있는 것처럼 보이기는 하지만 말이다. 그것은 "그림 속의 바다에 그려진 배"에 대한 콜리지(Coleridge)의 멋진 펜화와 비슷하다.1) 배와 바다가 실재하는데도 그렇다. 실제의 배가 있고 실제의 바다도 있지만, (노수부가 지은 죄로 말미암은) 저주로 인해 어느 쪽도 움직임이 없다. 진인의 원습이 그의 마음에 어떤 인상도 남기지 않는 것도 마찬가지다. 업業을 산출하는 행위에서의 추진력은 그 동기인데, 진인의 행위에는 그것이 없다. 그래서 그에게는 새로운 어떤 업도 창조되지 않는다. 행위자가 있고 행위도 있지만, 그의 경우에 그 행위의 추진력은 비非인격적이고 무無원습이어서 자동적이다. 베다(Srutis)에서는 그것을 볶아진 씨앗이 더 이상 싹틀 수 없는 것에 비유한다. 그래서 진인의 행위를 무위無爲라고 보는 것이다. 진인은 행위하는 듯이, 그것도 효율적으로 행위하는 듯이 보이지만, 그는 전혀 행위하고 있지 않다. 이것이 바로 행위 속의 무위, 무위 속의 행위의 의미이다. 그 동기 없는 마음은 브라만 그 자체이다. 이것은 바가반이 당신의 경지를 가장 잘 드러내는 말씀들 중의 하나이다.

7. "진인은 영원하고 치열한 활동을 특징으로 합니다. 그의 고요함은 빨리 돌아가는 팽이의 외관상 고요함과 같습니다. 팽이의 속도 자체를 눈이 따라잡지 못하고, 그래서 그것은 정지해 있는 듯이 보입니다. 진인의 외관상 무위도 그렇습니다. 이것을 설명해야 하는 까닭은, 사람들이 일반적으로 고요함을 아무 활동이 없는 것으로 오인하기 때문입니다. 그것은 그렇지 않습니다." **대담 599**

---

1) T. 콜리지의 「노수부老水夫의 노래(The Rime of the Ancient Mariner)」(115~8행)에서, "하루 또 하루, 우리는 꼼짝 못했네, 활기도 움직임도 없이, 그림 속의 바다에 그려진 배처럼 정지해 있었지."라고 노래했다. 이 시집의 여러 판본에는 펜화나 목판화로 된 삽화들이 들어 있지만, 펜화를 콜리지가 직접 그렸다고 보기는 어렵다.

주註: 바가반이 당신의 "비활동적" 삶을 비판하는 사람들에게 진인에 대한 이 진리를 설명하는 것은 이유가 있다. 하늘 아래서 진인의 활동보다 더 치열한 활동은 없다. 왜냐하면 그는 전체이고, 우주 안의 모든 에너지의 저장고인 순수한 **짜이따니야**(의식)이기 때문이다. 따라서 비판자들은 진인의 활동이나 무활동에 대해 판결을 내리기 전에 성찰을 해보는 것이 좋을 것이다.

8. "진인은 존재의 참된 상태가 고정되어 정지해 있다는 것과, 모든 행위들이 자신의 주위에서 진행된다는 것을 온전히 자각하고 있습니다. 그의 성품은 변하지 않고, 그의 상태는 조금도 영향을 받지 않습니다. 그는 일체를 무관심하게 바라보면서 자신은 지복스러운 상태로 남아 있습니다. 그의 상태는 참된 상태이며, 원초적이고 본래적인 존재의 상태입니다. 행동 면에서는 진인과 무지인 간에 아무 차이가 없습니다. 차이는 그들의 시각視角에 있을 뿐입니다." 대담 607

주註: 앞의 텍스트에서는 진인의 강렬한 활동에 대해 이야기하고, 이 텍스트의 앞부분에서는 존재가 "고정되어" 있다고 말한다.

행위가 행위로 보이는 것은 감각지각의 맥락에서만 그럴 뿐이다. 지각하기 위해서는 에너지가 필요하고, 뒤이어 생각하고 신체적으로 행위하는 일이 따른다면 더욱 그렇다. 이 에너지가 어디서 오는가? 분명히 그 지각자, 생각하는 자, 행위자의 바깥에서 오지 않고 그 자신의 안에서, 그의 존재함 자체에서 온다. 그래서 존재가 모든 에너지의, 에너지의 충만함의, 아니 에너지 그 자체의 근원이다. 따라서 이 존재를 늘 자각하고 있는 진인은 늘 존재 안에 합일되어 있고, 그 자신이 이 막대한 에너지이다. 존재는 비활동적이라고 말해지는데, 왜냐하면 그것은 항상 충만해 있지만 항상 불변이기 때문이다. 그리고 그것은 항상 **영원한 의식-에너지**로서 충만해 있기 때문이다. 바로 앞 장에서는 그것을 꼼짝 않고 정지해 있는 것처럼 보이지만 맹렬히 돌아가는 팽이에 비유한 바 있다. 그래서 **진인**은 불변의 **존재**로서 비활동적이고, **무한한 에너지** 자체로서 활동적이다. 그 역설이 이렇게 풀린다. 진인 안의 감각지각 활동은, 우리가 이미 공부했듯이 그의 안에 하나의 겉모습으로서 남아 있는 것이다.

따라서 **진인**은 문자 그대로 하나의 육신 안에 있는 **브라만**인데, "진인에게도 마음이 있을 거라고 추측될 뿐"(위의 텍스트 6)이다. 그는 감각기관에 갇혀 있지 않으면서 그것을 즐기며, 그의 감각기관들은 "향유를 위한 원숭"일 뿐이다. 진인의 삶은 제자들에게 순수한 빛이고, 보통의 숭배자들에게는 영감을 주는 하나의 이상理想이며, 지혜와 평안을 추구하는 이들에게는 지혜와 평안의 한 초점이고, 온 세상 사람들에게는 하나의 말없는 축복이다. 그런 진인에 대해 **스리 크리슈나**는 이렇게 말했다.

그대의 전 존재로써 그에게서 피난처를 구하라, 오 바라타(Bharata)여.
그의 은총에 의해 그대가 지고의 평안과 영원한 거주처를 얻으리니.

그리고 이렇게 마무리한다.

이와 같이 모든 비밀보다 더 비밀스러운 지혜가, 나에 의해 그대에게 선언되었다. 그것을 충분히 성찰한 다음 그대에게 가장 맞는 것을 하라.

―『바가바드 기타』, 18:62-63

부록
절대지식 絶對止息
Kevala kumbhaka

Kevala는 '홀로'라는 뜻이고, kumbhaka는 호흡 멈춤(止息), 즉 들이쉼과 내쉼이 없는 것으로, 고도로 훈련된 요기들이 오랜 시간 마음대로 유지할 수 있는 것이다. 그들 중 일부는 마음이 라야(laya)인 상태로 죽지 않고 몇 주 혹은 몇 달간—혹자는 몇 년간이라고도 말하지만—지식止息 상태로 있을 수 있다. 왜냐하면 호흡이 수슘나(sushumna)로 들어가서 완전히 정지되었다고 추정되기는 하지만, 실낱같은 호흡이 여전히 지속되면서 몸 안의 생명을 유지하기 때문이다. 그러나 이것은 겉보기만큼 놀라운 성취는 아니고, 진보된 영성을 말해주는 것도 아니다. 그것은 그런 훈련을 받는 어떤 사람도 할 수 있는 순전히 기계적 성취이기 때문이다. 그 순간 마음이 어떤 구나(guna)에 있든, 호흡은 내내 수슘나 안의 그 구나에 속하는 나디(nadi)에 박혀 있게 된다. 왜냐하면 그것을 더 높은 구나로, 혹은 구나가 없는 상태로 올려주는 어떤 수행법도 없기 때문이다. 그래서 수행 없는 오랜 시간의 절대지식(kevala kumbhaka)은 인내를 과시하는 것 외에는 아무짝에도 쓸모없는 것이다. 수행이 마음을 정화하며, 그것은 마찬가지로 호흡에도 순수성을 가져온다.

절대지식이 수행과 연관될 때는 그것이 짧은 시간 지속되며, 흔히 요가 삼매(Yoga-samadhi)라고 불린다. 심지어 어떤 때는 무상삼매로도 불리지만, 그것은 지知의 길(Jnana marga)에서 말하는 무상삼매, 곧 마음이 브라만—절대적 의식—에 합일되는 것과는 근본적으로 다르다. 여기서는 앞에서 언급된 지식止息에서처럼 그 자신의 구나에 의해 수슘나 안에 붙들리고 마음도 라야 상태가 되지만, 그 목표는 사람들에게 보여주기 위한 과시적인 것이 아니라 진짜 해탈이다. 이론적으로 절대지식은 수슘나 안의 구나들—따마스(tamas)·라자스(rajas)·사뜨와(sattva)—을 초월하여—그것들은 각기 바깥의 세 나디인 수슘나·바즈리니(vajrini)·찌뜨리니(chitrini)로 대표되지만—가장 안쪽 나디인 **브라마 나디**(Brahma nadi)에 이르는 면에서는 굉장히 강력하다. **브라마 나디**는 구나가 없어 지복스럽고, 그래서 **암리따 나디**(amrita nadi)라는 또 다른 이름을 가지고 있다. 그러나 이것은 엄밀히 말해서 하나의 나디가 아니라 순수한 의식, 곧 **지고아 그 자체**이다. 그래서 이것을 성취할 때는 마음이 우주적 마음이 되고, 호흡은 우주적 호흡이 되었다고 말해진다.

라야 요가(Laya yoga)에서 널리 사용되는 이 방법(절대지식)이 다른 조식법들, 특히 꾼달리니(kundalini) 방법보다 나은 점은, 그것이 단순하고 빠른 결과를 가져다준다는 데 있다. 왜냐하면 여기서는 (꾼달리니 요가처럼) 절대적(kevala) 지식止息과 보통의(sahita) 지식 둘 다를 통해 꾼달리니, 즉 척추의 뿌리에 똬리를 틀고 있는 '의식의 힘'을 일으켜서 그것을 이런저런 차크라를 거쳐 사하스라라까지 이동시키는 지루한 노고를 면하게 해주기 때문이다. 단, 싯디를 얻어서 결국 이 길에서 전락할 위험이 상당히 크다. 실은 이것은 다른 체계들보다 훨씬 더 지루하고, 위험하고, 성공할 가능성이 훨씬 적다. 가우다빠다(Gaudapada)와 샹까라는 라야를 비난하는데, 라야가 가져다준다는 지복이 활동적 마음의 불행에 대한—깊은 잠에서 얻을 수 있는—무기적無記的 망각에 지나지 않고, 따라서 그것은 각성된 수행에서 나오는 진보를 저해한다는 이유에서이다. 그것의 삼매도 마찬가지로 잘못된 명칭이다. 그들은 라야 삼매가 욕망만큼이나 해롭다고 공언한다.

"욕망과 즐김에 한눈이 팔린 마음과 망각[라야] 속에서 쾌락을 즐기는 마음은, 적절한 수단을 써서 규제해야 한다. 왜냐하면 망각의 상태는 욕망만큼이나 해롭기 때문이다."
—『가우다빠다 까리까(Gaudapada Karika)』, III, 42. 샹까라의 주석 첨부

가우다빠다가 적절한 수단이라고 한 것은 가장 안전하고, 빠르고, 모든 수행법 중에서 가장 합리적인 지知의 길을 뜻한다.

무욕과 보통의 정신적 수행, 즉 탐구(vichara)와 명상을 통해 지知 안에서 지고의 의식이 체험되면, 그것을 얻으려고 의도적으로 애쓰지 않아도 영구적인 지식止息이 자연발생적으로 성취된다. 그래서 진인의 호흡은 우주적 호흡과 결합되어 있다고 하는 것이다. 진인은 늘 마음의 고요함 속에 있기에 늘 지식止息 속에 있지만, 그것은 눈에 보이지 않는 지식止息이라고 부르는 것이 옳을 것이다. 왜냐하면 그 속에서의 호흡은 무지인의 호흡만큼이나 정상적으로 보이기 때문이다.

용어 해설

공부인(*abhyasi*)	영적인 규율을 닦는 사람. 수행자.
근기인(*adhikari*)	진리를 추구할 만한 자질을 갖춘 사람.
기旣수행자(*kritopasaka*)	과거(전생)에 수행을 많이 한 수행자.
깊은 잠(*sushupti*)	꿈 없는 잠. 감각기관들이 모두 철수하여 진아에 합일되어 있는 상태이다.
껍질들(*koshas*)	개아로서의 진아를 덮고 있는 육신 등의 껍질들.
꿈(*svapna/swapna*)	꿈의 형태로 마음이 활동하는 잠의 상태.
나디(*nadi*)	몸 안의 에너지가 흐르는 통로. 영맥.
내적기관(*antahkarana*)	마나스(*manas*), 붓디(*buddhi*), 에고(*ahankara*), 찌따(*chitta*)의 네 가지 마음 작용을 한데 일컫는 말.
독존獨存(*Kaivalya*)	지고의 진아로서 홀로인 상태. 일체가 진아이므로 나 아닌 것이 없어, 오직 나만이 존재하는 것. 해탈.
따마스(*tamas*)	어둠, 나태 등의 성질. 세 가지 구나의 하나.
따빠스(*tapas*)	고행. 몸의 고통을 견디면서 하는 수행.
뚜리야(*Turiya*)	생시, 꿈, 잠을 넘어선 네 번째 상태. 진아를 끊임없이 자각하는 상태.
뚜리야띠따(*Turiyatita*)	'네 번째를 넘어선 상태'. 뚜리야는 모든 상태들을 넘어서 있다는 점에서 뚜리야띠따라고도 하며, 개인이 지고의 브라만에 완전히 합일된 상태를 그 이전의 뚜리야와 구분하여 뚜리야띠따라고도 한다.
라야(*laya*)	꿈 없는 잠과 비슷한 무의식 상태. 심잠心潛.

라자스(rajas)	활동성(흥분, 나쁜 행위 등). 세 가지 구나의 하나.
릴라(Leela)	신의 유희. 우주의 창조·유지·파괴 과정.
마야(Maya)	환幻으로서의 세계(우주). 물리적 세계와 그 안의 모든 산 존재들, 그리고 그들의 모든 행위와 사건을 포함한다.
만트라(mantra)	진언眞言. 수행의 목적으로 염하는 신성한 언구.
무상삼매無相三昧(nirvikalpa samadhi)	생각들에서 완전히 벗어난 삼매.
무신해탈無身解脫(videhamukti)	진인이 몸을 벗었을 때의 해탈 상태.
무지(ajnana, avidya)	진아에 대한 무지.
무지인(ajnani)	진아를 깨닫지 못한 사람. 범부.
묵언默言(mouna)	수행을 위한 침묵. 보통 묵언의 맹세를 하고 묵언한다.
묵언자默言者(mouni)	묵언 중인 사람.
미未수행자(akritopasaka)	과거(전생)에 수행을 별로 하지 않은 수행자. 원습을 제거하는 데 많은 시간과 노력이 필요하다.
박띠(bhakti)	영적인 헌신.
발현업發現業(prarabdya)	여러 생生에 누적된 업들(누적업) 중 현생에 발현되는 업. 흔히 '운명'으로도 인식된다.
베다(Srutis)	가장 오래된 힌두 경전. 본서에서는 베다들의 맨 마지막 부분을 이루는 우파니샤드를 가리킨다.
본연무상삼매本然無相三昧(Sahaja Nirvikalpa)	
	진아를 영구적으로 자각하는 삼매. 간단히 본연삼매라고 한다. 세계가 존재하고, 감각기관이 정상적으로 작용하는 진인의 상태.
부가물(upadhis)	몸·감각기관·내적기관(마음) 등 진아 위에 덧씌워져 진아를 가리는 것들.
브라만(Brahman)	광대하고, 무한하고, 절대적인 실재. 성품상 순수한 의식.

뿌라나(Puranas)	힌두교의 한 경전군群. 주로 신화적인 내용을 많이 포함하고 있다.
사뜨(Sat)	순수한, 혹은 절대적인 존재.
사뜨상가(sat sanga)	진인과의 친교. 진인을 만나고, 그와 함께 머무르는 것.
사뜨와(Sattva)	순수성, 조화성. 세 가지 구나의 하나.
사하스라라(Sahasrara)	머리 정수리에 있는 차크라.
삼매三昧(samadhi)	세계를 의식하지 못하면서 진아를 자각하는 상태.
상相(vritti)	마음의 움직임으로서의 생각이나 감정.
상습常習(sankalpas)	욕망, 또는 마음이 어떤 대상에 몰두하는 습習.
생전해탈生前解脫(jivanmukti)	육신을 아직 가지고 있을 때의 해탈.
생전해탈자(Jivanmukta)	육신을 가지고 살아 있으면서 해탈한 사람.
샥띠(Shakti)	세계를 형성하고, 유지하고, 파괴하는 신적인 힘.
수슘나(Sushumna)	척추를 따라 올라가는 가장 주된 나디, 곧 에너지 통로.
수행修行(sadhana)	영적인 수련(spiritual practice).
수행자修行者(sadhaka)	영적인 수련을 하는 사람.
스푸라나(Sphurana)	심장에서 느껴지는 진아의 맥동 또는 빛.
심장중심心臟中心(Heart-centre)	가슴 오른쪽의 영적인 중심.
싯다(Siddha)	수행을 통해 일정한 영적 능력을 지닌 자.
싯디(siddhis)	수행을 통해 얻은 영적 능력, 곧 초능력.
애호신愛好神(Ishta Devata)	헌신자가 평소에 가장 숭배하는 신.
업業(karma)	행위(action). 또는 그로 인해 겪게 되는 결과, 혹은 과보.
염송念誦(japa)	신의 이름이나 만트라를 끊임없이 염하는 수행.
우빠사나(upasana)	신 등의 형상에 대한 명상.
우파니샤드(Upanishads)	베다의 철학적 부분을 이루는 텍스트들. 해탈과 그에 이르는 수단을 주로 다룬다.

원습原習(vasanas)	다생에 걸쳐 형성된 마음의 습習, 또는 경향성.
유상삼매有相三昧(Savikalpa Samadhi)	일정한 정도의 생각이 유지되는 삼매.
자기탐구自己探究(vichara)	"나는 누구인가?"를 탐구하는 내적 성찰의 수행법.
절대지식絶對止息(kevala kumbhaka)	들이쉼도 내쉼도 없이 호흡이 멈춘 상태에서 마음이 고요함을 유지하는 것.
조식調息(pranayama)	호흡 제어(breath control).
지고아至高我(Paramatman)	지고한 진아, 곧 절대자.
진아지眞我知(Atmavidya)	진아에 대한 지知. 깨달음의 안목.
진인眞人(Jnani)	진아를 깨달아 늘 진아에 안주하고 있는 사람.
진지眞知(Jnana)	진아에 대한 지知. 자신과 세계의 진리를 본 참된 지知.
짜이따니야(Chaitanya)	만물에 편재하는 의식. 브라만과 같다.
찌뜨(Chit)	진아의 성품인 순수한 의식.
차크라(chakras)	몸 안의 영적인 중심들.
큰 말씀(Mahavakya)	베다(우파니샤드)에서 브라만의 진리를 선언하는 주요한 문구들. 예컨대 "그대가 그것이다", "나는 브라만이다"와 같은 것이다.
합일무상삼매合一無相三昧(Kevala Nirvikalpa)	세계가 존재하지 않고 삼매만 존재하는 무상삼매. 마음이 소멸하지는 않고 진아 안에 가라앉아 있는 상태.
해체(Pralaya)	세계(우주)가 모두 무너져 해체되는 것. 성주괴공成住壞空의 괴壞.
해탈解脫(Mukti, Moksha)	생사윤회에서의 최종적 해방.

찾아보기

「가르침의 핵심」 120, 272
가우다빠다 15, 465-6
가우따마 134
개아個我 70, 84, 248, 260, 262, 277, 310, 314, 346-8, 362-5, 412, 453-4, ; -와 브라만의 동일성, 315
『경소經疏』 339
고요함 75, 107, 212, 248, 254, 394-5, 442-3, 450, 461 →마음의 고요함
"고요히 있으라, 그리고 내가 신임을 알라" 75, 442
공空 210; 순수한 자각의 -, 123
구나 323, 330, 338, 376, 464
구루상가 46, 413
구루-우빠데샤 85
그것 285, 335, 393, 408, 427, 442
그란티 119-20 →무지의 매듭; 심장매듭
근기根機 294, 338, 392, 425
근기인根機人 250, 286, 338
근원 79, 81, 264, 290, 373,
기旣수행자/미未수행자 420-1
『기타』 71, 390, 406 →『바가바드기타』
까마데누 239
까비르 25-6
깨달음 23, 55, 100, 105, 210, 213, 283, 287, 385-6, 407, 410-1; 위없는 -, 96 ; 참된 -, 290 →진아 깨달음
껍질들 70-1, 78, 238, 285, 349, 398

꾼달리니 103, 465; - 요가, 450
꿈 86-7, 268-9, 314, 323, 345; 생시라는 -, 309
끊어짐 없는 전체 417-8
'나, 나' 346; -(라는) 의식, 95, 105-6
"나는 내가 있다는 것이다" 75, 292, 359, 371, 404, 406, 442
"나는 누구인가?" 50, 94, 101, 106, 359, 415-7, 424, 442
"나는 브라만이다" 50, 417, 445
나디 102-3, 367-8, 400, 464-5
'나'라는 느낌 70-1, 77, 101, 239
나라싱하스와미, B. V. 36, 120
"내가 있다" 75, 116, 356-7, 359, 374, 418, 421, 426
내관 242, 429-30, 438-9
내심염송 98
내적기관 78, 423, 445, 453
'네띠, 네띠' 380-1
네 번째 상태 111, 125 →뚜리야
다끄쉬나무르띠 391
「다끄쉬나무르띠 송찬」 216
다르마 302
다르마 샤스뜨라 322
닷따뜨레야 91
대공大空 118
대열반 131, 200, 202-3, 231
대해탈 96, 421

더 높은 힘 335
덧씌움 75, 141, 262, 439, 452
데비/바이라비 289
독존獨存 75, 85, 345
『드러난 진리』 339-40
따마스 126, 375, 465
따빠스 16, 119, 287, 321, 328, 400
따유마나바르 90
땃뜨왐 아시 445
뚜리야 96, 111, 126, 210, 328, 454
뚜리야띠따 453-4
라마 292, 327, 330, 380
『라마나 기타』 287
『라마나 마하르쉬와의 대담』 220, 235
라마크리슈나 108-9
『라마크리슈나의 생애』 108
라야 279, 450, 451, 464-6; - 삼매, 465-6 ; - 요가, 465
라자스 126, 375, 465
락슈미, 암소 134-6, 221-2
로맹 롤랑 108, 110
리쉬 15, 50, 279, 287, 302, 445
릴라 47, 86 →신의 유희
마나스 78, 369, 434, 441, 453
마니까바짜가르 458
마드와짜리야/마다바짜리야 50, 227
마야 82, 84, 119, 328, 349, 361, 396-7
마음 99, 118-9, 326, 374-5, 433-4; -의 고요함, 94, 107, 378, 397, 414, 466; -의 침묵, 380, 382, 392, 395; - 제어, 80, 93, 96-8, 102, 104, 429, 448 ; 순수한 -, 96, 118, 123, 320, 350, 366, 369, 434, 422-3, 440-1; 우주적 -, 371, 465
마음/생기/음식/지성껍질 70
마하트마 78, 456
만트라 100, 391-2, 406-7, 448

명상 98-102, 240, 251, 281, 374, 378, 382-4, 395, 407-9, 431, 488-9, 450; - 요가, 451; 형상 -, 411
'몸이 나다'라는 느낌 257, 277
몸-의식 103, 112, 349; -의 상실, 450-1
무상삼매 108-13, 279, 300, 340, 437, 444, 450-1, 464-5; 내적인/외적인 -, 112-3, 450-1
무신자無身者 257
무신해탈 127, 228, 280, 436, 438, 445
무신해탈자 257, 383, 454
무욕 252, 254, 301, 396-9, 429, 466
무지 74, 85, 141, 212, 285, 327, 402, 415, 445, 452; -의 매듭, 106, 119
무지인 76, 246, 283, 289, 306, 330, 459-60
무형상자 108
묵언 377-83; 절대적 -, 379, 382; 참된 -, 377, 380, 382-3
미현현자 108
믿음 61; 맹목적 -, 318
『바가바드 기타』 87, 260, 315, 397, 463
『바가바땀』/『바가바따(뿌라나)』 388, 415, 453
바시슈타 284, 293, 327
박띠 399 →헌신
발미끼 284
발현업 76, 124, 242, 262, 278, 281, 283, 300, 389, 436-8, 460
베다 239, 280, 308, 310, 322, 331, 335-6, 345, 365, 380, 388, 404-5, 461 →우파니샤드
베단타 15, 40, 78, 110, 118, 273, 322, 363, 365, 442
베전트 여사 91, 210
보편적 친존 293
본연무상삼매 96, 105, 112, 114, 280

472 구루 라마나와 대담에 대한 성찰

본연삼매 106, 111-5, 120, 124, 212, 246, 300, 304, 441, 452
본연상태 287, 420, 452, 454
부가물 277, 344, 346, 439, 447
『분별정보』 104-5, 127, 141, 300
불변의 일자―者 87
붓디 78, 104-5, 433-4, 453
브라마 나디 465
브라마짜리야 205, 296
브라만 50, 88, 104-5, 126, 141, 257, 277, 281, 284-5, 296, 304, 314-5, 327-8, 332, 335, 369, 371, 403, 418, 422, 438, 444, 447, 454, 460, 463, 465; 비이원적 -, 371; 절대적 -, 314; 지고의[지고한] -, 118, 307
『브리띠 쁘라바까라』 338-9
블라바츠키, H. P. 60
비디야라니야 133, 379
비라-샤이바 공동체 36
비슈누 243
비슈마 126, 322
비슈와미트라 284
비야사데바 415
비이원론 82, 140, 318, 331, 340, 371, 419
빛 95, 97, 416 →진아의 빛
빠딴잘리 95-7, 401
빠탈라 링감[링가] 136, 153, 299
빠라나디 102, 367-8
빠라마뜨만 122, 446
빠라메스와라 243
뿌라나 25, 48, 126
사다시바 브라만 123
사뜨 59, 356, 371, 403
사뜨상가 46, 388, 390, 395, 431
사뜨와 465; 순수한 -, 126, 368
「사십송」 104

사하스라라 102, 367-8, 435, 465
산깔빠 275, 332
산란散亂 394, 407
산야시 31, 42, 174
삼매三昧 26, 76, 96, 103-4, 111-2, 121, 141, 220, 240, 246-7, 279, 333, 382, 422, 440, 444
삿찌다난다 115 →존재-의식-지복
상相 95, 399, 437; -의 지멸止滅, 96
상습常習 259, 276, 299, 351, 459
상지相知 452-3
생각 326-7, 407
생명 41, 61, 239, 267, 270, 310, 367
생시 속의[상태에서의] 잠 141-2, 247
생전해탈 436, 438
생전해탈자 278, 280, 438, 452-4
샥띠 84, 134, 290-1, 373
샹까라(짜리야) 15, 50, 88, 104, 127, 144, 300, 415, 456-7, 465
성찰 38, 340, 342, 395-6, 433
세간환世間幻 83
속박인束縛因/해탈인解脫因 275-6
수브라마니암, 스리 158
수슘나 (나디) 102, 367, 435, 464-5
수행 28, 41, 94, 98, 119, 246, 284, 297, 345, 429-30; -의 원습, 395
순복 42, 80-1, 208, 242, 250-1, 320-1, 406, 428-9; -의 길, 281 →자기순복
『스리마드 바가바따』 119 →『바가바땀』
스리 차크라 149-50
스승 15, 35, 47, 89-92, 226, 250-1, 281, 312, 336, 342, 353-4, 386-8, 390-1, 414, 420-1, 426, 431, 445-7; 신적 -, 42, 119; 지고한 -, 386
스와루빠 지知 453
스와미 람다스 32-3
스푸라나 106-7, 409-11, 427

찾아보기 473

시따 380-1
『시따 우파니샤드』 365
시바 134, 176, 243, 289, 291, 295, 359-61, 373; -의 환영, 359
「시편詩篇」 329
신 48, 51, 53, 118, 121, 241, 281, 304, 317-20, 323, 327, 329-34, 428-9; -의 뜻, 317-8; -의 섭리, 228, 309; -의 유희, 47, 85-6; -의 의지, 70-1, 209, 278; -의 환영, 87, 330-1; 전능한 -, 333, 447
신안神眼/신적 시각 340-1
신지학 40, 58, 60
실재 41, 64, 74, 84, 88, 92, 97, 118, 126-7, 238, 248, 266, 269, 280, 283-6, 292, 300, 310, 312-4, 326, 328, 331, 337-9, 347-9, 353, 362, 372, 416, 428, 433-4, 436, 439; -의 등급, 362; 궁극적 -, 51; 절대적 -, 205, 208; 지고의 -, 71, 125-6
『실재직견소』 105
심장 102, 104, 107, 118-21, 123, 248, 259-60, 333-4, 351, 365-7, 368-70, 372-4, 400, 424-5, 427, 431-3; -공간[연꽃] 333; -매듭 444; -의 동혈, 95, 105; -의 허공, 333, 450
심장중심 410, 424
싯다 48, 285, 287, 459; --진인, 458
싯디 25, 29, 102, 124-5, 208, 283-5, 287-9; 참된 -, 30
『싸르와냐놋따라』 140
아난다쉬람 31-3, 127
아뜨마/아뜨만 80, 119, 122, 290, 312, 335, 367; 지고의 -, 406
아뜨마 나디 102, 367
아루나찰라 28, 36, 61, 91, 168, 176-8, 199, 200

「아루나찰라 뿌라나」 134
아스트랄체 48, 58
암리따 나디 368, 465
애호신 125, 329
야마 414-5
업業 68, 123, 271-5, 276-7, 319, 444
에고 59-60, 73-6, 78, 80-1, 99, 248-9, 261-2, 278, 280, 343-4, 347, 358-9, 434, 453; - 자아, 74
「에까뜨마 빤짜깜」 136
여호와/야훼 371
열반 116, 210
염송念誦 100, 341, 399, 407, 417, 433
영靈 59, 118, 149, 166, 316, 327; 순수한 -, 237, 327, 332; 지고한 -, 327
영혼 50, 118, 285, 289
오로빈도, 스리 90, 103, 206
오마르 하이얌 56
옴 308, 417
완성 53, 55, 267
완전지 141
요가 95-6, 322, 350, 386, 406, 435
『요가 바시슈타』 113, 328, 348-9, 418
『요가수트라』 96, 401
요기 23, 102, 106, 110, 239, 301-2, 367, 385-6, 453-4, 464; 꾼달리니/하타 -, 368, 436; 지고의 -, 243, 289
우주의식 421-2
우파니샤드 91, 110, 279, 367, 390, 401, 405, 418, 454
운명 70, 242-3, 271-2, 274, 276-8
원습 113, 281, 339, 364, 395, 402, 413, 420, 426, 432-3, 460-1; -의 변동, 425-6; 속박의/향유의 -, 113
유상삼매 111-3, 340
은총 35, 42, 61, 98, 231, 250-1, 293, 386-93, 430-1; 스승의 -, 251, 386,

413; 신의 -, 96, 274, 321, 385-6
의식 97, 118-20, 210, 226, 248, 259, 316-7, 327-8, 330, 333-4, 336, 344, 351, 353, 360-1, 366, 369, 375-6, 421, 423, 443; --에너지 463; -의 대양, 346-7; -의 중심, 260; -의 허공, 328; 궁극적 -, 61, 107; 단 하나의[하나인] - 349-50, 353; 무한한 -, 316; 바탕 -, 55; 순수한 -, 64, 77, 107, 111-2, 118, 210, 279, 289, 316-7, 332-3, 344, 357-8, 361, 400, 421-4, 427, 435, 438-40, 453, 465; 절대적 -, 105, 123, 349-50, 361, 453, 465; 지고의 -, 83, 92, 111, 231, 341, 347, 359, 405, 411, 466
이상理想에 대한 헌신 398-9
이스와라 48, 289, 352
일념집중 340, 399
입문 391-2 →전수
있음 141, 331, 290, 361, 371 →존재함
자각 57-8, 74, 93, 97, 100, 107, 111, 115-6, 125, 325, 355; 순수한 -, 58, 93, 97, 104, 111, 125, 344, 418
자기 237-8, 284, 308, 356, 415 →진아
자기광명 340-1
자기순복 80
자기자각 356, 418
자기탐구 93-6, 102, 251, 280-1, 371, 378, 394-5, 411, 417, 429, 452-3
자아 245, 267, 316, 342, 344-5, 353, 382, 402; -실재화, 402; 진정한[참된] -, 99, 238, 329, 353, 433
자유의지 70, 271-2, 276-8, 319
전수傳授 391
절대자 15-6, 40, 76, 106, 108-9, 117, 124, 245, 283-5, 290, 337, 339, 362, 400, 418, 422

절대적 상태 95, 323
절대지 117
절대지식絶對止息 279, 450, 464-5
정신 327, 416
조식調息 368, 399, 432-3
존재 57, 74, 107, 225-6, 246, 248, 307, 325, 356, 360-1, 404, 420, 462-3; 단 하나의 -, 292; 순수한 -, 64, 92, 99, 119, 142, 257, 380, 405, 453; 원초적 상태의 -, 336; 절대적 -, 59, 105, 333; 지고의 -, 309, 356, 442, 454; 참된 -, 249, 276, 425
존재-의식/출현-의식 305-6
존재-의식-지복 96
존재하는 것/존재함 245, 359-60, 405
주시자 97, 343, 412; 말없는 -, 118, 392
주시처 76
죽음 56-61, 63, 127, 145, 256-9, 262-4
중심 107, 118, 365-6, 369
지知 16, 236, 276, 435; -의 길, 40, 102, 239, 353, 429; -의 허공, 375; 순수한 -, 237, 341, 344, 401; 절대적인 -, 452-3; 지고한 -, 239, 425; 참된 -, 425, 445
지고아 76, 358, 446, 465
지고의 상태 113
지고자 90, 105, 112, 284, 335, 337, 352, 372-3, 412, 454
지복 104, 246, 248, 289, 330; 지고의 -, 243; 평안의 -, 246; --지성, 327
지성 120; 순수한 -, 54, 84, 115, 238, 267, 319; 신적인 -, 84; 절대적 -, 381; 지고의 -, 401
진리 50, 53-4, 116, 236, 285, 288, 313, 340; -에 대한 지知, 283; 궁극적 -, 226, 336; 영원한 -, 336; 절대적 -, 311; 최고의 -, 337

찾아보기 **475**

진아 29, 35, 51-4, 58-61, 69, 73-4, 80, 85-6, 88, 90-3, 95, 98-101, 103, 107, 115, 118-9, 141, 210, 225-6, 236-9, 245, 248-54, 261, 279, 283-4, 286-7, 290, 297-8, 306-8, 313, 318-20, 328, 343-7, 351-3, 355-64, 366, 370, 373-4, 381-2, 387-94, 403, 422, 424, 426-7, 450-2; -가 되는 것, 85, 355; -에 대한 지知, 216, 266, 290; -와 마음의 동일성, 373; -의 빛, 77, 341; -의 지복, 114, 255, 296, 335, 390; 무한한 -, 347, 358, 405; 보편적 -, 176, 317; 절대적 -, 332, 335; 지고한 -, 65

「진아각지송」 127, 144, 415

진아 깨달음 49, 55, 59, 77, 102-3, 107, 111, 113, 116, 120, 208, 225-6, 283, 287, 301, 304, 306, 313, 332, 338, 340-1, 353, 444-5

진아안주 439, 444

진아의식 349

진아지眞我知 52, 70, 93, 116, 255, 340-1, 356, 408

진아탐구 254 →자기탐구

진인眞人 19, 58, 76, 123, 126-7, 208-9, 243, 246-7, 273-4, 283-5, 287, 296, 304, 307, 322, 330, 341, 436-8, 452, 455-63; -의 세 부류, 436

진지眞知 30, 70, 97, 120, 124, 254, 262, 272, 277, 283-4, 287-9, 297, 309, 341, 354, 367-8, 425-6, 445

진화 123, 268-9, 272, 309-10, 362; 내적/외적 -, 238

집중 104, 381, 395-6, 399, 432, 439

짜이따니야 361, 422, 462 →의식

찌따 434, 453

찌뜨 77, 97, 111, 133-4, 210, 226, 356

차크라 101, 290-1, 400, 436, 465

창조 323, 335; -적 에너지 84 →샥띠

창조주 73, 84, 309, 352, 414, 429, 447

초월지 436-7

충만체 380

침묵 380-3, 391-2; -에 의한 가르침, 380-1 →마음의 침묵

크리슈나, 스리 33, 87, 126, 230, 292, 310-1, 315, 330, 388, 397, 406, 463

큰 말씀 417-8

탄트라 297; -파 289, 314

탐구 16, 70, 104, 225, 239, 332, 397-8, 406, 432-3, 435; -의 길, 398; 지고한 -, 342 →자기탐구

『탐구의 바다』 338-9

평안 21, 95, 187, 236-7, 242, 245, 248, 407; 궁극적 -, 96; 절대적 -, 407

하느님 76, 260, 265, 352

『할라시야 마히마』 288-9

합일무상삼매 106, 112, 114, 120, 300, 436, 441, 450, 452

해의 길/달의 길 435

해체 308, 335

해탈 30, 85, 97, 104, 107, 111, 124, 127, 212, 236, 239, 278, 280, 298, 364, 368, 418

해탈자 30, 127, 252, 257, 279, 323

행복 61, 66-7, 243-7, 249, 252-4, 414-5

호흡 제어 399, 431-2 →조식

홀로 있음 301

환幻 82-5, 115, 119, 348, 358, 363, 397, 403, 406

환생 56, 58-9, 62-3, 123, 259, 261-2, 266-8, 273, 310-1, 420, 425-6

환영 87, 291-4, 352, 359 →신의 환영

활동/휴식 361

흐리다야 369

옮긴이의 말

'천상천하에 오직 나 홀로 존귀하다(天上天下唯我獨尊).' 붓다의 이 말씀은 선뜻 잘 이해되지 않지만, '나'를 진아로 바꾸면 그 의미가 분명해진다. 바가반 스리 라마나 마하르쉬에 따르면 "진아는 오직 하나"이기 때문이다. 이름과 형상의 제약을 벗어나서 해탈한 자는 진아로서 홀로 남는다. 그것은 순수한 존재이고 절대적 의식이며, 광대한 자각의 공간이다. 바가반의 가르침은 이 진아의 진리를 설명하고, 그것을 깨닫는 방법을 제시한 것이 전부이다. 인간의 모든 추구와 거기서 얻는 모든 지식과 경험은 자신의 행복을 위한 것이지만, 이 세계 어디에도 행복은 존재하지 않는 반면, 진정한 행복은 우리의 내면에서 진아를 깨달을 때에만 얻어지기 때문이다. 따라서 진아의 가르침을 공부하고, 그것을 실천하고, 그것을 깨닫는 것보다 더 중요한 일은 세상에 없다.

이 책은 S. S. 코헨의 가장 중요한 저작 두 권을 한 권에 묶은 것이다. 이라크 출신인 그는 젊은 나이에 인도에 가서 일하다가 신지학神智學을 접하고, 마드라스의 신지학회에서 5년간 공부했다. 그러나 신비한 세계나 현상들에 집착하는 오컬티즘(occultism)이나 이론적 철학들에 한계를 느끼고 신지학회를 떠나 아루나찰라의 라마나 마하르쉬를 찾아갔다. 그는 오래지 않아서 마하르쉬의 가르침을 분명하게 이해했고, 꾸준히 그 가르침을 실천하여 결국 진아의 진리를 깊이 체험할 수 있었다. 그 이해와 체험의 핵심적 내용들이 이 두 권의 저술에 고스란히 담겼다.

『구루 라마나』는 라마나 마하르쉬의 가르침에 대한 저자의 분명한 안목과 잘 정리된 기록으로 인해 중요시되는 저작이다. 그가 마하르쉬를 처음 찾아간 날의 일화에서부터 시작하는 제1부의 '회상'은 경쾌하면서도 진중한 수행담이다. 바가반의 가르침을 주제별로 제시하는 제2부가 핵심적 부분인데, 이것은 명료한 주제의식과 치밀한 탐색을 기반으로 엄선된 수준 높은 '대담집'이다. 이 '대담'들은 다루는 주제나 논지에서 까빨리 사스뜨리의 『해탈요담』(『마하르쉬의 복된 가르침』에 수록되어 있다)과 비슷하며, 마하르쉬의 심오한 가르침들을 압축적으로 보여준다. 코헨 자신도 한 사람의 질문자로서 자신의 관심을 매개로 마하르쉬의 가르침을 다각도로 끌어내며, 문답들을 누구나 이해할 수 있는 맥락 속에서 적절히 제시하여 그 가르침의 보편적 진리성을 확인시켜 준다. 저자의 '일기'에 기초하여 마하르쉬의 생애 마지막 2년간의 모습을 기록한 제3부는, 병으로 무너져 가는 바가반의 육신과 그에 대한 바가반의 무관심, 그 병을 치료하려는 헌신자들의 노력과 실패 과정을 차분하고 객관적인 시선으로 묘사하고 있다. 그 뒤에 수록된 『라마나에 대한 남은 회상』은 별개의 소책자였는데, 근년에 『구루 라마나』에 합본되었다.

『대담에 관한 성찰』은 바가반의 가장 주된 어록인 『라마나 마하르쉬와의 대담』에서 주요 내용을 발췌하고 저자가 주석한 것이다. 바가반의 가르침을 주제별로 나누어 14개 장으로 배열했지만, 명상과 삼매를 다룬 제13장에 가장 큰 비중이 두어졌다. 『대담』에서 가져온 인용문 하나하나가 한 가지 논점을 다루기 위해 제시되고, 그 논점들이 유기적으로 연결되어 하나의 전체적인 이해의 틀을 형성한다. 『대담』은 분량이 많은데, 그 핵심 내용들만 추려 논리적으로 일목요연하게 제시하고 그 의미를 조명한 저자의 솜씨가 뛰어나다. 마하르쉬의 가르침을 이론과 실천 면에서 간명직절하게 파악하고 싶은 독자들은 이 책에서 대부분의 해답을 얻을 수 있을 것이다. 이것은 단순히 스승의 가르침을 요약한 것이 아니라, 저자 자신의 수행과 **깨달음** 체험을 통해 그 가르침의 실체적 의미를 규명하고, **삼매**와 **해탈**의 본질을 잘 드러내고 있기 때문이다. 이 『성찰』과 『구루 라마나』에서 주목할 개념 몇 가지를 정리해 보면 다음과 같다.

구도자들에게는 해탈이라는 목적지에 이르는 과정, 즉 수행이 무엇보다 중요한데, 저자는 분별과 무욕, 제어와 내관, 그리고 명상과 탐구라는 개념들로 스리 라마나의 지知의 길을 설명한다. '분별'은 실재하는 것과 실재하지 않는 것을 지혜롭게 구분하는 것이고, '무욕'은 실재하지 않는 바깥의 감각대상들, 곧 비非진아에 대한 추구를 포기하는 것이다. **진리를** 추구하는 수행자는 이 두 가지 요소를 갖추는 것이 필수적이다. '제어'는 "밀고 들어오는 생각들의 간섭을 벗어나는 것", 달리 말하면 "마음이 바깥으로 나가는 것을 억제하는" 것이고, '내관'은 "마음이 계속 내면을 향하게" 함으로써 생각에서 자연스럽게 벗어나는 것이다. 그리고 '명상'은 "모든 생각과 원습을 정지시켜" 깨달음의 장애물을 제거하는 것이고, '탐구'는 분별을 통해 마음의 참된 성품을 이해하는 것이다. 제어와 내관, 탐구와 명상은 이렇게 개념적으로 구분되지만 실은 **자기탐구**라는 "비이원적 수행의 뒷면과 앞면"이다. 그래서 제어·집중·내관·명상 등의 개념들은 실은 "똑같은 과정의 일부"이며, 통칭하여 '명상'이라고 불린다. **해탈**에의 열망과 명상에의 의지, 마음의 장애들을 극복해 가는 꾸준한 노력은 모두 **진아**에서 나오고 또한 **진아**를 향하므로, **자기탐구**는 그 자체 안에 명상의 핵심적 요소와 원리를 다 포함하고 있다. 일어나는 생각을 제어하는 것이 명상의 '소극적 측면'이라면, 부단히 내면을 주시하는 것은 '적극적 측면'인데, 이것이 "본원적 명상"이며, 다른 말로 **자기자각** 혹은 **자기탐구**이다. 꾸준히 수행하면 그것이 힘을 얻고, 우리의 참된 성품인 **진아**를 체험하게 된다.

진아를 체험하는 상태는 **삼매**三昧로 불리는데, 노력으로 유지하고 번뇌가 있는 '**유상삼매**', 애씀이 없고 번뇌가 없는 '**무상삼매**', 그리고 아무 애씀 없이 "원초적 상태에 영구히 머무르는" 진인의 상태인 **본연삼매**로 구분된다. '삼매'의 개념을 잘못 이해하는 사람들이 많았으므로, 저자는 본서에서 그 개념을 분명히 하고 있다. 그에 따르면 '삼매'는 "생시 상태에서 **진아** 안에 머무르는 것"이다. 삼매에서는 감각기관들이 침묵하고 있지만 (깊은 잠에서와 같이) 순수한 의식 속에 합일되지 않기 때문에, 미세한 형태로 생각이 존재할 수도 있고(유상삼매), 생각이 전혀 없을 수도 있다(무상삼매). 바가반은 **무상삼매**를, 아무것도 의식하지 못하고 "바람이 닿지 않는 등불" 같은 '**내적인 무상삼매**'와, 세계에 대한 감각이 있고 "파도 없는 바다" 같은 고요함이 있는 '**외적인 무상삼매**'로 구분하고(이 '세계에 대한 감각'은 유상삼매에서의 미세한 생각과 달리 번뇌가 아니다), 그 두 삼매의 "파도 없는 바다"와 "안정된 불길"이 동일한 것임을 깨달으면 **본연무상삼매**에 도달한 것이라고 말한다. 이는 세계가 없는 정적인 무상삼매와 세계에 반응할 수 있는 동적인 무상삼매가 융합된 것이 **본연삼매**임을 의미한다. 모든 수행자는 이러한 삼매의 과정을 거쳐서 완전한 **깨달음**에 이른다.

　진리를 추구하는 많은 사람들이 무수한 영적·종교적 개념들과 씨름하지만, 그 복잡한 개념들의 숲을 가로질러 핵심을 간파하기란 쉬운 일이 아니다. 본서는 **진리 깨달음**으로 들어가는 가장 직접적인 방법과 경로를 **라마나 마하르쉬**의 가르침을 통해 잘 집약하여 보여준다는 점에서 매우 유용한 실천적 지침이라고 할 수 있다. 우리는 본래 **진아**이므로, 이 가르침을 정확히 이해하면 누구나 깨달음의 길 위에 있고, 꾸준히 노력하면 문득 "천상천하에 오직 **진아** 홀로 존귀한" 도리를 알게 될 것이다.

2022년 1월　옮긴이 씀